Baldamus Reform der Kapitalrichtlinie

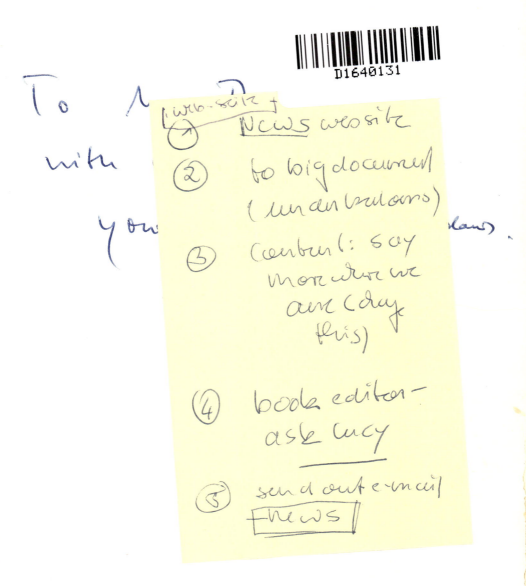

Abhandlungen
zum deutschen und europäischen
Handels- und Wirtschaftsrecht

Herausgegeben von
Götz Hueck   Marcus Lutter   Wolfgang Zöllner

in Gemeinschaft mit
Lorenz Fastrich   Peter Hommelhoff   Ulrich Noack

138

Carl Heymanns Verlag KG · Köln · Berlin · Bonn · München

Ernst-August Baldamus

Reform der Kapitalrichtlinie

Carl Heymanns Verlag KG · Köln · Berlin · Bonn · München

Bibliografische Information Der Deutschen Bibliothek

Die Deutsche Bibliothek verzeichnet diese Publikation in der Deutschen Nationalbibliografie; detaillierte bibliografische Daten sind im Internet unter http://www.dnb.ddb.de abrufbar

Das Werk ist urheberrechtlich geschützt. Die dadurch begründeten Rechte, insbesondere die der Übersetzung, der Entnahme von Abbildungen, der Funksendung, die Wiedergabe auf fotomechanischem oder ähnlichem Wege und der Speicherung in Datenverarbeitungsanlagen, bleiben vorbehalten.

© Carl Heymanns Verlag KG · Köln · Berlin · Bonn · München 2002
50926 Köln
E-Mail: service@heymanns.com
http://www.heymanns.com

ISBN 3-452-25381-3

Druck: Gallus Druckerei KG Berlin

Gedruckt auf säurefreiem und alterungsbeständigem Papier

Vorwort

Die Arbeit lag der Juristischen Fakultät der Friedrich-Schiller-Universität Jena im Wintersemester 2001/2002 unter dem Titel »Deregulierungstendenzen im Europäischen Aktienrecht: Die SLIM-Vorschläge zur Kapitalrichtlinie« als Dissertation vor. Sie befindet sich auf dem Stand vom 1.7.2002. Die SLIM-Vorschläge sind Anlass und primärer Gegenstand dieser Arbeit. Die Arbeit geht aber über die SLIM-Vorschläge hinaus. So werden die Gründe für und gegen eine Harmonisierung des Rechts des Kapitals von Aktiengesellschaften in der Europäischen Union (auch im Vorgriff auf die erwarteten Vorschläge der *Winter*-Kommission) in einem weiteren Zusammenhang diskutiert. Außerdem werden aktuell bedeutende Schnittstellen von europäischem und deutschem Recht eingehend behandelt, so etwa die Frage, welche formellen und materiellen Anforderungen für den Bezugsrechtsausschluss aus der Kapitalrichtlinie abzuleiten sind.

Vielmals danke ich Herrn Professor Dr. *Walter Bayer*, der das Thema der Arbeit vorgeschlagen, das Promotionsverfahren engagiert begleitet und sehr zügig zum Abschluss gebracht hat. Seine wertvollen Anregungen und seine konstruktive Kritik haben die Arbeit gefördert und geprägt.

Herrn Professor Dr. *Stefan Leible* danke ich bestens für sein rasch erstelltes Zweitgutachten.

Von vielen habe ich während der Promotion ausgesprochen wohlwollende Unterstützung erfahren, sei es durch Gespräche oder das Überlassen unveröffentlichten Materials. Dankbar bin ich vor allem Herrn Rechtsanwalt Dr. *Harald Kallmeyer*, Düsseldorf, sowie Herrn Privatdozent Dr. *Tim Drygala*, Bonn, Herrn Rechtsanwalt und Notar Dr. h.c. *Karlheinz Quack*, Berlin, Herrn Professor Dr. *Ulrich Seibert*, Bundesministerium der Justiz, Berlin, Herrn *Dominique Thienpont*, Europäische Kommission, Brüssel und Herrn Professor Dr. *Eddy Wymeersch*, Gent/Brüssel.

Den Herausgebern danke ich für die Aufnahme in die Schriftenreihe, besonders Herrn Professor Dr. Dr. h.c. *Marcus Lutter*, dessen Name inhaltlich so vielfach mit der Arbeit verbunden ist, der mir im Referendariat nachdrücklich zur Promotion geraten und mir meinen verehrten Doktorvater empfohlen hat.

Vorwort

Sehr herzlich danke ich Dr. *Ulrike Disko* und Dr. *Georg Greitemann*, die das Manuskript gelesen und mit vielen hilfreichen Ideen, Anregungen und Verbesserungsvorschlägen zu der Arbeit beigetragen haben.

Berlin, im Juli 2002 *Ernst-August Baldamus*

Inhaltsübersicht

Vorwort V

Einleitung 1

Erster Teil: Das Europäische Aktienrecht 5

I. Harmonisierung des Gesellschaftsrechts in der Europäischen Union 5

II. Die Kapitalrichtlinie 10

III. Weitere für die Arbeit wichtige Richtlinien 21

IV. Europäische Aktiengesellschaft 27

V. Der Aktionär im Europäischen Aktienrecht 29

Zweiter Teil: Die Reform der Kapitalrichtlinie 37

I. SLIM: Schlankheitskur für die Kapitalrichtlinie 37

II. Europarechtlicher Rahmen 46

III. Ordnungspolitische Aspekte 50

IV. Das gesetzliche Mindestkapital 78

Dritter Teil: Die Vorschläge der SLIM-Arbeitsgruppe 91

I. Erster SLIM-Vorschlag: Sacheinlagen 91

II. Zweiter SLIM-Vorschlag: Nennwert 105

III. Dritter SLIM-Vorschlag: Zwangseinziehung 116

VI. Vierter SLIM-Vorschlag: Erwerb eigener Aktien 132

V. Fünfter SLIM-Vorschlag: Finanzielle Unterstützung des Aktienerwerbs 192

Inhaltsübersicht

VI. Sechster SLIM-Vorschlag: Bezugsrecht 200

Zusammenfassung der Ergebnisse 235

Anhang 251

Abkürzungen 259

Literatur 261

Sachregister 305

Inhalt

Vorwort V

Einleitung 1

Erster Teil: Das Europäische Aktienrecht 5

I. *Harmonisierung des Gesellschaftsrechts in der Europäischen Union* 5

II. *Die Kapitalrichtlinie* 10

   1. Hintergrund 10
   2. Anwendungsbereich 11
   3. Regelungsziel 12
   4. Inhalt der Kapitalrichtlinie im Überblick 13
      a) Gründung 13
      b) In Aktien zerlegtes Mindestkapital 13
      c) Kapitalaufbringung 14
      d) Kapitalerhaltung 16
      e) Kapitaländerungen 18
      f) Gleichbehandlungsgrundsatz 20

III. *Weitere für die Arbeit wichtige Richtlinien* 21

   1. Bereits umgesetzte Richtlinien 21
   2. Geplante Richtlinien 22

IV. *Europäische Aktiengesellschaft* 27

V. *Der Aktionär im Europäischen Aktienrecht* 29

Zweiter Teil: Die Reform der Kapitalrichtlinie 37

I. *SLIM: Schlankheitskur für die Kapitalrichtlinie* 37

   1. SLIM: Das Programm und seine vierte Phase 38
   2. Die SLIM-Vorschläge im Überblick und erste Reaktionen 42
   3. Verfahrenskritik 44
   4. Die *Winter*-Kommission 44

Inhalt

II. Europarechtlicher Rahmen	46
III. Ordnungspolitische Aspekte	50
1. Wettbewerb der Rechtsordnungen	50
2. US-amerikanische Erfahrungen	55
a) Untersuchungsinteresse	55
b) Kodifizierungsmodell des US-amerikanischen Gesellschaftsrechts	55
c) »Race to the bottom« oder »race to the top«?	57
d) Übertragbarkeit US-amerikanischer Erfahrungen	58
3. Harmonisierungsziele und Harmonisierungskriterien	59
a) Effizienz	59
b) Wirtschaftsraum und Gesellschaftsrecht	64
c) Grenzüberschreitende Sachverhalte	66
d) Börsennotierung	67
e) Schutznormen versus Organisationsnormen	69
f) Zwischenergebnis	70
4. Integration des europäischen Binnenmarktes	71
a) Integration des europäischen Kapitalmarktes: Anlegerschutz	71
b) Integration des europäischen Waren-, Dienstleistungs- und Arbeitsmarktes: Gläubigerschutz	76
IV. Das gesetzliche Mindestkapital	78
1. Zweck des Mindestkapitals	79
2. Gläubigerschutz durch Gesellschaftskapital	80
3. US-amerikanische Praxis	84
4. Plädoyer	85
Dritter Teil: Die Vorschläge der SLIM-Arbeitsgruppe	91
I. Erster SLIM-Vorschlag: Sacheinlagen	91
1. Der SLIM-Vorschlag	91
2. Wertprüfung von Sacheinlagen nach der Kapitalrichtlinie	92
a) Kapitalrichtlinie	92
b) Exkurs: Vereinbarkeit des deutschen Rechts mit der Kapitalrichtlinie	95
3. Befreiende Wertprüfung	97
4. Einlage börsengehandelter Anteile	97
II. Zweiter SLIM-Vorschlag: Nennwert	105
1. Der SLIM-Vorschlag	105

2. Verknüpfung des Umfangs von Mitgliedschaftsrechten
      mit dem Grundkapital....................................... 106
   3. Das geltende Europarecht.................................... 108
   4. Echte nennwertlose Aktien................................... 110
      a) Vorteile und Nachteile echter nennwertloser Aktien 110
      b) Regelungsebene 114

III. *Dritter SLIM-Vorschlag: Zwangseinziehung* 116

   1. Der SLIM-Vorschlag.. 116
   2. Squeeze Out... 118
      a) Deutschland 118
      b) Blick ins Ausland... 120
   3. Squeeze Out im Europarecht 122
      a) Harmonisierung des Rechts des Squeeze Out................. 122
      b) Verfahrensschutz.. 126
      c) Zwangseinziehung als zusätzlicher Weg des
         Squeeze Out?.. 130

IV. *Vierter SLIM-Vorschlag: Erwerb eigener Aktien* 132

   1. Der SLIM-Vorschlag.. 132
   2. Das geltende Recht.. 133
      a) Deutschland bis zur Kapitalrichtlinie..................... 133
      b) Die Kapitalrichtlinie 135
      c) Deutschland nach der Kapitalrichtlinie.................... 137
      d) Bilanzierung eigener Aktien............................... 139
      e) Europäische Union 142
      f) USA 145
   3. Motive für den Erwerb eigener Aktien........................ 146
      a) Ausschüttung nicht benötigter Liquidität.................. 147
      b) Veränderung der Kapitalstruktur: Leverage 148
      c) Kurspflege und Signalfunktion 149
      d) Aktionärsstruktur... 151
      e) Aktienoptionsprogramme.................................... 153
      f) Unternehmenskäufe... 156
      g) Zwischenergebnis.. 159
   4. Rechtstatsächliche Aspekte 159
      a) Methoden des Erwerbs eigener Aktien....................... 159
      b) Tatsächliche Bedeutung des Erwerbs eigener
         Aktien in Deutschland..................................... 161
   5. Gläubigerschutz 165
      a) Volumengrenzen beim Erwerb eigener Aktien 165
      b) Volumengrenze und Kapitalgrenze 169

Inhalt

```
   6. Schutz der Aktionäre ............................................. 170
      a) Gefahren für die Aktionäre bei Erwerb und Veräußerung
         eigener Aktien durch die Gesellschaft ...................... 170
      b) Hauptversammlungskompetenz ................................. 171
         (1) Mitentscheidung der Aktionäre .......................... 171
         (2) Die 18-Monatsgrenze des
             Art. 19 Abs. 1 lit. a KapRL ........................... 173
         (3) Die Ermächtigung zum Erwerb eigener
             Aktien und ihre 18monatige Höchstdauer in
             der deutschen Hauptversammlungspraxis ................. 175
         (4) Zwischenergebnis ....................................... 178
      c) Aktionärsschutz beim Erwerb eigener Aktien
         durch die Gesellschaft ..................................... 179
      d) Aktionärsschutz bei der Veräußerung eigener
         Aktien durch die Gesellschaft .............................. 184
      e) Zwischenergebnis ........................................... 187
   7. Kapitalmarktrecht und Erwerb eigener Aktien .................... 187
   8. Die 10 %-Grenze des Art. 19 Abs. 1 lit. b KapRL
      zur Förderung des Streubesitzes ................................ 189
   9. Fazit .......................................................... 190
```

V. *Fünfter SLIM-Vorschlag: Finanzielle Unterstützung des Aktienerwerbs* 192

```
   1. Der SLIM-Vorschlag ............................................. 192
   2. Das Verbot der Anteilsfinanzierung nach Art. 23 KapRL .......... 194
   3. Mögliche Änderung des Art. 23 KapRL ............................ 197
```

VI. *Sechster SLIM-Vorschlag: Bezugsrecht* 200

```
   1. Der SLIM-Vorschlag ............................................. 200
   2. Das Bezugsrecht bei börsennotierten Gesellschaften ............. 202
   3. Das Bezugsrecht und sein Ausschluss nach dem Aktiengesetz ..... 206
   4. Das Bezugsrecht und sein Ausschluss nach der
      Kapitalrichtlinie .............................................. 209
      a) Artikel 29 Kapitalrichtlinie ............................... 209
      b) Materielle Voraussetzungen des Bezugsrechts-
         ausschlusses nach Art. 29 KapRL ............................ 211
      c) Berichtspflichten nach Art. 29 KapRL beim Bezugsrechts-
         ausschluss im Rahmen eines genehmigten Kapitals ............ 214
         (1) Wortlaut und Aufbau des Art. 29 KapRL ................. 216
         (2) Entstehungsgeschichte des Art. 29 KapRL ............... 218
         (3) Differenzierte Behandlung von Direktausschluss
             (Art. 29 Abs. 4 Satz 3 KapRL: Berichtspflicht)
             und Ausschlussermächtigung
             (Art. 29 Abs. 5 Satz 1 KapRL: keine Berichtspflicht) .. 219
         (4) Korrektur des Art. 29 KapRL? .......................... 222
```

Inhalt

(5) Mindestnormcharakter des Art. 29 KapRL	223
d) Vereinbarkeit des so genannten vereinfachten Bezugsrechtsausschlusses mit Art. 29 KapRL	224
5. Kodifizierung der Voraussetzungen des Bezugsrechtsausschlusses börsennotierter Gesellschaften in der Kapitalrichtlinie	226
a) Kodifizierungsbedarf	226
b) Ordnungspolitische Aspekte	227
c) Eckpunkte einer möglichen Regelung	228
(1) Bestandsschutz	228
(2) Vermögensschutz	230
(3) Verfahrensschutz	230
6. Fazit	233

Zusammenfassung der Ergebnisse 235

I. Ergebnisse zu den Grundlagen 235

1. Das Europäische Aktienrecht 235
2. Die Reform der Kapitalrichtlinie 236
3. Das gesetzliche Mindestkapital 240

II. Ergebnisse zu den SLIM-Vorschlägen 241

1. Erster SLIM-Vorschlag: Sacheinlagen 241
2. Zweiter SLIM-Vorschlag: Nennwert 242
3. Dritter SLIM-Vorschlag: Zwangseinziehung 243
4. Vierter SLIM-Vorschlag: Erwerb eigener Aktien 243
5. Fünfter SLIM-Vorschlag: Finanzielle Unterstützung des Aktienerwerbs 246
6. Sechster SLIM-Vorschlag: Bezugsrecht 247

Anhang 251

Abkürzungen 259

Literatur 261

Sachregister 305

Einleitung

Das Gesellschaftsrecht der Mitgliedstaaten der Europäischen Union ist in starkem Maße von europäischem Sekundärrecht geprägt: Zahlreiche Richtlinien und Verordnungen schaffen gemeinschaftsweite Rechtsstandards. Der für das Aktienrecht bedeutendste[1] Rechtsakt ist die am 13.12.1976 verabschiedete Zweite gesellschaftsrechtliche Richtlinie (Kapitalrichtlinie)[2]. Zweck der Kapitalrichtlinie ist es, die Vorschriften über die Gründung sowie über die Aufbringung und Erhaltung eines Mindestkapitals von Aktiengesellschaften in der Europäischen Union anzugleichen.

Einige Vorschriften der Kapitalrichtlinie wurden in jüngerer Zeit verschiedentlich als zu rigide erachtet, ihre Deregulierung daher gefordert. Die Europäische Kommission bezog die Kapitalrichtlinie deshalb im Jahr 1998 in ihre SLIM-Initiative ein. »SLIM« steht für ein Programm, mit dem die Europäische Kommission das Binnenmarktrecht überprüfen, einfacher und schlanker gestalten will: »Simpler Legislation for the Internal Market«. Im Rahmen dieser Initiative hat eine von der Europäischen Kommission eingesetzte SLIM-Arbeitsgruppe im Herbst 1999 Änderungsvorschläge zur

---

[1] So auch *Noack*, Entwicklungen im Aktienrecht 1999/2000, S. 8 und *Edwards*, S. 51. *Lutter*, in: Grundmann (Hrsg.), Systembildung, S. 121, 125, urteilt: »Die Bedeutung dieser Richtlinie für das Recht der Kapitalgesellschaften in Europa kann gar nicht hoch genug eingeschätzt werden.«

[2] Zweite gesellschaftsrechtliche Richtlinie des Rates vom 13.12.1976 zur Koordinierung der Schutzbestimmungen, die in den Mitgliedstaaten den Gesellschaften im Sinne des Artikels 58 Absatz 2 des Vertrages im Interesse der Gesellschafter sowie Dritter für die Gründung der Aktiengesellschaft sowie für die Erhaltung und Änderung ihres Kapitals vorgeschrieben sind, um diese Bestimmungen gleichwertig zu gestalten (77/91/EWG), ABlEG Nr. L 26 vom 31.1.1977, S. 1, geändert durch die Richtlinie 92/101/EWG des Rates vom 23.11.1992 zur Änderung der Richtlinie 77/91/EWG über die Gründung der Aktiengesellschaft sowie die Erhaltung und Änderung ihres Kapitals, ABlEG Nr. L 347 vom 28.11.1992, S. 64. Die Kapitalrichtlinie ist abgedruckt bei *Lutter*, Europäisches Unternehmensrecht, und bei *Habersack*, Europäisches Gesellschaftsrecht. Sie ist auch abrufbar unter: http://europa.eu.int/eur-lex/de/ und unter http://register.consilium.eu.int.

Einleitung

Kapitalrichtlinie gemacht. Diese SLIM-Vorschläge[3] sind Anlass und Ausgangspunkt der vorliegenden Arbeit.

Die Arbeit gliedert sich in drei Teile. Thema des ersten Teils ist das Europäische Aktienrecht[4]. Zuerst wird auf die Regeln der Kapitalrichtlinie und weitere für die Arbeit relevante Bereiche des Europäischen Aktienrechts eingegangen, um anschließend nach dem Aktionärsbild im Europäischen Aktienrecht zu fragen.

Die Reform der Kapitalrichtlinie wird im zweiten Teil der Arbeit behandelt. Vorweg werden der SLIM-Prozess, die SLIM-Vorschläge und erste Reaktionen hierauf dokumentiert, wie auch die Arbeit der jüngst eingesetzten *Winter*-Kommission, die die gesellschaftsrechtlichen Rahmenbedingungen in Europa in einem weiteren Kontext überprüfen soll. Dann wird untersucht, welche Vorgaben das Europarecht für die Fortentwicklung der Kapitalrichtlinie enthält. Der Schwerpunkt des zweiten Teils der Arbeit ist die Theorie der europäischen Politik des Aktienrechts. Welche Bereiche des Aktienrechts sollen national geregelt werden, wo sind europäische Vorschriften geboten und woran lässt sich die Abgrenzung festmachen? Was kann das ordnungspolitische Konzept des so genannten Wettbewerbs der Rechtsordnungen für die weitere Entwicklung der Kapitalrichtlinie leisten? Können US-amerikanische Erfahrungen für das Europäische Aktienrecht fruchtbar gemacht werden? Und schließlich: Lassen sich allgemeingültige Harmonisierungsziele und Harmonisierungskriterien für das Aktienrecht in Europa definieren und begründen?

Am Ende des zweiten Teils der Arbeit wird das System des gesetzlichen Mindestkapitals behandelt, das Ausgangspunkt der Kapitalrichtlinie ist. In jüngerer und jüngster Zeit wurde gefordert, dieses System völlig aufzugeben. Die SLIM-Arbeitsgruppe hat sich mit dieser Forderung nicht auseinandergesetzt. Weil aber die SLIM-Vorschläge teilweise an das Mindestkapitalkonzept anknüpfen und weil auch die *Winter*-Kommission das gesetzliche Mindestkapital hinterfragt, wird hierauf knapp eingegangen.

---

3   Die Vorschläge der SLIM-Arbeitsgruppe mit den zugehörigen Erläuterungen sind in deutscher und englischer Sprache abrufbar unter: http://europa.eu.int/comm/internal_market/. Die deutsche Fassung findet sich auch bei *Neye*, ZIP 1999, 1944. *Kallmeyer*, AG 2001, 406, 407, kritisiert die deutsche Übersetzung zu Recht (»sinnentstellende Fehler«). Im Anhang (S. 251 ff.) ist daher die englischsprachige Originalfassung abgedruckt. Die Vorschläge (Recommendations; im Anhang S. 251 ff.) werden im Folgenden als »SLIM-Vorschläge«, die Erläuterungen (Explanatory Memorandum; im Anhang S. 254 ff.) als »SLIM-Erläuterungen« zitiert.

4   Wird im Folgenden das *Europäische Aktienrecht* als Eigenname verwendet, so ist damit das europäische Sekundärrecht für Aktiengesellschaften gemeint. Wird hingegen von den *europäischen Aktienrechten* gesprochen, so bezeichnet dies die nationalen Aktienrechte in der Europäischen Union.

Einleitung

Kern der Arbeit ist der dritte Teil, in dem die sechs SLIM-Vorschläge behandelt werden. Dabei wird in Exkursen auf grundlegende Fragen der Kapitalrichtlinie eingegangen, wie auch auf gegenwärtig diskutierte Bereiche, in denen die Kapitalrichtlinie die Auslegung des Aktiengesetzes beeinflusst. Bei den SLIM-Vorschlägen handelt es sich um punktuelle Empfehlungen für einzelne Vorschriften der Kapitalrichtlinie, nicht aber um einen systematisch abgeschlossenen Reformvorschlag. Auch aus diesem Grund wurden aus der Perspektive des deutschen Aktienrechts Schwerpunkte gesetzt: zum einen beim vierten SLIM-Vorschlag betreffend den Erwerb eigener Aktien und zum anderen beim sechsten SLIM-Vorschlag, der das Bezugsrecht zum Gegenstand hat.

Die SLIM-Arbeitsgruppe empfiehlt in ihrem ersten Vorschlag bei der sachverständigen Wertprüfung von Sacheinlagen Ausnahmen zuzulassen. Die Thematik ist aus deutscher Sicht auch deshalb interessant, weil sie die Frage aufwirft, ob die Vorschriften des Aktiengesetzes über die sachverständige Prüfung des Wertes von Sacheinlagen den Vorgaben der Kapitalrichtlinie genügen.

Der zweite SLIM-Vorschlag bezieht sich auf echte nennwertlose Aktien und die Frage, ob solche nach der Kapitalrichtlinie zulässig sind, beziehungsweise in dieser zugelassen werden sollten. Diese Frage kam auch im Rahmen der Konsultation der *Winter*-Kommission auf.

Das Squeeze Out ist im weiteren Sinne Gegenstand des dritten SLIM-Vorschlags. Der Vorschlag von 1999 ist heute weitgehend durch die deutsche und die europäische Rechtsentwicklung überholt und wird daher im Verhältnis zur materiellen Bedeutung des Squeeze Out knapp behandelt.

Der Schwerpunkt des dritten Teils der Arbeit liegt beim vierten SLIM-Vorschlag. Die gegenwärtigen Schranken des Erwerbs eigener Aktien in § 71 AktG sind dem deutschen Gesetzgeber weitgehend durch die Kapitalrichtlinie vorgegeben. Die SLIM-Arbeitsgruppe schlägt vor, die Möglichkeiten des Erwerbs eigener Aktien in der Kapitalrichtlinie auszuweiten. Um dazu Stellung zu beziehen wird die praktische Bedeutung des Erwerbs eigener Aktien in Deutschland untersucht und es wird gefragt, wie die Finanzierungsinteressen der Unternehmen und die Schutzinteressen von Gläubigern und Aktionären adäquat ausgeglichen werden können.

Das Verbot der Anteilsfinanzierung in der Kapitalrichtlinie hat in einigen Mitgliedstaaten große praktische Bedeutung, nicht aber in Deutschland. Deshalb wird der fünfte SLIM-Vorschlag nur sehr knapp behandelt.

Der zweite Schwerpunkt im dritten Teil der Arbeit liegt beim sechsten SLIM-Vorschlag, der das Bezugsrecht zum Gegenstand hat. Die SLIM-Arbeitsgruppe empfiehlt für börsennotierte Gesellschaften eine Sondervorschrift für den Bezugsrechtsausschluss in die Kapitalrichtlinie aufzunehmen.

Einleitung

Vorab wird geprüft, welche formellen und materiellen Anforderungen sich für den Bezugsrechtsausschluss aus der Kapitalrichtlinie gegenwärtig ergeben. Dann wird untersucht, ob eine gesonderte europäische Regelung für den Bezugsrechtsausschluss börsennotierter Gesellschaften prinzipiell wünschenswert ist und wie sie gegebenenfalls ausgestaltet sein sollte.

Die wichtigsten Ergebnisse der Arbeit werden abschließend zusammengefasst.

Erster Teil: Das Europäische Aktienrecht

I. Harmonisierung des Gesellschaftsrechts in der Europäischen Union

Laut Art. 2 EGV[5] ist die Kernaufgabe der Europäischen Union die Errichtung eines Gemeinsamen Marktes und einer Wirtschafts- und Währungsunion. Um diese Zielvorgabe des EGV zu erreichen, hat die Gemeinschaft nach Art. 3 Abs. 1 lit. h EGV die innerstaatlichen Rechtsvorschriften anzugleichen, soweit dies für das Funktionieren des Gemeinsamen Marktes erforderlich ist.

Die zentrale Rechtsgrundlage für die Angleichung des Aktienrechts in der EU ist Art. 44 Abs. 2 lit. g EGV (ex Art. 54 Abs. 3 lit. g EGV),[6] wonach

»Rat und Kommission [...] soweit erforderlich die Schutzbestimmungen koordinieren, die in den Mitgliedstaaten den Gesellschaften im Sinne des Artikels 48 Abs. 2 (ex Art. 58 Abs. 2) im Interesse der Gesellschafter sowie Dritter vorgeschrieben sind, um diese Bestimmungen gleichwertig zu gestalten«.

Das wichtigste Instrument zur Rechtsangleichung ist die Richtlinie, Art. 249 Abs. 3 EGV (ex Art. 189 Abs. 3 EGV).[7] Richtlinien zeichnen sich dadurch aus, dass sie für jeden Mitgliedstaat, an den sie gerichtet sind, hinsichtlich des zu erreichenden Ziels verbindlich sind, den innerstaatlichen Stellen jedoch die Wahl der Form und der Mittel überlassen. Richtlinien bedürfen also grundsätzlich zunächst der Umsetzung in nationales Recht. In Art. 94 EGV (ex Art. 100 EGV) sowie in Art. 96 Abs. 2 EGV (ex Art. 101 Abs. 2 EGV) ist festgelegt, dass die Angleichung derjenigen Rechts- und Verwaltungsvorschriften der Mitgliedstaaten, die sich unmittelbar auf die Errichtung oder das Funktionieren des Gemeinsamen Marktes auswirken oder aber die Wett-

---

5   Artikel des EGV werden in der Amsterdamer Fassung vom 2.10.1997 zitiert. Sofern die Artikel in der Maastrichter Fassung vom 25.3.1957 hiervon abweichen, werden diese in Klammern mitzitiert. Eine Übereinstimmungstabelle findet sich in BGBl 1998 II, S. 386.
6   *Lutter*, Europäisches Unternehmensrecht, S. 8; *Deckert*, EWS 1996, 265, 266.
7   *Hopt*, ZGR 1992, 265, 270. Kritisch insofern *Vogel*, in: Festschrift für Peltzer, S. 599, 604.

Erster Teil: Das Europäische Aktienrecht

bewerbsbedingungen auf dem Gemeinsamen Markt verfälschen, durch Richtlinien zu erfolgen hat.

Gesellschaftsrechtliche Richtlinien wurden früher vom Europäischen Rat einstimmig erlassen. Seit der Einheitlichen Europäischen Akte[8] ergeht der Ratsbeschluss im Mitentscheidungsverfahren und mit qualifizierter[9] Mehrheit, Artt. 94, 95 Abs. 1, 251 Abs. 2, 205 Abs. 2 EGV (ex Artt. 100, 100 a Abs. 1, 189 b Abs. 2, 148 EGV). Diese qualifizierte Mehrheit ist in der Union der 15 Mitgliedstaaten politisch oft nur schwer herbeizuführen. Das gilt gleichermaßen für weitere Harmonisierungsmaßnahmen, wie für Deregulierungsvorschläge. Nach verbreiteter Auffassung ist das Richtlinienrecht aus diesem Grunde beharrlich und unflexibel.[10]

Ein weiteres bedeutendes rechtstechnisches Mittel zur Umsetzung des Binnenmarktprogramms ist die Verordnung, Art. 249 Abs. 2 EGV (ex Art. 189 Abs. 2 EGV). Im Gegensatz zu Richtlinien sind Verordnungen in allen ihren Teilen verbindlich und gelten unmittelbar in jedem Mitgliedstaat.

Übereinkommen, Entscheidungen, Empfehlungen und Stellungnahmen waren bislang unbedeutend für die Harmonisierung des Gesellschaftsrecht.[11] Die Europäische Kommission gedenkt jedoch künftig stärker das Mittel der Empfehlung einzusetzen, etwa in Form von Modellgesetzen.[12]

In keinem anderen Bereich des Privatrechts ist die Europäische Gemeinschaft als Gesetzgeber derart umfassend tätig geworden wie im Gesellschaftsrecht:[13] Von fünfzehn geplanten gesellschaftsrechtlichen Richtlinien

---

8   *Rat der Europäischen Gemeinschaften*, Einheitliche Europäische Akte und Schlussakte, 1986. Zur Einführung des Art. 100 a EGV a. F. dort S. 21 sowie *Hayder*, RabelsZ 53 (1989), 622, 654; *Everling*, in: Festschrift für Steindorff, S. 1155; *Beutler u. a.*, S. 387; *Dougan*, CML Rev. 37 (2000), 853, 855.
9   Nach Art. 205 Abs. 2 EGV (ex. Art. 148 Abs. 2 EGV) sind derzeit 62 von insgesamt 87 Stimmen erforderlich; Deutschland hat 10 Stimmen. Im Vertrag von Nizza, ABlEG Nr. C 80 vom 10.3.2001, S. 82, wurde eine neue Stimmengewichtung im Rat ab dem 1.1.2005 vereinbart. Siehe hierzu den Überblick in SEK (2001) 99, S. 3 ff., abrufbar auch unter: http://europa.eu.int./eur-lex/de/treaties.
10 So *Behrens*, RabelsZ 50 (1986), 19, 26; *Buxbaum/Hopt*, Harmonization, 1988, S. 239. Relativierend hingegen *Gower*, in: Buxbaum u. a. (Hrsg.), European Business Law, 1991, S. 307, 320; *Fitchew*, in: Buxbaum u. a. (Hrsg.), European Business Law, 1991, S. 1, 14. Siehe auch *Winter-Konsultation*, S. 5 und für das Kapitalmarktrecht eingehend *Lamfalussy-Bericht*, S. 12, 26 ff.
11 Siehe zu Übereinkommen, Entscheidungen, Empfehlungen und Stellungnahmen z. B. *Oppermann*, Rn. 563 ff. sowie speziell für das Gesellschaftsrecht *Wiesner*, ZIP 2000, 1792, 1810; *van Hulle*, in: Scheuing/Schwarz/Wollenschläger, S. 81, 83.
12 *van Hulle*, in: Europäischer Juristentag, Band II: Sitzungsberichte, S. 126. *Hopt*, in: Festschrift für Buxbaum, S. 299, 303, verweist auf entsprechende britische Vorstellungen. Siehe nun auch *Winter-Konsultation*, S. 6.
13 *Hopt*, ZIP 1998, 96; *Schwarz*, Europäisches Gesellschaftsrecht, Vorwort; *van Hulle*, EWS 2000, 521. Umfassende Darstellungen des europäischen Gesellschaftsrechts finden sich außer bei den genannten auch bei *Hopt/Wymeersch*, European Company and Financial Law; *Lutter*, Europäisches Unternehmensrecht; *Winkler*, *Habersack*, Europäisches

I. Harmonisierung des Gesellschaftsrechts in der Europäischen Union

sind neun in Kraft getreten[14], drei liegen als Vorschlag[15] und drei weitere als Entwurf beziehungsweise als Vorentwurf vor[16]. Zu nennen sind ferner die Verordnung über das Statut der Europäischen Aktiengesellschaft (SE) mit der dazugehörenden Richtlinie zur Arbeitnehmermitbestimmung,[17] die Verordnung über die Europäische Wirtschaftliche Interessenvereinigung (EWIV)[18] sowie Verordnungsvorschläge zum Europäischen Verein[19], zur

---

Gesellschaftsrecht, sowie bei *Wouters*, CML Rev. 37 (2000), 257, und bei *Wiesner*, BB 2001, Beilage 8 vom 1.11.2001.

14 Erste gesellschaftsrechtliche Richtlinie des Rates vom 9.3.1968 (68/151/EWG) (**Publizitätsrichtlinie**), ABlEG Nr. L 65 vom 14.3.1968, S. 8; Zweite gesellschaftsrechtliche Richtlinie des Rates vom 13.12.1976 (77/91/EWG) (**Kapitalrichtlinie**), a. a. O. (Fn. 2); Dritte gesellschaftsrechtliche Richtlinie des Rates vom 9.10.1978 (78/855/EWG) (**Verschmelzungsrichtlinie**), ABlEG Nr. L 295 vom 20.10.1978, S. 36; Vierte gesellschaftsrechtliche Richtlinie des Rates vom 25.7.1978 (78/660/EWG) (**Bilanzrichtlinie**), ABlEG Nr. L 222 vom 14.8.1978, S. 11; Sechste gesellschaftsrechtliche Richtlinie des Rates vom 17.12.1982 (82/891/EWG) (**Spaltungsrichtlinie**), ABlEG Nr. L 378 vom 31.12.1982, S. 47; Siebte gesellschaftsrechtliche Richtlinie des Rates vom 16.5.1983 (83/349/EWG) (**Konzernabschlussrichtlinie**), ABlEG Nr. L 193 vom 18.7.1983, S. 1; Achte gesellschaftsrechtliche Richtlinie des Rates vom 10.4.1984 (84/253/EWG) (**Abschlussprüferrichtlinie**), ABlEG Nr. L 126 vom 12.5.1984, S. 20; Elfte gesellschaftsrechtliche Richtlinie des Rates vom 22.12.1989 (89/666/EWG) (**Zweigniederlassungsrichtlinie**), ABlEG Nr. L 395 vom 30.12.1989, S. 36; Zwölfte gesellschaftsrechtliche Richtlinie des Rates vom 22.12.1989 (89/667/EWG) (**Einpersonen-GmbH-Richtlinie**), ABlEG Nr. L 395 vom 30.12.1989, S. 40. Die genannten Rechtsakte sind mehrheitlich abgedruckt bei *Lutter*, Europäisches Unternehmensrecht, und bei *Habersack*, Europäisches Gesellschaftsrecht. Sie sind außerdem abrufbar unter: http://europa.eu.int/eur-lex/de/ und unter http://register.consilium.eu.int. Etwaige Änderungen der Rechtsakte finden sich dort und sind auch dokumentiert bei *Wiesner*, BB 2001, Beilage 8 vom 1.11.2001.

15 Vorschlag einer Fünften gesellschaftsrechtlichen Richtlinie des Rates (**Strukturrichtlinie**), ABlEG Nr. C 131 vom 13.12.1972, S. 49, ABlEG Nr. C 240 vom 9.9.1983, S. 2 (erster geänderter Vorschlag), ABlEG Nr. C 7 vom 11.1.1991, S. 4 (zweiter geänderter Vorschlag), ABlEG Nr. C 321 vom 12.12.1991 (dritter geänderter Vorschlag); Vorschlag einer Zehnten gesellschaftsrechtlichen Richtlinie des Rates (**Richtlinie über internationale Fusionen**) vom 8.1.1985, ABlEG Nr. C 23 vom 14.1.1985. Geänderter Vorschlag einer Dreizehnten gesellschaftsrechtlichen Richtlinie des Europäischen Parlaments und des Rates (**Übernahmerichtlinie**) vom 5.6.2001. Der Richtlinienvorschlag vom 5.6.2001 findet sich mit allen korrespondierenden Dokumenten im Internet unter http://europa.eu.int/prelex/ (Dokumentennummer: PE-CONS/2001/3629), und ist auch abgedruckt in ZIP 2001, 1120, 1123, mit einer Einführung von *Neye*, ZIP 2001, 1120.

16 Vorentwurf einer Neunten gesellschaftsrechtlichen Richtlinie der Kommission (**Konzernrechtsrichtlinie**) von 1984, KOM III/1639/84, abgedruckt auch in ZGR 1985, 446; Vorentwurf einer Vierzehnten gesellschaftsrechtlichen Richtlinie des Europäischen Parlaments und des Rates (**Sitzverlegungsrichtlinie**) von 1997, KOM XV/6002/97 vom 20.4.1997; Vorentwurf einer Fünfzehnten gesellschaftsrechtlichen Richtlinie der Kommission (**Liquidationsrichtlinie**) von 1989, KOM XV/43/87.

17 Verordnung (EG) Nr. 2157/2001 des Rates vom 8.10.2001 über das **Statut der Europäischen Gesellschaft (SE-VO)**, ABlEG Nr. L 294 vom 10.11.2001, S. 1. Richtlinie des Rates vom 8.10.2001 zur Ergänzung des Statuts der Europäischen Gesellschaft hinsichtlich der Beteiligung der Arbeitnehmer (2001/86/EG), ABlEG Nr. L 294 vom 10.11.2001, S. 22.

18 Verordnung für eine Europäische wirtschaftliche Interessenvereinigung (EWIV) vom 25.7.1985 (VO 2137/85), ABlEG Nr. L 199 vom 31.1.1985, S. 1.

Erster Teil: Das Europäische Aktienrecht

Europäischen Genossenschaft[20] und zur Europäischen Gegenseitigkeitsgesellschaft[21].

Trotz dieser Vielzahl gemeinschaftlicher Rechtsakte ist das Bild der Harmonisierung des Europäischen Gesellschaftsrechts uneinheitlich und zwar selbst in einem Bereich wie dem Aktienrecht, in dem die Rechtsangleichung vergleichsweise weit vorangeschritten ist.[22] Während im allgemeinen Zivilrecht die Europäisierung derzeit stark und oft geradezu euphorisch vorangetrieben wird,[23] war die Situation im Gesellschaftsrecht in den vergangenen Jahren eine andere. Ernüchterung und Zurückhaltung prägten das Bild der Diskussion um das Europäische Gesellschaftsrecht.[24] Auch hier bleibt aber – und das ist im Grunde unstreitig – noch viel zu tun. Wichtige Bereiche der Fortentwicklung des Europäischen Gesellschaftsrechts sind internationale Zusammenschlüsse und Übernahmen von Unternehmen, die grenzüberschreitende Sitzverlegung, Aktionärsrechte und ihre grenzüberschreitende Ausübung sowie die Schaffung respektive der Ausbau europäischer Gesellschaftsformen.[25] Von dem politischen Durchbruch bei der Europäischen

---

19 Geänderter Vorschlag für eine Verordnung des Rates über das Statut des Europäischen Vereins (EUV) vom 6.7.1993, ABlEG Nr. C 236 vom 31.8.1993, S. 1. Siehe dazu nun auch *Winter-Konsultation*, S. 48.

20 Geänderter Vorschlag für eine Verordnung des Rates über das Statut der Europäischen Genossenschaft (EUGEN) vom 6.7.1993, ABlEG Nr. C 236 vom 31.8.1993, S. 17. Dazu *Blomeyer*, BB 2000, 1741. *Wiesner*, BB 2001, Beilage 8 vom 1.11.2001, S. 10, erwartet, dass die Europäische Genossenschaft »im Kielwasser der Europa AG« auch bald verabschiedet wird. Gleichsinnig *Winter-Konsultation*, S. 48.

21 Geänderter Vorschlag für eine Verordnung des Rates über das Statut der Europäischen Gegenseitigkeitsgesellschaft (EUGGES) vom 6.7.1993, ABlEG Nr. C 236 vom 31.8.1993, S. 40. Siehe dazu nun auch *Winter-Konsultation*, S. 48.

22 *Niebel*, S. 11.

23 *Hayder*, RabelsZ 53 (1989); 622, *Götz*, JZ 1994, 265; *Blaurock*, JZ 1994, 270; *Schwartz*, ZEuP 1994, 559; *Basedow*, Europäisches Vertragsrecht für Europäische Märkte, S. 6 ff.; *Lando*, E. Rev. Priv. L. 5 (1997); 525; *ders.*, E. Rev. Priv. L. 8 (2000), 59; *Franzen*; *Riedl*, E. Rev. Priv. L. 8 (2000), 71. Verhalten *Markesinis*, E. Rev. Priv. L. 5 (1997), 519; *Mattei*, E. Rev. Priv. L. 5 (1997), 537, 540. Siehe aktuell die Mitteilung der Europäischen Kommission an den Rat und das Europäische Parlament zum Europäischen Vertragsrecht, KOM (2001) 398 endg., ABlEG Nr. C 255 vom 13.9.2001, S. 1, und dazu *Leible*, EWS 2001, 471.

24 So auch *Ebke*, IL 1997, 961, 976; *Hopt*, in: Grundmann (Hrsg.), Systembildung, S. 307, 309.

25 *di Marco*, in: Chmielewicz/Forster, ZfbF-Sonderheft 29, 1991, S. 1; *von Rosen*, Europäisches Aktienrecht, S. 6; *Ehricke*, RabelsZ 64 (2000), 497; *Geiger*, in: Scheuing/Schwarz/Wollenschläger, S. 9, 12. Zur Europäischen Privatgesellschaft, einer Gesellschaft mit beschränkter Haftung, die im Englischen European Private Company und im Französischen Société Fermée Européenne genannt wird, siehe *Hirte*, in: de Kluiver/van Gerven (Hrsg.), S. 95; *Lutter*, in: de Kluiver/van Gerven (Hrsg.), S. 201; *Hommelhoff*, WM 1997, 2101; *Hopt*, ZIP 1998, 96, 103; *Boucourechliew/Hommelhoff*, *Ehricke*, RabelsZ 64 (2000), 497; *Bachmann*, ZGR 2001, 351; *Dejmek*, NZG 2001, 878 und eingehend jüngst *Winter-Konsultation*, S. 45 ff. Zum Harmonisierungsbedarf im europäischen Kapitalmarktrecht *Möllers*, ZGR 1997, 334, 336; *Möschel*, in: Festschrift für Zöll-

I. Harmonisierung des Gesellschaftsrechts in der Europäischen Union

Aktiengesellschaft[26] wird hoffentlich eine Sogwirkung auch auf diese Vorhaben ausgehen. Für das Europäische Gesellschaftsrecht ist schließlich die künftige Harmonisierung angrenzender Teilrechtsordnungen von großer Bedeutung, namentlich die des Unternehmenssteuerrechts.[27]

---

ner, S. 397, 407; *Hoppmann*, EWS 1999, 204; *Avgouleas*, ELJ 6 (2000), 72; *von Rosen*, Börsen-Zeitung vom 13.9.2000; *Noack*, ZIP 2002, 1215.

26 Dazu S. 27 f.
27 So auch *Lutter*, ZGR 1992, 435, 449. Zur weiteren Harmonisierung des Steuerrechts siehe *Tipke*, S. 42 und S. 533; *Lang*, in: Festschrift für Flick, S. 873; *Runge*, in: Festschrift für Flick, S. 957; *Schultz*, in: Festschrift für Rädler, S. 579; *Maisto*, S. 165, 167 ff.; sowie ausführlich die Mitteilung der Kommission an den Rat, das Europäische Parlament und den Wirtschafts- und Sozialausschuss: Steuerpolitik in der Europäischen Union – Prioritäten für die nächsten Jahre, KOM (2001) 260 endg.

II. Die Kapitalrichtlinie

1. Hintergrund

Die Kapitalrichtlinie regelt die Gründung von Aktiengesellschaften sowie die Aufbringung und Erhaltung von deren Mindestkapital. Die Kommission hatte dem Rat im Frühjahr 1970 einen Vorschlag für eine Zweite gesellschaftsrechtliche Richtlinie vorgelegt.[28] Die endgültige Fassung der Kapitalrichtlinie wurde am 13.12.1976 verabschiedet.[29] Diese Fassung der Kapitalrichtlinie enthielt zwar umfassende Vorgaben für den Erwerb eigener Aktien, den Erwerb von Aktien durch Tochtergesellschaften regelte sie jedoch nicht. Dies sollte ursprünglich in der geplanten Konzernrechtsrichtlinie[30] geschehen. Nach deren vorläufigem Scheitern hat der Rat am 23.11.1992 eine die Kapitalrichtlinie ergänzende Richtlinie erlassen, die den Erwerb von Aktien durch Tochtergesellschaften regelt (Art. 24 a KapRL).[31] Durch den zwischenzeitlichen Beitritt neuer Mitgliedstaaten wurden weitere Anpassungen erforderlich, die allerdings keine wesentlichen Änderungen notwendig machten.

Die Bundesrepublik hat die Kapitalrichtlinie durch das am 1.7.1979 in Kraft getretene Durchführungsgesetz vom 13.12.1978 umgesetzt.[32] Die wichtigsten neuen Regelungen des Aktiengesetzes betrafen eigene Aktien und Sacheinlagen. Die Änderungsrichtlinie aus dem Jahr 1992 musste nicht umgesetzt werden, da der deutsche Gesetzgeber mit § 71 d AktG bereits eine

---

28 ABlEG Nr. C 48 vom 24.4.1970, S. 8 ff. sowie BTDrucks VI/595.
29 A. a. O. (Fn. 2). Das Thema wurde in der Wissenschaft eingehend behandelt, siehe *Geßler*, DB 1969, 1001; *Ankele*, BB 1970, 988; *Niessen*, AG 1970, 282; *Pipkorn*, ZHR 136 (1972), 499, 506; *Morse*, E. L. Rev. 2 (1977), 126, sowie die Monografie von *Bärmann* und zuvor schon die wegweisende Habilitation von Bärmanns Schüler *Lutter*, Kapital. Zur Entstehungsgeschichte siehe den Gesetzesentwurf der Bundesregierung für ein Gesetz zur Durchführung der Zweiten Richtlinie des Rates der Europäischen Gemeinschaften zur Koordinierung des Gesellschaftsrechts vom 31.3.1978, BTDrucks 8/1678, S. 9 f.; wie auch *Mülbert*, in: Festschrift für Lutter, S. 535, 544.
30 A. a. O. (Fn. 16).
31 A. a. O. (Fn. 2).
32 BGBl 1978 I, S. 1959. Dazu *Ganske*, WM 1978, 2461; *Welf Müller*, WPg 1978, 565; *Hüffer*, NJW 1979, 1065. Zu den Fundstellen zur Durchführung der Kapitalrichtlinie in den anderen Mitgliedstaaten siehe *Paschke*, S. 460, und *Schwarz*, Europäisches Gesellschaftsrecht, Rn. 568 ff. Umfassende Hinweise zur ausländischen Literatur zur Kapitalrichtlinie und ihrer Umsetzung finden sich bei *Schutte-Veenstra*, Harmonisatie, S. 295 ff.

II. Die Kapitalrichtlinie

dem Art. 24 a KapRL entsprechende nationale Vorschrift über den Erwerb von Aktien durch Tochtergesellschaften erlassen hatte.[33]

In Deutschland ist im Einzelfall stark umstritten, ob die Kapitalrichtlinie Mindest- oder Höchststandards enthält. Im Falle von Mindeststandards steht es den Mitgliedstaaten frei, national höhere Schutzniveaus vorzugeben, während dies durch Höchststandards verhindert werden soll. Richtigerweise ist auf den Schutzzweck der jeweils in Frage stehenden Regelung der Richtlinie abzustellen.[34]

2. Anwendungsbereich

Der Anwendungsbereich der Kapitalrichtlinie erstreckt sich auf die Aktiengesellschaft und ihr entsprechende, in Art. 1 Abs. 1 KapRL benannte Rechtsformen. Bei diesen Rechtsformen handelte und handelt es sich noch immer um durchaus unterschiedliche soziale Systeme. In Deutschland gab es in den siebziger Jahren zum Beispiel nur wenige Aktiengesellschaften, die meist relativ groß waren. Zur gleichen Zeit existierten in Frankreich und Belgien zahlreiche *Sociétés Anonyme*, deren Rechtsform häufig auch von kleinen Unternehmen gewählt wurde.

Für die GmbH und ihr vergleichbare Gesellschaften – wie etwa die britische *Private Company* – gilt die Kapitalrichtlinie nicht. Im Weißbuch von 1985[35] und in einer umfassenden internen Studie aus dem Jahre 1993[36] bekräftigte die Kommission die Absicht, die Regelungen der Kapitalrichtlinie grundsätzlich auch auf die GmbH und ihr vergleichbare Gesellschaften zu übertragen. Die Forderung nach einem von der Rechtsform unabhängigen Mindestniveau des Kapitalschutzes[37] in der Europäischen Union ist gewich-

---

33 Siehe auch die Stellungnahme des Wirtschafts- und Sozialausschusses vom 3.7.1991, ABlEG Nr. C 269 vom 14.10.1991, S. 21. Zu Art. 24 a KapRL *Neye*, ZGR 1995, 191, 193.
34 Wie hier Generalanwalt *Tesauro*, EuGHE 1996, I-6019, 6023 (Siemens). Ausführlich zu der Frage die Dissertation von *Drinkuth*, KapRL, sowie *Steindorff*, EuZW 1990, 251, 253; *Lutter*, in: Festschrift für Everling, S. 765; *Mülbert*, ZHR 159 (1995), 2; *Grundmann*, JZ 1996, 274.
35 Vollendung des Binnenmarktes. Weißbuch der Kommission an den Europäischen Rat (Mailand, 28./29. Juni 1985), KOM (1985) 310 endg., S. 34, Rz. 140. Zur »Magna Carta« (*Goerdeler*, in: Festschrift für Steindorff, S. 1211, 1216) der Kommission auch *Streinz*, in: Everling/Roth, S. 10.
36 *Europäische Kommission*, KapRL-Studie, S. 25 ff.
37 Dazu *Hopt*, ZIP 1998, 96, 103; *Wymeersch*, Referat für den 1. EJT, S. 85, 93. Die Rechtsformneutralität des Kapitalschutzes wird aber auch in anderem Zusammenhang thematisiert, etwa für eigenkapitalersetzende Darlehen. Dazu *Bayer*, in: von Gerkan/Hommelhoff (Hrsg.), S. 311 ff. und speziell für das Genossenschaftsrecht *ders.*,

tig und aktuell. Fehlt dieser, drohen die bestehenden europäischen und nationalen Regeln zur Kapitalaufbringung und Kapitalerhaltung umgangen zu werden. Der Fall *Centros* ist ein anschauliches Beispiel hierfür.[38] Bislang ist es Unternehmen nicht möglich, ihren Sitz innerhalb der Europäischen Union identitätswahrend über die Grenze zu verlegen. Wird dieser Weg eröffnet, mag die Flucht der Unternehmen vor den nationalen Gesetzen des Kapitalschutzes zunehmen. Unabhängig von dieser möglichen künftigen Entwicklung fordern schon jetzt zahlreiche Stimmen in der Literatur den Anwendungsbereich der Kapitalrichtlinie auf die GmbH zu erstrecken.[39] Es ist nicht abzusehen, ob und wann die Europäische Kommission ihre diesbezüglich geäußerte Absicht in einen konkreten Legislativvorschlag umsetzt.[40]

3. Regelungsziel

Das Regelungsziel der Kapitalrichtlinie ist in deren Erwägungsgründen umschrieben.[41] Im zweiten Erwägungsgrund heißt es dazu:

»Die Koordinierung der einzelstaatlichen Vorschriften über die Gründung der Aktiengesellschaft sowie die Aufrechterhaltung, die Erhöhung und die Herabsetzung ihres Kapitals ist vor allem bedeutsam, um beim Schutz der Aktionäre einerseits und

---

DStR 1999, 1820. Die *Europäische Kommission*, KapRL-Studie, S. 2, spricht sich gegen eine Einbeziehung von Genossenschaften in den Anwendungsbereich der Kapitalrichtlinie aus, weil die einzelstaatlichen Genossenschaftsrechte teils wesentlich von den Regelungen der Kapitalrichtlinie abweichen.

38 EuGHE 1999, I-1484 (Centros) lag folgender Sachverhalt zugrunde: Das dänische Recht schreibt für die GmbH ein gesetzliches Mindestkapital von dKr 200.000 vor. Eine entsprechende Regelung fehlt im britischen Recht. Allein um die dänischen Kapitalvorschriften zu umgehen kaufte ein in Dänemark lebendes dänisches Ehepaar in Großbritannien die Centros Ltd. Bei der Centros Ltd. handelte es sich um eine englische Briefkastengesellschaft, die zuvor keine Geschäftstätigkeit entfaltet hatte. Nunmehr sollte die Gesellschaft ausschließlich über eine dänische Zweigniederlassung in Dänemark tätig werden. Der EuGH hat die Errichtung der dänischen Niederlassung im Gegensatz zur dänischen Registerbehörde trotz dieses Hintergrundes für zulässig erachtet. Die gleichen Motive wie im Falle Centros lagen auch dem Fall zugrunde, den das LG Salzburg, NZG 2001, 459, dem EuGH vorgelegt hat.

39 So schon *Lutter*, Kapital, S. 501. Aus der jüngeren Literatur: *Ernst & Young-Bericht*, S. 122; *Lutter*, in: Nobel (Hrsg.), Internationales Gesellschaftsrecht, 1998, S. 134, ders., ZGR 2000, 1, 10; *Habersack*, Europäisches Gesellschaftsrecht, S. 26; *Peter Ulmer*, JZ 1999, 662, 664; *Schön*, ZGR 2000, 706, 728; *Deckert*, RabelsZ 64 (2000), 478, 493. Offen *Fleischer*, DStR 2000, 1015, 1020. Kritisch *de Kluiver*, in: de Kluiver/van Gerven (Hrsg.), S. 22 ; *Hopt*, ZIP 1998, 96, 103; *Grundmann*, in: Festschrift für Lutter, S. 61, 81. Ablehnend *Bachmann*, ZGR 2001, 351, 365; *Wymeersch*, Referat für den 1. EJT, S. 85, 118; *Kübler*, Rules on Capital, S. 22.

40 Offen insofern auch *Wiesner*, EuZW 1995, 821, 826; ders. EuZW 1998, 619, 625.

41 A. a. O. (Fn. 2), ABlEG Nr. L 26 vom 31.1.1977, S. 1.

II. Die Kapitalrichtlinie

der Gläubiger der Gesellschaft andererseits ein Mindestmaß an Gleichwertigkeit sicherzustellen.«

Im fünften Erwägungsgrund wird weiter ausgeführt:

»Im Hinblick auf die in Artikel 54 Absatz 3 Buchstabe g) verfolgten Ziele ist es erforderlich, dass die Rechtsvorschriften der Mitgliedstaaten bei Kapitalerhöhungen und Kapitalherabsetzungen die Beachtung der Grundsätze über die Gleichbehandlung der Aktionäre, die sich in den selben Verhältnissen befinden, und den Schutz der Gläubiger vor Forderungen, die bereits vor der Entscheidung über die Herabsetzung bestanden, sicherstellen, und für die harmonisierte Durchführung dieser Grundsätze Sorge tragen.«

4. Inhalt der Kapitalrichtlinie im Überblick

a) Gründung

Die Gründung der Gesellschaft ist in Artt. 2 bis 5 KapRL geregelt, die Vorgaben zum Mindestinhalt der Satzung machen. Nach Art. 2 KapRL müssen insbesondere die Rechtsform der Gesellschaft und ihre Firma (lit. a), der Unternehmensgegenstand (lit. b) sowie die Höhe des gezeichneten beziehungsweise des genehmigten Kapitals (lit. c) festgelegt werden.

b) In Aktien zerlegtes Mindestkapital

Eine zentrale Regelung der Kapitalrichtlinie ist Art. 6 Abs. 1 KapRL, nachdem die Mitgliedstaaten für die Gründung der Gesellschaft die Zeichnung eines Mindestkapitals von »nicht weniger als 25.000 ECU/€[42]« vorschreiben müssen. Ein zwingendes Mindestkapital gab es zuvor bereits in Deutschland, Frankreich und Italien. In anderen Rechtsordnungen führte Art. 6 Abs. 1 KapRL jedoch zu gravierenden Änderungen: Im Vorgriff auf die Kapitalrichtlinie führten die Niederlande (1971), Dänemark (1973) und Belgien (1976) ein gesetzliches Mindestkapital für Aktiengesellschaften ein, nach dem Inkrafttreten der Kapitalrichtlinie waren hierzu auch Großbritannien

---

42 Die European Currency Unit (ECU) war im Europäischen Währungssystem bis 1998 ein Währungskorb, der die Währungen aller Mitgliedsländer der Europäischen Union enthielt. 1999 wurde die ECU im Verhältnis 1:1 durch den Euro ersetzt; dazu *Oppermann*, S. 376 ff.

Erster Teil: Das Europäische Aktienrecht

und Irland gezwungen.[43] Spanien und Portugal führten das gesetzliche Mindestkapital im Zusammenhang mit ihrem Beitritt zur Europäischen Union ein.[44]

Dem Wortlaut des Art. 6 Abs. 1 KapRL zufolge steht es den Mitgliedstaaten frei, ein gesetzliches Mindestkapital von mehr als 25.000 € festzusetzen.[45] So muss das Grundkapital etwa nach § 7 AktG mindestens einen Nennbetrag von 50.000 € (früher: 100.000 DM)[46] aufweisen. Bei dem gezeichneten Kapital handelt es sich um gebundenes Kapital, das von den Aktionären nicht abgezogen werden darf und das nach Art. 9, Passiva, Posten A. I. Bilanzrichtlinie[47] im Jahresabschluss gesondert zu passivieren ist.

Das Mindestkapital der Gesellschaft ist in Aktien zerlegt, die einen Anteil am Kapital verkörpern. Dabei kann es sich grundsätzlich um Aktien mit einem Nennbetrag oder mit einem rechnerischen Wert handeln. Dies geht aus Art. 3 und Art. 8 KapRL hervor: Nach Art. 3 KapRL muss die Satzung oder ein entsprechendes Dokument entweder den »Nennbetrag der gezeichneten Aktien« enthalten (lit. b), oder aber »die Zahl der gezeichneten Aktien ohne Angabe des Nennbetrages, soweit die einzelstaatlichen Rechtsvorschriften die Ausgabe solcher Aktien erlauben« (lit. c). Beim Verbot der Unterpariemission in Art. 8 Abs. 1 KapRL wird differenziert nach Nennbetragsaktien und Aktien mit einem rechnerischen Wert: »Aktien dürfen nicht unter dem Nennbetrag oder, wenn ein Nennbetrag nicht vorhanden ist, nicht unter dem rechnerischen Wert ausgegeben werden.«

c) Kapitalaufbringung

Wer Aktien der Gesellschaft zeichnet, muss, um die Mitgliedschaft zu erlangen, die auf ihn entfallende Einlage leisten und so das Mindestkapital der Gesellschaft mit aufbringen. Die Sicherung der realen Kapitalaufbringung ist ein Kernanliegen der Kapitalrichtlinie. Damit sollen die Gläubiger der Gesellschaft, wie auch die (alten und zukünftigen) Aktionäre geschützt werden.

---

43 *Niessen*, AG 1970, 281, 285; *Schmitthoff*, CML Rev. 15 (1978), 43, 46 f.; *Gansen*, S. 1 f.
44 *Muráti*, S. 21 f.; *Schwarz*, Europäisches Gesellschaftsrecht, S. 369. Siehe auch die Beitrittsakte Spaniens und Portugals, ABlEG Nr. L 302 vom 15.11.1985, S. 157.
45 So auch *Habersack*, Europäisches Gesellschaftsrecht, S. 82; *Schwarz*, Europäisches Gesellschaftsrecht, S. 369. Restriktiv *Drinkuth*, KapRL, S. 137, der in einem deutlich höheren Mindestkapital (über 100.000 €) eine unzulässige Beschränkung der Niederlassungsfreiheit sieht.
46 Zur Umstellung des Mindestnennbetrags des Grundkapitals von DM auf Euro siehe *Schürmann*, DB 1997, 1381; *Seibert*, WM 1997, 1610; *ders.*, ZGR 1998, 1; *Heider*, AG 1998, 1; *Ihrig/Streit*, NZG 1998, 201.
47 A. a. O. (Fn. 14).

II. Die Kapitalrichtlinie

Die Vorschriften der Artt. 7 ff. KapRL machen zu diesem Zweck umfassende Vorgaben, wie die Einlagepflicht zu erfüllen ist. Hierzu gehört auch das schon genannte Verbot der Unterpariemission (Art. 8 Abs. 1 KapRL). Von ihrer Einlageverpflichtung können die Aktionäre gemäß Art. 12 KapRL grundsätzlich nur nach Maßgabe der Vorschriften über die Kapitalherabsetzung befreit werden.

Nach der Kapitalrichtlinie kann das Kapital durch Bareinlage, also durch Geldzahlung, oder durch Sacheinlage aufgebracht werden. Sacheinlagen sind nach Art. 7 KapRL jedoch nur zulässig, sofern die einzubringenden Vermögensgegenstände einen wirtschaftlich feststellbaren Wert haben. Arbeits- und Dienstleistungen scheiden dabei stets aus. Im Zeitpunkt der Gründung der Gesellschaft oder der Erteilung der Genehmigung zur Aufnahme ihrer Geschäftstätigkeit müssen die Einlagen nach Art. 9 Abs. 1 KapRL zu wenigstens einem Viertel geleistet sein. Außerdem schreibt Art. 9 Abs. 2 KapRL vor, dass Sacheinlagen innerhalb von fünf Jahren nach diesem Zeitpunkt vollständig geleistet sein müssen. Art. 10 KapRL sieht für Sacheinlagen eine Wertprüfung vor, die Gegenstand eines Sachgründungsberichts eines unabhängigen Prüfers ist. Hierdurch sollen die Gläubiger vor Massearmut und die übrigen Aktionäre vor der Verwässerung ihres Anteilswertes geschützt werden.

Um zu verhindern, dass die Vorschriften über die Sacheinlage umgangen werden, wurde in Art. 11 KapRL eine Nachgründungsvorschrift eingeführt, die sich weitgehend an der Regelung des § 52 AktG 1965 orientiert.[48] Eine dem § 27 Abs. 1 Satz 2 AktG entsprechende Kodifikation zur verdeckten Sachübernahme ist in der Kapitalrichtlinie nicht enthalten. Auch die von der deutschen Rechtsprechung entwickelte Lehre von der verdeckten Sacheinlage[49] wurde in der Kapitalrichtlinie nicht auf europäischer Ebene geregelt. Die Vereinbarkeit des Rechtsinstituts der verdeckten Sacheinlage mit der Kapitalrichtlinie ist in der Literatur sehr umstritten und war auch mehrfach Gegenstand gerichtlicher Auseinandersetzungen.[50] Der Europäische Gerichtshof hat diese Frage bislang nicht abschließend entschieden.[51]

---

48 *Niessen*, AG 1970, 281, 288.
49 Grundlegend BGHZ 110, 47 (IBH/Lemmerz); BGHZ 118, 83 (WuM). Aus der Literatur statt aller: *Lutter*, in: Kölner Kommentar zum AktG, § 66 Rn. 36 ff.; *Wiedemann*, ZIP 1991, 1257. Zur Parallelproblematik bei der GmbH *Bayer*, ZIP 1998, 1985.
50 EuGHE 1992, I-4919 (Meilicke); BGHZ 110, 47, 68 ff. (IBH/Lemmerz); BGHZ 118, 83, 103 ff. (WuM); LG Hannover, EuZW 1991, 510 (Vorlagebeschluss Meilicke). Neben dem Bundesgerichtshof, BGHZ 110, 47, 68 ff. (IBH/Lemmerz), der in Art. 11 KapRL eine offensichtliche Mindestregelung sah und daher dem EuGH gar nicht erst vorlegte, sprachen sich aus der Literatur für die Vereinbarkeit der Lehre von der verdeckten Sacheinlage mit der Kapitalrichtlinie aus: *Lutter/Gehling*, WM 1989, 1445, 1456 ff.; *Frey*, ZIP 1990, 288, 294; *Wiedemann*, ZIP 1991, 1257, 1268 ff.; *Ebenroth/Neiß*,

Erster Teil: Das Europäische Aktienrecht

d) Kapitalerhaltung

Artt. 15 und 16 KapRL schützen Gläubiger und künftige Aktionäre davor, dass das einmal aufgebrachte Kapital ohne weiteres an die Aktionäre zurückgezahlt wird.[52] Ausschüttungen sind nach Art. 15 Abs. 1 lit. a KapRL nur dann zulässig, wenn hierdurch das gezeichnete Kapital zuzüglich gesetzlicher und satzungsmäßiger Rücklagen nicht unterschritten wird. Art. 15 Abs. 1 lit. c KapRL schreibt außerdem vor, dass nur thesaurierte Gewinne ausgeschüttet werden dürfen.[53] Liegen diese Voraussetzungen nicht vor, müssen die Vorschriften über die Kapitalherabsetzung beachtet werden.

Bei schweren Verlusten des gezeichneten Kapitals muss die Hauptversammlung nach Art. 17 Abs. 1 KapRL einberufen werden. Diese hat zu prüfen, ob die Gesellschaft aufzulösen ist oder ob andere Maßnahmen zu ergreifen sind. Zweck auch dieser Vorschrift ist der Schutz der Aktionäre sowie der Gläubiger.[54]

Der originäre und derivative Erwerb eigener Aktien ist in Artt. 18 bis 24 a KapRL ausführlich normiert. Die Regelungen führten im deutschen Aktienrecht zu umfassenden Änderungen.[55]

BB 1992, 2085 ff.; *Groß*, Nationales Gesellschaftsrecht im Binnenmarkt, S. 391, 403; *Kindler*, in: Festschrift für Boujong, S. 299, 309 ff.; *Drinkuth*, KapRL, S. 175. Der Umgehungsschutz nach Art. 11 Abs. 1 KapRL wurde dagegen als abschließend erachtet von Generalanwalt *Tesauro*, EuGHE 1992, I-4897, 4912 ff. (Meilicke) mit Anmerkung von *Joost*, ZIP 1992, 1033; *Meilicke*, Die verschleierte Sacheinlage, S. 97 ff.; *ders.*, DB 1989, 1067 ff.; *ders.*, DB 1990, 1173 [*Meilicke* war Kläger im gleichnamigen Rechtsstreit]; *Knobbe-Keuk*, DB 1990, 2573, 2583; *Lenz*, S. 33 f.; *Einsele*, NJW 1996, 2681, 2683. Zum französischen Recht *Ullrich*, DB 1990, 465 und *Ulrike Hansen*, S. 73 ff. Zum italienischen Recht *Kindler*, RIW 1994, 821, 822. Zum spanischen Recht *Franzmann*, S. 191 ff.

51 EuGHE 1992, I-4919, 4935 (Meilicke), sah sich in der konkreten prozessualen Situation nicht veranlasst, über die vorgelegten (»hypothetischen«) Fragen des LG Hannover zu entscheiden.

52 Zur Bedeutung von Artt. 15, 16 KapRL für das deutsche Konzernrecht *Schön*, in: Festschrift für Kropff, S. 285, 289 ff. Zur Vereinbarkeit von Sachdividenden mit Art. 15 KapRL *Magdalena Leinekugel*, S. 25 f.; *Lutter/Leinekugel/Rödder*, ZGR 2002, 204, 225.

53 *Schön*, in: Festschrift für Kropff, S. 285, 293.

54 *Ullrich*, S. 6 f.; *Habersack*, Europäisches Gesellschaftsrecht, S. 92. Die SLIM-Arbeitsgruppe hat in ihrem zweiten Arbeitstreffen am 7.3.1999 ausweislich des Sitzungsprotokolls der Europäischen Kommission, S. 11, darüber diskutiert, Art. 17 KapRL auf europäischer Ebene zu streichen. Mehrheitlich wurde die Vorschrift aber für richtig und wichtig angesehen. Daher hat die SLIM-Arbeitsgruppe von einem Änderungsvorschlag zu Art. 17 KapRL abgesehen.

55 Ausführlich *Kindl*, ZEuP 1994, 77 ff.; *Edwards*, S. 51, 70 ff. Zu den Änderungen für das deutsche Aktiengesetz *Welf Müller*, WPg 1978, 565, 569; *Ganske*, DB 1978, 2461, 2463.

II. Die Kapitalrichtlinie

Art. 18 KapRL verbietet der Gesellschaft eigene Aktien zu zeichnen (Abs. 1) oder durch Dritte zeichnen zu lassen (Abs. 2). Dieses Verbot erstreckt sich grundsätzlich auch auf den Erwerb eigener Aktien, der nur unter den in Artt. 19 ff. KapRL genannten Bedingungen zulässig ist.

Art. 19 Abs. 1 lit. a KapRL gestattet den Erwerb eigener Aktien, bindet ihn aber an eine Ermächtigung durch die Hauptversammlung. Die Kapitalrichtlinie beschränkt den Erwerb eigener Aktien nicht auf bestimmte Zwecke. Die Ermächtigung der Hauptversammlung muss jedoch die Einzelheiten des vorgesehenen Erwerbs festlegen. So müssen die Höchstzahl der zu erwerbenden Aktien beziffert werden und im Falle des entgeltlichen Erwerbs auch der niedrigste und höchste Gegenwert. Die Geltungsdauer der Ermächtigung darf 18 Monate nicht überschreiten. Nach Art. 19 Abs. 2 KapRL kann die Verwaltung eigene Aktien erwerben, um schwere unmittelbar bevorstehende Schäden für die Gesellschaft abzuwehren. In diesem Falle muss die Hauptversammlung dem Erwerb nicht zuvor zustimmen, doch muss das Verwaltungs- oder Leitungsorgan die nächste Hauptversammlung qualifiziert unterrichten. Schließlich privilegiert Art. 19 Abs. 3 KapRL den Erwerb eigener Aktien, wenn das Unternehmen damit binnen Jahresfrist Belegschaftsaktien ausgeben will. Auch in diesem Fall muss die Hauptversammlung dem Erwerb nicht zustimmen.

In jedem Fall müssen die Voraussetzungen des Art. 19 Abs. 1 lit. b bis d KapRL erfüllt sein: Erstens darf der Nennbetrag beziehungsweise der rechnerische Wert aller erworbenen und noch gehaltenen Aktien nicht mehr als zehn Prozent des gezeichneten Kapitals ausmachen (lit. b). Zweitens darf der Erwerb nicht dazu führen, dass das Nettoaktivvermögen – das ist nach Art. 15 Abs. 1 lit. a KapRL das gezeichnete Kapital zuzüglich gesetzlicher und satzungsmäßiger Rücklagen – unterschritten wird (lit. c). Und drittens dürfen nur voll eingezahlte Aktien erworben werden (lit. d).

Um die Stimmrechte aus eigenen Aktien zu neutralisieren, schreibt Art. 22 Abs. 1 lit. a KapRL vor, dass die an eigene Aktien gebundenen Stimmrechte stets aufgehoben sein müssen. Um die eigenen Aktien auch bilanziell zu neutralisieren, muss für eigene Aktien im Falle ihrer bilanziellen Aktivierung ein gleich hoher Betrag in eine nicht verfügbare Rücklage auf der Passivseite der Bilanz eingestellt werden (Art. 22 Abs. 1 lit. b KapRL).

Die Kapitalrichtlinie will sicherstellen, dass die Gesellschaften die Erwerbsverbote nicht umgehen. Deshalb darf eine Gesellschaft nach Art. 23 Abs. 1 KapRL im Hinblick auf den Erwerb ihrer Aktien durch einen Dritten weder Vorschüsse geben noch Darlehen gewähren oder Sicherheiten leisten. Aus gleichem Grund wird in Art. 19 Abs. 1 KapRL der Eigenerwerb dem Erwerb durch Personen gleichgestellt, die zwar im eigenen Namen, aber für

Rechnung der Gesellschaft handeln. Der Erwerb eigener Aktien durch abhängige Gesellschaften wird durch Art. 24 a KapRL in das Erwerbsverbot einbezogen.[56]

In sachlichem Zusammenhang mit dem Erwerb eigener Aktien sind auch rückerwerbbare Aktien zu sehen.[57] Nach der Kapitalrichtlinie können die Mitgliedstaaten die Ausgabe rückerwerbbarer Aktien gestatten. In diesem Falle müssen für den Rückerwerb die Voraussetzungen des Art. 39 KapRL beachtet werden. Der Rückerwerb muss statuarisch schon zugelassen sein, bevor die Aktien gezeichnet werden. Er darf nur aus freien Mitteln bezahlt werden, also aus Mitteln, die auch als Gewinne ausgeschüttet werden könnten.

e) Kapitaländerungen

Die Kapitalerhöhung ist in Artt. 25 bis 29 KapRL geregelt.[58] Nach Art. 25 Abs. 1 KapRL muss jede Kapitalerhöhung von der Hauptversammlung beschlossen werden. Die meisten Entscheidungen des Europäischen Gerichtshofs zur Kapitalrichtlinie ergingen zu Fragen der Kapitalerhöhung. Diese Judikate sind aus deutscher Perspektive insofern von eingeschränktem Interesse, als Ausgangspunkt der Verfahren stets eine griechische Vorschrift war, die im deutschen Recht kein Pendant hat.[59]

---

56 Zum parallelen Abhängigkeitsbegriff im deutschen Recht *Bayer*, in: Münchener Kommentar zum AktG, § 17 Rn. 4 ff.
57 Ausführlich dazu *Habersack*, in: Festschrift für Lutter, S. 1329, 1332 ff. Siehe auch die Ausführungen hierzu unten auf S. 147.
58 Zur versteckten Regelung der Kapitalerhöhung aus Gesellschaftsmitteln in Art. 15 Abs. 3 KapRL *Hirte/Butters*, ZBB 1998, 286, 287, mit ausführlicher rechtsvergleichender Analyse.
59 Nach griechischem Recht kann ein Kapitalerhöhungsbeschluss der Hauptversammlung in Unternehmenskrisen in bestimmten Fällen durch eine ministerielle Entscheidung ersetzt werden. Die Vereinbarkeit solcher Ministerentscheide mit der Kapitalrichtlinie war Gegenstand der Verfahren EuGHE 1991, I-2710 (Karella) mit Besprechung von *Samara-Krispis/Steindorff*, CML Rev. 1992, 615, sowie von *Tellis*, EuZW 1992, 657, und von *Klinke*, ZGR 1993, 1, 22ff.; EuGHE 1992, I-2134 (Evangelikis Ekklisias); EuGHE 1992, I-5713 (Kerafina); EuGHE 1996, I-1363 (Pafitis) mit Besprechung von *Klinke*, ZGR 1996, 567, 587; EuGHE 1998, I-2862 (Kefalas); EuGHE 2000, I-1705 (Diamantis) mit Besprechung von *Klinke*, ZGR 2002, 163, 181. Zu allen knapp *Wiedemann*, in: Großkommentar zum AktG, § 182 Rn. 14 f.; *Everling*, in: Festschrift für Lutter, S. 31, 44.

II. Die Kapitalrichtlinie

Art. 25 Abs. 2 KapRL lässt ein genehmigtes Kapital zu. Die Ermächtigung der Verwaltung zur Ausgabe neuer Aktien kann durch die Satzung oder durch einen offenzulegenden Hauptversammlungsbeschluss erfolgen. Sie gilt höchstens fünf Jahre, kann aber von der Hauptversammlung ein oder mehrmals für jeweils maximal fünf Jahre verlängert werden. Die nationalen Gesetzgeber können ein genehmigtes Kapital jedoch an strengere Voraussetzungen binden oder sogar ganz ausschließen.[60]

In Art. 29 KapRL schreibt die Kapitalrichtlinie für jede Barkapitalerhöhung ein Bezugsrecht der Altaktionäre vor. Für die Sachkapitalerhöhung sieht die Kapitalrichtlinie hingegen kein Bezugsrecht vor. Damit weicht die Kapitalrichtlinie vom deutschen Recht ab, entspricht aber der großen Mehrheit der anderen europäischen Aktienrechte.[61] Das Bezugsrecht bei der Barkapitalerhöhung kann nach Art. 29 Abs. 4 KapRL durch einen Hauptversammlungsbeschluss beschränkt oder ausgeschlossen werden. Der Vorstand muss in diesem Fall nach Art. 29 Abs. 4 Satz 3 KapRL der Hauptversammlung einen schriftlichen Bericht über die Gründe für die Beschränkung oder den Ausschluss des Bezugsrechts erstatten und den vorgeschlagenen Ausgabekurs begründen. Die Kapitalrichtlinie besagt nicht explizit, welche inhaltlichen Anforderungen an einen Bezugsrechtsausschluss zu stellen sind. Ob aus der Berichtspflicht nach Art. 29 Abs. 4 Satz 3 KapRL materielle Kriterien abzuleiten sind und ob die Berichtspflicht auch beim genehmigten Kapital besteht, ist streitig; darauf ist bei der Erörterung des sechsten SLIM-Vorschlags, der das Bezugsrecht betrifft, näher einzugehen.[62] Art. 29 Abs. 5 KapRL gestattet den Mitgliedstaaten, dem Vorstand auch im Rahmen eines genehmigten Kapitals die Befugnis einzuräumen, das Bezugsrecht einzuschränken oder auszuschließen.

Eine Kapitalherabsetzung verkürzt die mitgliedschaftliche Stellung der Aktionäre.[63] Daher macht Art. 30 KapRL die Kapitalherabsetzung grundsätzlich von einem Hauptversammlungsbeschluss abhängig. Die Kapitalher-

---

60 *Drinkuth*, KapRL, S. 228 ff.
61 *Hirte*, DB 1995, 1113, mit Nachweisen zu den ausländischen Rechtsordnungen in Fn. 5. *Wymeersch*, AG 1998, 382, 383, Fn. 7, weist darauf hin, dass vor Verabschiedung der Kapitalrichtlinie nur Deutschland und Dänemark ein Bezugsrecht bei Sachkapitalerhöhungen kannten.
62 Siehe S. 211 ff., 214 ff.
63 Anschaulich dazu BGHZ 138, 71 (Sachsenmilch). Das OLG Dresden, ZIP 1996, 1780, 1783 (Sachsenmilch), hat Art. 30 KapRL zu Recht als Mindestnorm angesehen, die eine materielle Beschlusskontrolle der Kapitalherabsetzung nicht ausschließt. Der BGH ist in seinem ersten Sachsenmilch-Urteil auf Art. 30 KapRL nicht eingegangen, sondern hat in BGHZ 138, 71, 76 eine materielle Beschlusskontrolle der Kapitalherabsetzung aus nationalem Recht abgelehnt. Siehe dazu *Wiedemann*, ZGR 1999, 857, 867; *Krieger*, ZGR 2000, 885, 888; *Natterer*, AG 2001, 629.

absetzung ist aber vor allem für die Gläubiger gefährlich, weil damit das sie schützende Gesellschaftskapital verringert wird. Art. 32 KapRL schreibt deshalb vor, dass die mitgliedstaatlichen Rechte den Altgläubigern zumindest ein Recht auf Sicherheitsleistung einräumen müssen.

f) Gleichbehandlungsgrundsatz

Art. 42 KapRL verlangt von den Mitgliedstaaten, dass diese »die Gleichbehandlung der Aktionäre sicherstellen, die sich in denselben Verhältnissen befinden.« Im deutschen Aktienrecht war der Gleichbehandlungsgrundsatz schon zuvor zu beachten, weshalb der zur Umsetzung von Art. 42 KapRL eingefügte § 53 a AktG materiell nichts Neues brachte.[64] Art. 42 KapRL ist aber bedeutend, weil er die Gleichbehandlung von Aktionären als gemeinschaftsweiten Rechtsgrundsatz festschreibt.

---

64 *Lutter*, in: Festschrift für Ferid, S. 599, 606, hält § 53 a AktG, mit dem Art. 42 KapRL in nationales Recht umgesetzt wurde, als Kodifikation von etwas ohnehin und selbstverständlich Geltendem für entbehrlich.

III. Weitere für die Arbeit wichtige Richtlinien

Auf einige Richtlinien, die mit der Kapitalrichtlinie in einem Regelungszusammenhang stehen, soll hier kurz eingegangen werden: In Kraft getreten und auch bereits in nationales Recht umgesetzt sind die Publizitätsrichtlinie, die Bilanzrichtlinien, die Verschmelzungsrichtlinie und die Spaltungsrichtlinie.[65] Geplant sind (oder waren) die Strukturrichtlinie, die Konzernrechtsrichtlinie, die Richtlinie über internationale Fusionen, die Übernahmerichtlinie und die Sitzverlegungsrichtlinie.[66] Diese Richtlinien enthalten Regelungen, die die Kapitalrichtlinie ergänzen respektive künftig ergänzen sollen. Ihre Wertungen sind auch für die Kapitalrichtlinie bedeutend. Zwar kann man noch nicht von einem in sich geschlossenen Gesamtsystem des Europäischen Aktienrechts sprechen. Gleichwohl stehen die einzelnen Rechtsakte nicht völlig ohne Zusammenhang nebeneinander. Sie bilden, wie *Schön* es ausdrückt, »ein System von Grundwertungen und Sachentscheidungen, von Freiheitssphären und Schutzniveaus, das als dogmatische Ordnung begriffen werden kann.«[67]

1. Bereits umgesetzte Richtlinien

Um das Vertrauen in den Rechtsverkehr mit Kapitalgesellschaften unterschiedlicher Nationalität innerhalb der Mitgliedstaaten zu stärken, harmonisiert die Publizitätsrichtlinie[68] die handelsrechtliche Publizität und den mit ihr verbundenen Gutglaubensschutz.[69] Ferner schreibt sie zu diesem Zweck die unbeschränkte und unbeschränkbare Vertretungsmacht des Vertretungsorgans juristischer Personen vor.[70] Schließlich verbietet sie grundsätzlich die Nichtigkeit eingetragener Gesellschaften. Die Europäische Kommission hat

---

65 Alle Richtlinien a. a. O. (Fn. 14).
66 Alle Richtlinien a. a. O. (Fn. 15, 16).
67 *Schön*, RabelsZ 64 (2000), 1, 8.
68 A. a. O. (Fn. 14). Ausführlich dazu die Dissertation von *Fischer-Zernin* und jüngst *Mülbert/Nienhaus*, RabelsZ 65 (2001), 513.
69 *Graf von Bernstorff*, EWS 1998, 397, 398; *Lutter*, in: Nobel (Hrsg.), Internationales Gesellschaftsrecht, 1998, S. 129, 132.
70 *Gleichmann*, AG 1988, 159, 160.

zur Umsetzung der entsprechenden SLIM-Vorschläge jüngst einen Richtlinienvorschlag zur Änderung der Publizitätsrichtlinie vorgelegt.[71]

Ein bedeutender Bestandteil des Europäischen Gesellschaftsrechts sind die Bilanzrichtlinien[72]. Sie harmonisieren die Vorschriften über den Jahresabschluss und den Lagebericht, über den Konzernabschluss und den Konzernlagebericht sowie über die Pflicht zur deren Offenlegung.[73] Die Bilanzrichtlinien wurden in Deutschland 1985 durch das Bilanzrichtlinien-Gesetz[74] umgesetzt, welches das Dritte Buch über die Handelsbücher in das Handelsgesetzbuch einfügte.

Die Verschmelzungsrichtlinie[75] regelt innerstaatliche Fusionen, die im Wege der Gesamtrechtsnachfolge stattfinden. Sofern die Mitgliedstaaten die Spaltung gesetzlich regeln, müssen sie dabei die Vorgaben der Spaltungsrichtlinie[76] beachten. Die beiden umwandlungsrechtlichen Richtlinien bezwecken den Schutz von Gläubigern und Minderheitsaktionären. Sie wurden mit dem Umwandlungsgesetz von 1994[77] in deutsches Recht transformiert.

2. Geplante Richtlinien

Die innere Organisation von Aktiengesellschaften ist bislang kaum von europäischem Sekundärrecht beeinflusst.[78] Hier sollte die Strukturrichtlinie[79] gemeinschaftsweite Standards schaffen. Deren Ziel war es, die Verwal-

---

71 Vorschlag für eine Richtlinie des Europäischen Parlamentes und des Rates zur Änderung der Richtlinie 68/151/EWG in Bezug auf die Offenlegungspflichten von Gesellschaften bestimmter Rechtsformen, KOM (2002) 279 endg. vom 3.6.2002. Die einführende Pressemitteilung der Kommission vom 3.6.2002 (Nr. IP/02/789) ist abrufbar unter: http://www.europa.eu.int. Siehe zu den SLIM-Vorschlägen betreffend die Publizitätsrichtlinie auch S. 43.
72 Vierte, Siebte und Achte gesellschaftsrechtliche Richtlinie, a. a. O. (Fn. 14). Dazu *Großfeld*, AG 1987, 261, 264; *Werlauff*, E. L. Rev. 17 (1992), 207, 216.
73 *Wöhe*, S. 149 ff. Die neue Strategie der Kommission im Bereich der Rechnungslegung ist umfassend erläutert in: Europäische Kommission: Mitteilung an den Rat und das Europäische Parlament über »Rechnungslegungsstrategie der EU: Künftiges Vorhaben«, KOM (2000) 359 endg. Siehe auch den Vorschlag für eine Verordnung des Europäischen Parlaments und des Rates betreffend die Anwendung internationaler Rechnungslegungsgrundsätze, KOM (2001) 80 endg., ABlEG Nr. C 154 E vom 29.5.2001, S. 285, sowie aus der Literatur *van Hulle*, ZGR 2000, 537; *Ekkenga*, BB 2001, 2362; *Schön*, ZHR 166 (2002), 1, 3.
74 BGBl 1985 I, S. 2355.
75 A. a. O. (Fn. 14).
76 A. a. O. (Fn. 14).
77 BGBl 1994 I, S. 3210. Zur Entwicklungsgeschichte *Karsten Schmidt*, Gesellschaftsrecht, S. 350 ff.; *Lutter*, in: Lutter, UmwG, Einl. Rn. 5 ff.
78 *Lutter*, ZGR 2000, 1, 7.
79 A. a. O. (Fn. 15).

III. Weitere für die Arbeit wichtige Richtlinien

tungsstruktur der Aktiengesellschaften sowie die Rechte und Pflichten ihrer Organe zu harmonisieren. Bislang stehen sich in Europa im Wesentlichen zwei Verwaltungssysteme gegenüber: Die monistische Unternehmensverfassung kennt nur ein Leitungsorgan: den Verwaltungsrat, wie zum Beispiel das Board in Großbritannien. Die dualistische Unternehmensverfassung hat zwei Verwaltungsorgane: den geschäftsführenden Vorstand und den kontrollierenden Aufsichtsrat. Unter dem Schlagwort »Corporate Governance«[80] werden die Vorteile unterschiedlicher Systeme der Führung und der Kontrolle von Unternehmen seit Jahren kontrovers diskutiert.[81] In dem Vorschlag für die Strukturrichtlinie war vorgesehen, dass die nationalen Gesetzgeber zwischen zwei gesetzlichen Regelsystemen wählen können. Aktiengesellschaften sollten nach beiden Regelsystemen in jedem Mitgliedstaat wenigstens die Möglichkeit haben, sich für das dualistische System zu entscheiden. Aus diesem Grunde war das Wahlmodell zur Leitungsstruktur der Aktiengesellschaft politisch nicht konsensfähig.[82] Eine noch entscheidendere Hürde war aber die Mitbestimmungsfrage.[83] Gerade Deutschland war stets besorgt vor einer Flucht der Unternehmen aus der Arbeitnehmer-Mitbestimmung und strebte ein starkes gemeineuropäisches Mitbestimmungsrecht an. Von den

---

80 Zum Begriff *Albach,* Governance Structures; *Zingales*; *Black; Kallmeyer,* in: Festschrift für Peltzer, S. 205, 206.
81 Genannt seien in diesem Zusammenhang die Corporate Governance Codes des Berliner Inititativkreises GCCG, abrufbar unter http://www.gccg.de, mit Anmerkung von *Peltzer/von Werder,* AG 2001, 1, sowie die Codes der Grundsatzkommission Corporate Governance, abrufbar unter http://www.corgov.de, mit Anmerkung von *Schneider/Strenger,* AG 2000, 106. Die OECD-Grundsätze sind abgedruckt und kommentiert bei *Seibert,* AG 1999, 337. Die *Regierungskommission Corporate Governance,* S. 51 ff., spricht sich nachdrücklich für einen deutschen Corporate Governance-Kodex aus. Dieser wurde von der *Regierungskommission Deutscher Corporate Governance-Kodex* jüngst verabschiedet und ist abgedruckt in ZIP 2002, 452 und abrufbar unter http://www.corporate-governance-code.de. Siehe dazu *Peter Ulmer,* ZHR 166 (2002), 150 und den Regierungsentwurf eines Gesetzes zur weiteren Reform des Aktien- und Bilanzrechts, zu Transparenz und Publizität (Transparenz- und Publizitätsgesetz), NZG 2002, 213. Siehe aus der jüngeren Literatur ferner *Wymeersch,* AG 1995, 299; *Lorsch,* ZfbF-Sonderheft 36, 1996, S. 199; *Hopt,* in: Festschrift für Mestmäcker, S. 909; *ders.* ZGR 2000, 779; *Hartmut Schmidt* u. a.; *Hommelhoff/Mattheus,* AG 1998, 249; *Escher-Weingart,* ZVglRWiss 99 (2000), 387; *Spindler,* ZGR 2000, 420; *Sünner,* AG 2000, 492; *Wiese,* DB 2000, 1901; *Grundmann/Mülbert,* ZGR 2001, 215; *Hommelhoff,* ZGR 2001, 239; *Teichmann,* ZGR 2001, 645. Zu der Frage eines europäischen Corporate Governance Code nun auch eingehend *Winter-Konsultation,* S. 19 f. und in Reaktion darauf *DAI,* Winter-Konsultation, S. 5 f.
82 *Kolvenbach,* DB 1983, 2235; *Habersack,* Europäisches Gesellschaftsrecht, S. 29.
83 *Striebeck,* S. 35 ff.; *Hommelhoff,* in: Müller-Graff (Hrsg.), S. 287, 290; *Lutter,* Europäisches Unternehmensrecht, S. 171; *Schwarz,* Europäisches Gesellschaftsrecht, S. 445. Ausführlich zur Mitbestimmungsfrage *Abeltshauser,* Strukturalternativen für eine europäische Unternehmensverfassung, S. 126 ff.

Erster Teil: Das Europäische Aktienrecht

übrigen Mitgliedstaaten wurde das deutsche Mitbestimmungsmodell aber mehrheitlich strikt abgelehnt. Die Strukturrichtlinie ist als gescheitert anzusehen.[84] Gleichwohl besteht Konsens darüber, dass Bereiche, die in der Strukturrichtlinie hätten geregelt werden sollen, nach wie vor ganz oben auf der Agenda europäischer Rechtspolitik stehen.[85] So werden gemeinschaftsweite Mindeststandards bei den Aktionärsrechten und ihrer grenzüberschreitenden Ausübung und Durchsetzung gemeinhin für erforderlich erachtet.[86]

Eine systematische Kodifikation des Konzernrechts in der Europäischen Union ist Gegenstand des Vorentwurfs einer Konzernrechtsrichtlinie[87]. Dieses umfassende Harmonisierungsprojekt wird mittlerweile nicht mehr verfolgt. Angestrebt wird nur noch eine punktuelle Angleichung wichtiger Kernbereiche des Konzernrechts, die insbesondere grenzüberschreitende Sachverhalte betreffen.[88]

Die Richtlinie über internationale Fusionen[89] soll grenzüberschreitende Verschmelzungen von Aktiengesellschaften regeln und dadurch internationale Unternehmenszusammenschlüsse erleichtern. Eine politische Einigung war hier lange durch den Gibraltar-Konflikt zwischen Großbritannien und Spanien sowie durch die Mitbestimmungsfrage blockiert. Nicht nur bei der Gibraltar-Frage[90] sondern auch bei der Arbeitnehmer-Mitbestimmung zeich-

---

84 Umfassend hierzu der *Ernst & Young-Bericht*. Siehe auch *Wiesner*, AG 1996, 390, 392; *Hopt*, ZIP 1998, 96, 101; *van Hulle*, EWS 2000, 521, 522.
85 Siehe auch die Pressemitteilung der Europäischen Kommission vom 11.9.2001, Dokumentennummer: Memo/01/290, abrufbar unter: http://europa.eu.int/rapid/start/cgi/. Im Ergebnis wie hier, wenn auch verhaltener, *Kallmeyer*, AG 1998, 88, 89.
86 *Ernst & Young-Bericht*, S. 136 ff.; *Baums*, in: Hopt u. a. (Hrsg.), Comparative Corporate Governance, 1998, S. 545; ausführlich *Deutsche Schutzvereinigung für Wertpapierbesitz e. V.*, DSW-Europastudie, S. 9 ff.; *Lutter*, in: Nobel (Hrsg.), Internationales Gesellschaftsrecht, 2000, S. 9, 25; *Hocker*, in: Festschrift für Bezzenberger, S. 147; *van Hulle*, EWS 2000, 521, 526; *Wymeersch*, in: Festschrift für Lutter, S. 213, 214, THE ECONOMIST vom 12.5.2001, S. 15; *Hellwig*, EWS 2001, 580, 581 ff. Berichte zur Stimmrechtsausübung in allen Ländern der Europäischen Union, in der Schweiz und in den USA finden sich in *Baums/Wymeersch (Hrsg.)*. Die institutionelle Stimmrechtsvertretung der Aktionäre in Europa untersuchte in seiner Dissertation jüngst *Bernd Christian Becker*. Zur jüngsten Initiative der niederländischen Regierung zur grenzüberschreitenden Stimmrechtsausübung *Noack*, ZIP 2002, 1215.
87 A. a. O. (Fn. 16). Dazu *Maierhofer*, S. 43 ff.; *Wouters*, CML Rev. 37 (2000), 257, 262.
88 Siehe die Vorschläge des *Forum Europaeum Konzernrecht*, ZGR 1998, 672. Dazu auch *Hopt*, in: Festschrift für Volhard, S. 74; *ders.*, EuZW 1999, 577; *ders.*, in: Festschrift für Buxbaum, S. 299; *Fleischer*, AG 1999, 350; *Blaurock*, in: Festschrift für Sandrock, S. 79. Ausführlich die Dissertation von *Lübking*. Skeptisch *Schön*, Resümee des 1. EJT, S. 141, 157. Eingehend nun die *Winter-Konsultation*, S. 31 f.
89 A. a. O. (Fn. 15). Siehe dazu auch *Winter-Konsultation*, S. 37.
90 Dazu *Schutte-Veenstra/Gepken-Jager*, Ondernemingsrecht 1999, 271, 273.

III. Weitere für die Arbeit wichtige Richtlinien

nen sich mittlerweile Lösungen ab.[91] Im Bereich der Arbeitnehmer-Mitbestimmung wurde im Dezember 2000 auf dem Rat von Nizza für die Europäische Aktiengesellschaft ein Kompromiss erzielt:[92] Die Vertreter der Arbeitnehmer und der Arbeitgeber der an der Gründung einer Europäischen Aktiengesellschaft beteiligten Unternehmen sollen zunächst einvernehmlich nach einer Mitbestimmungslösung suchen. Eine solche Verhandlungslösung bei der Mitbestimmung ist auch für grenzüberschreitende Fusionen denkbar. Sie könnte der Richtlinie über internationale Fusionen zum Durchbruch verhelfen.

Ziel der Übernahmerichtlinie[93] ist es, das Recht öffentlicher Übernahmeangebote zu harmonisieren. Der Richtlinienvorschlag der Europäischen Kommission fand lange keine politische Mehrheit. Umstritten war vor allem, ob der Bieter allen Aktionären der Zielgesellschaft ein Erwerbsangebot machen muss, und ob sich der Vorstand der Zielgesellschaft neutral zu verhalten hat.[94] Im Vermittlungsausschuss einigten sich Delegationen des Europäischen Parlaments und des EU-Ministerrats am 6.6.2001 auf einen geänderten Richtlinienvorschlag.[95] Deutschland hat sich als einziges Land gegen den Richtlinienvorschlag des Vermittlungsausschusses ausgesprochen, weil die Bundesregierung die Neutralitätspflicht des Vorstands der Zielgesellschaft nicht wie darin vorgesehen festgeschrieben wissen wollte.[96] Das Europäische Parlament hat am 4.7.2001 die vom Vermittlungsausschuss vorgeschlagene Übernahmerichtlinie abgelehnt.[97] Die Europäische Kommission arbeitet bereits an einem neuen Richtlinienvorschlag.[98] Hierzu hat die *Winter-*Kommission am 10.1.2002 umfassende Vorschläge unterbreitet.[99]

---

91 So schon die Einschätzung von *van Hulle* auf einer Tagung in Düsseldorf am 12. und 13. Mai 2000, http://www.jura.uni-duesseldorf.de/aktuell/termine/termin.asp?503.
92 Dazu *Wiesner*, ZIP 2001, 397; *Jahn/Herfs-Röttgen*, DB 2001, 631; *Hommelhoff*, AG 2001, 279; *Pluskat*, EuZW 2001, 524.
93 A. a. O. (Fn. 15).
94 *Eymann/Menichetti*, ZfbF 43 (1991), 1070, 1082; *Mülbert*, IStR 1999, 83, 87; *Hasselbach*, NZG 1999, 291; *Neye*, AG 2000, 289, 294.
95 Hierauf ist im Zusammenhang mit dem dritten SLIM-Vorschlag zur Zwangseinziehung näher einzugehen. Nachweise zum parlamentarischen Verfahren dort (S. 116 f.).
96 *Hommelhoff/Witt*, RIW 2001, 561, 566; *Drygala*, ZIP 2001, 1861.
97 Äußerst kritisch dazu die Pressemitteilung der *Europäischen Kommission* vom 3.7.2001, abrufbar unter: http://europa.eu.int/comm/internal_market/de/company/company/news/01-943.htm.
98 Pressemitteilung der Europäischen Kommission vom 4.9.2001, Nr. IP/01/1237, abrufbar unter: http://europa.eu.int/rapid/start/cgi/
99 *Winter-Bericht I* vom 10.1.2002. Siehe auch die Pressemitteilung der Europäischen Kommission vom 10.1.2002, Nr. IP/02/24, abrufbar unter: http://europa.eu.int/rapid/start/cgi. Siehe außerdem *Winter-Konsultation*, S. 37. Zur *Winter-*Kommission siehe unten S. 44 f.

Erster Teil: Das Europäische Aktienrecht

Die Sitzverlegungsrichtlinie[100] soll es den Unternehmen ermöglichen, innerhalb des Binnenmarktes ihren Sitz unter Wahrung ihrer Identität über die Grenze zu verlegen. Eine solche Richtlinie ist erforderlich, weil der Europäische Gerichtshof in seinem Daily Mail-Urteil[101] die primäre Niederlassungsfreiheit von Kapitalgesellschaften in der Europäischen Union verneint hat. Infolge des Centros-Urteils[102] wurden dem Europäischen Gerichtshof mittlerweile mehrere Verfahren zur Vorabentscheidung vorgelegt, in denen es um die grenzüberschreitende Sitzverlegung geht.[103] Es stehen noch Entscheidungen des Gerichtshofs über die Vorlagen aus.[104] Die Auswirkungen der Centros-Entscheidung auf die grenzüberschreitende Sitzverlegung sind schon aus diesem Grunde noch nicht absehbar.[105] Das Kernproblem auch der Sitzverlegungsrichtlinie ist seit langem die Frage der Arbeitnehmermitbestimmung. Nach dem Kompromiss von Nizza ist auch für die Sitzverlegung in der Mitbestimmungsfrage eine Verhandlungslösung naheliegend. Die Europäische Kommission scheint vor weiteren Schritten jedoch zunächst die Entscheidungen des Europäischen Gerichtshofes in den anhängigen Vorabentscheidungsverfahren zur Sitzverlegung abzuwarten.[106]

---

100 A. a. O. (Fn. 16). Dazu auch kürzlich *Frowein*, S. 193 ff. Ausführlich jüngst *Winter-Konsultation*, S. 37 ff.
101 EuGHE 1988, 5505 (Daily Mail).
102 EuGHE 1999, I-1448 (Centros). Siehe statt aller die Besprechungen des Urteils von *Behrens*, IPRax 1999, 323; *Freitag*, EuZW 1999, 267; *Leible*, NZG 1999, 298; *Sedemund/Hausmann*, BB 1999, 810.
103 BGH, ZIP 2000, 967 (Überseering); AG Heidelberg, ZIP 2000, 1617 (HSB-Wohnbau); LG Salzburg, NZG 2001, 459. Dazu *Walden*, EWS 2001, 256; *Mülbert/Schmolke*, ZVglRWiss 100 (2001), 233, 236; *Klinke*, ZGR 2002, 163, 171..
104 Der EuGH, NZG 2001, 1027, 1028 (HSB-Wohnbau), hat beschlossen, er sei für die Beantwortung der vom AG Heidelberg, ZIP 2000, 1617, gestellten Fragen nicht zuständig, denn die Tätigkeit des AG Heidelberg als Registergericht habe keinen Rechtsprechungscharakter. Im Vorabentscheidungsverfahren auf Ersuchen des BGH, ZIP 2000, 967 (Überseering), hat Generalanwalt *Colomer* am 4.12.2001 seine Schlussanträge gestellt. Die Schlussanträge sind mit einer Anmerkung von *Eidenmüller* in ZIP 2002, 75 abgedruckt. Siehe dazu auch *Behrens*, EuZW 2002, 129; *Forsthoff*, BB 2002, 318; *von Halen*, EWS 2002, 107.
105 *Kreminger*, ZGR 1999, 724, 747; *Wymeersch*, in: Festschrift für Buxbaum, S. 629, 652; *Schön*, in: Festschrift für Lutter, S. 685, 694 ff.
106 So auch *Wiesner*, BB 2001, Beilage 8 vom 1.11.2001, S. 2.

IV. Europäische Aktiengesellschaft

Nach jahrzehntelangem Ringen, vor allem um die Mitbestimmungsfrage, wurde die Europäische Aktiengesellschaft (SE) im Dezember 2000 auf dem Rat von Nizza auf den Weg gebracht.[107] Die SE-VO wurde gerade verabschiedet und die Europäische Aktiengesellschaft soll nun bald Rechtswirklichkeit werden.[108] Die Europäische Aktiengesellschaft zeichnet sich dadurch aus, dass sie grundsätzlich durch Verschmelzung von Gesellschaften aus unterschiedlichen Mitgliedstaaten entsteht (Art. 2 Abs. 1 SE-VO) und nach ihrer Gründung den Sitz identitätswahrend in einen anderen Mitgliedstaat verlegen kann (Art. 8 SE-VO).[109]

Die SE ist laut Art. 1 Abs. 2 SE-VO eine Gesellschaft, deren Kapital in Aktien zerlegt ist. Das Kapital der SE lautet auf Euro, das gezeichnete Kapital muss mindestens 120.000 € betragen, Art. 4 Abs. 1 und 2 SE-VO. Im Statutenentwurf von 1975[110] war noch ein Mindestkapital von 250.000 ECU vorgesehen, doch wurde dieses im Entwurf von 1991[111] auf 100.000 ECU abgesenkt, um die SE gerade auch für kleine und mittlere Unternehmen attraktiv zu machen.[112] Die Anhebung auf nunmehr 120.000 € in Art. 4 Abs. 2 SE-VO ist lediglich ein Inflationsausgleich gegenüber 1991.

Schon der Entwurf für eine SE-VO aus dem Jahr 1991 enthielt nur wenige Regelungen zur Kapitalaufbringung und Kapitalerhaltung. Art. 7 Abs. 1 lit. b

---

107 Zum Kompromiss von Nizza *Wiesner*, ZIP 2001, 397; *Jahn/Herfs-Röttgen*, DB 2001, 631; *Hommelhoff*, AG 2001, 279; *Schulz/Geismar*, DStR 2001, 1078; *Pluskat*, EuZW 2001, 524; *Kersting*, DB 2001, 2079; *Hopt*, EuZW 2002, 1; *Ebke*, EWS 2002, 1; *Bungert/Beier*, EWS 2002, 1. Zum britisch-spanischen Gibraltar-Konflikt, der eine Einigung über das SE-Statut lange Zeit verhinderte *Schutte-Veenstra/Gepken-Jager*, Ondernemingsrecht 1999, 271, 273.
108 SE-VO vom 8.10.2001 (a. a. O., Fn. 17). Zur Entwicklung der SE *Lutter*, Die Europäische Aktiengesellschaft; *ders.*, AG 1990, 413; *ders.*, BB 2002, 1; *Hommelhoff*, AG 1990, 422; *ders.*, AG 2001, 279; *Merkt*, BB 1992, 652; *Rasner*, ZGR 1992, 314; *Leupold*, S. 7 ff.; *Kunz*, S. 6 ff.; *Liesegang*, S. 13 ff.; *Göke*, S. 72 ff.; *Kolvenbach*, EuZW 1996, 229; *Heinze*, AG 1997, 289; *ders.*, ZGR 2002, 66; *Buchheim*, S. 102 ff; *Hirte*, NZG 2002, 1; *Blanquet*, ZGR 2002, 20, 21; *Neye*, ZGR 2002, 377; *Teichmann*, ZGR 2002, 383; *ders.*, ZIP 2002, 1109.
109 SE-VO a. a. O. (Fn. 17). Zu den wichtigsten Neuerungen der in Kraft getretenen SE-VO gegenüber dem Verordnungsvorschlag aus dem Jahr 1991 *Schwarz*, ZIP 2001, 1847.
110 Art. 4 Abs. 1 SE-VO 1975, KOM (1975) 150 endg., abgedruckt auch als BTDrucks 7/3713. Das Recht des Kapitalschutzes und der Kapitalmaßnahmen in der SE nach der VO 1975 ist anschaulich dargestellt bei *Martens*, in: Lutter, Die Europäische Aktiengesellschaft, S. 167 ff. und S. 195 ff.
111 Art. 4 Abs. 1 SE-VO 1991, ABlEG Nr. C 176 vom 8.7.1991, S. 1.
112 *Gutsche*, S. 62 ff.

SE-VO 1991 verwies weitgehend auf zwingendes nationales Aktienrecht.[113] Immerhin enthielten aber Artt. 38 ff. SE-VO 1991 einige Vorschriften zur Kapitalaufbringung, wie das Verbot der Unterpariemission (Art. 39 Abs. 1 SE-VO 1991) und vor allem eine recht detaillierte Regelung des Bezugsrechts (Art. 44 SE-VO 1991). Von den wenigen Kapitalerhaltungsvorschriften sind die zur Kapitalherabsetzung (Artt. 45 f. SE-VO 1991) und die zum Erwerb eigener Aktien (Artt. 48 f. SE-VO 1991) zu nennen.

In der jüngst verabschiedeten SE-VO fehlen jegliche Regelungen zur Kapitalaufbringung und Kapitalerhaltung. Nach Art. 5 SE-VO »gelten für das Kapital der SE, dessen Erhaltung und dessen Änderungen, sowie die Aktien [...] die Vorschriften, die für eine Aktiengesellschaft mit Sitz in dem Mitgliedstaat, in dem die SE eingetragen ist, gelten würden.« Es wird also künftig eine »deutsche SE«, eine »französische SE« etc. geben.[114] Die nationalen Aktienrechte sind freilich durch die Kapitalrichtlinie harmonisiert. Nur weil es mittlerweile die gemeinschaftsweiten Schutzgarantien des Europäischen Aktienrechts gibt, namentlich die der Kapitalrichtlinie, kann die SE-VO auf eigene Vorschriften für die Europäische Aktiengesellschaft verzichten und statt dessen auf nationales Recht verweisen. Das bedeutet aber, dass für die Europäische Aktiengesellschaft nur die Mindeststandards des Kapitalschutzes einheitlich gelten, die auch in allen nationalen Aktienrechten der Mitgliedstaaten zu beachten sind. Das sind die Regeln der Kapitalrichtlinie. Bei der Reform der Kapitalrichtlinie ist daher zu beachten, dass diese nicht nur die Mindeststandards für Aktiengesellschaften nach dem nationalen Recht der Mitgliedstaaten festsetzt, sondern mittelbar auch die Mindeststandards der Kapitalaufbringung und Kapitalerhaltung für die Europäische Aktiengesellschaft.

---

113 Dazu ausführlich *Grote*, S. 57 ff.; *Jaeger*, Die Europäische Aktiengesellschaft, S. 39 ff.; *ders.*, ZEuP 1994, 207, 208.

114 Neben Art. 5 SE-VO verweist Art. 9 SE-VO umfassend auf das nationale Aktienrecht am Sitz der SE.

V. Der Aktionär im Europäischen Aktienrecht

Der Aktionärsschutz ist im EG-Vertrag explizit verankert: Nach Art. 44 Abs. 2 lit. g EGV (ex Art. 54 Abs. 3 lit. g EGV) kommt der Harmonisierung des Gesellschaftsrechts »insbesondere« eine tragende Rolle zu, sofern es darum geht, die Bestimmungen, die »Gesellschafter sowie Dritte« schützen, »gleichwertig« zu gestalten. Eindeutige Vorgaben für die Stellung der Aktionäre in der Europäischen Union ergeben sich aus dem Primärrecht jedoch nicht. Das europäische Sekundärrecht enthält punktuell Regeln, die die Rechte der Aktionäre betreffen. Bislang gab es nur vereinzelte Ansätze,[115] eine umfassende Theorie des Aktionärsschutzes in der Europäischen Union zu entwickeln. Von einer in sich geschlossenen Dogmatik – etwa im Sinne einer europäischen Theorie der Mitgliedschaft[116] – kann heute noch keine Rede sein. Die gesellschaftsrechtlichen Richtlinien und Verordnungen enthalten aber eine Reihe von Normen, die als Koordinaten für ein System des Aktionärsschutzes dienen können.[117] Diese Normen finden sich vor allem in der Publizitätsrichtlinie, der Kapitalrichtlinie, der Verschmelzungsrichtlinie, der Bilanzrichtlinie, der Spaltungsrichtlinie, der Börsenzulassungsrichtlinie sowie in der Verordnung über das Statut der Europäischen Aktiengesellschaft.[118]

Die Aktionärsrechte und ihre Ausübung sollten in der Strukturrichtlinie[119] umfassend harmonisiert werden. Diese ist, wie bereits ausgeführt,[120] gescheitert, weil der Richtlinienvorschlag weder in der Mitbestimmungsfrage, noch in der Frage der Verwaltungsstruktur politisch mehrheitsfähig war. Nicht nur weite Teile der Wissenschaft, sondern auch die Europäische Kommission hält es nach wie vor für dringlich, bei den Aktionärsrechten und ihrer Ausübung gemeinschaftsweite Mindeststandards zu schaffen.[121] Die entspre-

---

115 *Schön*, RabelsZ 64 (2000), 1; *Hommelhoff/Riesenhuber*, in: Grundmann (Hrsg.), Systembildung, S. 259. Eingehend zu den Aktionärsrechten *Winter-Konsultation*, S. 15 ff., 23 f. und in Reaktion darauf *DAI*, Winter-Konsultation, S. 8.
116 Für das deutsche Recht grundlegend dazu BGHZ 110, 323 (Schärenkreuzer); *Lutter*, AcP 180 (1980), 84; *Habersack*, Die Mitgliedschaft – subjektives und »sonstiges« Recht.
117 So bereits *Schön*, RabelsZ 64 (2000), 1, 7.
118 Börsenzulassungsrichtlinie (2001/34/EG) vom 28.5.2001, ABlEG Nr. L 184 vom 6.7.2001, S. 1; alle anderen Rechtsakte a. a. O. (Fn. 14 bzw. Fn. 17).
119 A. a. O. (Fn. 15).
120 Siehe S. 22 f.
121 Pressemitteilung der Europäischen Kommission vom 11.9.2001, Dokumentennummer: Memo/01/290, abrufbar unter: http://europa.eu.int/rapid/start/cgi/. Siehe außerdem *Winter-Konsultation*, S. 15 ff., 23 f.; *DAI*, Winter-Konsultation, S. 8, sowie die Nachweise in Fn. 85.

Erster Teil: Das Europäische Aktienrecht

chenden Regeln in dem Vorschlag zur Strukturrichtlinie zeigen, wie ein solches Mindestschutzniveau aus Sicht der Europäischen Kommission realisiert werden kann. Da die Strukturrichtlinie nicht wegen ihrer Normen zum Aktionärsschutz gescheitert ist und die Europäische Kommission bislang keine entsprechenden neuen Vorschläge gemacht hat,[122] werden die Regeln der Strukturrichtlinie im Folgenden berücksichtigt.[123]

Die Pflichten der Aktionäre beschränken sich im Europäischen Aktienrecht bislang darauf, die Einlage zu leisten. Weitere Pflichten des Aktionärs sind gemeinschaftsweit (noch) nicht verankert. Insbesondere ist eine Treuepflicht gegenüber der Gesellschaft[124] oder gegenüber anderen Aktionären[125] (noch) nicht entwickelt.[126]

Die Aktionäre sind in ihrer mitgliedschaftlichen Stellung heute besonders durch den Gleichheitsgrundsatz (Art. 42 KapRL) geschützt sowie durch das Bezugsrecht (Art. 29 KapRL). Das Bezugsrecht schützt sie bei Barkapitalerhöhungen davor, dass ihre Stimmquote beeinträchtigt und ihr Vermögen verwässert wird. Nach Generalanwalt *Tesauro* handelt es sich beim Bezugsrecht »genau genommen um ein Recht, das Teil der Aktionärsstellung ist und [...] nur unter Einhaltung eines bestimmten Verfahrens und beim Vorliegen konkreter, objektiv überprüfbarer Voraussetzungen eingeschränkt werden kann.«[127] Bei Sachkapitalerhöhungen werden die Aktionäre durch eine sachverständige Wertprüfung der Einlage vor der Verwässerung ihres Vermögens geschützt (Artt. 10, 11, 27 KapRL). Außerdem wird die Stellung des Aktionärs durch Mitwirkungsrechte und Informationsstandards bestimmt:[128]

Nach dem zwölften Erwägungsgrund des Strukturrichtlinien-Vorschlags erweist es »sich als notwendig, die Stellung der Aktionäre in Bezug auf die Ausübung ihres Stimmrechts zu stärken, um zu gewährleisten, dass sie am Gesellschaftsgeschehen in hohem Maße beteiligt sind.«[129] Die Mitentscheidungsrechte der Aktionäre sollten in Artt. 22 ff. der Strukturrichtlinie umfas-

---

122 Der *Ernst & Young-Bericht*, S. 89 ff., 115 f., 136 ff., empfiehlt hinsichtlich der Harmonisierung der Aktionärsrechte an den Vorschlägen der Strukturrichtlinie weitgehend festzuhalten.
123 Ähnlich *Druey*, in: Baums/Wymeersch (Hrsg.), S. 367, 379.
124 Für das deutsche Recht grundlegend BGHZ 103, 184 (Linotype).
125 Für das deutsche Recht grundlegend BGHZ 129, 136 (Girmes). Dazu statt aller *Henze*, BB 1996, 489, *ders.*, ZHR 162 (1998), 186.
126 So auch OLG Dresden, ZIP 1996, 1780, 1783 (Sachsenmilch).
127 EuGHE 1996, I-6019, 6025 (Siemens).
128 *Schön*, RabelsZ 64 (2000), 1, 24; *Hommelhoff/Riesenhuber*, in: Grundmann (Hrsg.), Systembildung, S. 259, 272, 277. Zur möglichen Stärkung des Aktionärsschutzes durch Information nun ausführlich *Winter-Konsultation*, S. 17 f., 21 ff.
129 A. a. O. (Fn. 15).

V. Der Aktionär im Europäischen Aktienrecht

send geregelt werden: Art. 22 sieht vor, dass die Hauptversammlung mindestens einmal im Jahr einberufen werden muss.[130] Art. 26 garantiert das Recht aller Aktionäre an der Hauptversammlung teilzunehmen.[131] Die Stimmrechtsvertretung wird in Art. 27 der ausdrücklich zugelassen.[132]

Einige der Vorschläge für die Strukturrichtlinie sind jüngst der Sache nach (wenn auch jeweils mit beschränktem Anwendungsbereich) geltendes Europarecht geworden: Für börsennotierte Gesellschaften stellt die neue Börsenzulassungsrichtlinie in Art. 65 Abs. 2 Mindestanforderungen für die Behandlung der Aktionäre auf.[133] Die Gesellschaften werden darin verpflichtet, den Aktionären die Ausübung ihrer Rechte faktisch zu ermöglichen. Insbesondere muss die Gesellschaft die Aktionäre über die Abhaltung der Hauptversammlung unterrichten und ihnen die Ausübung ihres Stimmrechts ermöglichen. Die Gesellschaft muss ferner die Angaben über die Ausschüttung und Auszahlung von Dividenden, die Begebung neuer Aktien sowie die Ausübung der Bezugs-, Zeichnungs-, Umtausch- und Wandlungsrechte veröffentlichen.

Für die Europäische Aktiengesellschaft bestimmt Art. 54 Abs. 1 SE-VO[134], dass die Hauptversammlung mindestens einmal im Kalenderjahr zusammentritt. Die Aktionäre der Europäischen Aktiengesellschaft können die Einberufung der Hauptversammlung und die Aufstellung ihrer Tagesordnung gemäß Art. 55 Abs. 1 SE-VO beantragen, sofern ihr Anteil am gezeichneten Kapital mindestens 10 % beträgt.

Der Aktionär ist im Europäischen Aktienrecht nicht bloßer Geldgeber, wie etwa ein Genussrechtsinhaber. Er ist vielmehr anteiliger Eigentümer der Gesellschaft, der über die Geschicke der Aktiengesellschaft mitbestimmt. Dieses Bild entspricht nicht nur dem Vorschlag für eine Strukturrichtlinie. Schon das geltende europäische Sekundärrecht weist den Aktionären umfassende Mitentscheidungsrechte zu. Diese erstrecken sich auf die Entscheidungen, die grundlegend für die Gesellschaft sind.

Im Strukturrichtlinien-Vorschlag[135] ist der Hauptversammlung die Entscheidungskompetenz für Satzungsänderungen (Art. 37), für die Feststellung

---

130 So auch *Ernst & Young-Bericht*, S. 58.
131 So auch *Ernst & Young-Bericht*, S. 136.
132 So auch *Ernst & Young-Bericht*, S. 94. Ausführlich zur Stimmrechtsvertretung *Hohn Abad*, S. 72 ff. und nun auch *Winter-Konsultation*, S. 24 f.
133 Richtlinie 2001/34/EG des Europäischen Parlaments und des Rates vom 28.5.2001 über die Zulassung von Wertpapieren zur amtlichen Börsennotierung und über die hinsichtlich dieser Wertpapiere zu veröffentlichenden Informationen, ABlEG Nr. L 184 vom 6.7.2001, S. 1, 26.
134 A. a. O. (Fn. 17).
135 A. a. O. (Fn. 15).

Erster Teil: Das Europäische Aktienrecht

des Jahresabschlusses (Art. 48) und für die Gewinnverwendung (Art. 50) zugewiesen. Diese Machtverteilung ist zwar noch nicht Europäisches Aktienrecht, sie ist aber bereits europäische Rechtswirklichkeit. In allen Mitgliedsländern der Europäischen Union wird der Jahresabschluss von der Hauptversammlung festgestellt und der großen Mehrheit der Aktionäre steht es auch kraft der nationalen Gesetzte zwingend zu, über die Gewinnverwendung oder die Dividendenhöhe zu entscheiden.[136]

Auf die Zuständigkeit der Hauptversammlung für wichtige Kapitalmaßnahmen nach Artt. 17, 19, 25, 30 der Kapitalrichtlinie wurde oben schon eingegangen.[137] Bei den Kapitalmaßnahmen handelt es sich aus Aktionärssicht um zentrale Entscheidungen, weil davon das Stimmgewicht der Aktionäre betroffen sein kann, aber auch, da den Aktionären die Verwässerung ihres in der Aktie verkörperten Vermögens droht. Der Europäische Gerichtshof betont in seiner Karella-Entscheidung[138], dass die Kapitalrichtlinie ein Mindestmaß des Aktionärsschutzes gerade auch dadurch gewährleisten will, indem sie den Anteil der Aktionäre an der Entscheidungsgewalt der Gesellschaft sichert. In dem Urteil heißt es zu Art. 25 KapRL, der die Zuständigkeit für Kapitalerhöhungen der Hauptversammlung zuweist:

Es »ist davon auszugehen, dass der Gemeinschaftsgesetzgeber der Vorschrift [Art. 25 KapRL] überragende Bedeutung beimessen wollte, die der Hauptversammlung die Entscheidungen über Kapitalerhöhungen vorbehält, und zwar gerade wegen der erheblichen Wirkungen, die eine solche Veränderung für die Struktur der Gesellschaft mit sich bringen kann.«[139]

Sofern Strukturentscheidungen im Europäischen Aktienrecht ausdrücklich geregelt sind, sind sie grundsätzlich der Hauptversammlung zugewiesen. Die Verschmelzung und die Spaltung von Aktiengesellschaften bedürfen der Zustimmung durch die Hauptversammlungen der beteiligten Gesellschaften mit Zweidrittelmehrheit.[140] Die Hauptversammlung der Europäischen Aktiengesellschaft befindet nach Artt. 59, 8 SE-VO wenigstens mit Zweidrittelmehrheit über die Änderung der Satzung und über die Sitzverlegung der SE.

---

136 *Deutsche Schutzvereinigung für Wertpapierbesitz e. V.*, DSW-Europastudie, S. 15 ff., 78 ff. Danach entscheidet die Hauptversammlung lediglich in Finnland, Italien, den Niederlanden und Schweden nicht zwingend darüber, wie der Gewinn verwendet wird.
137 Siehe S. 16 ff.
138 EuGHE 1991, I-2691, 2718 (Karella).
139 EuGHE 1991, I-2691, 2707 (Karella).
140 Artt. 7, 23, 24, 40 Verschmelzungsrichtlinie; Artt. 5, 22, 23, 24 Spaltungsrichtlinie; beide a. a. O. (Fn. 14).

Für die Machtbalance zwischen den Eigentümern der Gesellschaft und der Geschäftsführung ist ferner Art. 19 Abs. 1 KapRL zu berücksichtigen, der den Erwerb eigener Aktien regelt. Die Hauptversammlung muss dem Erwerb eigener Aktien nicht nur zustimmen. Der Erwerb ist nach Art. 19 Abs. 1 lit. b KapRL außerdem auf 10 % des gezeichneten Kapitals limitiert, was die uneingeschränkte Verschiebung der Einflussmöglichkeiten in der Aktiengesellschaft von der Hauptversammlung zum Vorstand verhindert. Die Mittel des Vorstands, die ihm eingeräumte Macht zulasten der Aktionäre zu missbrauchen werden damit begrenzt.[141]

Im Europäischen Aktienrecht sind Mitwirkungsrechte der Aktionäre von Informationsrechten flankiert.[142] Ohne hinreichende Aufklärung wären qualifizierte Aktionärsentscheidungen unmöglich. Daher ist in Art. 30 des Vorschlags einer Strukturrichtlinie[143] vorgesehen, dass die Aktionäre vor Hauptversammlungen umfassend informiert werden müssen. Art. 65 Abs. 2 Börsenzulassungsrichtlinie verpflichtet die börsennotierten Gesellschaften bereits, alle erforderlichen Informationen zu erteilen, damit die Aktionäre ihre Rechte ausüben können.[144] In Artt. 9 ff. der Verschmelzungsrichtlinie und Artt. 7 ff. der Spaltungsrichtlinie[145] ist vorgeschrieben, dass die Aktionäre umfangreiche Informationen erhalten müssen, bevor sie über Strukturmaßnahmen ihrer Gesellschaft entscheiden. Gleiches gilt nach Art. 8 Abs. 2 und 3 SE-VO[146] (Verlegungsplan) und Art. 20 SE-VO (Verschmelzungsplan) für die Europäische Aktiengesellschaft. Auf die Berichtspflicht des Vorstands nach Art. 29 Abs. 4 Satz 3 KapRL beim beabsichtigten Bezugsrechtsausschluss wurde bereits hingewiesen.[147]

Die Informationspflichten gegenüber den Anteilseignern gehen aber über die Fälle hinaus, in denen die Aktionäre Kenntnisse für ihnen zugewiesene Unternehmensentscheidungen benötigen. Informationspflichten können auch der Transparenz und Kontrolle des Vorstandshandelns dienen. Aktiengesellschaften müssen nach Art. 2 Abs. 1 Publizitätsrichtlinie in Verbindung mit Artt. 47 ff. Bilanzrichtlinie[148] die wesentlichen Satzungsgrundlagen und den

---

141 *Kindl*, ZEuP 1994, 77, 78; *Edwards*, S. 72.
142 So auch *Ernst & Young-Bericht*, S. 137; *Hommelhoff/Riesenhuber*, in: Grundmann (Hrsg.), Systembildung, S. 259, 272.
143 A. a. O. (Fn. 15).
144 Richtlinie 2001/34/EG des Europäischen Parlaments und des Rates vom 28.5.2001 über die Zulassung von Wertpapieren zur amtlichen Börsennotierung und über die hinsichtlich dieser Wertpapiere zu veröffentlichenden Informationen, ABlEG Nr. L 184 vom 6.7.2001, S. 1, 26. Siehe auch schon S. 29.
145 Beide Richtlinien a. a. O. (Fn. 14).
146 A. a. O. (Fn. 17).
147 Siehe S. 19. Ausführlich dazu S. 214 ff.
148 Beide Richtlinien a. a. O. (Fn. 14).

Erster Teil: Das Europäische Aktienrecht

Jahresabschluss offen legen. Dies dient nicht nur den Gläubigern und sonstigen Dritten, sondern auch den Informationsbedürfnissen der Aktionäre.[149] Bei Kapitalmarktgesellschaften werden die Anleger umfassend durch die Publizitätsvorschriften des Europäischen Kapitalmarktrechts geschützt.[150]

In allen Mitgliedstaaten bestehen Vorschriften für die zivilrechtliche Haftung des Managements im Falle schädigenden Verhaltens. Die nationalen Regeln unterscheiden sich erheblich.[151] Auf europäischer Ebene sind die Aktionäre bislang nicht durch haftungsrechtliche Mindestschutzstandards abgesichert. Dies sollte durch Artt. 14 ff., Art. 21 u der Strukturrichtlinie[152] erfolgen. Durchsetzbare Sanktionsregeln sind erforderlich, damit sich Verwaltungen nicht treuwidrig verhalten.[153] Daher spricht viel dafür, auch gemeinschaftsweite Mindeststandards bei der Schadenersatzhaftung einzuführen.[154]

In der Literatur wird teilweise auch die Harmonisierung der prozessualen Aktionärsrechte für erforderlich erachtet.[155] Die Aktionärsstellung hängt tatsächlich ganz entscheidend davon ab, ob und wie die Aktionärsrechte prozessual durchsetzbar sind.[156] Gegenwärtig ist die gerichtliche Beschlusskontrolle in der Europäischen Union nicht harmonisiert. Die Mitgliedstaaten sind nach der Rechtsprechung des Europäischen Gerichtshofs aber verpflichtet das materielle Gemeinschaftsrecht durchzusetzen und hierzu ein geeignetes Prozessrecht zur Verfügung zu stellen.[157] Gleichwohl sind die Kontrollrechte gegenüber Hauptversammlungsbeschlüssen, wie auch die Klagerechte bei Missmanagement der Verwaltung, im Binnenmarkt sehr unterschiedlich

---

149 *Schön*, RabelsZ 64 (2000), 1, 25.
150 Siehe jüngst die Börsenzulassungsrichtlinie (2001/34/EG) vom 28.5.2001, ABlEG Nr. L 184 vom 6.7.2001, S. 1 und aus der Literatur *Lutter*, Europäisches Unternehmensrecht, S. 528 ff., sowie ausführlich *Heinze*, S. 92 ff.
151 *Ernst & Young-Bericht*, S. 43 ff.
152 A. a. O. (Fn. 15).
153 Zur Anreizrationalität *Fleischer*, ZGR 2001, 1, 3. Zu den positiven Erfahrungen in den USA *Merkt*, US-amerikanisches Gesellschaftsrecht, S. 473 ff.
154 Wie hier *Lutter*, in: Grundmann (Hrsg.), Systembildung, S. 121, 140. Auch der *Ernst & Young-Bericht*, S. 87, spricht sich für eine Harmonisierung aus. Weil die Unternehmer dies so wünschten, sollen die Mindeststandards nach dem *Ernst & Young-Bericht*, S. 114 f., aber auf niedrigem Niveau liegen und zu keiner Haftungsverschärfung führen. Die *Winter-Konsultation*, S. 18 f., regt an, die Konkursverschleppungshaftung auszubauen.
155 Dafür *Lutter*, ZGR 2000, 1, 10; *ders.*, in: Grundmann (Hrsg.), Systembildung, S. 121, 140. Dagegen *Schön*, RabelsZ 64 (2000), 1, 28 ff.
156 *Bayer*, in: VGR (Hrsg.), Gesellschaftsrecht in der Diskussion 1999, S. 35, 38.
157 EuGHE 1976, 1989, 1998 (REWE); EuGHE 1976, 2043, 2053 (Comet); EuGHE 1990, I-2433, 2473 (Factortame I); EuGHE 1995, I-4599, 4620 (Peterbroeck); EuGHE 1995, I-4705, 4737 (v. Schijndel).

V. Der Aktionär im Europäischen Aktienrecht

geregelt. Daher sehen Artt. 42 ff. des Vorschlags einer Strukturrichtlinie[158] gemeinsame Mindeststandards für Feststellungsklagen und für Nichtigkeitsklagen vor.

Zusammenfassend ist festzuhalten: Das Europäische Aktienrecht sieht den Aktionär nicht als bloßen Geldgeber an, sondern als Miteigentümer der Gesellschaft. Den Aktionären als den Eigentümern der Gesellschaft stehen umfassende Mitentscheidungskompetenzen zu. In der Hauptversammlung entscheiden sie vor allem über Struktur- und wichtige Kapitalmaßnahmen. Die Aktionäre werden in ihrer Rechtsstellung darüber hinaus durch den Gleichbehandlungsgrundsatz und das Bezugsrecht geschützt. Sofern den Aktionären Mitentscheidungsrechte eingeräumt sind, werden diese von umfassenden Informationspflichten der Verwaltung flankiert. Die (künftigen) Aktionäre werden aber auch in ihrer Anlageentscheidung durch Informationspflichten geschützt. Gemeinschaftsweite Mindeststandards für die Ausübung der Aktionärsrechte und ihre haftungsrechtliche Absicherung fehlen bislang. Ebenso ist die Beschlussanfechtung bislang nicht harmonisiert.

---

158 A. a. O. (Fn. 15).

Zweiter Teil: Die Reform der Kapitalrichtlinie

I. SLIM: Schlankheitskur für die Kapitalrichtlinie

Die Deregulierung des Aktienrechts ist in Deutschland spätestens seit Mitte der achtziger Jahren ein ständiges Thema: sowohl die Wissenschaft[1] als auch Gesetzgebung[2] und Rechtsprechung[3] haben dieses Anliegen aufgegriffen. Dabei handelt es sich nicht um ein spezifisch deutsches Phänomen.[4] In Großbritannien etwa wird gegenwärtig darüber diskutiert, das Aktienrecht umfassend zu erneuern, sprich zu deregulieren.[5] Hinter solchen Liberalisierungstendenzen steht das Interesse, die Aktie als Instrument der Unternehmensfinanzierung attraktiver zu machen. Beispielsweise soll kleineren und jungen Unternehmen der Zugang zum Kapitalmarkt erleichtert werden. Dass die Europäische Kommission ihre SLIM-Initiative: »Simpler Legislation for the Internal Market« in ihrer vierten Phase auf das Gesellschaftsrecht erstreckt hat, ist vor diesem Hintergrund zu sehen.

---

1 *Albach u. a. (Hrsg.)*, Deregulierung des Aktienrechts; *Kübler*, Aktie; *ders.*, ZBB 1993, 1; *ders.*, AG 1994, 141; *Hommelhoff*, ZHR 143 (1989), 181; *ders.*, AG 1995, 529; *Kübler/Mendelson/Mundheim*, AG 1990, 461; *Bauer*; *Hoffmann-Becking*, ZIP 1995, 1; *Klose-Mokroß*; *Claussen*, AG Sonderheft August 1997, S. 108; *Hopt*, ZGR Sonderheft 13, 1998, S. 123; *Spindler*, AG 1998, 53; *Bendfeld*; *Seibert*, ZIP 2001, 53; *Pentz*, NZG 2001, 345; *Escher-Weingart*, Deregulierung; *Regierungskommission Corporate Governance*, S. 335.
2 Siehe das Gesetz für kleine Aktiengesellschaft und zur Deregulierung des Aktienrechts vom 2.8.1994, BGBl 1994 I, S. 1961, das Gesetz zur Kontrolle und Transparenz im Unternehmensbereich (KonTraG) vom 27.4.1998, BGBl 1998 I, S. 786 sowie das Gesetz zur Namensaktie und zur Erleichterung der Stimmrechtsausübung (NaStraG) vom 18.1.2001, BGBl 2001 I, S. 123.
3 Vor allem BGHZ 136, 133 (Siemens/Nold).
4 Zur Diskussion in den USA *Gordon*, Colum. L. Rev. 89 (1989), 1549; *Romano*, Colum. L. Rev. 89 (1989), 1599.
5 Das *Department of Trade and Industry* (DTI) bemüht sich seit März 1998 um eine grundlegende Überprüfung und Erneuerung des Gesellschaftsrechts. Hierzu hat das DTI eine »*Company Law Review Steering Group*« gebildet, die mittlerweile umfassende Vorschläge unterbreitet hat, unter anderem auch zur Gründung, Kapitalaufbringung und Kapitalerhaltung in der AG. Diese Materialien sowie zahlreiche Gutachten und Stellungnahmen zur Company Law Review sind auf der Website des DTI abrufbar: www.dti.gov.uk/cld/review.htm. Einen Überblick gibt *Rickford*.

Zweiter Teil: Die Reform der Kapitalrichtlinie

1. SLIM: Das Programm und seine vierte Phase

Die SLIM-Initiative wurde im Mai 1996 als Pilotprojekt gestartet, sie befindet sich mittlerweile in ihrer fünften Phase.[6] Das grundlegende Ziel des SLIM-Prozesses besteht darin, die Effizienz des Binnenmarktes durch Vereinfachung des gemeinschaftlichen Rechtsrahmens zu steigern.[7] Es sollen vornehmlich solche Bestimmungen überprüft werden, die bei ihrer Umsetzung vermeidbare Kosten und Belastungen verursachen.[8] Das SLIM-Konzept sieht hierzu vor, dass kleine Sachverständigen-Gruppen in informellem Rahmen zusammenkommen, um bestimmte Rechtsvorschriften zu überprüfen.[9] Die Arbeitsgruppen setzen sich aus vier bis fünf Vertretern von Mitgliedstaaten – meist Ministerialbeamte – und der selben Zahl von Anwendern der zu untersuchenden Vorschriften zusammen.[10] Die Arbeitsgruppen sollen nach wenigen Sitzungen und regelmäßig innerhalb von sechs Monaten ihre Empfehlungen der Kommission vorlegen.[11] Dieser eng gesteckte Zeitrahmen erlaubt es den SLIM-Teams kaum, grundlegende Fragen aufzugreifen. Die Vorschläge müssen sich weitgehend auf solche Vereinfachungen und Verbesserungen beschränken, die nicht zu komplex sind und relativ zügig umgesetzt werden können. Am Ende einer SLIM-Runde veröffentlicht die Kommission eine Mitteilung, in der die Empfehlungen des SLIM-Teams dargelegt werden und in der die Kommission mitteilt, wie sie weiter zu verfahren gedenkt.[12] Gegebenenfalls legt die Kommission den gesetzgebenden Organen, also dem Rat und, soweit erforderlich, dem Parlament, einen förmlichen Rechtssetzungsvorschlag vor.

Das Gesellschaftsrecht war Gegenstand der vierten Phase des SLIM-Prozesses. Dass auch die Kapitalrichtlinie in das SLIM-Verfahren eingezo-

---

6   Das Themenspektrum von SLIM ist weit: von Zierpflanzen und Kosmetika über Umsatzsteuer reicht es bis zu radioaktivem Müll. Siehe zur ersten bis dritten Phase KOM (1999) 88 endg.; zur vierten Phase SEK (1998) 1944 und KOM (2000) 56 endg.; zur fünften Phase SEK (2001) 575. Die Dokumente sind auch abrufbar unter http://europa.eu.int/comm/internal_market/en/update/slim/
7   Arbeitsdokument der Kommissionsdienststellen: Vereinfachung der Rechtsvorschriften im Binnenmarkt (SLIM): Übergang zur fünften Phase, SEK (2001) 575, S. 2.
8   Mitteilung der Kommission an den Rat und das Europäische Parlament: Überprüfung der SLIM-Initiative: Vereinfachung der Rechtsvorschriften im Binnenmarkt, KOM (2000) 104 endg., S. 3.
9   Commission Staff Working Paper: Simpler Legislation for the Internal Market (SLIM): Extention to a Fourth Phase, SEC (1998) 1944, S. 2.
10   SEC (1998) 1944, S. 2.
11   KOM (2000) 104 endg., S. 6.
12   SEK (2001) 575, S. 3.

gen wurde, resultierte aus einer umfassenden Konsultation der Europäischen Kommission zum Gesellschaftsrecht im Jahr 1997. Im September 1996 wurde die Studie von *Ernst & Young* zur Corporate Governance in Europa vorgelegt.[13] Im Jahr darauf bemühte sich die Europäische Kommission ein Arbeitsprogramm der Europäischen Union im Bereich des Gesellschaftsrechts zu erstellen. Die umfassenden Arbeiten hierzu begannen im Februar 1997 mit einer Umfrage und gipfelten in der »Konferenz zu Binnenmarkt und Gesellschaftsrecht« am 15./16.12.1997 in Brüssel.[14] Im Rahmen dieses Prozesses wurde für das Europäische Gesellschaftsrecht namentlich in zwei Bereichen Reformbedarf gesehen: bei der Publizitätsrichtlinie und bei der Kapitalrichtlinie. Bei der Kapitalrichtlinie wurde vor allem eine Lockerung der Vorschriften zum Erwerb eigener Aktien, zum Bezugsrecht sowie zu den Aktien ohne Nennwert gefordert.[15]

Der Europäische Rat hatte im Übrigen am 16./17.6.1997 in Amsterdam »sein entschiedenes Bekenntnis zur Vereinfachung des bestehenden und des neuen Rechts [...] und die Verringerung des von der europäischen Wirtschaft, insbesondere den kleinen und mittleren Unternehmen zu tragenden Verwaltungsaufwands«[16] bekräftigt und die Kommission ersucht, hierfür eine Task Force einzusetzen. Nachdem bald entschieden war, das Gesellschaftsrecht zum Gegenstand der vierten Phase der SLIM-Initiative ab Mai 1998 zu machen, forderte der Rat die Mitgliedstaaten auf, der Kommission mögliche Themen für die SLIM-Arbeitsgruppe vorzuschlagen.[17]

Die Themen wurden der SLIM-Arbeitsgruppe für das Gesellschaftsrecht von der Europäischen Kommission grob vorgegeben: die im Konsultationsprozess von 1997 ausgemachten Reformbereiche Publizitätsrichtlinie und Kapitalrichtlinie.[18] Dabei sollte der Fokus mehr auf Reformmöglichkeiten bei der Kapitalrichtlinie, denn bei der Publizitätsrichtlinie gerichtet sein.[19]

---

13 *Ernst & Young-Bericht*, mit kritischer Anmerkung von *Lutter*, AG 1995, 309; *ders.*, AG 1997, 538, und mit Zusammenfassung von *Julien-Saint-Amand*, in: Europäische Kommission, Konferenz zu Binnenmarkt und Gesellschaftsrecht, S. 11 ff.
14 *Europäische Kommission*, Konferenz zu Binnenmarkt und Gesellschaftsrecht, S. 3 ff.
15 *Europäische Kommission*, Konferenz zu Binnenmarkt und Gesellschaftsrecht, S. 22.
16 Pressemitteilung des Europäischen Rats vom 16.6.1997, Nr. SN00150/97, abrufbar unter: http://ue.eu.int/newsroom/tree-browse/
17 Pressemitteilung des Europäischen Rats vom 30.3.1998, Nr. 7097/98, abrufbar unter: http://ue.eu.int/newsroom/tree-browse/
18 Schreiben der Europäischen Kommission an die Mitglieder des *Internal Market Advisory Committee* (dazu gleich Fn. 25) vom 2.7.1998.
19 SEC (1998) 1944, S. 3.

Zweiter Teil: Die Reform der Kapitalrichtlinie

Angesichts der begrenzten Zeit war es nicht die Aufgabe der SLIM-Arbeitsgruppe, die Kapitalrichtlinie und die Publizitätsrichtlinie eingehend zu überprüfen. Es sollten vielmehr zu einzelnen, praktisch drängenden Punkten Vereinfachungsvorschläge erarbeitet werden.[20] Mögliche weitere Harmonisierungsmaßnahmen im Bereich der Publizitätsrichtlinie und der Kapitalrichtlinie wurden von vornherein nicht thematisiert. Nicht weil hier a priori kein Bedarf bestünde, sondern weil das Augenmerk in der beschränkten Zeit darauf gerichtet sein sollte, das Binnenmarktrecht zu verschlanken. Schließlich lautete das Programm: Simpler Legislation for the Internal Market.[21]

Die britische Regierung, die schon 1998 gefordert hatte, die Kapitalrichtlinie zu liberalisieren,[22] bekräftigte und konkretisierte ihr Anliegen im Frühjahr 1999.[23] Ihr ging es in erster Linie um die Zulassung eines neuen Systems so genannter *no par value shares*. Außerdem wollte sie die Möglichkeiten der finanziellen Unterstützung des Erwerbs von Aktien der Gesellschaft ausgeweitet wissen. Die SLIM-Arbeitsgruppe griff die britischen Vorschläge auf, die genaue Eingrenzung der zu behandelnden Themen lag jedoch bei den Mitgliedern des SLIM-Teams selbst.[24]

Die Zusammensetzung des SLIM-Teams wurde von der Kommission bestimmt. Diese bat zuvor die Mitglieder der sie ständig beratenden informellen Expertengruppe zum Gesellschaftsrecht[25] um geeignete Vorschläge.[26]

---

20 SLIM-Erläuterungen, S. 7.
21 SLIM-Erläuterungen, S. 7.
22 Schreiben des Department of Trade and Industry (DTI) an die Europäische Kommission vom März 1998. Das Bundesministerium der Justiz, dem die Note des DTI am 16.4.1998 von der Kommission zur Stellungnahme übermittelt wurde, äußerte sich auf Arbeitsebene in einem Schreiben an die Europäische Kommission vom 5.5.1998 ausgesprochen reserviert zu den britischen Vorschlägen.
23 Schreiben des Department of Trade and Industry an die Europäische Kommission vom 10.2.1999.
24 SLIM IV: Company Law: Issue Paper vom 12.1.1999, S. 2 f.
25 Diesem so genannten *Internal Market Advisory Committee* gehören hohe Ministerialbeamte aus den Mitgliedstaaten an. Deutschland wird dort derzeit vertreten durch die Ministerialräte im Bundesministerium der Justiz Dr. *Hans-Werner Neye* und Professor Dr. *Ulrich Seibert*.
26 Schreiben der Kommission an die Mitglieder des *Internal Market Advisory Committee* vom 2.7.1998.

I. SLIM: Schlankheitskur für die Kapitalrichtlinie

Zu Mitgliedern der SLIM-Arbeitsgruppe wurden bestellt:[27]

- Professor Dr. *Eddy Wymeersch*, Universität Gent, Vorsitzender
- *Manne Airaksinen*, Finnisches Justizministerium, Helsinki[28]
- Dr. *Sonja Bydlinski*, Österreichisches Justizministerium, Wien
- *Tanneguy du Chastel*, Justitiar, Compagnie de Saint-Gobain, Paris
- *James Fitzsimons*, Rechtsanwalt, Brenson Lawlor, Dublin
- *Aart Heering*, Notar, Conférence des notariats de L'Union Européenne, Amsterdam
- Dr. *Harald Kallmeyer*, Rechtsanwalt, Henkel KGaA, Düsseldorf, und Union of Industrial and Employers' Confederations of Europe (UNICE), Brüssel[29]
- *Manuel Casero Mejla*, Spanisches Justizministerium / Registerbehörde, Madrid
- Dr. *Henning Rasner*, Rechtsanwalt, Linklaters Oppenhoff & Rädler, Köln
- *Luigi Antonio Rovelli*, Italienisches Justizministerium, Rom
- *Daniel Ruppert*, Luxemburgisches Justizministerium, Luxemburg[30]

Das SLIM-Team arbeitete zügig: Nach nur drei Arbeitstreffen in Brüssel am 12.2.1999, am 26.3.1999 und am 17.7.1999 konnte die Arbeitsgruppe ihre endgültigen Vorschläge bereits am 1.10.1999 der Europäischen Kommission vorlegen.[31]

---

27 Die Ministerialbeamten innerhalb der SLIM-Arbeitsgruppe (*Airaksinen, Bydlinski, Casero Mejla, Rovelli, Ruppert*) sind auch Mitglieder des *Internal Market Advisory Committee* bei der Kommission.
28 *Airaksinen* nahm am dritten Treffen am 17.7.1999 nicht persönlich teil, übermittelte aber zuvor eine schriftliche Stellungnahme.
29 *Kallmeyer* war von 1978 bis 2001 Vorsitzender des Arbeitskreises Europäisches Gesellschaftsrecht beim Verband der Chemischen Industrie (VCI) in Frankfurt am Main und von 1997 bis 2001 auch Vorsitzender der Arbeitsgruppe Gesellschaftsrecht der UNICE in Brüssel.
30 Am zweiten Treffen am 26.3.1999 wurde *Ruppert* durch einem Kollegen aus dem Luxemburgischen Justizministerium, *J. Delvaux*, vertreten.
31 SLIM-Erläuterungen, S. 7; *De Vos*, S. 11.

Zweiter Teil: Die Reform der Kapitalrichtlinie

2. Die SLIM-Vorschläge im Überblick und erste Reaktionen

Die Arbeitsgruppe unter dem Vorsitz von *Wymeersch* hat zur Kapitalrichtlinie sechs Vorschläge gemacht, die im dritten Teil der Arbeit näher dargestellt und hier nur benannt werden:

- Die Wertprüfung von Sacheinlagen durch einen Sachverständigen (Artt. 10, 11, 27 KapRL) soll in bestimmten Fällen entbehrlich werden.

- Die SLIM-Arbeitsgruppe hält die Begriffe des Nennwerts und des rechnerischen Werts in Art. 8 Abs. 1 KapRL für klärungsbedürftig. Sie regt ferner an, zu prüfen, ob echte nennwertlose Aktien in der Kapitalrichtlinie zugelassen werden sollten.

- Die Zwangseinziehung (Art. 36 KapRL) soll als alternativer Weg zum so genannten Squeeze Out ermöglicht werden.

- Die Möglichkeiten des Erwerbs eigener Aktien (Art. 19 KapRL) sollen erweitert werden.

- Das Verbot der finanziellen Unterstützung des Aktienerwerbs (Art. 23 KapRL) ist nach den Vorstellungen des SLIM-Teams zu lockern.

- Schließlich empfiehlt die SLIM-Arbeitsgruppe, die materiellen Voraussetzungen für den Bezugsrechtsausschluss (Art. 29 Abs. 4 KapRL) für börsennotierte Gesellschaften in der Kapitalrichtlinie zu konkretisieren.

Die Europäische Kommission hat den Bericht der SLIM-Arbeitsgruppe an die Mitgliedstaaten und an das Europäische Parlament weitergeleitet. Die Europäische Kommission äußerte sich weitgehend zustimmend zu den Vorschlägen, die die SLIM-Arbeitsgruppe für die Publizitätsrichtlinie gemacht hat. Sie machte aber zugleich deutlich, dass sie zu den SLIM-Vorschlägen zur Kapitalrichtlinie weitere Untersuchungen für erforderlich hält.[32] Das Europäische Parlament hat zu den SLIM-Vorschlägen nicht inhaltlich Stellung genommen, sondern die Kommission aufgefordert, die SLIM-Vorschläge in konkrete Legislativvorschläge umzusetzen.[33] Dieser Aufforderung ist die Europäische Kommission für die Kapitalrichtlinie bisher nicht

---

[32] Die Kommission berichtet über die Ergebnisse der vierten Phase der SLIM-Initiative in KOM (2000) 56 endg. Dort findet sich eine Zusammenfassung der Vorschläge der SLIM-Arbeitsgruppe (S. 14 f.), wie auch die Position der Kommission dazu (S. 4 f.).

[33] Dokument des Europäischen Parlaments Nr. A5-0351/2000 (= PE 286.046) vom 23.11.2000, S. 6.

I. SLIM: Schlankheitskur für die Kapitalrichtlinie

nachgekommen.[34] Für die Publizitätsrichtlinie hat die Kommission jedoch jüngst einen Richtlinienvorschlag unterbreitet, der die SLIM-Vorschläge aufgreift.[35]

Die Vorschläge, die die SLIM-Arbeitsgruppe zur Publizitätsrichtlinie gemacht hat, wurden von den Mitgliedstaaten mehrheitlich sehr positiv aufgenommen,[36] was die rasche Umsetzung der SLIM-Vorschläge in einen Richtlinienvorschlag durch die Kommission ermöglichte. Anders aber ist das Bild auf ministerieller Arbeitsebene[37] für die SLIM-Vorschläge zur Kapitalrichtlinie: Einzig Großbritannien stimmte den SLIM-Vorschlägen durchweg zu.[38] Tendenziell positiv äußerten sich die Niederlande[39] und Schweden[40]. Deutschland[41] und Finnland[42] meldeten Zweifel an, vor allem hinsichtlich des Vorschlags zu Art. 8 Abs. 1 KapRL (Nennwert). Ausgesprochen zurückhaltend reagierten Belgien[43], Irland[44] und Österreich.[45]

Der Bundesverband der Deutschen Industrie und UNICE, die Dachorganisation der europäischen Industrie, unterstützen die SLIM-Vorschläge nachdrücklich.[46]

Die *Regierungskommission Corporate Governance* begrüßt die SLIM-Vorschläge zur Publizitätsrichtlinie und zur Kapitalrichtlinie »in der Tendenz, wenn auch nicht in allen Einzelpunkten.«[47] Auch bei der *Regierungskommission Corporate Governance* bezieht sich die Zustimmung mehr auf

---

34 Die in KOM (2000) 56 endg., S. 6, angekündigte Mitteilung zum Gesellschaftsrecht wird nach Auskunft der Kommission nun doch nicht veröffentlicht.
35 Vorschlag der Kommission für eine Richtlinie des Europäischen Parlaments und des Rates zur Änderung der Richtlinie 68/151/EWG in Bezug auf die Offenlegungspflichten von Gesellschaften bestimmter Rechtsformen, KOM (2002) 279 endg. vom 3.6.2002. Siehe hierzu auch die einleitende Pressemitteilung der Kommission vom 3.6.2002 (Nr. IP/02/798), abrufbar unter: http://europa.eu.int/rapid/start/cgi.
36 *Neye*, ZIP 1999, 1944. KOM (2002) 279 endg., S. 3.
37 Die Stellungnahmen an die Kommission wurden überwiegend von den Leitern der Abteilung Gesellschaftsrecht in den jeweiligen Ministerien verfasst und waren meist knapp gehalten.
38 Schreiben des Britischen Wirtschaftsministeriums (Department of Trade and Industry, DTI) an die Kommission vom Oktober 1999 sowie vom September 2000.
39 Schreiben des Niederländischen Justizministeriums an die Kommission vom 18.1.2000.
40 Schreiben des Schwedischen Justizministeriums an die Kommission vom 7.1.2000.
41 Mitteilung des Bundesministeriums der Justiz an die Kommission vom Frühjahr 2000.
42 Schreiben des Finnischen Justizministeriums an die Kommission vom 5.1.2000.
43 Schreiben des Belgischen Justizministeriums an die Kommission vom 7.3.2000.
44 Mitteilung des Irischen Justizministeriums an die Kommission von Dezember 1999.
45 Schreiben des Österreichischen Justizministeriums an die Kommission vom 13.1.2000.
46 Schreiben des BDI an das Bundesministerium der Justiz vom 24.9.1999 zu dem vorweg in Umlauf gebrachten Entwurf der Vorschläge der SLIM-Arbeitsgruppe vom 6.9.1999.
47 *Regierungskommission Corporate Governance*, S. 46.

Zweiter Teil: Die Reform der Kapitalrichtlinie

die Vorschläge zur Publizitätsrichtlinie denn auf die Vorschläge zur Kapitalrichtlinie.

3. Verfahrenskritik

Ein wesentlicher Vorteil des SLIM-Verfahrens ist, dass durch die unbürokratische Arbeitsweise schnell Empfehlungen erarbeitet werden können. Deren Umsetzung setzt voraus, dass entsprechende Gesetzesvorschläge in Wissenschaft und Politik hinreichend diskutiert wurden. Auch hieraus ergibt sich die Forderung nach Transparenz des SLIM-Verfahrens: Die Auswahl der behandelten Themen und im Kern auch deren Erörterung muss öffentlich nachvollziehbar sein. Dazu sollten mindestens die Sitzungsberichte der SLIM-Arbeitsgruppen (jedenfalls nach Abschluss der jeweiligen SLIM-Runde) veröffentlicht werden. Dies bürokratisiert den SLIM-Prozess nicht, da Sitzungsberichte ohnehin verfasst werden. Deren Publikation – zum Beispiel im Internet – würde die gebotene Transparenz erhöhen. Um das Vertrauen in den SLIM-Prozess zu stärken, soll nun auch nach Auffassung der Kommission[48], des Rates[49] und des Parlaments[50] die Arbeit der SLIM-Arbeitsgruppen durchsichtiger werden.

Abgesehen von dieser Verfahrensfrage lässt sich das Europäische Gesellschaftsrecht im Rahmen des SLIM-Prozesses nicht grundlegend überarbeiten, seine künftige Entwicklung nicht systematisch gestalten. Dies war freilich auch nicht der Auftrag von SLIM. Vielmehr ging es darum, schnell umsetzbare Einzelvorschläge zu machen. So ist SLIM denn zu verstehen: als Generator von Ideen und als politischer Impulsgeber.

4. Die *Winter*-Kommission

Im September 2001 hat die Europäische Kommission die »High Level Group of Company Law Experts« eingesetzt, die unter dem Vorsitz des Niederländers *Jaap Winter* in zwei Phasen Vorschläge zur Weiterentwick-

---

48 KOM (2000) 104 endg., S. 7; KOM (2001) 130 endg., S. 16.
49 Pressemitteilung des Rates – Binnenmarkt – vom 16.3.2000, Nr. 6807/00, abrufbar unter http://ue.eu.int/newsroom/tree-browse/
50 Dokument des Europäischen Parlaments Nr. A5-0351/2000 (= PE 286.046) vom 23.11.2000, S. 9 ff.

I. SLIM: Schlankheitskur für die Kapitalrichtlinie

lung des Europäischen Gesellschaftsrechts machen soll.[51] Deutsches Mitglied in der siebenköpfigen Expertengruppe ist *Klaus J. Hopt*. In der ersten Phase sollte die *Winter*-Kommission die Europäische Kommission dabei unterstützen, einen neuen Vorschlag für die im Juli 2001 im Europäischen Parlament gescheiterte Übernahmerichtlinie auszuarbeiten.[52] Die Arbeitsgruppe hat ihre umfassenden Empfehlungen hierzu am 10.1.2002 vorgelegt.[53]

In einer zweiten Phase soll die *Winter*-Kommission bis Mitte 2002 Leitlinien für die Weiterentwicklung des Europäischen Gesellschaftsrechts aufzeigen. Das vorgegebene Themenspektrum reicht von der Corporate Governance über die Harmonisierung der Rechte der Anteilseigner und deren grenzüberschreitende Ausübung, über die grenzüberschreitende Verschmelzung und Sitzverlegung von Unternehmen, bis hin zu möglichen neuen europäischen Gesellschaftsformen. Befassen wird sich die *Winter*-Kommission schließlich auch mit der »etwaigen Vereinfachung des Gesellschaftsrechts vor dem Hintergrund des SLIM-Berichts zur Zweiten Gesellschaftsrechtsrichtlinie vom 13. Dezember 1976 über die Gründung von Aktiengesellschaften und die Erhaltung und Änderung ihres Kapitals.«[54]

Im Rahmen ihrer zweiten Arbeitsphase hat die *Winter*-Kommission am 25.4.2002 eine Online-Konsulation gestartet, die bis zum 21.6.2002 dauerte.[55] Grundlage der Konsultation war ein umfassender Fragenkatalog, der sich auf die vorbezeichneten Themengebiete erstreckte, im Kapitel 3.3. (Fragen 16 bis 19) auch auf das Recht der Kapitalaufbringung und Kapitalerhaltung.

---

51   Pressemitteilung der Europäischen Kommission vom 4.9.2001, Nr. IP/01/1237, abrufbar unter: http://europa.eu.int/rapid/start/cgi/
52   Siehe dazu schon oben S. 25.
53   *Winter-Bericht I* vom 10.1.2002. Siehe auch die Pressemitteilung der Europäischen Kommission vom 10.1.2002, Nr. IP/02/24, abrufbar unter: http://europa.eu.int/rapid/start/cgi, sowie die Pressemitteilung der *Winter*-Kommission vom 10.1.2002, abrufbar unter: http://europa.eu.int/comm/internal_market/de/company/company/news.
54   Pressemitteilung der Europäischen Kommission vom 4.9.2001, a. a. O. (Fn. 51), S. 3. Siehe auch *Winter-Bericht I*, S. 55.
55   *Winter-Konsultation* vom 25.4.2002: Moderne gesellschaftsrechtliche Rahmenbedingungen in Europa: Ein Konsultationspapier der Hochrangigen Expertengruppe auf dem Gebiet des Gesellschaftsrechts, Dokumentennummer 02/10644, abrufbar unter: www.europa.eu.int/comm/internal_market/de/company/company/official/index.htm. Die einleitende Pressemitteilung (Nr. IP/02/625) der Europäischen Kommission vom 25.4.2002 ist abrufbar unter: http://europa/eu/rapid/start/cgi.

II. Europarechtlicher Rahmen

Wird die Kapitalrichtlinie auf Reformbedarf hin überprüft, so ist zuerst nach den Vorgaben des Europarechts für eine mögliche Reform zu fragen. In Art. 2 EGV ist die Errichtung eines Gemeinsamen Marktes und einer Wirtschafts- und Währungsunion als die Kernaufgabe der Europäischen Gemeinschaft genannt. Damit ist ein starkes Integrationsziel vorgegeben: Die Gemeinschaft verpflichtet sich auf die Öffnung nationaler Märkte und deren Integration zu einem einheitlichen Europäischen Binnenmarkt hinzuwirken.[56] Wichtigste Rechtgrundlage für die Harmonisierung des Gesellschaftsrecht ist, wie eingangs erwähnt,[57] Art. 44 Abs. 2 lit. g EGV (ex Art. 54 Abs. 3 lit. g EGV). Die Norm ist systematisch Teil der Vorschriften, die die Niederlassungsfreiheit im Binnenmarkt garantieren sollen. Deshalb sind Grund und Grenzen der Harmonisierung des Gesellschaftsrechts zunächst über die Niederlassungsfreiheit zu bestimmen.[58] Aus Artt. 44 Abs. 2 lit. g, 94, 96 Abs. 2 EGV (ex Artt. 54 Abs. 3 lit. g, 100, 101 Abs. 2 EGV) folgt, dass das Gesellschaftsrecht soweit anzugleichen ist, wie dies erforderlich ist, um Wettbewerbsverzerrungen im Gemeinsamen Markt zu vermeiden.[59] Die nationalen Gesellschaftsrechte dürfen innerhalb der Europäischen Union keine Markteintrittsbarrieren, keine nichttarifären Handelshemmnisse sein.[60] Ökonomen definieren langfristige Markteintrittsbarrieren als Kosten, die ein Marktneuling tragen muss, die von bisherigen Marktteilnehmern aber nicht getragen werden mussten oder müssen.[61] Konkurrieren Aktiengesellschaften aus unterschiedlichen Mitgliedstaaten im Binnenmarkt, so tragen sie unterschiedlich hohe gesellschaftsrechtlich veranlasste Kosten. Solche Kostendifferenzen wirken regelmäßig nicht als absolute Markteintrittsbarrieren, doch

---

56 *Timmermans*, RabelsZ 48 (1984), 1, 6; *Zuleeg*, in: von der Groeben/Thiesing/Ehlermann, EUV/EGV, Art. 2 Rn. 7 ff.; *Schön*, ZGR 1995, 1, 2; *ders.*, ZGR 2000, 706; *Behrens*, in: Festschrift für Mestmäcker, S. 831, 841.
57 Siehe S. 5.
58 *Knobbe-Keuk*, DB 1990, 2573, 2574; *Lutter*, ZGR Sonderheft 12, 1994, S. 121, 123; *ders.*, in: Festschrift für Everling, S. 765, 775; *Hailbronner*, in: Handkommentar EUV/EGV, Art. 54, Rn. 23; *Bröhmer*, in: Callies/Ruffert, Art. 44 EGV, Rn. 12; *Wouters*, CML Rev. 37 (2000), 257, 289.
59 *Timmermans*, RabelsZ 48 (1984), 1, 14; *Behrens*, EuZW 1990, 13; *ders.*, GmbHR 1993, 129; *ders.*, in: Dauses, E. III. Rn. 3; *Blaurock*, ZEuP 1998, 460, 463 ff. In diesem Sinne auch *Hübner*, in: Festschrift für Großfeld, S. 471, 473.
60 *Timmermans*, RabelsZ 48 (1984), 1, 14; *Streit/Mussler*, in: Gerken (Hrsg.), S. 75, 96; *Schön*, ZGR 1995, 1, 15; *Behrens*, in: Festschrift für Mestmäcker, S. 831, 841.
61 *Stigler*, Barriers; *von Weizsäcker*, The Bell Journal of Economics 11 (1989), 399 ff.; *Carlton/Perloff*, S. 110.

II. Europarechtlicher Rahmen

können sie zu Wettbewerbsverzerrungen führen. Um solche nichttarifären Handelshemmnisse zu vermeiden, muss das Gesellschaftsrecht nicht vereinheitlicht werden, es soll aber gleichwertig ausgestaltet werden.[62] Sind die Schutzbestimmungen, die den Gesellschaften im Interesse der Gesellschafter sowie Dritter vorgeschrieben sind, gleichwertig im Sinne von Art. 44 Abs. 2 lit. g EGV (ex Art. 54 Abs. 3 lit. g EGV), so spricht man auch von einem *legal level playing field*.[63]

Die Kommission hat die Harmonisierung des Gesellschaftsrechts stets auch mit dem Abbau von Wettbewerbsverzerrungen begründet.[64] Es lässt sich trefflich darüber streiten, wie viel Harmonisierung es aus Wettbewerbsgründen bedarf. Die Vorgaben des EG-Vertrags sind insofern relativ unbestimmt und belassen dem Gesetzgeber des europäischen Sekundärrechts einen großen politischen Handlungsspielraum.[65] Die Europäische Gemeinschaft verfolgt bis heute kein in sich geschlossenes Konzept zur Integration des Binnenmarktes. Auch die Harmonisierung des Gesellschaftsrechts erfolgte schrittweise je nach politischer Machbarkeit und Opportunität.[66] Dieser Politikansatz ist zwar in der Wissenschaft gelegentlich als unsystematisch kritisiert worden,[67] doch auch die Wissenschaft hat bislang keine Theo-

---

62 Zur Differenzierung *Hirte*, Wege zu einem europäischen Zivilrecht, S. 17.
63 *Hopt*, OECD, S. 5.
64 Siehe z. B. Weißbuch der Kommission an den Europäischen Rat: »Vollendung des Binnenmarktes«, vom 14.6.1985, KOM (1985) 310 endg., S. 4. Explizit auch der sechste Erwägungsgrund des Vorschlags einer Strukturrichtlinie (a. a. O., S. 7, Fn. 15): »Außerdem müssen auf den bezeichneten Rechtsgebieten in der Gemeinschaft für konkurrierende Aktiengesellschaften gleichwertige rechtliche Bedingungen geschaffen werden.«
65 *Timmermans*, RabelsZ 48 (1984), 1, 8; *Assmann/Buck*, EWS 1990, 110, 114; *Assmann*, ORDO 1993, 87, 95; *Behrens*, in: Festschrift für Mestmäcker, S. 831, 837; *Michael Ulmer*, S. 160. Zu den faktischen Grenzen dieses Spielraums *Everling*, Aufsätze, S. 53, 69.
66 *Götz*, JZ 1994, 265, 267; *Everling*, Aufsätze, S. 318, 335. Insofern kritisch zur Kapitalrichtlinie sowohl der Bundestag (BTDrucks IV/2190), als auch der Bundesrat (BRDrucks 111/64), sowie *Ankele*, BB 1970, 988. Für das Aktienrecht a. A. aber *Behrens*, in: Festschrift für Mestmäcker, S. 831, 832, und *Boucourechliev*, RIW 1999, 1, 2. Die Integrationsstrategie der Kommission wird umschrieben in: Weißbuch der Kommission an den Europäischen Rat: »Vollendung des Binnenmarktes«, KOM (1985) 310 endg.; Mitteilung der Kommission an den Rat: »Die optimale Gestaltung des Binnenmarktes: Strategisches Programm«, KOM (1993) 632 endg.; Mitteilung der Kommission und das Europäische Parlament und den Rat vom 24.11.1999: »Die Strategie für den europäischen Binnenmarkt«, abrufbar unter http://europa.eu.int/.comm/ internal_market/de; Mitteilung der Kommission: »Überprüfung der Binnenmarktstrategie im Jahr 2001«, KOM (2001) 198 endg. Anschauliches Beispiel für das *do ut des* der europäischen Gesellschaftsrechtssetzung (ETA-Terror versus Europäische Aktiengesellschaft) bei *Hopt*, EuZW 2002, 1.
67 So (teils mit kapitalmarktrechtlichem Kritikschwerpunkt) *Assmann/Buck*, EWS 1990, 110; *von Wilmowsky*, RabelsZ 56 (1992), 521; 525 ff.; *Assmann*, ORDO 1993, 87, 95; *Mülbert*, WM 2001, 2085. A. A. *Fitchey*, in: Buxbaum u. a. (Hrsg.), European Business

Zweiter Teil: Die Reform der Kapitalrichtlinie

rie der Binnenmarktintegration entwickelt.[68] Die Kommission, das Europäisches Parlament und der Wirtschafts- und Sozialausschuss haben Art. 44 Abs. 2 lit. g EGV (ex Art. 54 Abs. 3 lit. g EGV) seit jeher weit ausgelegt und darauf auch Harmonisierungsvorhaben gestützt, die über das Niederlassungsrecht hinausgehen und etwa den ungestörten Waren- und Kapitalverkehr oder die Arbeitnehmermitbestimmung betreffen.[69] Dieser weiten Auslegung von Art. 44 Abs. 2 lit. g EGV (ex Art. 54 Abs. 3 lit. g EGV) hat sich der Europäische Gerichtshof in seinem Daihatsu-Urteil angeschlossen:

»Artikel 54 Absatz 3 Buchstabe g ist in Verbindung mit [...] Artikel 3 Buchstabe h EG-Vertrag zu sehen, wonach die Tätigkeit der Gemeinschaft die Angleichung der nationalen Rechtsvorschriften umfasst, soweit dies für das Funktionieren des Gemeinsamen Marktes erforderlich ist.«[70]

Durch den Vertrag von Maastricht wurde das Subsidiaritätsprinzip in Art. 5 EGV (ex Art. 3 b EGV) als tragender Grundsatz des Gemeinschaftsrechts ausdrücklich festgeschrieben: Die Gemeinschaft wird

»nur tätig, sofern und soweit die Ziele der in Betracht gezogenen Maßnahmen auf Ebene der Mitgliedstaaten nicht ausreichend erreicht werden können und daher wegen ihres Umfangs oder wegen ihrer Wirkung besser auf Gemeinschaftsebene erreicht werden können. Die Maßnahmen der Gemeinschaft gehen nicht über das für die Erreichung der Ziele dieses Vertrags [EGV] erforderliche Maß hinaus.«

Doch ergeben sich aus dem Subsidiaritätsprinzip Folgen für die Angleichung des Gesellschaftsrecht und namentlich für die Kapitalrichtlinie? Für das Aktienrecht ist der Maßstab der Erforderlichkeit gemäß Art. 44 Abs. 2 lit. g EGV (ex Art. 54 Abs. 3 lit. g EGV) lex specialis zum Subsidiaritätsprinzip des Art. 5 EGV (ex Art. 3 b EGV): Ist Harmonisierung erforderlich, so ist sie nach dem Subsidiaritätsprinzip auch immer zulässig. Ist die Angleichung aber nicht erforderlich, so ist schon nach Art. 44 Abs. 2 lit. g EGV (ex Art. 54 Abs. 3 lit. g EGV) keine Harmonisierungsermächtigung gegeben. Eines Rückgriffs auf den Subsidiaritätsgrundsatz bedarf es dann nicht.[71]

    Law, 1991, S. 1, nach dem es eine abgeschlossene Harmonisierungstheorie gar nicht geben kann.

68   Kritisch daher *Schön*, RabelsZ 64 (2000), 1, 4.

69   *Randelzhofer*, in: Grabitz/Hilf, EUV/EGV, Art. 54, Rn. 33; *Troberg*, in: von der Groeben/Thiesing/Ehlermann, EUV/EGV, Art. 54 Rn. 24; *Lutter*, Europäisches Unternehmensrecht, S. 10 f.

70   EuGHE 1997, I-6858, 6864, Rn. 18 (Daihatsu). Zustimmende Urteilsanmerkung von *Schön*, JZ 1998, 193, 194 und im Ergebnis auch von *Leible*, ZHR 162 (1998), 594, 600.

71   Eingehend *Schön*, ZGR 1995, 1, 2 ff.; *ders.*, ZHR 160 (1996), 221, 228; aber auch *Möschel*, NJW 1993, 3025, 3027; *Buck*, S. 80; *Müller-Graff*, ZHR 159 (1995), 34, 76; *Rohe*, RabelsZ 61 (1997), 1, 82; *Reher*, S. 37; *Steindorff*, ZHR 163 (1999), S. 395, 407.

II. Europarechtlicher Rahmen

Als Zwischenergebnis ist festzuhalten: Aufgabe des Gesetzgebers des europäischen Sekundärrechts ist es, den Binnenmarkt zu verwirklichen. Zu diesem Zweck harmonisiert er das europäische Gesellschaftsrecht. Er ist dabei nicht darauf beschränkt, die Niederlassungsfreiheit durchzusetzen, sondern kann tätig werden, soweit das für das Funktionieren des Binnenmarktes notwendig ist. Hält der europäische Gesetzgeber die Harmonisierung des Aktienrechts erforderlich für das Funktionieren des Gemeinsamen Marktes, so hat er bei der Ausgestaltung des Europäischen Aktienrechts einen großen politischen Handlungsspielraum.

Ähnlich *von Borries*, in: Festschrift für Deringer, S. 22, 27, Fn. 18. Rechtsvergleichend *Bermann*, Colum. L. Rev. 94 (1994), 331. Der Subsidiaritätsgrundsatz hat so auch für die Harmonisierungspolitik der Kommission auf dem Gebiet des Gesellschaftsrechts keine nennenswerten Auswirkungen; siehe den Bericht der Kommission an den Europäischen Rat über die Anpassung der geltenden Rechtsvorschriften an das Subsidiaritätsprinzip, KOM (1993) 545 endg., S. 19 f.

III. Ordnungspolitische Aspekte

Im folgenden Abschnitt sollen einige ordnungspolitische Aspekte dargestellt werden, die Anhaltspunkte dafür sein können, wie der europäische Sekundärgesetzgeber seine gegebenen politischen Handlungsspielräume bei der Fortentwicklung des Europäischen Aktienrechts nutzen sollte. Hierzu werden mögliche Ziele, Methoden und Kriterien der Harmonisierung des Aktienrechts erörtert.

1. Wettbewerb der Rechtsordnungen

Ökonomen versuchen seit geraumer Zeit, die Idee des Wettbewerbs auch auf Staaten und ihre Rechtsordnungen zu übertragen. In einem so gedachten Systemwettbewerb konkurrieren Staaten um Marktteilnehmer, die frei zwischen unterschiedlichen Staaten wählen können und sich für diejenige Rechtsordnung entscheiden, die ihren Interessen am weitesten entspricht. Staaten können diesen Wettbewerb durch rechtliche Rahmenbedingungen beeinflussen. Das Gesellschaftsrecht und das Kapitalmarktrecht haben dabei zentrale Bedeutung.[72] Im Zusammenhang mit der europäischen Rechtsangleichung wird der Systemwettbewerb vor allem thematisiert, weil legislative Harmonisierung unter Umständen dazu führen kann, dass der Wettbewerb der Rechtsordnungen eingeschränkt wird.[73] Man kann den Wettbewerb der Rechtsordnungen aber auch als einen dezentralen Harmonisierungsmechanismus verstehen:[74] Das beste Recht, so die Hypothese, setze sich aufgrund des Drucks der Märkte überall durch.[75]

---

[72] *Siebert/Kopp*, Wirtschaftswissenschaftliches Studium 1994, 611; *Meesen*, in: Festschrift für Jaenicke, S. 667, 668 f.

[73] *Streit*, Competition, S. 15 f.; *Dreher*, JZ 1999, 105; *Kerber*, in: Grundmann (Hrsg.), Systembildung, S. 67. Generalanwalt *La Pergola* führt in seinem Schlussantrag in Sachen Centros in EuGHE 1999, I-1479 aus: »Solange eine Harmonisierung fehlt, muss letztlich der Wettbewerb zwischen den normativen Systemen (»competition among rules«) unbehindert zum Zug kommen, selbst im Recht der Handelsgesellschaften.«

[74] Dezentrale Regelbildung kann Wissensanmaßung vermeiden; dazu *von Hayek*, ORDO 26 (1975), 12, 21; *ders.*, Die Verfassung der Freiheit, S. 31 ff.; *Cooter*, in: Buxbaum u. a. (Hrsg.), European Business Law, 1996, S. 341 ff.

[75] So z. B. *Wymeersch*, ZGR 2001, 294, 311.

III. Ordnungspolitische Aspekte

Welche positiven Effekte verspricht man sich grundsätzlich vom Systemwettbewerb? Zum einen wird dem Wettbewerb der Rechtsordnungen eine Entdeckungsfunktion zugeschrieben: Der Wettbewerbsdruck soll die Gesetzgeber veranlassen, ihre Regelsysteme mit denen anderer Gesetzgeber zu vergleichen und in der Folge ihr Recht zu erneuern und qualitativ zu verbessern.[76] Zum anderen soll der Wettbewerb der Rechtsordnungen eine Kontrollfunktion ausüben: Regelsysteme, die sich als unterlegen herausstellen, müssen aufgrund des Wettbewerbsdrucks durch qualitativ überlegene Systeme ersetzt werden, da sich Marktteilnehmer sonst anderen Rechtsordnungen zuwenden und abwandern.[77]

Ein Beispiel für einen Regelwettbewerb im Europäischen Gesellschaftsrecht ist das Bilanzrecht.[78] Das Europäische Bilanzrecht,[79] die *International Accounting Standards* (IAS) und die *US-Generally Accepted Accounting Principles* (US-GAAP) kann man als konkurrierende Regelsysteme verstehen. Der Markt drängt darauf, das Europäische Bilanzrecht an die US-GAAP anzugleichen. Das liegt daran, dass europäische Unternehmen, die an einer Börse in den USA notiert sind oder notiert werden wollen, hierfür einen Abschluss nach US-GAAP vorlegen müssen. Diese Unternehmen scheuen die Kosten für mehrere Abschlüsse. Sie haben ein Interesse daran, dass der Konzernabschluss nach US-GAAP in ihrem europäischen Sitzstaat befreiende Wirkung hat, wie dies derzeit zum Beispiel nach § 292 a Abs. 2 Nr. 2 lit. a HGB bei börsennotierten deutschen Muttergesellschaften der Fall ist. Die Unternehmen fordern außerdem, dass das nationale Bilanzrecht (und künftig auch die IAS)[80] möglichst umfassend mit den US-GAAP vereinbar ist.[81]

---

76 *Streit*, in: Festschrift für Mestmäcker, S. 521, 524; *Monopolkommission*, S. 18.
77 *Streit*, in: Festschrift für Mestmäcker, S. 521, 524; *Monopolkommission*, S. 18.
78 So auch *Albach*, in: Festschrift für Lutter, S. 3, 10.
79 Siehe bereits die Ausführungen zu den Bilanzrichtlinien (a. a. O., S. 7, Fn. 14) auf S. 22.
80 Siehe jüngst die so genannte *Fair Value*-Richtlinie (2001/65/EG) des Europäischen Parlaments und des Rates vom 27.9.2001 zur Änderung der Richtlinien 78/660/EWG, 83/349/EWG und 86/635/EWG des Rates im Hinblick auf die im Jahresabschluss bzw. im konsolidierten Abschluss von Gesellschaften bestimmter Rechtsformen von Banken und anderen Finanzinstituten zulässigen Wertansätze, ABlEG Nr. L 283 vom 27.10.2001, S. 28. Dazu *Feld*, WPg 2001, 1025; *Niehues*, WPg 2001, 1209.
81 Siehe dazu *van Hulle*, ZGR 2000, 537, 540; *Schön*, ZGR 2000, 706, 732; *Ekkenga*, BB 2001, 2362, 2365; Europäische Kommission: Mitteilung an den Rat und das Europäische Parlament über »Rechnungslegungsstrategie der EU: Künftiges Vorhaben«, KOM (2000) 359 endg.; Vorschlag für eine Verordnung des Europäischen Parlaments und des Rates betreffend die Anwendung internationaler Rechnungslegungsgrundsätze, KOM (2001) 80 endg., ABlEG Nr. C 154 E vom 29.5.2001, S. 285; *Regierungskommission Corporate Governance*, S. 281 ff.

Die Voraussetzungen und Bedingungen des Systemwettbewerbs sind noch weitgehend unerforscht.[82] Auf einige für das Europäische Aktienrecht wichtige Aspekte soll hier eingegangen werden. Der Wettbewerb der Rechtsordnungen setzt zunächst voraus, dass die Marktteilnehmer die Rechtsordnung überhaupt wählen können. Das ist für die Unternehmen in der Europäischen Union nur eingeschränkt der Fall, weil derzeit die grenzüberschreitende identitätswahrende Sitzverlegung im Binnenmarkt nicht möglich ist.[83] Unternehmen können freilich in der von ihnen gesellschaftsrechtlich bevorzugten Jurisdiktion Gesellschaften gründen oder kaufen und so das anwendbare Gesellschaftsrecht beeinflussen. Ein solcher Schritt über die Binnenmarktgrenzen ist für die Unternehmen aber mit hohen Kosten verbunden. Firmen sind selten bereit, allein wegen des Gesellschaftsrechts diesen Weg der (nicht identitätswahrenden) Sitzverlegung zu gehen.[84] Bereits das Steuerrecht wirkt meist schon prohibitiv, wenn nämlich die stillen Reserven aufgedeckt und versteuert werden müssen. Europäische Aktiengesellschaften (SE) werden künftig ihren Sitz gemäß Art. 8 SE-VO[85] identitätswahrend über die Grenze verlegen können. Ein solcher Schritt wird für eine SE aber mit erheblichem Aufwand und Kosten verbunden sein.

Sind die Unternehmen in der Lage die Rechtsordnung zu wählen, indem sie ihren Sitz nach der Gründung identitätswahrend über die Grenze verlegen, so hängen die Folgen der Sitzverlegung für den Systemwettbewerb vom Internationalen Privatrecht ab. Gilt die Gründungsdoktrin, so wird das Gesellschaftsrecht des Gründungsstaates angewendet.[86] Im Übrigen gilt aber das Recht des Sitzstaates, also dessen Steuerrecht, Arbeitsrecht, Kartellrecht, etc. Gilt die Gründungsdoktrin, können die Unternehmen ihre Gründungsjurisdiktion allein nach dem favorisierten Gesellschaftsrecht wählen. Nach der Gründung verlegen sie dann ihren Sitz in den eigentlich gewünschten Zielstaat. Dort können sie das Gründungsgesellschaftsrecht nach wie vor anwen-

---

82 *Behrens*, in: Festschrift für Mestmäcker, S. 831, 849; *ders.*, EuZW 1996, 193; *Streit/Mussler*, in: Gerken (Hrsg.), S. 75, 76; *Barnard*, E. L. Rev. 25 (2000), 57, 65; *Ebke*, in: Festschrift für Lutter, S. 17, 26; *Grundmann*, ZGR 2001, 783, 789; kritisch *Schön*, in: Festschrift für Lutter, S. 685, 704. Umfassend die Dissertation von *Markus Müller*.
83 Siehe dazu schon S. 26 sowie kürzlich OLG Hamm, BB 2001, 744.
84 So auch *Assmann/Buck*, EWS 1990, 110, 119.
85 A. a. O. (S. 7, Fn. 17).
86 Siehe zur Problematik von Gründungs- und Sitztheorie *Grasmann*, S. 102 ff.; *Großfeld/König*, RIW 1992, 433; *Großfeld*, in: Staudinger, IntGesR, Rn. 20 ff.; *Zimmer*, in: Festschrift für Lutter, S. 231, 232 ff.; *Winter-Konsultation*, S. 38 ff.

den. Unter diesen Voraussetzungen kann es zu einem isolierten Wettbewerb der Teilrechtsordnung *Gesellschaftsrecht* kommen. Die Intensität dieses Wettbewerbs hängt von den Kosten der Sitzverlegung ab. Sind diese Kosten gering, wird der Wettbewerb der Gesellschaftsrechte stark sein.

Ganz anders verhält es sich, wenn das Internationale Privatrecht der Sitztheorie folgt. Die Sitztheorie dominiert in Europa. Auch die Verordnung über das Statut der Europäischen Aktiengesellschaft verweist weitgehend auf das nationale Recht des Sitzstaates.[87] Nach der Sitztheorie wird stets das Gesellschaftsrecht des Staates angewendet, in dem das Unternehmen gegenwärtig seinen Sitz hat. In diesem Falle führt die internationale Sitzverlegung dazu, dass sich auch das anzuwendende Gesellschaftsrecht ändert. Das Gesellschaftsrecht kann hier nie in eine isolierte Konkurrenz mit anderen Gesellschaftsrechten treten. Denkbar ist immer nur eine Konkurrenz der Gesamtrechtsordnungen, bei denen das Gesellschaftsrecht nur ein Teil ist neben dem Steuerrecht, dem Arbeitsrecht, dem Kartellrecht, etc. Die Wettbewerbsintensität in Bezug auf das Gesellschaftsrecht ist gering, wenn die Unternehmen bei ihrer Standortentscheidung dem Gesellschaftsrecht keine große Bedeutung beimessen. Das ist in der Europäischen Union meistens der Fall.[88] Wenn für Standortentscheidungen im Binnenmarkt überhaupt rechtliche Fragen entscheidend sind, so sind es in aller Regel solche des Steuerrechts. Bloß vereinzelt wird die Standortentscheidung vom Gesellschaftsrecht mitgeprägt, so etwa bei Holdingsitzen.[89]

In der Europäischen Union fehlen für einen wirkungsvollen isolierten Wettbewerb der Teilrechtsordnung *Gesellschaftsrecht* also zwei wichtige Voraussetzungen: die weitgehend kostenneutrale grenzüberschreitende identitätswahrende Sitzverlegung und die Gründungsdoktrin. So verwundert es nicht, dass die europäischen Gesellschaftsrechte aufgrund von Marktmechanismen bislang allenfalls in geringem Umfang konvergiert sind.[90] Das europäische GmbH-Recht ist beispielsweise sehr uneinheitlich. Marktkräfte haben nicht dazu geführt, dass sich ein vermeintlich bestes GmbH-Recht gemeinschaftsweit durchgesetzt hätte. Derzeit hat der Systemwettbewerb im Europäischen Gesellschaftsrecht als Kontrollverfahren also eine marginale

---

87 Vgl. Artt. 5, 9 SE-VO (a. a. O., S. 7, Fn. 17).
88 Ähnlich *Buxbaum/Hopt*, Harmonization, 1988, S. 201.
89 Zur Bedeutung des Gesellschaftsrecht für die Wahl europäischer Holdingsitze *Rosenbach*, in: Lutter, Holding-Handbuch, S. 769; *Uwe Schneider*, AG 2001, 269, 271.
90 Im Ergebnis so auch *Woolcock/Wallace*, S. 277, 299; *Schmidt/Grohs*, in: Grundmann (Hrsg.), Systembildung, S. 145, 184.

Rolle. Entgegen *Lutter*[91] ist auch nicht damit zu rechnen, dass mit der Societas Europaea der Wettbewerb der europäischen Aktienrechte merklich forciert wird, denn einerseits sind die Kosten der Sitzverlegung der SE hoch und andererseits findet nach der Sitzverlegung gemäß Artt. 5, 9 SE-VO weitgehend das Recht des Sitzstaates Anwendung.

Begrüßt man den Regelwettbewerb wegen seiner Entdeckungsfunktion, so ist zu fragen, wer vermutlich was entdecken wird. Entdecker sind die Unternehmer. Sie haben das Gesellschaftsrecht anzuwenden und entscheiden sich deshalb für die Gesellschaftsrechtsordnung, die ihren Interessen am weitesten entspricht. Die Konformität des Gesellschaftsrechts mit den Unternehmensinteressen kann zu gesamtwirtschaftlichen Wohlfahrtssteigerungen führen, sie muss es aber nicht. In den USA wird die gesamtwirtschaftliche Wirkung des Wettbewerbs der Gesellschaftsrechtsordnungen seit Jahrzehnten intensiv diskutiert. Unter dem Stichwort *Delaware-Effekt* ist hierauf gleich noch zurückzukommen.[92]

Der Entdeckungswettbewerb ist keine Frage des Ob, sondern des Wie und der Intensität. Auch das Aktienrecht, das in der Europäischen Union hoheitlich angeglichen wurde, steht im Wettbewerb zu anderen Gesellschaftsrechten. So können Unternehmen aus der Europäischen Union in andere Länder mit einem hoch entwickelten Gesellschaftsrecht ausweichen, zum Beispiel in die USA, nach Japan oder in die europäischen Nachbarstaaten, die nicht Mitglied der Europäischen Union sind, wie die Schweiz. Außerdem ist es den Unternehmen regelmäßig möglich, zwischen unterschiedlichen nationalen Gesellschaftsformen (wie Aktiengesellschaft, GmbH oder Kommanditgesellschaft) zu wählen, beziehungsweise diese fortzuentwickeln (so bei der Einmann-GmbH und bei der GmbH & Co KG). Dadurch können die Rechtsanwender dem Gesetzgeber Unzulänglichkeiten des Gesellschaftsrechts ebenfalls nachdrücklich signalisieren.[93]

Man mag aus der Idee des Regelwettbewerbs für die Angleichung des Europäischen Gesellschaftsrechts eine allgemeine Vermutung für den Systemwettbewerb und gegen die Harmonisierung ableiten.[94] Eine derart abstrakte Vermutung kann die materielle Begründung der Fortentwicklung des Europäischen Aktienrechts im konkreten Einzelfall nicht ersetzen. Eine Vermutung für den Regelwettbewerb hat aber den Vorteil, dass sie in der zu entscheidenden Frage dazu auffordert, zu prüfen, wie sich mögliche Änderungen des Europäischen Aktienrechts auf die dem Systemwettbewerb zuge-

---

91 *Lutter*, BB 2002, 1, 3.
92 Siehe S. 57 f..
93 *Kübler*, in: Neumann (Hrsg.), S. 105, 115; *Wymeersch*, ZGR 2001, 294, 306.
94 So *Hopt*, in: Grundmann (Hrsg.), Systembildung, S. 307, 322.

schriebenen positiven Funktionen – Entdeckungsfunktion und Kontrollfunktion – auswirken. Weil es derzeit an den Rahmenbedingungen für einen wirksamen Wettbewerb der europäischen Aktienrechte fehlt, lässt sich bereits an dieser Stelle sagen, dass die Änderungen, die die SLIM-Arbeitsgruppe vorgeschlagen hat, den Systemwettbewerb allenfalls marginal beeinflussen würden.

2. US-amerikanische Erfahrungen

a) Untersuchungsinteresse

Die USA haben als föderales Rechtssystem seit über zwei Jahrhunderten einen Binnenmarkt mit gemeinsamer Währung. Auch in den USA muss die Frage beantwortet werden: Welche gesellschaftsrechtlichen Regeln sollen zentral gelten, wo sind föderale Gesetze vorzuziehen und an welchen Kriterien lässt sich die Abgrenzung festmachen? Es liegt daher nahe, die US-amerikanischen Erfahrungen für die Fortentwicklung des Europäischen Gesellschaftsrechts zu berücksichtigen.[95] Dies gilt auch für die Frage der angemessenen Kodifizierungsdichte. Gerade die Institute, die durch die Kapitalrichtlinie gemeinschaftsweit vorgeschrieben sind, waren bis vor etwa 100 Jahren auch in den USA so oder ähnlich zwingendes Recht, sind aber heute weitgehend abgeschafft oder der Satzungsfreiheit der Gesellschaften überlassen. Ein gesetzliches Mindestkapital, das Bezugsrecht und auch das Verbot eigene Aktien zu erwerben, prägten früher das Aktienrecht in den USA. Heute spielen sie dort praktisch keine Rolle mehr.[96]

b) Kodifizierungsmodell des US-amerikanischen Gesellschaftsrechts

In den USA ist das Gesellschaftsrecht überwiegend Recht der Bundesstaaten. Der Einfluss des Bundesrechts ist relativ gering.[97] Daher gibt es in den USA fünfzig verschiedene Gesellschaftsrechtsordnungen. Diese orientieren sich aber großteils an einem aktienrechtlichen Modellgesetz, dem *(Revised)*

---

95 So schon *Krekeler*, S. 2 f.
96 *Kübler*, KritVj 77 (1994), 79, 85; *ders.*, Gesellschaftsrecht, S. 459; *Hamilton*, S. 147.
97 *Merkt*, US-amerikanisches Gesellschaftsrecht, S. 135.

Zweiter Teil: Die Reform der Kapitalrichtlinie

Model Business Corporation Act ([R]MBCA).[98] Das Kapitalmarktrecht ist in den USA hingegen Bundesrecht. Die Kapitalmarktaufsicht obliegt der *U. S. Securities and Exchange Commission* (SEC). Mit ihren rund dreitausend Mitarbeitern ist diese US-Bundesbehörde eine schlagkräftige Organisation.[99] Ihre Aufgabe ist es, die Anleger zu schützen und die Integrität des Kapitalmarktes zu sichern. Der Rechtsrahmen hierfür wird gegeben durch den *Securities Act* von 1933, den *Securities Exchange Act* von 1934 (SEA) sowie den *Investment Company Act* von 1940.[100] Die Stimmrechtsausübung, das Insiderhandelsverbot und Übernahmeangebote, um einige wichtige Beispiele zu nennen, sind in den gesamten USA einheitlich geregelt.[101] Zu den Bundesangelegenheiten gehört auch das Recht der Restrukturierung von Unternehmen, das Kartellrecht und das Insolvenzrecht.

Materiellrechtlich sei hier skizzenhaft erwähnt, dass den Organen der Aktiengesellschaft in den USA weitreichende und ausdifferenzierte Treue- und Sorgfaltspflichten obliegen. Verletzen sie diese, machen sie sich gegenüber den Aktionären schadenersatzpflichtig.[102] Prozessual sind die Aktionäre umfassend und wirkungsvoll geschützt, besonders durch die so genannte *Derivative Suit*.[103] Während im deutschen Aktienrecht die Haftung des Vorstands (etwa nach § 93 AktG) praktisch bedeutungslos ist,[104] garantiert das

---

98 Der MBCA wurde von der *American Bar Association* 1946 als Modellgesetz für US-amerikanische Aktiengesellschaften geschaffen und 1984 grundlegend überarbeitet als RMBCA vorgestellt; dazu *Bungert*, Gesellschaftsrecht in den USA, S. 2 ff. Der (R)MBCA ist funktional durchaus vergleichbar mit dem in Deutschland aus dem Doppelbesteuerungsrecht bekannten OECD-Musterabkommen. Zur Umsetzung des (R)MBCA in den einzelnen US-Bundesstaaten *Merkt*, US-amerikanisches Gesellschaftsrecht, S. 153. Kritisch gegenüber dem RMBCA *Hirte*, AG 1991, 166, 167.

99 Zur Organisation der SEC siehe deren Homepage: http://www.sec.gov.

100 Die genannten Gesetze sind abrufbar unter: http://www.law.uc.edu/CCL/sldtoc.html.

101 Zum Securities Exchange Act und zu den darauf basierenden Regeln der Securities and Exchange Commission (SEC Rules) siehe *Merkt*, US-amerikanisches Gesellschaftsrecht, S. 159.

102 Aus der deutschsprachigen Literatur dazu einführend *Bungert*, Gesellschaftsrecht in den USA, S. 39 ff. und ausführlich *Merkt*, US-amerikanisches Gesellschaftsrecht, S. 216 ff., 389 ff.

103 Eingehend dazu *Choper/Coffee/Gilson*, S. 775 ff.; *Becker*, S. 113 ff.

104 Kritisch *Bayer*, NJW 2000, 2609, 2616. *Lutter*, JZ 1998, 50, 52, weist in Anmerkung zu BGHZ 136, 133 (Siemens/Nold) darauf hin, in 50 Jahren BGH-Rechtsprechung sei ein einziger Haftungsfall dokumentiert. Zur Aktionärsklage grundlegend BGHZ 83, 122, 133 ff. (Holzmüller); *Knobbe-Keuk*, in: Festschrift für Ballerstedt, S. 239 ff.; *von Gerkan*, ZGR 1988, 441; *Zöllner*, ZGR 1988, 392 ff.; *ders.* AG 2000, 145; *Habersack*, DStR 1998, 533; *Ulmer*, ZHR 163 (1999), 290; *Krieger*, ZHR 163 (1999), 343; *Bayer*, in: VGR (Hrsg.), S. 35; *ders.*, NJW 2000, 2609; *Schiessl*, in: VGR (Hrsg.), S. 57; *Lutter*, JZ 2000, 837; *Baums*, Gutachten F für den 63. DJT; *Bezzenberger/Bezzenberger*, in: Festschrift für Welf Müller, S. 1. Für eine stärkere Organhaftung im Falle falscher Infor-

materielle und das prozessuale Organhaftungsrecht im Zusammenspiel mit dem Kapitalmarktrecht in den USA in der Summe ein Niveau des Anlegerschutzes, das weit höher ist als das in Deutschland oder der Europäischen Union.[105]

c) »Race to the bottom« oder »race to the top«?

Während in Europa die Sitztheorie dominiert, gilt in den USA die Gründungstheorie.[106] Der Unternehmenssitz kann einfach und mit geringem finanziellen Aufwand in einen anderen Bundesstaat verlegt werden. Daher werden US-amerikanische Gesellschaften meist in dem Bundesstaat gegründet, dessen Gesellschaftsrecht aus Sicht des Unternehmens am attraktivsten ist. Soll der Sitz der Gesellschaft nicht im Gründungsstaat liegen, so wird er nach der Gründung verlegt. Diese Möglichkeit, das Gesellschaftsrecht faktisch wählen zu können, führte in den USA seit der ersten Hälfte des zwanzigsten Jahrhunderts tatsächlich zu einem Wettbewerb der Gesellschaftsrechtsordnungen.[107] Primär um die hohen Gründungsgebühren einzustreichen, bemühen sich die Staaten darum, ihr Gesellschaftsrecht den sich stets ändernden Unternehmensbedürfnissen anzupassen.[108] Am erfolgreichsten

---

mationen und kritisch zur Aktionärsklage *Regierungskommission Corporate Governance*, S. 107, 171, 201. Zur Pflicht des Aufsichtsrats, Schadenersatzansprüche gegenüber Vorstandsmitgliedern geltend zu machen grundlegend BGHZ 135, 244 (ARAG/Garmenbeck) sowie *Heermann*, ZIP 1996, 761; *Kindler*, ZHR 162 (1998), 101; *Henze*, BB 2000, 209.

105 Dazu *Merkt*, US-amerikanisches Gesellschaftsrecht, S. 216 f., 389 f.; *Kübler*, KritVj 77 (1994), 79, 86.
106 *Bungert*, AG 1995, 489, 490; *Wouters*, CML Rev. 37 (2000), 257, 284.
107 *Merkt*, RabelsZ 59 (1995), 545, 549.
108 Nach *Romano*, Genius, S. 7 f., und *dies.*, Competition, S. 364, hat der Staat Delaware von 1960 bis 1995 durchschnittlich 16 % seiner gesamten Einkünfte aus Gründungsgebühren von Gesellschaften bezogen. Dieses fiskalische Interesse ist nach *Romano* Garant für den von ihr begrüßten Gesetzgebungswettbewerb. Ähnlich *Kahan/Kamar*, Cornell L. Rev. 86 (2001), 1205, 1211, die berichten, dass in Delaware 3 % der erhobenen Gründungsgebühren (ca. 275 Mio. US-$ p. a.) alle anfallenden Kosten (ca. 7,33 Mio. US-$ p. a.) des Staates decken und die verbleibenden 97 % vom Bundesstaat Delaware als Gewinn verbucht werden können. Ganz anders in der Europäischen Union: Der Europäische Gerichtshof hat in seinem Fantask-Urteil (EuGHE 1997, I-6783, 6841) entschieden, dass Handelsregistergebühren bei der Eintragung von Aktiengesellschaften und GmbH sowie bei Kapitalerhöhungen dieser Gesellschaften aus europarechtlichen Gründen nur kostendeckend sein dürfen. So jüngst erneut EuGH, ZIP 2001, 1145, 1147 (SONAE). Zum Recht von Delaware siehe nun auch *Papmehl*, ZHR 166 (2002), 200.

Zweiter Teil: Die Reform der Kapitalrichtlinie

auf dem Markt für Gesellschaftsgründungen ist seit langem der kleine Ostküstenstaat Delaware.[109] Deshalb wird der Wettbewerb der Gesellschaftsrechtsordnungen in den USA auch *Delaware-Effekt* genannt. Andere Staaten, wie New York und Kalifornien, können aufgrund ihres unternehmensfreundlichen Gesellschaftsrechts aber ebenfalls zahlreiche Gesellschaftsgründungen anziehen.

In der US-amerikanischen Literatur ist die Wirkung des *Delaware-Effekts* seit langem streitig. Die einen sehen darin einen Verfall des Schutzniveaus des Gesellschaftsrechts. Dieser »race to the bottom« führe zu einem Qualitätsverlust des Rechts zulasten der Aktionäre, Gläubiger und Dritter, wie etwa der Arbeitnehmer. Sie fordern die Harmonisierung des Gesellschaftsrecht und die Sicherung von Mindeststandards des Gläubiger- und Anlegerschutzes auf US-Bundesebene.[110] Andere hingegen erkennen im *Delaware-Effekt* einen »race to the top«: Die Möglichkeit der Unternehmen, das für sie geeignetste und am wenigsten hinderliche Recht wählen zu können, steigere die gesamtwirtschaftliche Wohlfahrt. Das komme, nicht zuletzt in Form steigender Aktienkurse, auch den Aktionären zugute.[111]

d) Übertragbarkeit US-amerikanischer Erfahrungen

Obgleich sich in den USA vergleichbare Fragen stellen, gibt es zahlreiche Gründe, weshalb US-amerikanische Antworten nicht notwendig auch für Europa gelten. Der Wettbewerb der Gesellschaftsrechte ist in den USA sehr stark, in der Europäischen Union wirkt er bislang kaum.[112] Es bestehen aber auch grundlegende kulturelle Unterschiede zwischen den USA und Europa. Die USA sind ein homogener Binnenmarkt, in dem von der gemeinsamen Sprache bis zu den gemeinsamen *Common Law*-Grundsätzen zahlreiche starke Verbindungslinien bestehen. Diese fehlen im heterogenen europäi-

---

109 Tatsächlich wird die gesellschaftsrechtliche Gesetzgebung als ein Marktgeschehen begriffen und das Handeln der Gesetzgeber unter Wettbewerbsaspekten, ja sogar kartellrechtlich, diskutiert. Siehe einerseits *Kahan/Kamar*, Cornell L. Rev. 86 (2001), 1205, und andererseits *Strine*, Cornell L. Rev. 86 (2001), 1257.

110 Grundlegend *Cary*, Yale L. J. 83 (1974), 663 ff.; *Eisenberg*, Colum. L. Rev. 89 (1989), 1461 ff.; *Bebchuk*, Harv. L. Rev. 105 (1992) 1435 ff.; *Ramseyer*, S. 505. Teilweise wird auch die Harmonisierung des Gesellschaftsrechts in der Europäischen Union historisch mit dem Ziel des Gesetzgebers erklärt, einen *Delaware-Effekt* zu verhindern. So *Timmermans*, RabelsZ 48 (1984), 1, 14, und *Wouters*, CML Rev. 37 (2000), 257, 269.

111 *Winter*, Colum. L. Rev. 89 (1989), 1526 ff.; *Easterbrook/Fischel*, S. 212 ff.; *Romano*, Genius, S. 7 ff.; *dies.*, Competition, S. 364 f.; *Wymeersch*, in: Festschrift für Buxbaum, S. 629, 653.

112 Siehe dazu bereits S. 50 ff.

schen Binnenmarkt, der durch ein Nebeneinander unterschiedlicher Sprachen, Kulturen und Rechtskreise geprägt ist.[113] Bei der Übernahme US-amerikanischer Regelungsideen ist zu beachten, dass jede Rechtsordnung ihre eigenen Konsistenzerfordernisse hat und sich deshalb pfadabhängig entwickeln muss.[114] Im US-amerikanischen Recht haben Aktiengesellschaften zwar relativ weitgehende Satzungsfreiheit. Damit korrespondieren aber umfassende und schadenersatzbewehrte Sorgfalts- und Treuepflichten des Vorstands. Die Balance von Herrschaft und Haftung wird in europäischen und in US-amerikanischen Aktiengesellschaften unterschiedlich gesichert. Übernimmt man nun aus dem amerikanischen Recht Elemente der weitreichenden Satzungsfreiheit, ohne aber gleichzeitig auch die weitergehende Verantwortlichkeit des Vorstandes zu übernehmen, so kann ein bislang austariertes Verhältnis von Macht und Kontrolle ins Ungleichgewicht geraten.

3. Harmonisierungsziele und Harmonisierungskriterien

a) Effizienz

Die weitere Integration des Binnenmarktes hängt wesentlich davon ab, dass der europäische Gesetzgeber den Marktteilnehmern eine effiziente rechtliche Infrastruktur zur Verfügung stellt. Dabei kommt der Entwicklung des Aktienrechts eine bedeutende Rolle zu.[115] Die Gemeinschaft hat die Effizienz des

---

113 *Kötz*, RabelsZ 50 (1986), 1, 15; *Ebke*, RabelsZ 62 (1998), 195, 231; *ders.*, in: Festschrift für Großfeld, S. 189, 200. Ausführlich *Michael Ulmer*, S. 182 f. und *Reher*, S. 138 f. Zu den europäischen Rechtskreisen *Zweigert/Kötz*, S. 62 ff. sowie speziell für einige Aspekte des Unternehmensrechts die Beiträge in *Drury/Xuereb (Hrsg.)*. Zurückhaltend aufgrund der stark unterschiedlichen Rechtstraditionen auch *Regierungskommission Corporate Governance*, S. 47.
114 *Streit/Mussler*, in: Gerken (Hrsg.), S. 75, 80; *Roe*, Harv. L. Rev. 109 (1996), 641 ff.; *Black/Kraakman*, Harv. L. Rev. 109 (1996), 1912, 1974; *Spindler*, AG 1998, 53, 69; *Bebchuk/Roe*, Stanford Law Review 52 (1999), 127 ff.; *Kirchner*, in: Grundmann (Hrsg.), Systembildung, S. 99, 105; *Grundmann*, ZGR 2001, 873, 825. Die Bedeutung systemkonsistenter Rechtsfortbildung betonen auch *Canaris*, S. 97 ff.; *Müller-Graff*, in: Festschrift für Börner, S. 303, 308, 336; *ders.*, NJW 1993, 13, 19; *Kötz*, in: Müller-Graff (Hrsg.), Gemeinsames Privatrecht in der Europäischen Gemeinschaft, S. 95, 99; *Mülbert*, ZHR 159 (1995), 2, 7.
115 In diesem Sinne auch *Bernholz/Faber*, RabelsZ 50 (1986), 35, 42; *Streit*, Theorie der Wirtschaftspolitik, S. 112 f., und jüngst nachdrücklich die *Winter*-Kommission, *Winter-Konsultation*, S. 4. Zur Effizienz als Prinzip des Gesellschaftsrechts ausführlich die Dis-

Zweiter Teil: Die Reform der Kapitalrichtlinie

Binnenmarktes längst zu einem entscheidenden Ziel und Kriterium ihrer Rechtssetzung gemacht.[116] Eine effiziente rechtliche Infrastruktur muss primär den Transaktionskostenpegel senken, darüber hinaus aber auch ein Anreizsystem schaffen, das effiziente Marktergebnisse fördert, indem es zum Beispiel mögliche Interessenkonflikte[117] von vornherein berücksichtigt.[118]

Unter Transaktionskosten versteht man Kosten, die bei wirtschaftlichen Transaktionen entstehen.[119] Hier interessieren vor allem Informationskosten, Verhandlungskosten und Rechtsdurchsetzungskosten, die sowohl in vertraglichen als auch in außervertraglichen Rechtsverhältnissen mit Aktiengesellschaften anfallen können.

sertation von *Eidenmüller* sowie *Fleischer*, ZGR 2001, 1 ff. Methodologisch *Ladeur*, RabelsZ 64 (2000), 60, 91.

116 Explizit etwa vierter Erwägungsgrund zur Emissionsprospektrichtlinie (89/298/EWG), ABlEG Nr. L 124 vom 5.5.1989, S. 8; dritter Erwägungsgrund zur Insiderrichtlinie (89/592/EWG), ABlEG Nr. L 334 vom 18.11.1989, S. 30; sowie 14. Erwägungsgrund zur Änderungsrichtlinie zur Börsenzulassungsprospektrichtlinie (94/18/EG), ABlEG Nr. L 135 vom 31.5.1994, S. 2.
Die Kommission begründet ihre Binnenmarktpolitik in jüngerer Zeit immer wieder mit dem Ziel der Effizienzsteigerung, so z. B. Mitteilung der Kommission an den Rat: »Die optimale Gestaltung des Binnenmarktes: Strategisches Programm«, KOM (1993) 632 endg., S. 5; Mitteilung der Kommission: »Umsetzung des Finanzmarktrahmens: Aktionsplan«, KOM (1999) 232 endg., S. 1; Zwischenbericht der Kommission an den Europäischen Rat von Stockholm, KOM (2001) 130 endg., S. 2; Mitteilung der Kommission: »Überprüfung der Binnenmarktstrategie im Jahr 2001«, KOM (2001) 198 endg., S. 12; Arbeitsdokument der Kommissionsdienststellen: Vereinfachung der Rechtsvorschriften im Binnenmarkt (SLIM): Übergang zur fünften Phase, SEK (2001) 575, S. 2; der Sache nach aber auch schon das Weißbuch »Vollendung des Binnenmarktes«, KOM (1985) 310 endg., S. 5.
Der Bundesrat, BRDrucks 83/94, Beschluss, S. 1, schließt sich dem Effizienzziel der Kommission an: »Vielmehr sollte die Union in den nächsten Jahren ihr Hauptaugenmerk auf die Sicherstellung eines reibungslosen, effizienten Funktionieren des Binnenmarktes richten«.
117 So genannte Principal-Agent-Konflikte bestehen in der Aktiengesellschaft namentlich zwischen den Aktionären als den Eigentümern der Gesellschaft und dem Vorstand als dem treuhänderischen Verwalter. Dazu *Fama/Jensen*, J. L. & Econ. 26 (1983), 301, 302; *Meier-Schatz*, Zeitschrift für Schweizerisches Recht 129 (1988), 191, 196; *Scott*; *Pellens/Hillebrandt*, AG 2001, 57. Auch das Verhältnis der Aktionärsmehrheit zur Aktionärsminderheit kann als Principal-Agent-Konflikt verstanden werden. Hierzu *Schenk*, ZfbF 49 (1997), 652, 653.
118 *Calabresi/Melamed*, Harv. L. Rev. 85 (1972), 1089; *Gäfgen*, S. 43, 53; *Assmann*, ZBB 1989, 49, 52; *Streit*, Theorie der Wirtschaftspolitik, S. 112 f.; *Adams*, Eigentum, Kontrolle und Beschränkte Haftung, S. 81; *Ekkenga*, Anlegerschutz, S. 31; *Basedow*, in: Festschrift für Buxbaum, S. 13, 19; *Fleischer*, ZGR 2001, 1, 3 ff. Ähnlich *Hommelhoff/Riesenhuber*, in: Grundmann (Hrsg.), Systembildung, S. 259, 274.
119 Zum Begriff *Cooter/Ulen*, S. 100 ff.; *Richard Posner*, S. 30 ff. und passim; *Schäfer/Ott*, S. 5.

III. Ordnungspolitische Aspekte

Informationskosten entstehen, wenn sich Marktteilnehmer über potentielle Vertragspartner und deren Seriosität und Bonität informieren. Die Rechtsordnung kann diese Informationskosten beeinflussen, indem sie die Seriosität von Marktteilnehmern typisiert und dies nach außen kenntlich macht. Kann ein Marktteilnehmer beispielsweise darauf vertrauen, dass eine bestimmte Rechtsform zugleich Gewähr für ein bestimmtes Mindestmaß an Solidität ist, so senkt das seine Informationskosten. Kosten entstehen auch beim Erwerb von Informationen über die Rechtsordnung. Ein Marktteilnehmer muss sich zunächst über die gesetzlichen Regeln und ihre Anwendung informieren, um dann zu entscheiden, ob er sich bei einem Geschäft auf diesen Rechtsrahmen verlassen, oder ob er sich darüber hinaus vertraglich absichern will. Ein Marktteilnehmer, der in einer ihm unbekannten Jurisdiktion Geschäfte abschließen will, wird sich erst grundsätzlich über die ihm bislang unvertraute Rechtsordnung informieren.

Verhandlungskosten können im Zusammenhang mit Vertragsabschlüssen entstehen und zwar dann, wenn das Gesetzesrecht die geplante Geschäftsbeziehung nicht angemessen regelt. Eine Rechtsordnung, die typisierte Interessen fair ausgleicht, kann Transaktionskosten senken, wenn aufgrund der gesetzlichen Vorschriften Vertragsverhandlungen entbehrlich oder erleichtert werden.

Rechtsdurchsetzungskosten können nach Vertragschluss sowie außerhalb von vertraglichen Beziehungen entstehen. Zu den Rechtsdurchsetzungskosten gehören vornehmlich Prozesskosten.

In allen genannten Fällen werden Marktteilnehmer häufig professionelle und teure Hilfe in Anspruch nehmen (müssen), etwa in Form anwaltlicher Beratung. Sowohl Informationskosten als auch Verhandlungskosten und Prozesskosten steigen bei jurisdiktionsübergreifenden Sachverhalten erheblich an. In Rechtsverhältnissen, in denen Aktiengesellschaften beteiligt sind, sinken diese Kosten bei zunehmender Harmonisierung des Aktienrechts im Europäischen Binnenmarkt tendenziell, aber nicht notwendig.[120]

Es leuchtet unmittelbar ein, dass ein Markt mit geringen Transaktionskosten für alle Marktteilnehmer vorteilhaft ist und die gesamtwirtschaftliche Wohlfahrt steigert.[121] Die Höhe von Transaktionskosten wird durch die Aus-

---

120 So im Ergebnis auch *Charny*, Harvard International Law Journal 32 (1991), 423, 436; *Assmann*, ORDO 1993, 87, 100; *Noack*, Europäisches Unternehmensrecht, S. 5.
121 Grundlegend *Coase*, Economica 4 (1937), 386 ff.; *ders.*, J. L. & Econ. 3 (1960), 1 ff.; *Stigler*, JPE 69 (1961), 213 ff.; *Calabresi*, J. L. & Econ. 11 (1968), 67 ff.; *Furubotn/Pejovich*, JoEL 10 (1972), 1137 ff.; *Arrow*, AER 64 (1974), 1 ff.; *Williamson*, J. L. & Econ. 22 (1979), 233 ff.; *Buchanan*, in: Neumann (Hrsg.), S. 9, 15 ff.; *Grossman/Hart*, JPE 94 (1986), 691 ff. In ihren Habilitationsschriften haben *Pellens*, Aktio-

gestaltung der Rechtsordnung bestimmt. Das Aktienrecht bestimmt die Transaktionskosten zwischen der Aktiengesellschaft und all denen, die mit der Aktiengesellschaft in einer Rechtsbeziehungen stehen, also vor allem Aktionäre oder Anleger einerseits sowie vertragliche und außervertragliche Gesellschaftsgläubiger andererseits. Die Höhe der Transaktionskosten hängt entscheidend von der Universalisierung des Aktienrechts und von dessen materieller Qualität ab.[122] Nur soweit Verhaltensregeln allgemeingültig sind, also für alle Marktteilnehmer ausnahmslos und zwingend gelten, können sich Verhaltenserwartungen bilden.[123] Zwingende Verhaltensregeln können Marktteilnehmer einmal erlernen, um bei wiederholten Transaktionen auf das ihnen bereits Bekannte zu vertrauen. Das senkt die Informations-, Verhandlungs- und Prozesskosten mittel- und langfristig. Je weiter der territoriale Anwendungsbereich einmal erlernter zwingender Verhaltensregeln ist, desto größer ist für die Marktteilnehmer die Transaktionskostenersparnis.[124] Dispositive Vorschriften, wie etwa Kodices, können, ähnlich wie allgemeine Geschäftsbedingungen, Transaktionskosten senken, wenn sie vertragliche Regeln antezipieren und somit Vertragsverhandlungen erleichtern.[125] Vertragsverhandlungen werden aber oft gar nicht geführt. Entweder haben die Vertragspartner verschiedene Verhandlungsmacht oder das Aushandeln von Vertragsbedingungen lohnt sich aus Kostengründen nicht. In solchen Situationen sind Kodices ungeeignet Transaktionskosten zu senken. Müssen Marktteilnehmer die Vorschriften einer zusätzlichen Regelebene lernen und müssen sie sich außerdem darüber informieren, welche Regeln (Gesetz oder

---

närsschutz im Konzern, S. 188 ff., sowie jüngst *Fleischer*, Informationsasymmetrie im Vertragsrecht, S. 93 ff., und *Merkt*, Unternehmenspublizität, S. 208 ff., die Erkenntnisse der Transaktionskosten- und Informationsökonomik für das deutsche Recht fruchtbar gemacht.

122 In diesem Sinne auch *Streit*, Theorie der Wirtschaftspolitik, S. 113.
123 *Fitchey*, in: Buxbaum u. a. (Hrsg.), European Business Law, 1991, S. 14; *Assmann*, in: Großkommentar zum AktG, Einl. Rn. 286; ähnlich *Spindler*, AG 1998, 53, 59. Siehe zu den im Einzelnen diffizilen Fragen der Satzungsstrenge *Mertens*, ZGR 1994, 426; *Hirte*, ZGR Sonderheft 13, 1998, S. 61, 81; *Hopt*, ZGR Sonderheft 13, 1998, S. 126, 128; *Bendfeld*, S. 36 ff.; sowie aus der US-amerikanischen Literatur die Beiträge des Symposions zu: »The Debate on Contractual Freedom in Corporate Law« an der Columbia Law School am 9.-10.12.1988, die abgedruckt sind in der Colum. L. Rev. 89 (1989), vor allem *Bebchuk* (S. 1395); *Easterbrook/Fischel* (S. 1416); *Eisenberg* (S. 1461); *Gordon* (S. 1549) und *Coffee* (S. 1618).
124 Der Sache nach so auch schon *Hallstein*, RabelsZ 28 (1964), 211, 215, der begrifflich statt von Transaktionskosten von der »Rationalisierung des Rechts« spricht. Ähnlich *Summers*, ZEuP 1999, 201, 202.
125 So auch *Spindler*, AG 1998, 53, 59; *Regierungskommission Corporate Governance*, S. 45.

III. Ordnungspolitische Aspekte

Kodex) im Einzelfall gelten, so drohen Kodices die Transaktionskosten sogar zu erhöhen.[126] Häufig sind nur zwingende gesetzliche Vorschriften geeignet, den Transaktionskostenpegel zu senken.

Vertrauen der Marktteilnehmer in das Aktienrecht setzt materielle Qualität des Aktienrechts voraus.[127] Vertrauen entsteht nur, wenn das Aktienrecht die konfligierenden Interessen fair und sachgerecht ausgleicht. Das Aktienrecht muss die Seriosität der Marktteilnehmer fördern und fordern und es muss Anreize für redliches Verhalten schaffen. Dazu gehört auch, dass treuwidriges Verhalten hinreichend sanktioniert wird.[128] Der zivilrechtlichen Haftung der Gesellschaftsorgane für treuwidrige Schädigungen kommt für das Vertrauen der Marktteilnehmer, besonders für das der Aktionäre, eine große Bedeutung zu.[129] Des weiteren setzt Vertrauen der Marktteilnehmer Informationen und Transparenz voraus.[130] Auf Transparenz kommt es vor allem an, wenn entscheidungserhebliche Informationen asymmetrisch verteilt sind. In solchen Fällen können nur Informationspflichten der Informierten gegenüber denen, die auf die Informationen angewiesen sind, sie aber nicht haben, bei letzteren zu Vertrauen und zu sinkenden Informationskosten führen. Schließlich hängen Vertrauen und Transaktionskosten der Marktteilnehmer von der Rechtssicherheit ab. Nur wenn bestehende Rechte faktisch auch durchsetzbar sind, kann Vertrauen entstehen. Eine unklare Rechtslage kann zu erheblichen Informations-, Verhandlungs- und Prozesskosten führen. Aus diesem Grunde kann es geboten sein, klare gesetzliche Regelungen zu schaffen und die Marktteilnehmer nicht auf die Konkretisierung von Generalklauseln oder unbestimmten Rechtsbegriffen durch die Gerichte zu verweisen.[131]

---

126 *Spindler*, AG 1998, 53, 59 und die *Regierungskommission Corporate Governance*, S. 45, gehen darauf nicht ein. Wie hier *Rosengarten*, Vortrag auf der Vierten VGR-Tagung am 27.9.2001 in Heidelberg.
127 In diesem Sinne auch *Stephan Heinze*, S. 9; *Lutter*, in: Grundmann (Hrsg.), Systembildung, S. 121, 136; *EZB* Monatsbericht Februar 2001, S. 41.
128 Für das Kapitalmarktrecht ähnlich *Assmann*, ZBB 1989, 49, 62, der die Haftung im Falle von Fehlinformationen als Voraussetzung des Anlegervertrauens ansieht.
129 Auch *Brandner*, in: Festschrift für Lutter, S. 317, 318, konstatiert ein »bestehendes Bedürfnis« für einen ausreichenden »Haftungsdruck« der Organe, weil die Organe dadurch »angehalten werden sollen, ihre Aufgaben pflichtgemäß zu erfüllen. Dieser Haftungsdruck ist nur dann wirksam, wenn ein rechtliches Instrumentarium bereitsteht, das dafür sorgt, dass ein Ersatzanspruch wirklich geltend gemacht wird und seine Geltendmachung notfalls erzwungen werden kann.«
130 *Hopt*, ZHR 161 (1997), 368, 383; *Bayer*, in: Münchener Kommentar zum AktG, § 22 Anh: § 21 WpHG, Rn. 1. Nachdrücklich so auch der 31. Erwägungsgrund der neuen Börsenzulassungsrichtlinie (2001/34/EG) vom 28.5.2001, ABlEG Nr. L 184 vom 6.7.2001, S. 1, 10.
131 Ähnlich *Spindler*, AG 1998, 53, 59.

Wie stark Marktteilnehmer derzeit auf die Regelungen des Europäischen Aktienrechts vertrauen, ist unklar und, soweit ersichtlich, bislang nicht empirisch untersucht.[132] Diese tatsächliche Frage kann hier aber offen bleiben, denn selbst wenn heute Vertrauenstatbestände erst in geringem Umfang bestünden, so wäre dies kein Argument gegen, sondern ein Plädoyer für deren Förderung.

b) Wirtschaftraum und Gesellschaftsrecht

Lässt sich ein optimaler territorialer Geltungsbereich des Gesellschaftsrechts bestimmen? Soll etwa eine Kongruenz von Wirtschaftsraum und Gesellschaftsrecht angestrebt werden, wie *Hommelhoff* es fordert?[133] Beim Entstehen eines Wirtschaftsraumes ohne Zölle und mit gemeinsamer Währung tun sich historische Parallelen auf: Im 19. Jahrhundert war das Gesellschaftsrecht und die Währung in Deutschland zunächst Angelegenheit der Einzelstaaten. Mit der zunehmenden wirtschaftlichen Verflechtung ging in der zweiten Hälfte des 19. Jahrhunderts die institutionelle Integration einher: Nach der Zollunion kam die Währungsunion und alsbald auch das nationalstaatliche deutsche Aktienrecht.[134] Mittlerweile ist der europäische Binnenmarkt der Kernwirtschaftsraum für deutsche Unternehmen. Die Zölle innerhalb der Europäischen Union sind längst abgeschafft. Mit dem Euro wurde nun auch eine gemeinsame Währung eingeführt. Sollte jetzt nicht auch das Gesellschaftsrecht territorial dem Wirtschaftsraum des europäischen Binnenmarktes entsprechen?

---

132 Vertrauen setzt nicht zwingend positive Kenntnis voraus, es kann sich auch inzident aus Erfahrung bilden. Gleichwohl ist positives Wissen oft Bedingung von Vertrauen. Während etwa im Bilanzrecht und im Umsatzsteuerrecht allgemein bekannt ist, dass das deutsche Recht maßgeblich auf europäische Richtlinien zurückgeht, ist fraglich, ob und wieweit in der deutschen Wirtschaft der Einfluss des europäischen Sekundärrechts auf das Aktienrecht bekannt ist. Das *Münchener Handbuch AG* z. B. behandelt das deutsche Recht weitgehend ohne dabei auf das Europäische Aktienrecht einzugehen. Das Europäische Gesellschaftsrecht ist erst seit kurzem umfassend dargestellt, etwa in den gleichnamigen Werken von *Habersack* und *Schwarz* sowie knapper bei *Lutter*, Europäisches Unternehmensrecht. In anderen Mitgliedsländern mag die Lage anders sein, z. B. in Großbritannien, wo die Kapitalrichtlinie zu umfassenderen Änderungen des nationalen Aktienrechts geführt hat, siehe *Edwards*, S. 52.
133 *Hommelhoff*, WM 1997, 2101.
134 Dazu *Laufs*, S. 220 ff., m. w. N. Zur Aktienrechtsreform von 1884 ausführlich *Schubert/Hommelhoff*, ZGR Sonderheft 4, 1985.

III. Ordnungspolitische Aspekte

Es ist fraglich, ob eine solche historisch-politische Betrachtung bei der Frage, wie das Europäische Aktienrecht fortzuentwickeln ist, wesentlich weiterführt. *Hommelhoff* hält es heute für undenkbar, dass das Gesellschaftsrecht in Deutschland Recht der Bundesländer wäre.[135] Diese politische Einschätzung wird man kaum anzweifeln wollen. Der Bund hat von seinem konkurrierenden Gesetzgebungsrecht nach Art. 74 Abs. 1 Nr. 11 GG umfassend Gebrauch gemacht. Es ist unwahrscheinlich, dass er hierauf künftig zugunsten der Länder verzichtet. Aber diese tatsächliche Feststellung ist kein Kriterium für oder gegen die Harmonisierung des Aktienrechts in der Europäischen Union. Dass das Gesellschaftsrecht in einem hoch entwickelten Wirtschaftsraum ohne Binnenzölle und mit gemeinsamer Währung auch föderalen Gesetzgebern überlassen sein kann, zeigt schon der Blick in die USA.[136] Der andere Werdegang des Gesellschaftsrechts in den USA bedeutet freilich nicht, dass der rechtliche Integrationsprozess in Deutschland nicht von materiellen Gründen getragen gewesen wäre. Ein wichtiger materieller Grund für die Kongruenz von Wirtschaftsraum und Gesellschaftsrecht kann eine damit verbundene Transaktionskostenersparnis sein. Gerade in dem Wirtschaftsraum, in dem die Marktteilnehmer den größten Teil ihrer Geschäfte abwickeln, kann es aus Effizienzgründen geboten sein, das Aktienrecht zu harmonisieren. Dort wo die meisten Transaktionen stattfinden, ist es besonders dringlich, den Transaktionskostenpegel zu senken.

Die Einführung des Euro trägt zur zunehmenden Integration des europäischen Binnenmarktes bei. Lassen sich die Argumente für und gegen eine gemeinsame Währung für die Angleichung des Aktienrechts fruchtbar machen? Sowohl bei der Währung als auch beim Aktienrecht sprach und spricht eine erwartete Transaktionskostenersparnis für die Harmonisierung.[137] Die Transaktionskosten sind dabei aber weitgehend andere. Im Gesellschaftsrecht geht es um die genannten Informations-, Verhandlungs- und Rechtsdurchsetzungskosten. Der Euro hingegen senkt wechselkursspezifische Transaktionskosten.[138] Bei der Diskussion um die gemeinsame Wäh-

---

135 *Hommelhoff*, WM 1997, 2101.
136 Siehe oben S. 55 f.
137 Für den Euro *Gros/Thygesen*, European Monetary Integration, S. 233 ff.; *dies.*, in: Welfens (Hrsg.), S. 95, 102; *Auria*, S. 25; *De Grauwe*, Economics of Monetary Union, S. 58 ff.
138 Zu den wechselkursspezifischen Transaktionskosten gehören Informationskosten und die Kosten des Währungsumtauschs. Je nach der Weite der Definition kann man auch die Kosten von Wechselkursrisiken dazuzählen. Hierunter fallen beispielsweise Provisionen für Währungsoptionen, mit denen Unternehmen ihre Geschäfte gegen Wechselkursschwankungen absichern.

rung stellte sich die Frage nach einer einheitlichen Geldpolitik, nach den Vor- und Nachteilen eines einheitlichen Zentralbankzinssatzes und damit zusammenhängend nach den Inflationsraten in den Ländern des Euro-Raums.[139] All das spielt für das Gesellschaftsrecht keine Rolle. Aus der Theorie des optimalen Währungsraums lassen sich keine Kriterien für die Fortentwicklung des Aktienrechts ableiten.

Mit zunehmender Integration eines Wirtschaftsraumes kann die Harmonisierung des Aktienrechts an Bedeutung gewinnen. Ist eine homogene rechtliche Infrastruktur in der Lage, die Transaktionskosten in dem zusammenwachsenden Wirtschaftsraum zu senken, so kann das die Angleichung des Aktienrechts rechtfertigen.

c) Grenzüberschreitende Sachverhalte

Es ist naheliegend, bei der Harmonisierung des Europäischen Aktienrechts das Augenmerk mehr auf grenzüberschreitende als auf rein nationale Sachverhalte zu richten.[140] Oft ist es besonders dringlich, gemeinsame Regeln für internationale Sachverhalte zu schaffen. Schon genannt wurden in diesem Zusammenhang die grenzüberschreitende Verschmelzung, die grenzüberschreitende Sitzverlegung und die grenzüberschreitende Stimmrechtsausübung.[141] Nicht angeglichene nationale Regeln führen hier oft zu erheblichen

---

139 *Gros/Thygesen*, in: Welfens (Hrsg.), S. 95, 99; *De Grauwe*, Weltwirtschaftliches Archiv 132 (1996), 1, 2; *ders.*, Economics of Monetary Union, S. 10 ff.; *Watson*, S. 141; *Auria*, S. 23; *Bovenberg/de Jong*, Kyklos 50 (1997), 83, 85; *Gleske*, in: Festschrift für Otte, S. 143, 161.
140 So z. B. Europäische Kommission, Mitteilung der Kommission an den Rat: »Die optimale Gestaltung des Binnenmarktes«: Strategisches Programm, KOM (1993) 632 endg., S. 34; *Pipkorn*, ZHR 141 (1977), 330, 331; *Baums*, Zur Harmonisierung des Rechts der Unternehmensübernahmen in der EG, S. 13; *Steding*, NZG 2000, 913, 914; *Schön*, Resümee des 1. EJT, S. 141, 150.
141 Siehe S. 24 f.

III. Ordnungspolitische Aspekte

Transaktionskosten für die Marktteilnehmer.[142] Die Harmonisierung des Gesellschaftsrechts kann sich aber nicht auf internationale Sachverhalte beschränken. Das wäre vielfach dogmatisch nicht überzeugend und auch praktisch nicht handhabbar. Wird etwa die grenzüberschreitende Stimmrechtsausübung gemeinschaftsweit geregelt, so können sich diese Regeln nicht auf grenzüberscheitende Sachverhalte beschränken. Denn das würde zu einer Zweiteilung der Stimmrechtsausübung und zu einem unzulässigen Verstoß gegen den Gleichbehandlungsgrundsatz (Art. 42 KapRL) führen. Die Niederlassungsfreiheit ist gesetzessystematischer Ausgangspunkt der Harmonisierung des Gesellschaftsrechts.[143] Begründet man Mindeststandards mit dem Abbau gesellschaftsrechtlicher Kostenunterschiede, so müssen die gemeineuropäischen Regeln auch für rein nationale Sachverhalte gelten. Aus Wettbewerbsgründen ist es dann erforderlich alle Transaktionen diesen Mindeststandards zu unterwerfen, unabhängig davon, ob es sich um internationale oder um nationale Sachverhalte handelt. Es ist festzuhalten: Gemeineuropäische Regeln sind bei grenzüberschreitenden Sachverhalten oft besonders dringlich. Gemeinschaftsweite Mindeststandards können sich aber nicht auf grenzüberschreitende Sachverhalte beschränken.

d) Börsennotierung

Ein mögliches Kriterium für die Harmonisierung des Gesellschaftsrecht ist auch die Börsennotierung von Gesellschaften.[144] In Anlehnung an das US-amerikanische Recht kann man daran denken, das Kapitalmarktrecht und kapitalmarktrelevante Bereiche des Verbandsrechts zu harmonisieren, die übrigen Bereiche des Gesellschaftsrechts hingegen nicht. Aus Gründen der Transaktionskostenersparnis mag das sinnvoll sein, weil bei börsennotierten

---

142 Die Fusion von Hoechst und Rhône-Poulenc zur Aventis S. A., wie auch der Zusammenschluss von Aerospatiale Matra, DASA und CASA zur EADS N. V. musste in gesellschaftsrechtlich außerordentlich komplexen Transaktionen verwirklicht werden. Siehe dazu den Bericht des Vorstands der Hoechst AG über den Zusammenschluss von Hoechst und Rhône-Poulenc, 1999, S. 1 ff. sowie den Verkaufsprospekt/Börsenzulassungsprospekt der EADS N. V. vom 7.7.2000, S. 150 ff. Hätten diese Zusammenschlüsse bereits nach Maßgabe der geplanten Richtlinie über internationale Fusionen (a. a. O., S. 7, Fn. 15) stattfinden können, wären die Transaktionskosten für die beteiligten Unternehmen vermutlich erheblich geringer gewesen.
143 Siehe bereits S. 46 f.
144 So z. B. *Wymeersch*, Referat für den 1. EJT, S. 85, 104. Eingehend dazu nun *Winter*-Konsultation, S. 8 f.

Gesellschaften der Anlegerkreis typischerweise sehr groß ist. Eine Harmonisierung der Aktionärsrechte kann daher die Transaktionskosten in zahlreichen Rechtsverhältnissen senken.

Die Schutzbedürfnisse in Kapitalmarktgesellschaften und in geschlossenen Gesellschaften können sich unterscheiden. Typischerweise gibt es bei börsennotierten Gesellschaften, anders als bei geschlossenen Gesellschaften, zahlreiche Anleger, die mit ihren Kleinstbeteiligungen bloße Vermögensinteressen verfolgen, ohne wesentlichen Einfluss auf die Geschicke der Gesellschaft nehmen zu wollen. Die einfache Handelbarkeit von Aktien an einer Börse erlaubt es den Aktionären von Kapitalmarktgesellschaften, ihren Anteil an der Gesellschaft leichter zu verändern, als dies Aktionären nicht börsennotierter Gesellschaften möglich ist. Schließlich können sich die informationellen Schutzbedürfnisse der Aktionäre je nach Größe des Aktionärskreises unterscheiden. In Aktiengesellschaften mit einem großen Aktionärskreis – typisiert sind das die börsennotierten Gesellschaften – sind die Mehrzahl der Aktionäre vom Informationsfluss innerhalb der Gesellschaft weitgehend abgeschnitten. Das deutsche und das europäische Kapitalmarktrecht versucht der Informationsasymmetrie zwischen Vorständen und Anteilseignern mit umfassenden Publizitäts- und Transparenzvorschriften entgegenzuwirken.

Es gibt allerdings auch zahlreiche Fragen und Interessenkonflikte, die bei offenen und geschlossenen Aktiengesellschaften gleich gelagert sind. Der deutsche wie auch der europäische Gesetzgeber hatte diese Interessenkonflikte zunächst für offene und für geschlossene Aktiengesellschaften in einem einheitlichen Aktienrecht geregelt. Sowohl das Aktiengesetz als auch die Kapitalrichtlinie gehen ursprünglich vom Bild der großen Publikumsgesellschaft aus. Für die börsennotierten Gesellschaften wird das Verbandsrecht mittlerweile durch deutsches und Europäisches Kapitalmarktrecht ergänzt. Eine stärkere und vielleicht sogar eine völlige Zweiteilung des Aktienrechts in ein solches für geschlossene und in ein solches für offene Aktiengesellschaften mag viel für sich haben. Hier ist aber von der lex lata auszugehen. Auf Differenzierungen, die sich aus der Börsennotierung ergeben, ist im weiteren Verlauf der Arbeit einzugehen, sofern dies geboten ist.

Für den Gläubigerschutz, der ein Kernanliegen des deutschen und des Europäischen Gesellschaftsrechts ist, ist die Frage der Börsennotierung kaum beachtlich und daher auch kein geeignetes Harmonisierungskriterium.

e) Schutznormen versus Organisationsnormen

Schließlich kann man als Harmonisierungskriterium prüfen, ob eine Norm Außenrecht ist, also dem Schutz von Anlegern, Gläubigern oder Dritten dient, oder aber ob es sich um Binnenrecht handelt, das lediglich die interne Organisation der Gesellschaft betrifft. Im Falle von Schutznormen mag man das Aktienrecht harmonisieren, im Falle von Organisationsnormen hingegen nationales Recht vorziehen. So sprechen sich *Lutter* und *Schön* für die Harmonisierung der Aktionärsrechte aus und gegen die Harmonisierung der Leitungsstruktur der Aktiengesellschaft.[145] Das ist im Ergebnis überzeugend. Die Unterteilung aktienrechtlicher Vorschriften in Schutznormen und Organisationsnormen ist aber problematisch. Die Aktionärsrechte sind beispielsweise gleichermaßen Binnenrecht wie Außenrecht. Die Kontrolle des Vorstandes, in Deutschland etwa durch den Aufsichtsrat, ist kein Selbstzweck, sondern dient dem Schutz der Aktionäre, der Gläubiger und Dritter, wie den Arbeitnehmern.

Entscheidendes Abgrenzungskriterium für oder gegen die Harmonisierung des Binnenrechts der Aktiengesellschaft sind die Transaktionskosten. Zwischen Aktiengesellschaften und ihren Eigentümern bestehen millionenfache wirtschaftlich identische Rechtsverhältnisse. Werden deren Regeln gemeinschaftsweit harmonisiert, sind Transaktionskostenersparnisse zu erwarten. Sofern das Binnenrecht der Aktiengesellschaft unmittelbar nur für eine geringe Zahl von Akteuren relevant ist, muss es aus Gründen der Transaktionskostenersparnis nicht harmonisiert werden. Geht man davon aus, dass das monistische und das dualistisches Verwaltungssystem der Aktiengesellschaft aus Sicht der Aktionäre und der Gläubiger ein vergleichbares Niveau der Unternehmensführung und Unternehmenskontrolle sichern, so muss dieser Aspekt der Organisationsverfassung nicht angeglichen werden. Transaktionskostendifferenzen betreffen hierbei nämlich nur einige wenige Akteure. Gegen ein Nebeneinander von monistischem und dualistischem System in Europa ist daher aus Transaktionskostengründen nichts einzuwenden.[146]

---

145 *Lutter*, ZfbF Sonderheft 29, S. 86, 87; *Schön*, ZHR 160 (1996), 221, 239.
146 A. A. *Schaede*, in: Eichengreen/Frieden/von Hagen (Hrsg.), S. 93, 112, die sich vor dem Hintergrund der Transaktionskostenanalyse dafür ausspricht, das Binnenorganisationsrecht der Aktiengesellschaften in der Europäischen Union umfassend zu harmonisieren.

f) Zwischenergebnis

Zentrales Ziel der weiteren Entwicklung des Europäischen Aktienrechts sollte es sein, die Effizienz des Binnenmarktes zu steigern. Hierzu muss das Europäische Aktienrecht den Transaktionskostenpegel im Binnenmarkt senken. Daneben ist es wichtig, mit der aktienrechtlichen Infrastruktur ein Regelwerk zur Verfügung zu stellen, das die vorhandenen Interessenkonflikte berücksichtigt und Anreize für faires, wohlfahrtsoptimales Verhalten beinhaltet. Dazu gehört auch ein wirkungsvolles Haftungsregime für Fälle treuwidriger Schädigungen. Die Transaktionskosten sind bei grenzüberschreitenden Sachverhalten und bei börsennotierten Gesellschaften typischerweise besonders hoch. Hier kann die Harmonisierung dringlich sein. Die gemeinschaftsweiten Regeln können sich aber nicht auf solche Fälle beschränken. Bei Regeln, die vor allem die Binnenorganisation der Aktiengesellschaft betreffen, kann es aus Gründen der Transaktionskostenersparnis entbehrlich sein, das Aktienrecht zu harmonisieren.

Die Frage nach der richtigen Kodifizierungsebene und der richtigen Kodifizierungsdichte ist die *Gretchenfrage*[147] des Europäischen Aktienrechts. Die Antworten hierauf können, gleich welchen Inhalts, in weiten Teilen nicht eindeutig sein oder gar bewiesen werden.[148] Selbst dort, wo empirische Untersuchungen möglich sind, wie bei den Begriffen Transaktionskosten und Effizienz, helfen empirische Ergebnisse oft nur wenig weiter. So nehmen Ökonomen an, dass Kapitalmärkte effizienten Märkten nahe kommen und dass dort die Preise die verfügbaren Informationen reflektieren.[149] In welchem Ausmaß die Kapitalmärkte vorhandene Informationen aber tatsächlich aufnehmen, ist unsicher.[150] Empirisch ungeklärt ist auch, ob Märkte rechtliche Regeln und deren Änderungen überhaupt als gut oder schlecht bewerten.[151] Freilich relativieren all diese Unsicherheiten nicht die Notwendigkeit, Antworten auf *Gretchens* Frage zu suchen und zu begründen.

---

147 Pointiert *Hopt*, in: Grundmann (Hrsg.), Systembildung, S. 307.
148 In diesem Sinne auch *Calabresi*, J. L. & Econ. 11 (1968), 67, 69; *Kübler*, in: Festschrift für Steindorff, S. 686, 695; *Hartmut Schmidt*, in: Buxbaum u. a., European Business Law, 1991, S. 55; *Streit/Mussler*, in: Gerken (Hrsg.), S. 75, 99.
149 Grundlegend *Fama*, JoF 25 (1970), 383; *ders.*, JoF 46 (1991) 1575.
150 Siehe *Kopp*, S. 105 ff. sowie die empirischen Untersuchungen von *Bühner*, ZfbF 42 (1990), 295; *May*, ZfbF 43 (1991), 313; *Schmidt/May*, ZfB 63 (1993), 61; *Pieper/Schiereck/Weber*, ZfbF 45 (1993), 487.
151 Siehe die empirische Studie von *Baums/Frick*, Co-determination in Germany.

4. Integration des europäischen Binnenmarktes

a) Integration des europäischen Kapitalmarktes: Anlegerschutz

Der europäische Binnenmarkt umfasst notwendig auch einen europäischen Kapitalmarkt. Der Grad der Integration des Kapitalmarktes hat mit dem europäischen Einigungsprozess stark zugenommen, in jüngerer Zeit besonders in den Ländern, die den Euro als Währung übernommen haben.[152] Die deutschen Aktiendepots werden immer europäischer. Selbst in den Depots privater Haushalte sind mittlerweile über ein Drittel der Aktien ausländische Papiere.[153] Gleichwohl ist der Kapitalbinnenmarkt in Europa noch nicht vollendet, nicht zuletzt, da einheitliche Rahmenbedingungen fehlen.[154] Um die Finanzierungsmöglichkeiten der Unternehmen in der Union zu verbessern, sind weitere Integrationsschritte erforderlich.[155] Durch den *Financial Services Action Plan*[156] der Europäischen Kommission von 1999 ist die Schaffung eines integrierten europäischen Kapitalmarktes zu einem wirtschaftspolitischen Programm erster Priorität geworden.

Ein ausgereifter Schutz von Aktionären und Kreditgebern ist entscheidende Bedingung, um Finanzierungsquellen für Unternehmen zu erschließen.[157] Zahlreiche empirische Untersuchungen[158] belegen, dass Anlegerschutz und Kapitalmarkt positiv korreliert sind: Je besser Aktionäre und Kreditgeber geschützt werden, desto besser entwickelt sich der Kapitalmarkt und um so

---

152 *Lamfalussy-Bericht*, S. 15; *Fratzscher*, S. 37; *Hummel*, in: Hummel/Breuer (Hrsg.), S. 67, 68; *von Rosen*, in: Hummel/Breuer (Hrsg.), S. 487, 495.
153 *DAI-Factbook 2000*, S. 07.2-1.
154 Ausführlich dazu der *Lamfalussy-Bericht*. Hier sei ferner auf das Konsultationspapier zur Harmonisierung der Verhaltensregeln für den Anlegerschutz der Dachorganisation der europäischen Wertpapieraufsichtsämter, FESCO (Forum of European Securities Commissions), hingewiesen, das in ZBB 2001, 116 abgedruckt ist.
155 Nachdrücklich *von Rosen*, Europa braucht einen einheitlichen Kapitalmarkt, Handelsblatt vom 8.5.2001.
156 Mitteilung der Kommission: Umsetzung des Finanzmarktrahmens: Aktionsplan, KOM (1999) 232 endg. Siehe dazu auch die Mitteilungen der Kommission: Aktueller Stand auf dem Gebiet der Finanzdienstleistungen, Zweiter Bericht, KOM (2000) 336 endg.; Finanzdienstleistungen: Prioritäten und Fortschritte, Dritter Bericht, KOM (2000) 692/2 endg.; Upgrading the Investment Services Directive (93/22/EEC), COM (2000) 729 final.
157 *Assmann*, in: Großkommentar zum AktG, Einl. Rn. 446; *La Porta/Lopez de Silanes/Shleifer/Vishny*, JoF 55 (2000), 1, 27; *dies.*, JoFE 58 (2000), 3, 20; *Myers*, OECD, S. 2; *EZB* Monatsbericht Februar 2001, S. 41; *Lamfalussy-Bericht*, S. 14, 18.
158 Grundlegend *La Porta/Lopez de Silanes/Shleifer/Vishny*, JoF 52 (1997), 1131; *dies.*, JPE 106 (1998), 1113; *dies.*, JoF 55 (2000), 1; *dies.*, JoFE 58 (2000), 3; *La Porta/Lopez de Silanes/Shleifer*, JoF 54 (1999), 471; aber auch *Gorton/Schmid*, JoFE 58 (2000), 29.

besser werden in der Folge auch die Finanzierungsmöglichkeiten der Unternehmen am Kapitalmarkt.[159] Anlegerschutz und Kapitalmarktkonzentration sind negativ korreliert: Starker Anlegerschutz verhindert starke Konzentration unter den Anteilseignern, umgekehrt gehen mit schwachem Anlegerschutz tendenziell Konzentrationstendenzen einher.[160] Kapitalmärkte gedeihen diesen empirischen Studien zufolge nur dann gut, wenn Minderheitsaktionäre und Gläubiger ausreichend vor Ausbeutung durch die Geschäftsführung und durch die Aktionärsmehrheit geschützt sind.[161] Aus diesem Grunde ist ein rechtlicher Rahmen, der Aktionäre und Kreditgeber ausreichend schützt, volkswirtschaftlich erstrebenswert.[162] Für den Anlegerschutz und für einen funktionierenden Kapitalmarkt ist das Verbandsrecht überaus bedeutend. Das Gesellschaftsrecht muss die Risiken für die Anleger so mindern, dass Finanzierungsbeziehungen überhaupt zustande kommen und vertragsgemäß durchgeführt werden.[163]

Welches sind nun aber die Institute, die Minderheitsaktionäre so schützen, dass Anlegervertrauen entsteht? Zu nennen ist der Grundsatz, dass eine Aktie stets eine Stimme hat. Mehrfachstimmrechte und Aktien, an die Sonderrechte geknüpft sind, wie so genannte *goldene Aktien*, sind damit unvereinbar.[164] Unerlässlich ist das Recht der Aktionäre auf regelmäßige, umfassende und zeitnahe Informationen. Damit im Zusammenhang stehen die Auskunftsrechte der Aktionäre. Dem Bezugsrecht kommt als Schutz gegen die Verwässerung des Stimmanteils und des Vermögens besonderes Gewicht zu. Die Aktionäre müssen beim Erwerb und bei der Veräußerung eigener Aktien durch die Gesellschaft hinreichend geschützt werden. Die Ausübung der Aktionärsrechte ist gleichermaßen relevant wie deren Durchsetzung. Es muss ferner gesichert sein, dass Aktionären treuwidrig zugefügte Schäden

---

159 So auch *Romano*, Genius, S. 125; *dies.*, Competition, S. 364. Im Ergebnis ähnlich *Assmann*, in: Großkommentar zum AktG, Einl. Rn. 446. Zurückhaltend *Albach*, Referat K für den 55. DJT, S. 35.
160 *La Porta/Lopez de Silanes/Shleifer/Vishny*, JPE 106 (1998), 1113, 1145; *La Porta/Lopez de Silanes/Shleifer*, JoF 54 (1999), 471, 491.
161 *La Porta/Lopez de Silanes/Shleifer/Vishny*, JoF 52 (1997), 1131, 1149; *dies.*, JPE 106 (1998), 1113, 1127; *dies.*, JoFE 58 (2000), 3, 6; *La Porta/Lopez de Silanes/Shleifer*, JoF 54 (1999), 471, 511.
162 So auch *Schwark*, in: Festschrift für Lutter, S. 1529, 1530; *Lambrecht*, S. 3; *EZB* Monatsbericht Februar 2001, S. 41; *Lamfalussy-Bericht*, S. 14, 18.
163 Nachdrücklich *Assmann*, Kapitalmarkt in Europa, S. 15.
164 Siehe insofern auch die Urteile des EuGH vom 4.6.2002 (Rs. C-367/98 [Portugal]; Rs. C-483/99 [Frankreich]; Rs. C-503/99 [Belgien]), BB 2002, 1282.

III. Ordnungspolitische Aspekte

ersetzt werden. Schließlich hängt das Aktionärsvertrauen davon ab, dass die Aktionäre gleich behandelt werden.[165]
Die genannten Parameter sind auch diejenigen, auf die institutionelle Anleger typischerweise großen Wert legen.[166] Zu den wichtigen institutionellen Anlegern gehören die Pensionsfonds. Der Kapitalmarkt wird für die Altersversorgung zunehmend bedeutend. Die Pensionsfonds haben daran großen Anteil.[167] Eine gewichtige Rolle bei der Alterssicherung kann der Kapitalmarkt nur einnehmen, wenn die Anleger auf seine rechtlichen Rahmenbedingungen vertrauen.[168] Pensionskassen beteiligen sich mit großen Vermögenssummen an Aktiengesellschaften, gleichwohl ist ihr Stimmanteil an diesen Gesellschaften oft gering. Die Pensionsfonds sind also meist Minderheitsaktionäre und sie verfolgen primär Vermögensinteressen. Sie machen aber ihr Vertrauen in die Geschäftsführung von umfassenden Mitverwaltungsrechten abhängig.[169] Bei den übrigen institutionellen Anlegern verhält es sich nicht anders.

Zu einen »race to the top« des skizzierten und für das Anlegervertrauen entscheidenden Aktionärsschutzes durch die unsichtbare Hand des Marktes wird es nicht kommen. Die Interessen des Vorstands, der Aktionärsmehrheit und der Aktionärsminderheit divergieren in weiten Bereichen. Diese grundlegenden Interessenkonflikte können nur durch obrigkeitlich gesetztes, zwingendes und durchsetzbares Recht geregelt werden.[170] In den USA beispielsweise wird das hohe Niveau des Anlegerschutzes vor allem durch das zwingende Kapitalmarktrecht und seine Durchsetzung durch die Securities and Exchange Commission gesichert.[171] Auf freiwillige Anerkennung setzende Kodices sind nicht geeignet, Anleger ausreichend zu schützen, sofern die Vorgaben des Kodex nicht zwingend sind und sich die Anleger folglich nicht darauf verlassen können, dass sie verbindliche und durchsetzbare

---

165 Ähnlich *La Porta/Lopez de Silanes/Shleifer/Vishny*, JPE 106 (1998), 1113, 1121; *dies.*, JoFE 58 (2000), 3, 6; *Hellwig*, EWS 2001, 580, 582.
166 Dezidiert *Hellwig*, EWS 2001, 580, 582. Siehe auch *Davies*, in: Baums/Buxbaum/Hopt (Hrsg.), S. 273, 274; *Slagter*, in: Baums/Buxbaum/Hopt (Hrsg.), S. 329, 340; *Tapia Hermida*, in: Baums/Buxbaum/Hopt (Hrsg.), S. 399, 408.
167 Zur zunehmenden Bedeutung von Pensionsfonds in Deutschland siehe *Escher-Weingart*, ZVglRWiss 99 (2000), 387, 394; *von Rosen*, in: Hummel/Breuer (Hrsg.), S. 487, 495.
168 *Kübler*, Gesellschaftsrecht, S. 389.
169 *Groß*, in: Grundmann (Hrsg.), Systembildung, S. 208. Die praktische Stimmrechtsausübung durch Fonds in Deutschlands haben *Baums/Fraune*, AG 1995, 97, empirisch untersucht.
170 Vgl. auch *Hopt*, ZGR Sonderheft 13, 1998, S. 123, 129. Zu den Vor- und Nachteilen zwingenden versus dispositiven Rechts nun auch *Winter*-Konsultation, S. 5 f., 9.
171 Siehe dazu schon oben S. 56.

Zweiter Teil: Die Reform der Kapitalrichtlinie

Rechte haben.[172] Kodices erweisen sich in der Praxis darüber hinaus oft als Ergebnis erfolgreicher Lobbyarbeit. Sie sind dann Ausdruck bestimmter Partikularinteressen, aber nicht dem Gemeinwohl im Sinne eines funktionierenden Kapitalmarktes verpflichtet. Denkbar ist zwar, den Anlegerschutz der Rechtsprechung zu überlassen, doch schafft das erhebliche Rechtsunsicherheit. Diese soll im Interesse eines effizienten Kapitalmarktes gerade vermieden werden. Es ist daher Sache des Gesetzgebers einen zwingenden rechtlichen Ordnungsrahmen, der Anleger ausreichend schützt, als Infrastruktur des Kapitalmarktes zur Verfügung zu stellen.[173]

Welcher Gesetzgeber soll nun aber den Anlegerschutz des integrierten europäischen Kapitalmarktes regeln? Sind nationale Regeln vorzuziehen, gemeineuropäische oder vielleicht sogar globale? Die oben genannten Transaktionskostenargumente sprechen für eine internationale Harmonisierung des Anlegerschutzes. Gerade bei grenzüberschreitenden Sachverhalten sind die Transaktionskosten besonders hoch und können durch verbindliche Mindeststandards gesenkt werden. Soll der europäische Kapitalmarkt zu einem integrierten Binnenmarkt werden, bedarf es gemeineuropäischer Mindeststandards des Anlegerschutzes.[174] Es wird künftig zunehmend mehr Transaktionen geben, die die Außengrenzen des Binnenmarktes überschreiten. Deutsche kaufen US-amerikanische Aktien, Japaner kaufen französische Papiere, etc. »Globale Namensaktie ist das Modell der Zukunft« titelte kürzlich die Frankfurter Allgemeine Zeitung.[175] Aus Gründen der Transaktionskostenersparnis ist es durchaus denkbar, sich (etwa im Rahmen der OECD) um weltweite Standards des Anlegerschutzes zu bemühen.[176] Die Harmonisierung des Rechts in der Europäischen Union ist von der Rechtsentwicklung

---

172 An dieser Stelle sei auf die schlechten Erfahrungen mit dem Übernahmekodex hingewiesen, siehe *Börsensachverständigenkommission*, S. 8, sowie dazu die einführende Presseerklärung des Vorsitzenden der Börsensachverständigenkommission, *Karl-Hermann Baumann,* vom 2.2.1999, S. 2: »Das Fehlen allgemein akzeptierter Regeln ist aber auch dem Ansehen des Finanzplatzes Deutschland abträglich. Um international wettbewerbsfähig zu bleiben, sind verlässliche und verbindliche Rahmenbedingungen, die von allen Marktteilnehmern einzuhalten sind, unabdingbar.«
173 So auch *Coffee,* Colum. L. Rev. 89 (1989), 1618, 1653; *Assmann,* in: Großkommentar zum AktG, Einl. Rn. 286.
174 In diesem Sinne auch *Davies,* in: Europäische Kommission, Konferenz zu Binnenmarkt und Gesellschaftsrecht, S. 67.
175 FAZ vom 28.9.2001, S. 33 f., mit Verweis auf das Listing der Deutschen Bank an der Wall Street ab dem 3.10.2001. Die Deutsche Bank hatte dort keine *American Depositary Receipts* (ADR) begeben, sondern so genannte *Global Shares.* Bei diesen handelt es sich um ein Produkt der *New York Stock Exchange.* Auch DaimlerChrysler, Celanese und UBS Warburg bieten an der Wall Street *Global Shares* an. Informationen zu *Global Shares* sind abrufbar unter: http://www.nyse.com/press/global_shares.html.
176 Siehe zu solchen Ansätzen *Davies,* in: Baums/Wymeersch (Hrsg.), S. 383, 386.

III. Ordnungspolitische Aspekte

auf anderen Weltmärkten nicht losgelöst. Der Harmonisierungsauftrag des EG-Vertrags ist aber nicht global, sondern darauf gerichtet, den europäischen Binnenmarkt zu vollenden. Um dieses Ziel zu erreichen, sollte der europäische Gesetzgeber für ausreichende gemeinschaftsweite Mindeststandards des Aktionärsschutzes sorgen.[177]

Wie bereits ausgeführt,[178] können sich die Anforderungen an den Anlegerschutz unterscheiden, je nachdem, ob eine Aktiengesellschaft börsennotiert ist oder nicht. Das Argument für gemeinschaftsweite Mindeststandards ist bei Publikumsgesellschaften besonders stark, weil dort die Anzahl der Transaktionen besonders groß ist. Die Vorteile der Harmonisierung sind aber nicht auf Publikumsgesellschaften beschränkt. Es gibt auch geschlossene Aktiengesellschaften mit großem und wechselndem Aktionärskreis. Wird der Anlegerschutz harmonisiert, führt das auch hier zu sinkenden Transaktionskosten und zu einer weiteren Integration des Kapitalmarktes. Aus Effizienzgründen liegt daher eine umfassende Harmonisierung des Aktionärsschutzes auch für geschlossene Aktiengesellschaften nahe. Sie ist für börsennotierte Gesellschaften aber dringlicher. Sofern dies geboten ist, wird im dritten Teil der Arbeit danach differenziert, ob Aktiengesellschaften börsennotiert sind, oder nicht.

Auch unter wohlfahrtsökonomischen Aspekten ist die Harmonisierung des Anlegerschutzes in der Europäischen Union wichtig. Es ist davon auszugehen, dass das Wachstum und die Integration des europäischen Kapitalmarkts zunimmt, wenn die auf ihm gehandelten Produkte rechtlich angeglichen werden.[179] Ziel ist dabei nicht die Produkte wirtschaftlich anzugleichen. Ein reifer Kapitalmarkt wird gerade durch die Vielfalt wirtschaftlicher Produkte charakterisiert. Es geht vielmehr darum die Produkte, die von den Marktteilnehmern als wirtschaftlich homogen angesehen werden, auch rechtlich homogen auszugestalten.[180] Dies steigert die Wettbewerbsintensität und führt

---

177 Nachdrücklich in diesem Sinne auch *Forum Europaeum Konzernrecht*, ZGR 1998, 672, 690; *Lamfalussy-Bericht*, S. 14, 17 f. (»Zu den größten Lücken [für die weitere Integration der europäischen Wertpapiermärkte, Anm. des *Verf.*] zählen: [...] – kein wirksamer Verbraucherschutz auf hohem Niveau«), sowie *Hellwig*, EWS 2001, 580, 582: »Was wirklich Not tut, ist eine echte normative Vereinheitlichung/Angleichung aus europäischer Rechtsquelle.« Ähnlich aber auch der 32. Erwägungsgrund der neuen Börsenzulassungsrichtlinie (2001/34/EG) vom 28.5.2001, ABlEG Nr. L 184 vom 6.7.2001, S. 1, 10.
178 Siehe S. 67 f.
179 Wie hier *Lutter*, ZGR 2000, 1, 10; *ders.*, in: Grundmann (Hrsg.), Systembildung, S. 121, 140; *Lamfalussy-Bericht*, S. 13 f.; *Mülbert*, WM 2001, 2085, 2094; *Hellwig*, EWS 2001, 580, 581.
180 *Goodhart*, S. 20. Ähnlich der sechste Erwägungsgrund der SE-VO (a. a. O., S. 7, Fn. 17): »Die juristische Einheitlichkeit der europäischen Unternehmen muss ihrer wirtschaftli-

damit zu Wohlfahrtsgewinnen.[181] Sind die Aktien in der Europäischen Union rechtlich homogene Güter, so können sich die Anleger in ihrer Portfolio-Entscheidung ausschließlich auf wirtschaftliche Fragen konzentrieren. Rechtliche Produktangleichung auf den Kapitalmärkten ist funktional durchaus mit der technischen Produktangleichung auf den Gütermärkten vergleichbar.[182] Um Handelshemmnisse abzubauen, wird das Binnenmarktrecht schon seit langem harmonisiert, indem Güter technisch angeglichen werden.[183]

b) *Integration des europäischen Waren-, Dienstleistungs- und Arbeitsmarktes: Gläubigerschutz*

Nicht nur der Kapitalmarkt, sondern auch die sonstigen Märkte in der Gemeinschaft sollen zu einem integrierten Binnenmarkt zusammenwachsen. Dieser einheitliche Markt ist bereits Realität und er beschränkt sich bei weitem nicht mehr auf größere und große Unternehmen, sondern hat alle Bereiche des Wirtschaftens erfasst. Selbst für mittelständische Unternehmen ist der Kernwirtschaftsraum nicht mehr regional oder national begrenzt, sondern erstreckt sich auf den Europäischen Binnenmarkt.[184] Offenkundig wird dies gerade in grenznahen Regionen. Am Oberrhein etwa ist es längst selbstverständlich, dass Freiburger Bäckereien Filialen auch in Colmar haben, dass französische Bauunternehmer in Offenburg bauen, dass deutsche Handwerker in Mühlhausen Rohre reinigen oder Heizungen installieren. Genauso selbstverständlich ist es, dass unzählige Menschen täglich in beiden Richtungen über die Grenze pendeln, sei es zum Arbeiten, sei es zum Einkaufen. Viele Deutsche leben im Elsass, obgleich sie in Deutschland arbeiten. In Aachen, Mönchengladbach oder Passau ist die Situation ähnlich, in Görlitz und Frankfurt an der Oder wird sie es (hoffentlich) auch bald sein.

---

chen weitestgehend entsprechen.« Verhalten aber *Regierungskommission Corporate Governance*, S. 48.
181 *Goodhart*, S. 20; *Carlton/Perloff*, S. 87; *Lamfalussy-Bericht*, S. 14 f.
182 *Hellwig*, EWS 2001, 580, 581.
183 Siehe etwa die für die Wirtschaft wichtige Richtlinie 98/37/EG des Europäischen Parlaments und des Rates vom 22.6.1998 zur Angleichung der Rechts- und Verwaltungsvorschriften der Mitgliedstaaten für Maschinen, ABlEG Nr. L 207 vom 23.7.1998, S. 1.
184 Siehe hierzu jüngst die empirische Untersuchung von *Bassen/Behnam/Gilbert*, ZfB 2001, 413.

III. Ordnungspolitische Aspekte

Ausreichende und gemeinschaftsweit geltende Mindeststandards des Gläubigerschutzes sind vor diesem Hintergrund geboten.[185] Die Verlässlichkeit eines harmonisierten gesellschaftsrechtlichen Gläubigerschutzes senkt die Transaktionskosten gerade bei grenzüberschreitenden Sachverhalten beträchtlich, weil damit die (sonst besonders hohen) Informations- und Prozesskosten verringert werden können.[186] Die Harmonisierung des gesellschaftsrechtlichen Gläubigerschutzes kann so zu einer tieferen wechselseitigen Marktdurchdringung beitragen und das Binnenmarktziel fördern.

---

185 Nachdrücklich so auch die Entschließung des Europäischen Parlaments zum Vorschlag der Europäischen Kommission für eine Kapitalrichtlinie, ABlEG Nr. C 114 vom 11.11.1971, S. 19. Wie hier auch *Forum Europaeum Konzernrecht*, ZGR 1998, 672, 690.
186 Ähnlich *Großfeld*, WM 1992, 2121.

IV. Das gesetzliche Mindestkapital

Zentraler Ausgangspunkt der Kapitalrichtlinie ist das System eines festen Mindestgrundkapitals. Dieses ist in Art. 6 Abs. 1 KapRL festgelegt und wird in der Kapitalrichtlinie rechtstechnisch in zwei Schritten verwirklicht: dem Gebot realer Kapitalaufbringung und dem Verbot der Kapitalrückzahlung.[187] Die Vorschriften der Kapitalrichtlinie sind daher mit dem gesetzlichen Mindestkapital eng verzahnt. Das Institut des gesetzlichen Mindestkapitals stellt nach *Wiedemann* »eine für das Europäische Gesellschaftsrecht stilprägende Eigenart dar und ist zugleich eine Kulturleistung ersten Ranges, weil es die persönliche Entlastung der Anlagegesellschafter mit der Sicherung der Kreditwürdigkeit der Unternehmen in idealer Weise verbindet.«[188] Das Mindestgrundkapital, in Deutschland schon beinahe eine Selbstverständlichkeit, war lange unumstritten, obgleich es in anderen Rechtsordnungen nicht oder nicht mehr existiert. Vor dem Hintergrund US-amerikanischer Erfahrungen wird in jüngerer Zeit verschiedentlich gefordert, das Garantiekapital völlig abzuschaffen und zwar sowohl auf nationaler Ebene für das Aktiengesetz als auch auf europäischer Ebene für die Kapitalrichtlinie.[189]

Die SLIM-Arbeitsgruppe hat sich nicht mit dem System des gesetzlichen Mindestkapitals beschäftigt. Nicht, weil dies nicht geboten gewesen wäre,

---

187 *Lutter*, in: Festschrift für Stiefel, S. 505, 506.
188 *Wiedemann*, Gesellschaftsrecht, S. 557, gleichsinnig *ders.*, DB 1993, 141, 147. Ähnlich für Großbritannien *Gower's Principles*, S. 295: »for this we have to thank our membership of the European Community«; für Spanien *Rojo*, AG 1998, 358, 359: »sehr positive Auswirkungen auf die spanische Situation«; für Italien verhalten positiv *Spolidoro*, AG 1998, 363, 364. Zur entsprechenden schweizerischen Regelung kritisch *Nobel*, AG 1998, 354, 358.
189 Grundlegend *Kübler*, Aktie, S. 29 ff.; *ders.*, WM 1990, 1853, 1858; *ders.*, Rules on Capital, S. 22. So aber auch *Bauer*, S. 335; *Klose-Mokroß*, S. 187 ff.; *Escher-Weingart*, Deregulierung, S. 137; *Enriques/Macey*, Cornell L. Rev. 86 (2001), 1165, 1168. Eine Grundsatzdiskussion wird auch von *Wouters*, CML Rev. 37 (2000), 257, 301, gefordert, der dem gegenwärtigen System positiver gegenüber steht. Diese Diskussion wurde in Ansätzen bereits geführt auf dem 1. Europäischen Juristentag in Nürnberg am 14./15.9.2001, siehe *Europäischer Juristentag*, Band II: Sitzungsberichte, S. 121 ff. *Schön*, Resümee des 1. EJT, S. 141, 169, hält das Prinzip des festen Grundkapitals für die »wohl bedeutendste aktuelle Problematik zur künftigen Gestalt des europäischen Gesellschaftsrechts.« Siehe ferner *Grundmann*, ZGR 2001, 783, 819; *Halbhuber*, CML Rev. 38 (2001), 1385, 1417.

IV. Das gesetzliche Mindestkapital

sondern weil Änderungen hier derart umfassend wären, dass das SLIM-Verfahren hierfür kein geeigneter Rahmen gewesen wäre.[190] Die SLIM-Vorschläge knüpfen teilweise an das Mindestkapitalkonzept an. Insbesondere wird nun aber in der Konsultation der *Winter*-Kommission die Frage gestellt, ob das gegenwärtige Mindestkapitalkonzept beibehalten werden soll.[191] Daher ist im Folgenden noch vor Erörterung der einzelnen SLIM-Vorschläge auf die grundsätzlichen Vorteile und Nachteile des Systems des gesetzlichen Mindestkapitals einzugehen.

1. Zweck des Mindestkapitals

Das Garantiekapital – in der AG Grundkapital, in der GmbH Stammkapital genannt – bezweckt primär den Schutz der Gläubiger. Es ist bei den Kapitalgesellschaften Korrelat dafür, dass die Gesellschafter den Gesellschaftsgläubigern nicht persönlich haften.[192] An die Stelle der persönlichen Haftung tritt die Pflicht der Gesellschafter, das im Handelsregister eingetragene Haftkapital tatsächlich aufzubringen. Mit diesem Kapital kann die Gesellschaft wirtschaften, sie kann es also ausgeben und muss es nicht etwa wie eine Mindestreserve hinterlegen. Die Gläubiger können sich daher nicht darauf verlassen, dass das Garantiekapital fortwährend als Haftungsmasse besteht; sie werden aber insoweit geschützt, als dieser Haftungsfonds nicht ohne weiteres *an die Gesellschafter* zurückfließen darf. Bildlich wird das Garantiekapital daher gelegentlich als »bilanztechnischer Sparstrumpf«[193], oder als »Staumauer«[194] umschrieben: Das Garantiekapital kann wie eine Staumauer dafür sorgen, dass nur Überschüsse an die Gesellschafter abfließen, es kann aber nicht verhindern, dass es nicht regnet und der Stausee austrocknet.

Eine weitere Funktion des Garantiekapitals kann man darin sehen, dass es die Risikoneigung unternehmerischer Entscheidungen zugunsten der Gläubiger zu verringern vermag. Der Quotient von Eigenkapital zu Fremdkapital beeinflusst den Risikograd unternehmerischer Entscheidungen. Während mögliche Gewinne immer der Gesellschaft und somit wirtschaftlich ausschließlich den Gesellschaftern zufließen, wird das Insolvenzrisiko stets von den Gläubigern und den Gesellschaftern gemeinsam getragen. Das Insol-

---

190 SLIM-Erläuterungen, S. 7; *Wymeersch*, Nordisk Tidsskrift 2000, 126, 130.
191 *Winter-Konsultation*, S. 29 f.
192 *Bayer*, in: Festschrift für Lutter, S. 1011, 1016.
193 *Wiedemann*, Gesellschaftsrecht, S. 557.
194 *Würdinger*, S. 32.

venzrisiko geht mit zunehmendem Fremdfinanzierungsgrad auf die Gläubiger über. Hohe Ertragschancen sind meist mit hohen Ausfallrisiken verbunden. Für die Geschäftsleitung und die Gesellschafter besteht der Anreiz, Projekte mit hoher Gewinnerwartung und gleichzeitig erhöhtem Insolvenzrisiko fremd zu finanzieren. Solches opportunistisches Verhalten wird in der angelsächsischem Literatur unter dem Schlagwort *moral hazard* diskutiert.[195] Gesetzliche Minimumkapitalerfordernisse sind eine Möglichkeit, die Kosten steigender Risikobereitschaft bei zunehmendem Fremdfinanzierungsanteil zu internalisieren.[196]

Schließlich ist das Grundkapital gegenwärtig vielfach Anknüpfungspunkt für die Rechtsstellung des Aktionärs in seiner Gesellschaft: Dividendenansprüche und Bezugsrechte hängen beispielsweise von dem relativen Kapitalanteil des Aktionärs am Grundkapital ab. Hier ließen sich andere Lösungen finden, etwa eine Anknüpfung dieser Rechte direkt an die Aktie und nicht an den durch die Aktie vermittelten Anteil am Grundkapital. Solche Änderungen wären aber mit großem rechtstechnischen Aufwand verbunden. Darauf ist später noch einzugehen.[197]

2. Gläubigerschutz durch Gesellschaftskapital

Der Gläubigerschutz in der Aktiengesellschaft ruht auf drei Säulen: auf dem Mindestkapital und seinem Schutz, auf der Rechnungslegung sowie auf der Organhaftung. Das Recht der Aufbringung und Erhaltung eines gesetzlichen Mindestkapitals ist derzeit in Deutschland und in der Europäischen Union das wichtigste Instrument des Gläubigerschutzes. Der Gläubigerschutz durch Kapital soll in wenigen groben Zügen skizziert werden, um das Mindestkapitalkonzept in seinem sachlichen Kontext darzustellen.

Nach § 57 AktG und Art. 15 Abs. 1 KapRL darf grundsätzlich nur der im Jahresabschluss ausgewiesene Bilanzgewinn an die Aktionäre ausbezahlt werden. Einlagen dürfen prinzipiell nicht zurückgewährt werden. Bei der Ermittlung des ausschüttbaren Gewinns in der Bilanz und der Gewinn- und Verlustrechnung ist nach § 252 Abs. 1 Nr. 4 HGB und nach Art. 31 Abs. 1

---

195 *Alchian/Demsetz*, AER 62 (1972), 777 ff.; *Myers*, JoFE 5 (1977) 147, 149; *Enriques/Macey*, Cornell L. Rev. 86 (2001), 1165, 1168.
196 *Easterbrook/Fischel*, S. 60; *Adams*, Eigentum, Kontrolle und Beschränkte Haftung, S. 34 ff.; *Davies*, AG 1998, 346, 349; *Armour*, S. 6; *Kübler*, Rules on Capital, S. 6. Ähnlich schon *Roth*, ZGR 1986, 371, 378.
197 Siehe die Ausführungen zum zweiten SLIM-Vorschlag (Nennwert), S. 105 ff.

IV. Das gesetzliche Mindestkapital

lit. c Bilanzrichtlinie[198] das Vorsichtsprinzip zu beachten.[199] Hierdurch sollen die Gläubiger vor überhöhten Ausschüttungen geschützt werden. Die Bilanzierung nach den *US-Generally Accepted Accounting Principles* (US-GAAP) verfolgt ein anderes Ziel: Der dort zugrunde liegende *Fair Value*-Grundsatz soll nicht die Gläubiger schützen, sondern vielmehr ein realistisches Bild des Unternehmens abgeben. Durch die jüngste *Fair Value*-Richtlinie[200] wird diese Methode auch im Binnenmarkt zunehmende Bedeutung erlangen; der durch das Vorsichtsprinzip vermittelte Gläubigerschutz wird verringert werden.[201]

Im deutschen Aktienrecht ist in § 150 AktG eine Pflicht zur Bildung zusätzlicher, über das Mindestkapital hinausgehender gesetzlicher Rücklagen verankert, die den Verlustpuffer zugunsten der Gläubiger ausdehnen soll. Eine entsprechende Regelung gibt es bei der GmbH nicht, was mit beitragen mag zu dem schlechteren Renommee der GmbH im Vergleich zur Aktiengesellschaft. Eine dem § 150 AktG vergleichbare Regelung enthält Art. 49 des Strukturrichtlinien-Vorschlags[202]. Es ist nicht absehbar, ob diese Pflicht, eine gesetzliche Rücklage zu bilden, in absehbarer Zeit europäisches Recht werden wird.

Vereinzelt stellt das Gesetz erhöhte Anforderungen an die Eigenkapitalausstattung von Unternehmen, so in § 10 KWG für Kreditinstitute, in §§ 5 Abs. 4, 53 c VAG für Versicherungen und in § 2 Abs. 2 lit. a KAGG für Kapitalanlagegesellschaften. Hierbei handelt es sich um Spezialregelungen, die nicht analogiefähig sind. Im Falle des KWG und des VAG zeigen sie gleichwohl, dass umfassende und ausdifferenzierte Regelungen zur Eigenmittelausstattung bereits kodifiziertes Recht sind.

Das gesetzliche Mindestkapital, das alle Aktiengesellschaften unabhängig von der Branche des Unternehmens, seiner Größe, der Kapitalintensität der Produktion und den unternehmensspezifischen Risiken aufbringen müssen,

---

198 A. a. O. (S. 7, Fn. 14).
199 Zum Verhältnis von gesetzlichem Mindestkapital und Vorsichtsprinzip *Hommelhoff*, RabelsZ 62 (1998), 380, 399, m. w. N.
200 Richtlinie (2001/65/EG) des Europäischen Parlaments und des Rates vom 27.9.2001 zur Änderung der Richtlinien 78/660/EWG, 83/349/EWG und 86/635/EWG des Rates im Hinblick auf die im Jahresabschluss bzw. im konsolidierten Abschluss von Gesellschaften bestimmter Rechtsformen und von Banken und anderen Finanzinstituten zulässigen Wertansätze, ABlEG Nr. L 283 vom 27.10.2001, S. 28. Siehe dazu *Feld*, WPg 2001, 1025; *Niehues*, WPg 2001, 1209.
201 Kritisch gegenüber dem Abrücken auf europäischer Ebene von dem, durch das bilanzielle Vorsichtsprinzip vermittelten Gläubigerschutz auch *Schön*, ZHR 166 (2002), 1, 3. Siehe auch schon oben S. 22 (Fn. 73).
202 A. a. O. (S. 7, Fn. 15).

ist eine fixe Summe, zum Beispiel € 25.000 nach Art. 6 Abs. 1 KapRL oder € 50.000 nach § 7 AktG.[203] Diese Beträge werden weithin als zu gering erachtet.[204] Ob sie den Umständen des Einzelfalls überhaupt angemessen sein *können*, ist zweifelhaft, weil sie konstant sind. Die tatsächliche Eigenkapitalausstattung in den deutschen Aktiengesellschaften ist verschieden. Die Eigenkapitalquote westdeutscher Unternehmen liegt seit zwanzig Jahren relativ stetig bei durchschnittlich ca. 18 %. Dabei weisen ausrüstungsintensive Industrien, wie die Elektro- oder die Chemische Industrie seit jeher wesentlich höhere Eigenkapitalquoten aus als etwa die Finanzdienstleister.[205] Die Eigenkapitalquote nimmt mit steigender Unternehmensgröße teils zu, teils ab; hierbei sind keine eindeutigen Branchentrends zu beobachten.

Aus betriebswirtschaftlicher Sicht der Unternehmen selbst lassen sich keine allgemeingültigen Aussagen zu einer angemessenen Kapitalausstattung machen.[206] Diese lässt sich nicht an Quoten festmachen, sondern kann im Einzelfall von mehreren Faktoren abhängen, besonders vom Steuerrecht, sofern dieses die Eigen- und die Fremdfinanzierung unterschiedlich belastet.[207]

Gleichermaßen lassen sich aus gesamtwirtschaftlicher Sicht keine allgemeinen quantitativen Regeln zur Bestimmung einer angemessenen Kapitalausstattung ableiten. Zwar beeinflusst die Mindesteigenkapitalausstattung in ihrer Funktion als Verlustpuffer die Insolvenzrate, doch es liegt in der Natur der Sache, dass die Unsicherheit, die mit dem Eigenkapital abgefedert werden soll, regelmäßig unbekannt und daher nicht quantifizierbar ist.[208] Das Wissen darum, Verlustgefahren nicht oder nur eingeschränkt planen zu können, macht eine Eigenkapitalausstattung als Insolvenzpuffer nicht entbehrlich, im Gegenteil. Doch lässt sich nicht allgemein quantitativ bestimmen, welche Eigenkapitalausstattung angemessen ist.

---

203 Zur historischen Entwicklung in Deutschland *Brändel*, in: Großkommentar zum AktG, § 7 Rn. 1 ff.; *Heider*, in: Münchener Kommentar zum AktG, § 7 Rn. 1 ff.
204 Kritisch *Albach u. a.*, Deregulierung des Aktienrechts, S. 54; *Davies*, AG 1998, 346, 353; *Edwards*, S. 60, *Wymeersch*, OECD, S. 47; *Enriques/Macey*, Cornell L. Rev. 86 (2001), 1165, 1185: »The amount required, € 25.000, is trivial«.
205 Dazu *Kübler*, AG 1981, 5, 6; *Reuter*, Gutachten B für den 55. DJT, S. 8; *Karsten Schmidt*, JZ 1984, 771, 772. Aktuelle Daten und weitere Nachweise finden sich im *DAI-Factbook 2000*, S. 04-1.
206 Grundlegend *Modigliani/Miller*, AER 48 (1958), 261 ff., nach denen der Gesamtwert eines Unternehmens unabhängig von seiner Kapitalstruktur ist. Außerdem *Myers*, JoF 39 (1984), 575 ff.; *ders.*, OECD, S. 3.
207 *Swoboda*, in: Schneider (Hrsg.), Kapitalmarkt und Finanzierung, S. 49, 64; *Brealey/Myers*, S. 474 ff.
208 Wie hier nachdrücklich *Dieter Schneider*, S. 85, 98; *Fleischer*, ZGR 2001, 1, 11.

IV. Das gesetzliche Mindestkapital

Banken und andere Gläubiger machen ihre Kreditentscheidung abhängig von dem Risiko, ihr Geld zu verlieren. Das Eigenkapital des Schuldners erhält als Risikopuffer eine um so größere Bedeutung, je mehr die Gläubiger um die Rückzahlung ihres Kredits fürchten müssen.[209] Dabei spielt aber der bilanzielle Ausweis des Eigenkapitals als Grundkapital, Kapitalrücklage, Gewinnrücklage, Gewinnvortrag oder Jahresüberschuss keine Rolle. Entscheidend ist vielmehr das Verhältnis des gesamten Eigenkapitals zu den mit dem Geschäft des Schuldners verbundenen Risiken. Aus Sicht der Banken ist ein gesetzliches Mindesteigenkapital unnötig.[210] Im Bankeninteresse ist vielmehr ein möglichst privatautonomes Regime des Gläubigerschutzes: Müssen sich die Gläubiger vertraglich gegen Insolvenzrisiken ihrer Schuldner absichern, so eröffnet das für die Banken lukrative Verdienstmöglichkeiten.[211]

Eine aus Gläubigersicht angemessene Eigenkapitalausstattung lässt sich nur unter Berücksichtigung der Umstände des Einzelfalls begründen.[212] In den USA hat die Rechtsprechung die so genannte *adequate capital rule* entwickelt.[213] Darlehen können danach unter Umständen in der Insolvenz wie Eigenkapital behandelt werden, nämlich wenn Unternehmen gleicher Art und Größe bei ordentlicher Finanzierung mit Eigenkapital gearbeitet hätten respektive wenn ein Dritter unter gleichen Bedingungen kein Darlehen gewährt hätte. Der Bundesgerichtshof bejaht eine Pflicht zur Kapitalbildung zwar bei nomineller Unterkapitalisierung, etwa bei eigenkapitalersetzenden Gesellschafterdarlehen[214]. Eine korrespondierende Pflicht bei materieller Unterkapitalisierung nimmt er jedoch nicht an. Für das Europäische Aktienrecht wurden solche Regeln, soweit ersichtlich, noch nicht diskutiert.[215]

---

209 *Walter*, AG 1998, 370, 371.
210 So der ehemalige Vorstandsvorsitzende der Dresdner Bank *Walter*, AG 1998, 370, 372, dessen Meinung für die deutschen Banken repräsentativ sein dürfte.
211 In diesem Sinne auch *Kübler*, Rules on Capital, S. 14. A. A. *Enriques/Macey*, Cornell L. Rev. 86 (2001), 1165, 1203, die die Banken (neben dem Management und den Anwälten und im Gegensatz zu den Aktionären) als Nutznießer der gesetzlichen Kapitalvorschriften ansehen.
212 Siehe zu möglichen Kriterien für einen Unterkapitalisierungstatbestand *Roth*, ZGR 1993, 170, 177.
213 Dazu *Wiedemann*, Gesellschaftsrecht, S. 568, und ausführlich *Maier*, S. 117 ff.
214 Grundlegend für die Aktiengesellschaft BGHZ 90, 381 (WestLB ./. BuM); dazu *Bayer*, in: von Gerkan/Hommelhoff (Hrsg.), S. 313.
215 Siehe zu unterschiedlichen nationalen Vorschriften zur materiellen Unterkapitalisierung in den Mitgliedstaaten der Europäischen Union aber *Lutter*, in: de Kluiver/van Gerven (Hrsg.), S. 201, 203 f; *Enriques/Macey*, Cornell L. Rev. 86 (2001), 1165, 1183 f., mit weiteren Nachweisen, besonders für das italienische Recht, in Fn. 91.

Zweiter Teil: Die Reform der Kapitalrichtlinie

3. US-amerikanische Praxis

Früher gab es auch in den USA einen umfassenden gesetzlichen Gläubigerschutz, dessen Regeln nicht allzu weit entfernt waren von denen der Kapitalrichtlinie. So gab es auch in den USA ein gesetzliches Mindestkapital, doch ist dieses, wie fast das gesamte gesetzliche Programm des Gläubigerschutzes, abgeschafft.[216] Das gesetzliche Mindestkapital wurde in den USA als unzureichend für einen wirklichen Schutz der Gläubiger erachtet, das System der Kapitalaufbringung mit der Sachgründungsprüfung als zu teuer und zu zeitraubend und das System der Kapitalerhaltung als zu unflexibel, insbesondere in Bezug auf Verbote, eigene Aktien zu erwerben.[217]

In den USA steht heute nicht mehr der Gläubiger-, sondern vielmehr der Anlegerschutz im Zentrum des Gesellschafts- und Kapitalmarktrechts. Sowohl beim Anlegerschutz als auch bei den noch verbleibenden Instituten des Gläubigerschutzes wurde die Schutzrichtung, die früher eher präventiv als Schutz ex ante ausgestaltet war, zunehmend nach hinten verlagert: Die Treue- und Sorgfaltspflichten der Geschäftsführung gehen mittlerweile sehr weit. Bei deren Verletzung haften die Organe den Aktionären und den Gläubigern ex post.[218] Der Vorstand seinerseits sichert sich regelmäßig durch so genannte *D&O*-Versicherungen gegen Haftungsrisiken ab.[219] Unter engen Voraussetzungen kommt im US-amerikanischen Kapitalgesellschaftsrecht auch ein Haftungsdurchgriff auf die Gesellschafter in Betracht. Er wird anschaulich als *piercing the corporate veil* bezeichnet: Durchstechen des Schleiers der Rechtspersönlichkeit.[220] Dieser Haftungsdurchgriff spielt vor allem im Insolvenzrecht sowie im Konzern- und Steuerrecht eine Rolle und ist ebenfalls eine Haftung ex post.

---

216 *Kübler*, ZHR 159 (1995), 550, 556; *ders.*, Rules on Capital, S. 5; *Wymeersch*, OECD, S. 38, der auch auf die parallele Entwicklung in Australien hinweist.
217 *Kübler*, Rules on Capital, S. 11.
218 *Bungert*, Gesellschaftsrecht in den USA, S. 12, 39 ff.; *Enriques/Macey*, Cornell L. Rev. 86 (2001), 1165, 1184.
219 Zur Directors and Officers-Versicherung, die sich auch in Deutschland zunehmend durchsetzt *Thümmel*, S. 144; *Regierungskommission Corporate Governance*, S. 115. D&O-Versicherungen bestehen z. B. bei der Axel Springer Verlag AG, siehe TOP 12 der Hauptversammlung der Gesellschaft vom 27.6.2001, und bei der Brokat AG, siehe TOP 10 der Hauptversammlung der Brokat AG vom 25.4.2000. Auch der ehemalige EM.TV-Vorstandsvorsitzende *Thomas Haffa* ist durch D&O-Policen abgesichert; dazu *Berliner Zeitung* vom 28./29.7.2001, S. 31.
220 Eingehend hierzu *Hamilton*, S. 145 ff. Regeln zum Haftungsdurchgriff gibt es sowohl auf der Ebene der Einzelstaaten, als auch auf der des Bundes.

IV. Das gesetzliche Mindestkapital

Vertragliche Gläubiger sind in den USA heute weitestgehend darauf verwiesen sich vertraglich abzusichern.[221] Dort wo sich Gläubiger vertraglich schützen, tun sie dies meist mit so genannten *Covenants*, Schutzklauseln, in denen sich der Schuldner zu Ausschüttungssperren, Informationen oder bestimmten Investitionsentscheidungen verpflichtet.[222]

4. Plädoyer

Das gesetzliche Mindestkapital kann die Gläubiger nicht vor der Insolvenz der Gesellschaft bewahren. Die Höhe des gesetzlichen Mindestkapitals orientiert sich nicht an den Umständen und wirtschaftlichen Erfordernissen des Einzelfalls. Die Regeln über die Aufbringung und die Erhaltung des Kapitals verursachen für die Unternehmen Kosten, vor allem im Falle von Sacheinlagen. Die Schwächen des gesetzlichen Mindestkapitalkonzepts sind nicht zu übersehen. Es sprechen aber auch gewichtige Gründe dafür, auf europäischer Ebene am gesetzlichen Mindestkapital festzuhalten.[223]

Trotz ihrer Schwächen garantieren die gesetzlichen Institute des Kapitalschutzes in ihrem Zusammenspiel ein beträchtliches Niveau des Gläubigerschutzes. In diesem Gläubigerschutzsystem hat das gesetzliche Mindestkapital eine wichtige Funktion am Anfang der Existenz einer Gesellschaft. Das gesetzliche Mindestkapital kann Gefahren bei der Gründung der Gesellschaft und bei der Aufnahme ihrer Tätigkeit abfedern. Es sorgt nämlich dafür, dass nur derjenige das Privileg der persönlichen Haftungsfreistellung erhält, der bei der finanziellen Anfangsausstattung des Unternehmens für ein Mindestmaß an Solidität aufkommt.[224] Das gesetzliche Mindestkapital soll als Seriositätsschwelle[225] missbräuchliche und fahrlässige Gesellschaftsgründungen

---

221 *Enriques/Macey*, Cornell L. Rev. 86 (2001), 1165, 1173.
222 Zu unterschiedlichen Arten von Schutzklauseln *Alberth*, WPg 1997, 744, 745, aber auch *Habersack*, ZGR 2000, 384, 393.
223 Dafür sprechen sich auch aus *Hirte*, in: Grundmann (Hrsg.), Systembildung, S. 211, 221; *ders.*, Kapitalgesellschaftsrecht, S. 227 f.; *Fleischer*, ZGR 2001, 1, 12.
224 So auch *Fleischer*, DStR 2000, 1015, 1020.
225 In den USA gibt es zwar kein gesetzliches Mindestkapital, doch kann man dort die Gründungsgebühren der Gesellschaften als Seriositätsschwelle ansehen. Während nach dem Fantask-Urteil des Europäischen Gerichtshofs (EuGHE 1997, I-6783, 6841) Handelsregistergebühren bei der Eintragung von Aktiengesellschaften und GmbH sowie bei Kapitalerhöhungen dieser Gesellschaften aus europarechtlichen Gründen nur kostendeckend sein dürfen, übersteigen die Gründungsgebühren in Delaware laut *Kahan/Kamar*, Cornell L. Rev. 86 (2001), 1205, 1211, die Kosten um das 37-fache. Siehe dazu schon S. 57 (Fn. 108).

vermeiden. Die derzeitigen gesetzlichen Mindestkapitalien stellen nur in seltenen Fällen eine ernsthafte Hürde dar, weil dieses Kapital verwendbar ist. Ein Hindernis kann darin allerdings für angehende Unternehmer bestehen, die nicht über nennenswertes eigenes Kapital verfügen. Diese können die Kapitalschwelle wirtschaftlich überwinden, indem sie bei einer Bank einen Kredit aufnehmen. Auf diesem Wege führt das gesetzliche Mindestkapitalerfordernis bei kapitalarmen Unternehmern zu einer Kontrolle der Gesellschaftsgründung am Markt. Kreditinstitute haben prinzipiell Interesse daran, Darlehensgeschäfte abzuschließen. Sie werden dem kapitalschwachen Unternehmer aber nur dann einen Kredit gewähren, wenn der Unternehmer eine gute Geschäftsidee und ein wirtschaftlich tragfähiges Konzept zu ihrer Umsetzung hat. Anderenfalls kann die Bank nicht damit rechnen, dass der Unternehmer das Darlehen zurückzahlt. Eine Bank wird über die Kreditwürdigkeit eines Unternehmers regelmäßig informierter und professioneller entscheiden können, als etwa ein Registerrichter. Es dient dem Gläubigerschutz, wenn nur solche Unternehmer in den Genuss beschränkter Haftung kommen, die entweder über ein bescheidenes eigenes Kapital verfügen oder aber kreditwürdig sind. Das gesetzliche Mindestkapital hat in der Startphase des Unternehmens außerdem eine finanzielle Pufferfunktion. Anfangsverluste charakterisieren nahezu jede Gesellschaftsgründung. Hier kann das gesetzliche Mindestkapital wenigstens ein gewisser Schutz für die Gläubiger sein.[226]

Im Falle vertraglicher Gläubiger können die Regeln des gesetzlichen Mindestkapitals und seiner Aufbringung und Erhaltung die Transaktionskosten senken, sofern das Gesetz vertragliche Regelungen antezipiert.[227] Oft mögen vertraglich vereinbarte Ausschüttungssperren einen anderen Inhalt haben, oft werden aber die Regelungen in der Kapitalrichtlinie den Interessen der Vertragsparteien gerecht werden und das Aushandeln vertraglicher Regeln der Kapitalaufbringung und -erhaltung erübrigt sich aus diesem Grunde. Bedeutend ist das Mindestkapital und sein Schutz aber gerade für die Fälle, in denen vertragliche Abreden nicht oder unzureichend zustande kommen.[228] Zu denken ist zum einen an Gläubiger, die unerfahren oder ungeschickt sind

---

226 Prononciert *Lutter*, AG 1998, 375.
227 *Alberth*, WPg 1997, 744, 745, weist auf Vertragsabreden aus der US-amerikanischen Praxis hin, die gesetzlichen (Mindest-) Kapitalerfordernissen oft sehr nahe kommen.
228 Spätestens dort hilft der sich zunehmend entwickelnde Markt für Unternehmensinformationen, auf den *Kübler*, Rules on Capital, S. 17, hinweist, nicht weiter. Der typische Bauhandwerker wird es sich nicht leisten können, die Auftragsannahme von dem Ranking abhängig zu machen, das der potentielle Auftraggeber bei *Moody's* oder bei *Standard & Poor's* hat, wenn es ein solches Ranking für den möglichen Auftraggeber überhaupt gibt.

IV. Das gesetzliche Mindestkapital

oder die, wie zum Beispiel in aller Regel Handwerker, eine schwache Verhandlungsposition haben. Gerade diese Gläubigergruppen bedürfen des Schutzes durch das Gesetz. Zu denken ist zum anderen an die unfreiwilligen Gläubiger, wie die Deliktsgläubiger oder die Produkthaftungsgläubiger. *Escher-Weingart* hält diese Gruppe für unbedeutend, zumal sie klein und häufig durch Versicherungen geschützt sei.[229] Auf Versicherungsschutz sollte aber nur verwiesen werden, wer sich freiwillig einem erhöhten Risiko aussetzt.

Bislang ist nicht dargetan, dass die Vorteile einer Haftung ex post gegenüber einer Kontrolle ex ante überwiegen. Eine Ausweitung der persönlichen Haftung mag sinnvoll sein, sie ist aber auch mit erheblichen Nachteilen verbunden. Die Freistellung des redlichen Unternehmers von der Haftung für den Geschäftserfolg ist oft Bedingung von unternehmerischem Handeln und als Anreiz erwünscht.[230] Eine Haftungsverlagerung nach hinten führt zu erhöhten Transaktionskosten in Form von Prozesskosten und in Form von Vertrauensverlust, der aus der dann eintretenden Rechtsunsicherheit resultiert. Das Gesellschaftsrecht hat einen erheblichen Einfluss auf die Insolvenzanfälligkeit von Unternehmen. Den schlechtesten Platz in der Insolvenzstatistik nimmt die GmbH ein, während die Aktiengesellschaft wesentlich besser dasteht.[231] Ein wichtiger Grund für die geringere Insolvenzrate bei der Aktiengesellschaft ist deren strengere Verfassung.[232] Welchen Anteil hieran das gesetzliche Mindestkapital hat, lässt sich nicht messen.[233] Es ist

---

229 *Escher-Weingart*, Deregulierung, S. 117 f. Der von ihr auf S. 170 für diese Fälle vorgeschlagene Haftungsdurchgriff mag viel für sich haben, entspricht aber (jedenfalls noch) nicht der lex lata.
230 *Lutter*, DB 1994, 129. Zu den Funktionen der Haftungsbeschränkung *Lehmann*, ZGR 1986, 345, 349; *van der Elst*, S. 5 f.; *Meyer*, S. 951 ff. Kritisch *Evans/Quigley*, J. L. & Econ. 38 (1995), 497.
231 *Kressin*, S. 57. Wiedemann, ZGR Sonderheft 13, 1998, S. 5, 7. Laut *Statistisches Bundesamt*, Wirtschaft und Statistik 1999, S. 303, und *dass.*, Statistisches Jahrbuch 2000, S. 132, waren 1998 ca. 60 % der insolventen Gesellschaften solche mit beschränkter Haftung; 16.413 insolventen GmbH standen 79 insolvente AG gegenüber. Im selben Jahr wurden 3.599 AG angemeldet, davon 2.142 Neuerrichtungen, während von 100.144 angemeldeten GmbH 72.287 neu errichtet wurden.
232 Insolvenzrechtspraktiker sehen die hohe Liberalität des Gesellschaftsrechts als wichtigen Grund für die Masseamut der Insolvenzen an, siehe *Gessner u. a.*, S. 111.
233 *Enriques/Macey*, Cornell L. Rev. 86 (2001), 1165, 1203, nehmen wie selbstverständlich an, dass die gesetzlichen Kapitalvorschriften die Insolvenzrate senken: »Finally, legal capital rules benefit banks. Banks take advantage of the fact that legal capital rules reduce the risk that their corporate borrowers will go bankrupt.« *Wymeersch*, OECD, S. 46; *ders.*, Referat für den 1. EJT, S. 85, 130, geht aufgrund seiner empirischen Untersuchungen davon aus, dass ein gesetzliches Mindestkapital die Anzahl der Insolvenzen eindeutig senkt.

aber davon auszugehen, dass das gesetzliche Mindestkapital einen signifikanten Beitrag zu dem erheblichen rechtsformspezifischen Goodwill[234] leistet, den die Aktiengesellschaft im Geschäftsverkehr genießt. Die zwingenden aktienrechtlichen Vorschriften fördern in ihrem Zusammenspiel das Vertrauen der Gläubiger in die Aktiengesellschaft und vermitteln dieser Rechtsform Seriosität. Dieser Seriositätsgewinn erleichtert den Rechtsverkehr. Die angeführten Argumente gelten sämtlich erst recht bei grenzüberschreitenden Sachverhalten.[235] Das Europarecht sollte deshalb für das gesetzliche Mindestkapital von Aktiengesellschaften im Gemeinsamen Markt weiterhin Mindeststandards vorschreiben. Ein gemeinschaftsweit verbindliches Mindestkapital dient der Integration des Binnenmarktes, weil es das Vertrauen der Marktteilnehmer in die Seriosität der Unternehmensfinanzierung stärkt und dadurch die Transaktionskosten senkt.

Spricht man sich wie hier dafür aus Art. 6 Abs. 1 KapRL grundsätzlich beizubehalten, so ist weiter zu fragen, ob die in Art. 6 Abs. 1 KapRL seit 1977 unverändert[236] vorgeschriebenen € 25.000 als Seriositätsschwelle ausreichen.[237] Es ist insofern das Interesse an möglichst gutem Gläubigerschutz dem Finanzierungsinteresse der Unternehmen gegenüberzustellen. Aus Sicht der Unternehmensfinanzierung sollte die Rechtsform der Aktiengesellschaft auch für kleine und mittlere Unternehmen offen stehen. Auch jungen und wenig kapitalintensiven Unternehmen soll der Gang an die Börse möglich sein. Ein Listing kann mit börsenspezifischen Anforderungen an die Mindestkapitalausstattung einhergehen. So verlangt beispielsweise das Regelwerk für den Neuen Markt, dass der Emittent bereits vor der Kapitalerhöhung, die mit dem Börsengang verbunden ist, über ein Mindesteigenkapital von 1,5 Mio. € verfügen muss. Der Gesamtnennbetrag der Aktien muss bei

---

234 *Hommelhoff*, AG 1995, 529, 533; ähnlich *Lutter*, in: Festschrift 100 Jahre GmbH-Gesetz, S. 49, 50.
235 Siehe schon S. 66 und S. 76.
236 Allein ein Inflationsausgleich würde zu einer signifikanten Anhebung führen. Welche gewichtete durchschnittliche Inflationsrate in den Mitgliedstaaten richtigerweise anzuwenden wäre, sei hier offen gelassen. Wird zu Anschauungszwecken ein Diskontierungsfaktor zwischen drei und sechs Prozent jährlich unterstellt, so wäre das gesetzliche Mindestkapital nach 24 Jahren bei i=3 % p. a. auf € 50.820 zu erhöhen, bei i=4 % p. a. auf € 64.083, bei i=5 % p. a. auf € 80.627 und bei i=6 % p. a. auf € 101.223.
237 Kritisch ob der geringen Höhe auch *Albach u. a.*, Deregulierung des Aktienrechts, S. 54; *Davies*, AG 1998, 346, 353; *Edwards*, S. 60, *Wymeersch*, OECD, S. 47; *Enriques/Macey*, Cornell L. Rev. 86 (2001), 1165, 1185: »The amount required, € 25.000, is trivial«. Das *DAI*, Winter-Konsultation, S. 14, spricht sich nachdrücklich für die Beibehaltung des Mindestkapitals in der Kapitalrichtlinie aus, hält aber den derzeit vorgeschriebenen Betrag für ausreichend.

IV. Das gesetzliche Mindestkapital

Zulassung zum Neuen Markt mindestens 250.000 € betragen.[238] Diese Anforderungen haben juristisch mit dem gesetzlichen Mindestkapital nichts zu tun. Wirtschaftlich sind sie gleichwohl eine Kapitalhürde, die ein Unternehmen beim Weg an die Börse überspringen muss.

An einem Mindestgrundkapital von € 50.000, wie es § 7 AktG derzeit vorsieht, dürfte keine solide Gründung einer Aktiengesellschaft scheitern.[239] Aber auch ein Mindestkapital von € 120.000, wie es in Art. 1 Abs. 2 SE-VO[240] für die SE vorgesehen ist, wird kaum prohibitiv wirken. Selbst für kleine neu gegründete Unternehmen wird diese Summe kaum ein unüberwindbares Hindernis sein. Die Anlaufkosten für Personal, Raummiete etc. dürften in jeder neu gegründeten Aktiengesellschaft höher liegen.

Die hier zu leistende Interessenabwägung entspricht der bei der Festsetzung des gesetzlichen Mindestkapitals der Europäischen Aktiengesellschaft. Die Europäische Aktiengesellschaft ist als eine Rechtsform für grenzüberschreitend tätige Unternehmen konzipiert. Sie kann als Vergleichsmaßstab herangezogen werden, weil heute fast jede noch so kleine Aktiengesellschaft in nennenswertem Umfang Auslandsgeschäfte im Binnenmarkt abwickelt. Der Interessenkonflikt zwischen Seriositätsgewähr und Finanzierungsinteressen ist deshalb bei der Europäischen und bei den nationalen Aktiengesellschaften sehr ähnlich. Daher sollte das Mindestgrundkapital in Art. 6 Abs 1 KapRL wie in Art. 1 Abs. 2 SE-VO auf € 120.000 angehoben werden.

---

238 Regelwerk für den Neuen Markt in der Fassung vom 1.7.2002, Abschnitt 2, Punkt 3.1 und Punkt 3.7. Das Regelwerk ist abrufbar unter: http://www.deutsche-boerse.com/services/publikationen/ rechtstexte/regelwerke/FWBRegelwerk/
239 So auch *Niederleithinger*, AG 1998, 377, 378.
240 A. a. O. (S. 7, Fn. 17). Zur Entwicklung der gesetzlichen Mindestkapitalanforderungen in den Vorschlägen zur SE-VO siehe oben S. 27.

Dritter Teil: Die Vorschläge der SLIM-Arbeitsgruppe

I. Erster SLIM-Vorschlag: Sacheinlagen

1. Der SLIM-Vorschlag

Die SLIM-Arbeitsgruppe schlägt vor, in Fällen der Sachgründung (Art. 10 KapRL), der Nachgründung (Art. 11 KapRL) und der Sachkapitalerhöhung (Art. 27 KapRL) unter bestimmten Umständen auf eine Wertprüfung der Einlage durch einen Sachverständigen zu verzichten.[1] Diese soll zum einen entbehrlich sein, wenn die eingebrachten Aktiva zuvor bereits von einem unabhängigen Experten bewertet wurden. Ein solcher von der Einlagenprüfung befreiender Bewertungsbericht müsse aus derselben Bewertungsperspektive erstellt worden, hinreichend verlässlich und aktuell sein, beispielsweise nicht älter als drei Monate. Die der Bewertung zugrunde liegenden Umstände dürften sich außerdem nicht wesentlich verändert haben, seit das Gutachten erstellt wurde.[2] Zum anderen hält die SLIM-Arbeitsgruppe eine sachverständige Einlagenprüfung nicht für erforderlich, wenn Wertpapiere, die an einem »geregelten Markt« im Sinne des Art. 1 Nr. 13 der Wertpapierdienstleistungsrichtlinie[3] gehandelt werden, zu Marktpreisen eingebracht werden.[4]

Das Recht der Sacheinlagen unterscheidet sich in den einzelnen Jurisdiktionen der Europäischen Union erheblich. Deshalb diskutierte die SLIM-Arbeitsgruppe darüber, das Recht der Sacheinlagen in der Europäischen

---

1 SLIM-Vorschläge, S. 4.
2 SLIM-Vorschläge, S. 4.
3 Richtlinie 93/22/EWG des Rates vom 10.5.1993 über Wertpapierdienstleistungen, ABIEG Nr. L 141 vom 11.6.1993, S. 27. Die Richtlinie ist in konsolidierter Fassung abrufbar unter: http://europa.eu.int/cgi-bin/eur-lex/
4 SLIM-Vorschläge, S. 4.

Union umfassend zu harmonisieren.[5] Von entsprechenden Vorschlägen hat die SLIM-Arbeitsgruppe aus Gründen der Praktikabilität abgesehen und zwar selbst dort, wo sie weitere Harmonisierungsschritte explizit für geboten hält, wie bei der Einlage von Forderungen, welche die einbringenden Gesellschafter gegen die Gesellschaft haben.[6] Entsprechend ihrem Auftrag wollte die SLIM-Arbeitsgruppe, ungeachtet etwaiger Notwendigkeiten, keine Harmonisierungsvorschläge unterbreiten, sondern sich auf einzelne Vorschriften konzentrieren, bei denen die Kapitalrichtlinie verschlankt werden kann.[7]

1. Wertprüfung von Sacheinlagen nach der Kapitalrichtlinie

a) Kapitalrichtlinie

Die Wertprüfung von Sacheinlagen nach Artt. 10, 11, 27 KapRL verfolgt zwei Ziele: Erstens soll sie zum Schutz der Gläubiger sicherstellen, dass das Gesellschaftskapital real aufgebracht wird.[8] Die Eigenkapitalbestandteile, die bilanziell unter dem gezeichneten Kapital[9] ausgewiesen werden, sollen von den Aktionären auch zu diesem Wert voll geleistet worden sein. Zweitens soll die Wertprüfung nach Artt. 10, 11, 27 KapRL die Aktionäre davor schützen, dass eine Sacheinlage hinter dem vereinbarten Wert zurückbleibt und dadurch ihr Vermögen verwässert wird. Die Eigenkapitalbestandteile,

---

5 SLIM-Erläuterungen, S. 11.
6 SLIM-Vorschläge, S. 4. Für das deutsche Recht dazu grundlegend BGHZ 110, 47 (IBH/Lemmerz) und aus der Literatur statt aller *Frey*, ZIP 1990, 288; *Henze*, in: Grundmann (Hrsg.), Systembildung, S. 235.
7 SLIM-Erläuterungen, S. 11. *Kallmeyer* hatte laut dem Protokoll der Europäischen Kommission über das zweite Treffen der SLIM-Arbeitsgruppe am 26.3.1999, S. 4, vorgeschlagen, in Art. 11 KapRL klarzustellen, dass Art. 10 KapRL nicht auf Nachgründungsfälle anzuwenden ist. Seine Sorge war, dass deutsche Gerichte in Nachgründungsfällen statt Art. 11 (Abs. 2) KapRL den strikteren Art. 10 (Abs. 4) KapRL anwenden könnten. Die SLIM-Arbeitsgruppe hielt den Wortlaut der Artt. 10, 11 KapRL für ausreichend klar und ist deshalb dem Vorschlag von *Kallmeyer* nicht gefolgt.
8 In der *Winter-Konsultation*, S. 30 f., wird gefragt, ob auch Dienste als Sacheinlagen zugelassen werden sollen. Das ist nach Art. 7 Satz 2 KapRL gegenwärtig ausgeschlossen. Strikt ablehnend gegenüber einer Änderung *DAI*, Winter-Konsultation, S. 15. Zum entsprechenden § 27 Abs. 2 HS. 2 AktG statt aller *Hüffer*, AktG, § 27 Rn. 29 m.w.N.
9 Art. 9, Passiva, Posten A I., Art. 10, Passiva, Posten L I. Bilanzrichtlinie (a. a. O., S. 7, Fn. 14); § 266 Abs. 3 Posten A I., § 272 Abs. 1 HGB.

I. Erster SLIM-Vorschlag: Sacheinlagen

die bilanziell in die Kapitalrücklage[10] einzustellen sind, müssen deshalb ebenso durch den tatsächlichen Wert der Sacheinlage voll gedeckt werden.[11] Vereinzelt hat die Auslegung von Art. 10 Abs. 2 KapRL für Verunsicherung gesorgt, weil danach der Sachverständigenbericht Auskunft darüber geben muss, ob der Wert der Sacheinlage dem Nennwert oder dem *rechnerischen Wert* und gegebenenfalls dem Mehrbetrag (Agio) entspricht. Es wurde vertreten, bei nennwertlosen Aktien sei ein Agio nicht denkbar, Art. 10 Abs. 2 KapRL sei deshalb so zu lesen, dass sich der Nachsatz in Art. 10 Abs. 2 KapRL, der anordnet, dass auch das Agio voll aufgebracht werden muss, nur auf Nennwertaktien beziehe.[12] Bei nennwertlosen Aktien im Sinne der Kapitalrichtlinie ergibt sich der *rechnerische Wert* (Art. 10 Abs. 2 KapRL) als Quotient des Gesellschaftskapitals über die Zahl der hierauf entfallenden Aktien.[13] Der *rechnerische Wert* im Sinne des Art. 10 Abs. 2 KapRL entspricht also dem *geringsten Ausgabebetrag* nach § 9 Abs. 1 AktG. Wird für eine Sacheinlage ein Wert über diesem *rechnerischen Wert* vereinbart, so ist die Wertdifferenz das Agio oder der Mehrbetrag im Sinne des Art. 10 Abs. 2 KapRL, auf den sich die sachverständige Wertprüfung gleichfalls beziehen muss.

Nicht nur nach dem Wortlaut, sondern auch nach der Entstehungsgeschichte der Kapitalrichtlinie ist offensichtlich, dass sich die Wertprüfung nach Artt. 10 Abs. 2, 11 Abs. 1, 27 Abs. 2 Satz 3 KapRL bei der Sachgründung, der Nachgründung und der Sachkapitalerhöhung auf den vollen Wert der Einlage zu beziehen hat, also auch auf das Agio. Sowohl die Europäische Kommission[14] als auch der Wirtschafts- und Sozialausschuss[15] und das Eu-

---

10 Art. 9, Passiva, Posten A II., Art. 10, Passiva, Posten L II. Bilanzrichtlinie (a. a. O., S. 7, Fn. 14); § 266 Abs. 3 Posten A II., § 272 Abs. 2 Nr. 2 HGB.
11 Wie hier Generalanwalt *Tesauro*, EuGHE 1992, I-4871, 4898 (Meilicke); *Niessen*, AG 1970, 281, 287; *Wiedemann*, in: Großkommentar zum AktG, § 183 Rn. 82; *Hirte*, DB 1995, 1113, 1114; *Meilicke*, DB 1996, 513, 514; *Drinkuth*, KapRL, S. 153, 233; *Bagel*, S. 345. Zu der entsprechenden Norm, die Art. 10 KapRL in spanisches Recht umsetzt und nach der ebenfalls das Agio zu prüfen ist *Rojo*, AG 1998, 358, 360.
12 *Wiedemann*, in: Großkommentar zum AktG, § 183 Rn. 82; *Hirte*, DB 1995, 1113, 1114.
13 ABlEG Nr. C 48 vom 24.4.1970, S. 10. Bei den nennwertlosen Aktien im Sinne der Kapitalrichtlinie handelt es sich also um unechte nennwertlose Aktien. Siehe ausführlich dazu die Ausführungen zum zweiten SLIM-Vorschlag auf S. 105 ff.
14 ABlEG Nr. C 48 vom 24.4.1970, S. 10: »Die in Artikel 7 vorgesehenen Garantien *zugunsten der Bareinleger* und der Gläubiger wären nutzlos, wenn die Sacheinlagen nicht einer objektiven Kontrolle unterlägen, die von Personen außerhalb der Gesellschaft und vor der Gründung durchgeführt wird.«
15 ABlEG Nr. C 88 vom 5.9.1971, S. 3: »Dieser Bericht muss Auskunft geben über die geplanten Einlagen über die zur Bewertung dieser Einlagen angewandten Methoden, über

Dritter Teil: Die Vorschläge der SLIM-Arbeitsgruppe

ropäische Parlament[16] hielten es aus Gründen des Aktionärsschutzes für notwendig, dass ein Sachverständiger in allen genannten Fällen prüft, inwieweit der Wert der Sacheinlage dem vereinbarten Wert voll entspricht.

Ob die sachverständige Wertprüfung des Agios im Falle der Sachgründung materiell erforderlich ist, ist fraglich. Warum sollten die künftigen Aktionäre im Rahmen der Vertragsfreiheit nicht selbst entscheiden können, zu welchen internen Wertrelationen sie eine Gesellschaft gründen wollen? Die bei der Sachgründung besonders große Gefahr unlauterer Machenschaften, von der *Röhricht* spricht,[17] betrifft vornehmlich die künftigen Gläubiger der Gesellschaft. Diese müssen vor unseriösen Gesellschaftsgründungen geschützt werden, bei denen das Kapital nicht real aufgebracht, sondern überbewertete Sachen eingelegt werden sollen. Für die Gläubiger ist entscheidend, dass das Kapital real aufgebracht wird. Ob es dabei unter den Gründungsaktionären zu bewertungsbedingten Quersubventionen kommt, ist für die Gläubiger unbeachtlich. Die Gründungsaktionäre können sich im Grunde selbst vor etwaigen Quersubventionen an andere Gründungsaktionäre schützen. Gleichwohl ist eine vollumfängliche Wertkontrolle bei Sachgründungen sinnvoll, denn sie führt zu einem präventiven Schutz der Gründungsaktionäre, der Rechtsstreitigkeiten im Anschluss an die Sachgründung verhindern kann. Die sachverständige Wertprüfung auch des Agios bei der Sachgründung ist funktional vergleichbar mit notariellen Formerfordernissen im Zivilrecht, die der Gesetzgeber aufgrund der typisierten tatsächlichen Bedeutung bestimmter Rechtsgeschäfte den mündigen Vertragspartnern zu deren eigenem Schutz vorschreibt. Da eine Sachgründungsprüfung zum Schutz der Gläubiger ohnehin erforderlich ist (und der damit verbundene Zeit- und Kostenaufwand sowieso entsteht) ist es nur sinnvoll, die Wertprüfung auf das Agio zu erstrecken, um damit auch die Gründungsaktionäre präventiv zu schützen.

Viel wichtiger als bei der Gründung der Gesellschaft, ist für die Aktionäre, dass Sacheinlagen bei Kapitalerhöhungen von einem unabhängigen Sachverständigen darauf geprüft werden, ob ihr Wert dem der jungen Aktien voll entspricht. Bei der Kapitalerhöhung sind die Aktionäre nämlich Verbands-

---

die mit Hilfe dieser Methoden festgestellten *Werte der Einlagen sowie* über die Zahl und den *Wert der dafür auszugebenden Aktien.*«

16 ABlEG Nr. C 114 vom 11.11.1971, S. 20: »Das Europäische Parlament [...] erklärt sich auch mit Artikel 8 einverstanden, ohne den die in Artikel 7 vorgesehenen Schutzbestimmungen *zugunsten der Aktionäre* und der Gläubiger wertlos wären.«

17 *Röhricht*, in: Großkommentar zum AktG, § 32 Rn. 1.

I. Erster SLIM-Vorschlag: Sacheinlagen

mitglieder und sie haben nicht mehr die Entscheidungsautonomie, die sie bei der Gründung der Gesellschaft hatten. Jetzt handelt weitgehend der Vorstand für die Aktionäre und im Falle einer Entscheidung durch die Aktionäre selbst gilt das Mehrheitsprinzip. Nun müssen die Minderheitsaktionäre vor treuwidrigem Verhalten des Vorstands und vor der Ausbeutung durch die Aktionärsmehrheit geschützt werden. Der wirksame Schutz der Altaktionäre vor der Verwässerung ihres Vermögens bei Sachkapitalerhöhungen hat fundamentale Bedeutung. Ohne einen solchen Schutz ist ein prosperierender europäischer Kapitalmarkt nicht denkbar. Daher ist die sachverständige Wertprüfung von Sacheinlagen, die sich nach der Kapitalrichtlinie auch auf das Agio bezieht, zum Schutz der Aktionäre eine richtige Entscheidung des europäischen Gesetzgebers.

b) Exkurs: Vereinbarkeit des deutschen Rechts mit der Kapitalrichtlinie

Nach § 34 Abs. 1 Nr. 2 AktG erstreckt sich die Sachgründungsprüfung darauf, ob der Wert der Sacheinlage den geringsten Ausgabebetrag der dafür zu gewährenden Anteile erreicht (Sacheinlage), oder ob der Wert der übernommenen Sache den Wert der dafür zu gewährenden Leistung deckt (Sachübernahme). Liegt bei der Sacheinlage der vereinbarte Ausgabebetrag über dem *geringsten Ausgabebetrag* im Sinne des § 9 Abs. 1 AktG, so muss sich die Wertprüfung nach dem Wortlaut des § 34 Abs. 1 Nr. 2 AktG nicht auch auf das Agio erstrecken.[18] Für die Sachkapitalerhöhung verweist § 183 Abs. 3 Satz 2 AktG auf die Vorschriften der Sachgründungsprüfung. Auch hier ergibt sich aus dem Wortlaut des Gesetzes nicht eindeutig, dass sich die Prüfung der Einlage auch auf den Wert eines vereinbarten Agios zu erstrecken hat. Deshalb wird in der Literatur weitgehend vertreten, die Wertprüfung bei der Sachkapitalerhöhung nach § 183 Abs. 3 AktG erstrecke sich nur darauf, ob der Wert der Sacheinlage den geringsten Ausgabebetrag erreicht, nicht aber auch darauf, ob das Agio vom Wert der Einlage gedeckt wird.[19]

---

18 *Kraft*, in: Kölner Kommentar zum AktG, § 34 Rn. 2; *Röhricht*, in: Großkommentar zum AktG, § 34 Rn. 8; *Hoffmann-Becking*, in: Münchener Handbuch AG, § 4 Rn. 25; *Pentz*, in: Münchener Kommentar zum AktG, § 34 Rn. 15.

19 *Hefermehl/Bungeroth*, in: Geßler/Hefermehl, AktG, § 183 Rn. 92; *Lutter*, in: Kölner Kommentar zum AktG, § 183 Rn. 52; *Joswig*, S. 58; *Hüffer*, AktG, § 183 Rn. 16; *Krieger*, in: Münchener Handbuch AG, § 56 Rn. 41. A. A. *Angermeyer*, S. 221.
Widersprüchlich das in der Praxis bedeutende *WP-Handbuch*, Band II, S. 180, wonach sich die Prüfung bei der Sachkapitalerhöhung auf die Frage erstreckt, »ob der Wert der

Dritter Teil: Die Vorschläge der SLIM-Arbeitsgruppe

Die sachverständige Wertprüfung bei der Sachkapitalerhöhung wird also als ein Institut zum Schutz der Gläubiger, aber nicht auch der Aktionäre verstanden.

Diese Auffassung ist mit den Vorgaben der Kapitalrichtlinie nicht vereinbar, die sowohl für die Sachgründung als auch für die Sachkapitalerhöhung zum Schutz der Aktionäre verlangt, dass der Wert einer Sacheinlage auch ein vereinbartes Agio decken muss und dass dies durch einen Sachverständigen zu prüfen ist.[20]

In der deutschen Rechtspraxis wird sowohl bei der Sachgründung als auch bei der Sachkapitalerhöhung häufig eine volle Wertprüfung der Einlage stattfinden, die auch das Agio erfasst. Prüft ein Wirtschaftsprüfer eine Sacheinlage auf ihren Wert, so wird er regelmäßig in einem ersten Schritt den Wert der Einlage ermitteln um in einem zweiten Schritt zu fragen, ob der ermittelte Wert dem Sollwert entspricht.[21] Die Wertermittlung wird aber kaum abgebrochen werden, sobald der Wert des neu gezeichneten Kapitals erreicht ist und zwar schon, weil das Agio bilanziell ausgewiesen und dafür bewertet werden muss. In der Praxis werden die Beteiligten außerdem im Hinblick auf den Verwässerungsschutz nach § 255 Abs. 2 AktG oft ein Interesse daran haben, dass der volle Wert der Einlage durch einen Sachverständigen geprüft wird.[22] Auch § 255 Abs. 2 AktG schreibt aber eine sachverständige Wertprüfung nicht vor und genügt deshalb selbst für die von ihm erfassten Fälle nicht den Vorgaben des Art. 10 Abs. 2 KapRL.

Der deutsche Gesetzgeber hat die Kapitalrichtlinie also nicht richtig umgesetzt. Er ist daher aufgefordert, die sachverständige Wertprüfung von Sacheinlagen bei Aktiengesellschaften auch auf das Agio zu erstrecken und zwar sowohl bei der Sachgründung als auch bei der Nachgründung und bei der Sachkapitalerhöhung. Schon jetzt ist das deutsche Recht konform zu Art. 10 Abs. 2 KapRL auszulegen.

Sacheinlage den geringsten Ausgabebetrag der zu gewährenden Aktien erreicht, d. h. auf die Angemessenheit von Leistung und von Gegenleistung bei der Ausgabe von (jungen) Aktien« und unklar auf S. 182: »Der maßgebliche Wert bemisst sich nach der Höhe des Nennbetrages bzw. des höheren Ausgabebetrags der Aktien.«

20 Wie hier *Wiedemann*, in: Großkommentar zum AktG, § 183 Rn. 82; *Hirte*, DB 1995, 1113, 1114; *Meilicke*, DB 1996, 513, 514; *Drinkuth*, KapRL, S. 153, 233; *Bagel*, S. 345.
21 Siehe *Angermeyer*, S. 219 ff.; *WP-Handbuch*, Band II, S. 182.
22 Dazu schon BGHZ 71, 40, 50 (Kali+Salz). Jetzt grundlegend *Bayer*, ZHR 163 (1999), 505, 514, und ihm folgend KG, ZIP 2001, 2178, 2180 (Senator Entertainment AG).

I. Erster SLIM-Vorschlag: Sacheinlagen

3. Befreiende Wertprüfung

Liegt ein aktueller Sachverständigenbericht über den Wert der Einlage vor, der in einem anderem Kontext entstand, sachlich und qualitativ aber einem Prüfungsbericht bei der Sacheinlage gleichwertig ist, so spricht aus Sicht der Gläubiger und der Aktionäre nichts gegen dessen Verwendung. Um die Gleichwertigkeit der Gutachten zu sichern, sollten hinreichend klare Vorgaben in die Kapitalrichtlinie aufgenommen werden. Sachliche Gleichwertigkeit setzt, wie die SLIM-Arbeitsgruppe zu Recht betont,[23] voraus, dass sich Funktion und Ziel der Bewertung entsprechen. Steuerliche Bewertungen, bei Unternehmen beispielsweise nach dem so genannten Stuttgarter Verfahren,[24] scheiden deshalb aus.[25] Ein Prüfungsbericht eines Verschmelzungsprüfers[26] kann nicht verwendet werden, wenn die isolierte Bewertung eines beteiligten Rechtsträgers anders hätte erfolgen müssen als die Bewertung beider beteiligter Rechtsträger im Rahmen der Ermittlung der Verschmelzungswertrelation. Um eine zeitnahe Bewertung der Einlage zu garantieren, sollte ein eindeutiges Höchstalter befreiender Gutachten festgelegt werden. Drei Monate, wie von der SLIM-Arbeitsgruppe genannt,[27] ist ein angemessener Zeitrahmen. Sollte es in dieser Zeit zu signifikanten Änderungen kommen, könnten diese durch den von der SLIM-Gruppe vorgeschlagenen Änderungsvorbehalt[28] berücksichtigt werden.

4. Einlage börsengehandelter Anteile

Dem Vorschlag der SLIM-Arbeitsgruppe, bei der Einlage von Wertpapieren zu Marktpreisen auf eine sachverständige Prüfung der Einlage zu verzichten, liegt eine plausible Überlegung zugrunde: Wenn klar ist, dass ein Sachverständiger ohnehin bloß feststellt, dass der Anteilswert dem Börsenkurs ent-

---

23 SLIM-Vorschläge, S. 4.
24 R 96 ff. ErbStR bzw. R 4 ff. VStR 1995. Zum Stuttgarter Verfahren *Piltz*, Unternehmensbewertung, S. 221; *Bellinger/Vahl*, S. 200.
25 So auch die übereinstimmende Auffassung in der SLIM-Arbeitsgruppe laut dem Protokoll der Europäischen Kommission über das zweite Treffen der SLIM-Gruppe am 26.3.1999, S. 5.
26 Vgl. Art. 10 Abs. 2 Verschmelzungsrichtlinie (a. a. O., S. 7, Fn. 14), § 12 Abs. 2 UmwG.
27 SLIM-Vorschläge, S. 4.
28 SLIM-Vorschläge, S. 4.

Dritter Teil: Die Vorschläge der SLIM-Arbeitsgruppe

spricht, so ist ein teures Sachverständigengutachten entbehrlich.[29] Es ist daher im Folgenden zu untersuchen, wann der Wert einzulegender Anteile börsennotierter Gesellschaften durch Sachverständige auf welche Art bestimmt wird.

Unstreitig können auch Anteile an Unternehmen Gegenstand einer Sacheinlage sein.[30] Wie werden Anteile, die an einem »geregelten Markt« im Sinne des Art. 1 Nr. 13 der Wertpapierdienstleistungsrichtlinie[31] gehandelt werden, bei Prüfungen nach Artt. 10, 11, 27 KapRL bewertet? Das Europarecht und auch das Aktiengesetz schreiben keine bestimmte Bewertungsmethode vor. Die deutsche Rechtsprechung hat es daher stets abgelehnt, eine bestimmte Bewertungsmethode als rechtlich geboten einzustufen und andere Bewertungsmethoden für unzulässig zu erachten.[32] Bei der Wertermittlung der Einlage wird auf den objektiven Wert abgestellt.[33] Der *objektive Wert*[34] börsennotierter Anteile entspricht nicht notwendig dem Börsenkurs.[35] Nur bei einem vollkommenen und effizienten Kapitalmarkt, auf dem allen Marktteilnehmern alle bewertungsrelevanten Informationen kostenlos zur Verfügung stehen, würde der Börsenkurs stets auch den *objektiven Wert* der Aktien wiedergeben. Wenngleich Kapitalmärkte dem Modell vollkom-

---

29 *Wymeersch*, Referat für den 1. EJT, S. 85, 127.
30 Siehe für das deutsche Recht LG Mannheim, AG 1991, 110 (Südzucker/Frankenzucker); *WP-Handbuch*, Band II, S. 181.
31 ABlEG Nr. L 141 vom 11.6.1993, S. 27.
32 BayObLG, AG 1996, 176, 177 (Paulaner); BayObLG, ZIP 1998, 1872, 1874 (März/EKU); OLG Düsseldorf, AG 1984, 216, 217 (ATH/Rheinstahl); OLG Frankfurt am Main, AG 1999, 231, 233 (ASI Automotive); *Schiller*, Gründungsrechnungslegung, S. 160; *ders.*, AG 1992, 20, 24; *Rodloff*, DB 1999, 1149; *Hüttemann*, ZHR 162 (1998), 563, 566; *Welf Müller*, in: Festschrift für Bezzenberger, S. 705, 708; *Busse von Colbe*, in: Festschrift für Lutter, S. 1053, 1056.
33 *Piltz*, Unternehmensbewertung, S. 99.
34 Mit dem Begriff *objektiver Wert* (von Anteilen oder ganzen Unternehmen) ist der Preis gemeint, der sich auf einem vollständig effizienten Markt für die Anteile oder das Unternehmen bilden würde. Da es keine vollständig effizienten Märkte gibt, ist der *objektive Wert* eine Fiktion. Preise bilden sich stets aufgrund subjektiver Erwartungen. So hängt der Wert eines Unternehmens für einen potentiellen Käufer davon ab, was er mit dem Unternehmen machen will und für den Verkäufer von der zweitbesten Veräußerungsmöglichkeit. Von einem *objektiven* Wert zu sprechen ist daher missverständlich. Die sonst gebrauchten Begriffe: objektivierter Wert, wahrer Wert, wirklicher Wert, innerer Wert, realisierbarer Wert oder Verkehrswert sind allerdings nicht treffender, weshalb im Folgenden der Begriff *objektiver Wert* (kursiv gedruckt) verwendet wird. Zu den Begrifflichkeiten zu Recht kritisch *Busse von Colbe*, in: Festschrift für Lutter, S. 1053, 1056; *Stiltz*, ZGR 2001, 875, 882.
35 Vgl. BVerfGE 100, 289, 300 (DAT/Altana); BayObLG, ZIP 2001, 1999, 2002 (Ytong); *Welf Müller*, in: Festschrift für Bezzenberger, S. 705, 706; *Busse von Colbe*, in: Festschrift für Lutter, S. 1053, 1056; *Piltz*, ZGR 2001, 185, 193.

mener und effizienter Märkte nahe kommen, entspricht die Wirklichkeit diesem Modell nicht.[36] So kann ein Börsenkurs erheblichen Schwankungen unterliegen, die sich nicht durch die erwartete Rentabilität erklären, sondern mit irrationalen Faktoren zusammenhängen.[37] Die Kursentwicklung am Neuen Markt in jüngerer Zeit macht das deutlich: Nach rasanten Kurssteigerungen kam es bei konstanten volkswirtschaftlichen Eckdaten seit März 2000 zu einem Rückgang der Aktienkurse um über 90 %.[38] Irrationale kollektive Zukunftsprognosen sind grundsätzlich auch außerhalb geregelter Kapitalmärkte denkbar, doch spielen sie dort in der Praxis eine geringere Rolle. Bedeutender als solche Faktoren ist für die Bewertung von Anteilen, wenn der Preisbildungsmechanismus aus titelspezifischen Gründen nicht effizient funktioniert. Werden Aktien nicht kontinuierlich oder nur mit geringen Gesamtumsätzen gehandelt, so kann der Aktienkurs stark vom *objektiven Wert* der Anteile abweichen.[39] Bei Unternehmen mit geringem Streubesitz sind solche Marktengen charakteristisch für die Kursentwicklung.[40] Differenzen von Börsenkurs und *objektivem Wert* können sich daneben aus der asymmetrischen Verteilung bewertungsrelevanter Informationen ergeben: Unternehmen verfügen in der Realität stets über preisrelevante Informationen, die dem Markt nicht bekannt sind, die einem Sachverständigen im Rahmen seiner Prüfung aber zugänglich werden (können)[41]. Dabei kann es sich um unveröffentlichte unternehmerische Plandaten handeln, aber auch um Informationen, die die bilanzielle Bewertung betreffen, vor allem die stillen Reserven bei den Aktiva und die Angemessenheit von Rückstellungen

---

36 Ausführlich *Goodhart*, S. 142, 262; *Brealey/Myers*, S. 354 ff.; *Steinhauer*, AG 1999, 299, 304; *Fleischer*, ZGR 2001, 1, 28. Siehe auch schon oben S. 71.
37 So auch *Joswig*, S. 215 f.
38 *Deutsches Aktieninstitut e. V.*, Stellungnahme zum Vierten Finanzmarktförderungsgesetz, S. 1.
39 BVerfGE 100, 289, 300, 312 (DAT/Altana); BGH, BB 2001, 1053, 1055 (DAT/Altana); BayObLG, ZIP 2001, 1999, 2002 (Ytong); *Mohr*, WPg 1960, 573, 576; *Aha*, AG 1994, 26, 28; *Weiler/Meyer*, ZIP 2001, 2153, 2158. Beispiel: Börsenkurs der VEW-Aktie vor der Fusion mit RWE, siehe Fn. 48.
40 Während in Großbritannien (und den USA) der Streubesitz überwiegt, ist der Anteilsbesitz in Deutschland, Griechenland, Italien, Österreich, Portugal und Spanien typischerweise stark konzentriert; siehe *Adams*, AG 1994, 148; *Wymeersch*, AG 1998, 382; *La Porta/Lopez de Silanes/Shleifer/Vishny*, JPE 106 (1998), 1113, 1147; *La Porta/Lopez de Silanes/Shleifer*, JoF 54 (1999), 471, 491.
41 Auch Sachverständige werden aber viele relevante Informationen oft nicht erhalten oder falsch bewerten. Ein anschauliches Beispiel ist die Fusion von Bayerischer Vereinsbank und Hypobank zur HypoVereinsbank: Die Wertansätze für das Vermögen der Hypobank mussten nachträglich um 3,4 Milliarden DM berichtigt werden. Siehe LG München I, ZIP 2000, 1055 (HypoVereinsbank).

Dritter Teil: Die Vorschläge der SLIM-Arbeitsgruppe

bei den Passiva. Schließlich hängt der Wert von Aktien von den mit ihnen verbundenen Einflussmöglichkeiten ab. Aus diesem Grunde sind bei größeren Unternehmensbeteiligungen über den Börsenkurs hinaus Paketzuschläge zu berücksichtigen.[42] Möglicherweise erwartete Synergieeffekte sind für den *objektiven Wert* der einzubringenden Anteile nach der deutschen Rechtsprechung unbeachtlich, weil sich Verbundvorteile erst aus der Transaktion ergeben sollen und fraglich ist, ob sie bei alternativer Veräußerung der Anteile realisiert werden könnten.[43] Am Kapitalmarkt fließen Informationen über Synergieeffekte, die im Rahmen etwaiger Unternehmenstransaktionen erwartet werden, unmittelbar in die Preisbildung der Anteile ein.

Für die Bewertung von börsennotierten Anteilen oder Unternehmen kommen mehrere Verfahren in Betracht, die alternativ oder kumulativ angewendet werden können.[44] Besonders bedeutend sind das Ertragswertverfahren[45] und die Discounted Cash Flow-Verfahren.[46] Der Börsenkurs ist stets auch zu berücksichtigen, doch kann aufgrund der bestehenden Ineffizienz des Kapitalmarktes nicht allein auf diesen abgestellt werden.[47] Der Börsenkurs ist

---

42 BVerfGE 100, 289, 306 (DAT/Altana); *Bellinger/Vahl*, S. 343; *Großfeld*, Unternehmensbewertung, S. 111; *Angermayer*, S. 299; *Joswig*, S. 216; *Piltz*, ZGR 2001, 185, 193. Bei der Abfindung von Gesellschaftern werden hingegen Paketzuschläge und Minderheitenabschläge wegen des aktienrechtlichen Gleichbehandlungsgrundsatzes weitgehend als unzulässig erachtet, siehe *Piltz*, Unternehmensbewertung, S. 236, m.w.N.
43 BGHZ 138, 136, 140 (ABB II); BayObLG, AG 1996, 127, 128 (Paulaner); OLG Celle, AG 1999, 128, 130 (Wolters AG/Gilde AG); OLG Stuttgart, AG 2000, 428, 429 (Schwaben Zell/Hannover Papier). Zustimmend *Kort*, ZGR 1999, 402, 415; ablehnend *Bayer*, WuB II A. § 305 AktG 2.96, S. 1045, 1047; *ders.*, ZHR 163 (1999), 505, 535; *Fleischer*, ZGR 2001, 1, 27.
44 *Mohr*, WPg 1960, 573, 578; *Welf Müller*, in: Festschrift für Bezzenberger, S. 705, 706.
45 Vgl. BayObLG, AG 1996, 176, 177 (Paulaner) mit Anmerkung von *Bayer*, WuB II A. § 305 AktG 2.96; BayObLG, ZIP 1998, 1872, 1874 (März/EKU); BayObLG, ZIP 2001, 1999, 2000 (Ytong); OLG Celle AG 1999, 128, 129 (Wolters AG/Gilde AG); OLG Stuttgart, AG 2000, 428, 429 (Schwaben Zell/Hannover Papier); LG München I, ZIP 2000, 1055, 1056 (Hypobank/Vereinsbank). Bei der Fusion von Hoechst und Rhône-Poulenc wurde das Umtauschverhältnis allerdings an durchschnittlichen Börsenwerten der Unternehmen festgemacht, siehe dazu *Großfeld*, BB 2000, 261, 263.
46 Dazu *Bayer*, ZIP 1997, 1613; 1617; *Institut der Wirtschaftsprüfer e. V.*, WPg 2000, 825 ff.; kritisch gegenüber den neuen IDW-Grundsätzen für Unternehmensbewertungen *Westerfelhaus*, NZG 2001, 673. Zu den unterschiedlichen DCF-Verfahren siehe *WP-Handbuch*, Band II, S. 103 ff.; *Dellmann/Dellmann*, in: Festschrift für Otte, S. 67. Anschauliche Beispiele aus der Praxis bei *Dörfler u. a.*, BB 1994, 156.
47 Da auch die sachverständige Bewertung von Unternehmen weitgehend eine subjektive Prognose (mit immer neuen, vermeintlich objektiveren Verfahren) ist, ist sie notwendig unsicher. Deshalb kommt dem Börsenkurs als der objektiv wahrnehmbaren (subjektiven) Wertschätzung des Marktes besondere Bedeutung zu. Sachverständige Unternehmensbewertungen sind wegen ihres prognostischen Charakters stark manipulierbar. Auf die

I. Erster SLIM-Vorschlag: Sacheinlagen

aber bei der Bewertung von Kapitalmarktanteilen eine wichtige Orientierungsgröße und Plausibilitätskontrolle.[48] Ist der Sacheinleger selbst nicht eine natürliche Person, sondern eine Gesellschaft (und damit ein Rechtsträger im Sinne des § 3 Abs. 1 UmwG), so sind von der Sacheinlage nicht nur die Aktionäre der kapitalerhöhenden Gesellschaft betroffen, sondern auch die Anteilseigner des sacheinlegenden Rechtsträgers. Bei einer falschen Bewertung der Sacheinlage oder der dafür zu gewährenden Aktien kommt es entweder bei den Anteilseignern des sacheinlegenden Rechtsträgers[49] oder bei den Aktionären der kapitalerhöhenden Aktiengesellschaft[50] zu einer Verwässerung der Anteilswerte. Entsprechend Art. 10 Abs. 2 Verschmelzungsrichtlinie[51] ist daher der Wert der Sacheinlage nicht mehr allein nach dem Unternehmen zu bestimmen, dessen Anteile eingebracht werden, sondern nach dem Verhältnis des Wertes der Sacheinlage zu dem Wert der jungen Aktien.[52] Bei der Ermittlung dieser Verschmelzungswertrelation sind die genannten Bewertungsverfahren für beide zu bewertenden Unternehmen einheitlich anzuwenden.

Unabhängigkeit des Sachverständigen kommt es daher entscheidend an. Pointiert *Welf Müller*, in: Festschrift für Bezzenberger, S. 705 ff.

48   In der Praxis wird der Unternehmenswert meist mit der Ertragswertmethode ermittelt und der Börsenkurs wird als Korrektiv benutzt. Siehe z. B. die Berichte der Verschmelzungsprüfer der Fusionen von Daimler und Chrysler, S. 18 f.; von Thyssen und Krupp, S. 21; von Veba und Viag, S. 26 f.; von Degussa-Hüls und SKW Trostberg, S. 14 f. sowie von RWE und VEW, Punkt 2.6. Im Verschmelzungsprüfungsbericht von RWE und VEW, Punkt 2.6, heißt es: »Ein regelmäßiger Handel mit Aktien von VEW hat kontinuierlich stattgefunden, so dass unter diesem Gesichtspunkt eine Marktenge nicht gegeben ist. Eine Marktenge ist aber deshalb zu bejahen, weil die Gesamtumsätze mit dieser Aktie sehr gering waren. Das Handelsvolumen belief sich durchschnittlich nur auf etwa 600 VEW-Aktien pro Handelstag. [...] Angesichts der infolge des geringen Handelsvolumens bestehenden Marktenge spiegelt der Börsenkurs der Aktien von VEW nicht deren (realisierbaren) Verkehrswert wider.«

49   Die Sacheinlage wird unterbewertet oder die dafür zu gewährenden Aktien werden überbewertet.

50   Die Sacheinlage wird überbewertet oder die dafür zu gewährenden Aktien werden unterbewertet.

51   A. a. O. (S. 7, Fn. 14). Siehe für das deutsche Recht § 12 Abs. 2 UmwG. Zum Schutzzweck der Verschmelzungsprüfung *Lutter*, in: Lutter, UmwG, § 9 Rn. 2 f., *Welf Müller*, in: Kallmeyer, UmwG, § 9 Rn 2 f.; *Bula/Schlösser*, in: Sagasser/Bula/Brünger, S. 166.

52   So auch *Lutter*, in: Kölner Kommentar zum AktG, § 186 Rn. 92; *Bayer*, ZHR 163 (1999), 505, 543; *Hirte*, in: Großkommentar zum AktG, § 203 Rn. 98. A. A. OLG Frankfurt am Main, AG 1999, 231, 233 (ASI Automotive). In der Wertung wie hier OLG Karlsruhe, WM 1991, 1759, 1761 (Südzucker AG/Frankenzucker).

Dritter Teil: Die Vorschläge der SLIM-Arbeitsgruppe

Ein Sachverständiger wird also, um auf die Ausgangsüberlegung zurückzukommen,[53] einzulegende Anteile börsennotierter Gesellschaften in aller Regel nicht einfach anhand des Börsenkurses bewerten. Es ist aber zu fragen, ob aus Transaktionskostengründen mögliche Differenzen zwischen dem *objektiven Wert* und dem Börsenwert vernachlässigt werden können, ob solche Differenzen in bestimmten Fällen typischerweise so gering sind, dass die Kosten für ein Sachverständigengutachten unverhältnismäßig erscheinen. Zunächst kann man nach dem Charakter der Anteile fragen und annehmen, dass die Wertdifferenz (schon wegen etwaiger Paketaufschläge) jedenfalls dann beachtlich ist, wenn die Anteile eine unternehmerische Beteiligung darstellen. In Anlehnung an Art. 17 Bilanzrichtlinie[54] ist denkbar zu prüfen, ob die Anteile an dem anderen Unternehmen dazu bestimmt sind, dem eigenen Geschäftsbetrieb durch Herstellung einer dauernden Verbindung zu jenem Unternehmen zu dienen. Da börsennotierte Gesellschaften typischerweise große Unternehmen sind, müsste man einen Beteiligungscharakter auf jeden Fall immer dann vermuten, wenn mit der Beteiligung Minderheitenrechte ausgeübt werden können, also ab einer Beteiligung in Höhe von 5 % des Grundkapitals.[55]

Soll sichergestellt werden, dass das Vermögen der Anteilseigner (sei es der kapitalerhöhenden Gesellschaft, sei es des sacheinlegenden Rechtsträgers) nicht verwässert wird, so kann auf die Bewertung einzulegender börsennotierter Gesellschaftsanteile nur verzichtet werden, wenn (so gut wie) ausgeschlossen ist, dass der Börsenkurs nicht dem *objektiven Wert* der einzulegenden Anteile entspricht. Regeln wie die skizzierte Beteiligungsvermutung können das nicht schematisch garantieren. Es müsste also in jedem Fall geprüft werden, ob ihre Voraussetzungen erfüllt sind. Und es müsste auch in jedem Fall geprüft werden, ob die Preisbildung am Kapitalmarkt überhaupt eine verlässliche Wertprognose des Marktes ermöglicht hat, ob beispielsweise die Handelsvolumina der betreffenden Anteile groß genug waren, oder ob

---

53 *Wymeersch*, Referat für den 1. EJT, S. 85, 127. Siehe S. 97.
54 A. a. O. (S. 7, Fn. 14). Siehe für das deutsche Recht § 271 Abs. 1 HGB. Beteiligungen werden als Finanzanlagen im Anlagevermögen aktiviert (§ 266 Abs. 2 Posten A III. 1. HGB, Bewertung nach § 253 Abs. 2 HGB), nicht als Wertpapiere im Umlaufvermögen (§ 266 Abs. 2 Posten B III. HGB, Bewertung nach § 253 Abs. 3 HGB).
55 Siehe etwa § 122 Abs. 1 Satz 1 AktG: Recht auf Einberufung der Hauptversammlung. Die Beteiligungsvermutung von Art. 17 Satz 2 Bilanzrichtlinie und § 271 Abs. 1 Satz 3 HGB (20 % des Grundkapitals) wäre für börsennotierte Gesellschaften unpassend. Die Überkreuzbeteiligungen der deutschen Großindustrie haben fast immer Beteiligungscharakter und überschreiten dennoch selten 20 % des Grundkapitals. Siehe anschaulich dazu *Adams*, AG 1994, 148, 149.

Marktengen vorlagen.⁵⁶ Wird die Wertprüfung und die Feststellung dieser Voraussetzungen dem Vorstand übertragen, so müsste auch jener Ressourcen (und damit Kosten) einsetzen, um die Wertprüfung vorzunehmen. Ferner wäre eine Verlagerung des Aktionärsschutzes »nach hinten«, also eine ex post-Kontrolle durch die Gerichte, nicht nur mit Rechtsunsicherheit, sondern auch mit zusätzlichen Kosten verbunden. Während der Verzicht auf eine präventive⁵⁷ sachverständige Wertprüfung sicher zu einer Einschränkung des Verwässerungsschutzes für die Aktionäre führt, ist fraglich, ob damit überhaupt signifikante Transaktionskostenersparnisse erzielt werden könnten.

Wann werden in der Wirklichkeit Anteile börsennotierter Unternehmen als Sacheinlage geleistet? Den Sacheinleger, der 100 Siemens-Aktien in seine Familien-Aktiengesellschaft einlegen will, mag es theoretisch geben,⁵⁸ in der Realität spielt er allerdings überhaupt keine Rolle. Typischerweise werden Anteile börsennotierter Gesellschaften im Rahmen von Unternehmenstransaktionen eingebracht, insbesondere bei Fusionen. Die Aktionäre zweier Gesellschaften gründen beispielsweise eine dritte Gesellschaft, in die sie ihre Anteile an den Altgesellschaften einbringen, um im Gegenzug Aktien der neuen Gesellschaft zu zeichnen. Oder ein Unternehmen will ein anderes Unternehmen im Rahmen einer Sachkapitalerhöhung ganz oder teilweise erwerben: Die Gesellschafter des Zielunternehmens zeichnen die neuen Aktien des erwerbenden Unternehmens und bringen dafür ihre Anteile am Zielunternehmen ganz oder teilweise in das erwerbende Unternehmen ein. Solche Transaktionen sind bei börsennotierten Gesellschaften gang und gäbe.⁵⁹ Sie haben in aller Regel große wirtschaftliche Bedeutung und zwar

---

56 Siehe wiederum das Beispiel der VEW-Aktie, die vor der Fusion von RWE und VEW kaum gehandelt wurde, weshalb der Börsenkurs den *objektiven Wert* von VEW nicht wiederspiegelte. Dazu Fn. 48.
57 Hierzu schon *Bayer*, AG 1988, 323, 326.
58 In diesem Beispiel wäre eine sachverständige Prüfung von Siemens unverhältnismäßig, die Anteile wären zu Börsenkursen zu bewerten. Das würde ein Sachverständiger aber auch sofort feststellen, dafür bedarf es keiner langen Prüfung. Soll in einem solchen (konstruierten) Fall aus Kostengründen ganz auf ein Sachverständigengutachten verzichtet werden, kann der Sacheinleger schließlich seine 100 Siemens-Aktien verkaufen und den Erlös bar einlegen.
59 Prominente Beispiele mit deutscher Beteiligung aus jüngerer Zeit sind (losgelöst von der jeweiligen rechtstechnischen Abwicklung) die Fusionen: Allianz/Dresdner Bank, Hypobank/Vereinsbank, HypoVereinsbank/Bank Austria, Degussa-Hüls/SKW Trostberg, Hoechst/Rhône-Poulenc, Mannesmann/Vodafone, RWE/VEW, Thyssen/Krupp sowie Veba/Viag.

selbst wenn sie nur relativ kleine Minderheitsbeteiligungen betreffen. Auch dann müssen sie von Unternehmen sorgfältig vorbereitet werden und bei der Abwicklung wird meist (teure) professionelle Hilfe in Anspruch genommen. Aus Kostengründen gerade bei den wirtschaftlich bedeutendsten Sacheinlagen, nämlich Unternehmen, auf eine sachverständige präventive Wertprüfung zu verzichten wäre verfehlt und zwar selbst dann, wenn die sachverständige Wertprüfung im Einzelfall zu merklichen Mehrkosten führen sollte.

Anteile börsennotierter Gesellschaften sollten also weiterhin von Sachverständigen auf ihren Wert geprüft werden, bevor sie als Sacheinlage eingebracht werden können. Es stärkt das Vertrauen der Anleger im europäischen Kapitalmarkt, wenn sie sich darauf verlassen können, dass sie gemeinschaftsweit in diesem praktisch überaus bedeutenden Fall der Sacheinlage durch eine Sachverständigenprüfung präventiv vor der Verwässerung ihres Vermögens geschützt werden. Die Kapitalrichtlinie ist daher insoweit nicht zu ändern.

II. Zweiter SLIM-Vorschlag: Nennwert

1. Der SLIM-Vorschlag

Mit ihrem zweiten Vorschlag regt die SLIM-Arbeitsgruppe an zu prüfen, ob in der Kapitalrichtlinie an den gegenwärtigen Begriffen Nennbetrag (*nominal value*) und rechnerischer Wert (*accountable par*) festgehalten werden soll, oder ob ein System einfacher wäre, in dem die Aktien bloß einen Bruchteil der Gesellschaft darstellen.[60]

Der zweite SLIM-Vorschlag ist vor dem Hintergrund der aktuellen *Company Law Reform* in Großbritannien zu sehen. Das britische Handelsministerium (*Department of Trade and Industry*) will bei der *Private Company*, die der deutschen GmbH ähnlich ist, den Nennwert beziehungsweise den rechnerischen Wert von Anteilen zwingend abschaffen.[61] Auch für die *Public Company*, die der deutschen Aktiengesellschaft vergleichbar ist, sollten nach den britischen Vorstellungen künftig nur noch *no par value shares* zulässig sein.[62] Hier steht aber die Kapitalrichtlinie entgegen. Das britische Handelsministerium forderte deshalb die Europäische Kommission nachdrücklich auf, in der Kapitalrichtlinie *no par value shares* zuzulassen.[63] Auf diesem Weg kam das britische Begehren auf die Agenda der SLIM-Arbeitsgruppe. Auch die *Winter*-Kommission befasst sich nun mit dem Nennwert-Konzept.[64]

---

[60] SLIM-Vorschläge, S. 4; SLIM-Erläuterungen, S. 11.
[61] Company Law Review, Modern Company Law, Kapitel 6: Capital Maintenance, A Consultation Document from The Company Law Review Steering Group, S. 4. Das Dokument ist abrufbar auf der Homepage des britischen Handelsministeriums unter: http://www.dti.gov.uk/cld/review.htm.
[62] A. a. O. (Fn. 61), S. 4. Nach dem Project Director der Company Law Review *Rickford*, S. 5, soll das Nennwertprinzip bei der Private Company jetzt aber nur noch aufgegeben werden, wenn das auch bei der Public Company möglich ist. Zum geltenden englischen Recht *Ferran*, S. 286 f. Für Deutschland fordert neuerdings *Escher-Weingart*, Deregulierung, S. 259, die völlige Abschaffung des Nennwertprinzips.
[63] Positionspapier des DTI an die Europäische Kommission vom März 1998 »EC Second Company Law Directive«, S. 2, und nachdrücklich Schreiben des DTI an die Europäische Kommission vom 10.2.1999 »Simpler Legislation for the Internal Market – Phase IV. First and Second Company Law Directives (68/151/EEC & 77/91/EEC)«, S. 3 f.
[64] *Winter-Konsultation*, S. 27 f. Dazu auch *DAI*, Winter-Konsultation, S. 12.

Es sollen im Folgenden zunächst einige Begriffe im Zusammenhang mit möglichen Aktienformen geklärt werden: Nennwertaktie, Stückaktien, Quotenaktie, (echte) nennwertlose Aktie. Dann wird die lex lata beschrieben. Anschließend ist auf die britische Forderung einzugehen, in der Kapitalrichtlinie no par value shares zuzulassen.

2. Verknüpfung des Umfangs von Mitgliedschaftsrechten mit dem Grundkapital

Im Aktienrecht kann das Grundkapital als Bezugsgröße für die Bestimmung des Umfangs der in den Aktien verkörperten Mitgliedschaftsrechte dienen. Das ist beispielsweise nach § 186 Abs. 1 Satz 1 AktG beim Bezugsrecht der Fall: »Jedem Aktionär muss auf sein Verlangen ein seinem Anteil an dem bisherigen Grundkapital entsprechender Teil der neuen Aktien zugeteilt werden.« Nach § 60 Abs. 1 AktG bestimmen sich auch »die Anteile der Aktionäre am Gewinn [...] nach ihren Anteilen am Grundkapital«. Wird die Rechtsposition des Aktionärs über seinen Anteil am Grundkapital bestimmt, so kann das methodisch auf zwei Wegen erfolgen: Bei Nennwertaktien ergibt sich der Anteil des Aktionärs am Grundkapital als Quotient der Summe der Nennwerte der Aktien, die der Aktionär hält, über das Grundkapital der Gesellschaft. Bei unechten nennwertlosen Aktien wird der Anteil des Aktionärs am Grundkapital einfach als Quotient der Aktienanzahl des Aktionärs über das Grundkapital der Gesellschaft ermittelt. Nennwertlos heißt die Aktie, weil sie keinen Nennwert ausweist; unecht nennwertlos, weil sie, wie die Nennwertaktie auch, einen Anteil am Grundkapital verkörpert und die Rechtsstellung des Aktionärs an diesen Anteil anknüpft. Rechtstechnisch kann die unechte nennwertlose Aktie als Quotenaktie oder als Stückaktie emittiert werden. Bei der Quotenaktie wird der Anteil, den die Aktie am Grundkapital hat, auf der Aktienurkunde genannt. Im Falle einer Kapitaländerung ändert sich dieser Quotient und die Aktienurkunde wird falsch. Daher sind Quotenaktien unpraktikabel. Dieser Nachteil besteht bei Stückaktien nicht. Dort ergibt sich der Anteil, den die Aktie am Grundkapital hat, aus der Satzung und kann auch im Handelsregister nachvollzogen werden.

Die Mitgliedschaftsrechte müssen in ihrem Umfang nicht notwendig in einem bestimmten Verhältnis zum Grundkapital stehen. Das Bezugsrecht und der Dividendenanteil können etwa statt an den Anteil des Aktionärs am

II. Zweiter SLIM-Vorschlag: Nennwert

Grundkapital auch an die von ihm gehaltene Anzahl von Aktien anknüpfen.[65] Echte nennwertlose Aktien sind solche Wertpapiere, die Mitgliedschaftsrechte verbriefen, ohne dabei auf den Anteil der Aktie am Grundkapital abzustellen. Der Quotient der Aktienanzahl über das Grundkapital unterscheidet sich bei echten nennwertlosen Aktien nicht von dem entsprechenden Quotienten bei Nennwertaktien oder unechten nennwertlosen Aktien. Anders als bei diesen knüpft aber die Rechtsstellung des Aktionärs bei der echten nennwertlosen Aktie nicht an diesen Quotienten an, sondern direkt an Anzahl der gehaltenen Aktien. Die Einführung echter nennwertloser Aktien wurde in Deutschland im 20. Jahrhundert immer wieder diskutiert: zuerst in der Weimarer Republik im Vorgriff auf das Aktiengesetz von 1937, dann in den fünfziger und sechziger Jahren im Vorgriff auf das Aktiengesetz von 1965 und zuletzt im Zusammenhang mit der Umstellung der Aktiennennwerte auf den Euro in den Jahren 1997 und 1998.[66] Das Konzept des gesetzlichen Mindestkapitals ist in Deutschland mit dem Nennwertkonzept verbunden. Das Grundkapital ist die Summe der Nennwerte der emittierten Aktien, im Falle von Stückaktien ist es die Summe des auf die einzelnen Aktien entfallenden anteiligen Betrags des Grundkapitals. Diese quotale Verbindung von Aktien und dem Grundkapital ist historisch bedingt. Sie ist aber nicht zwingend. *Jahr/Stützel* haben schon vor über vierzig Jahren nachgewiesen, dass man echte nennwertlose Aktien zulassen kann, ohne deshalb das Grundkapitalkonzept preisgeben zu müssen.[67] Wie wäre das gegenwärtige System der Kapitalaufbringung und Kapitalerhaltung bei einem Regime echter nennwertloser Aktien vorstellbar? Das Grundkapital und seine gesetzliche Mindesthöhe würden beibehalten. Das gezeichnete Kapital unterläge den Bindungen, denen es auch gegenwärtig unterworfen ist. Die bilanzielle Gliederung des Eigenkapitals nach Art. 9 der Bilanzrichtlinie[68] und nach § 272 HGB könnte dem Grunde nach beibehalten werden. Emissionserlöse, die das gezeichnete Kapital übersteigen, wären wie bisher als Agio zu passivieren, nach deutschem Recht also in der Kapitalrücklage. Das Verbot der Unterpariemission nach Art. 8 Abs. 1 KapRL ist einer der wichtigsten Grundsätze des Europäischen Aktienrechts. Es garantiert, dass das gezeichnete Kapital real aufgebracht wird. Der Rechtsverkehr kann darauf vertrauen, dass das Grundkapital, das in Satzung, Handelsregister und Bilanz ge-

---

65 *Jahr/Stützel*, S. 53 ff.; *Coing/Kronstein*, S. 11 ff.
66 Grundlegend *Jahr/Stützel* und *Coing/Kronstein*. Umfassende Literaturnachweise finden sich bei *Heider*, in: Münchener Kommentar zum AktG, § 6.
67 *Jahr/Stützel*, S. 15; ebenso *Coing/Kronstein*, S. 113, und auch der Regierungsentwurf zum Stückaktiengesetz vom 6.11.1997, ZIP 1998, 130, 131.
68 A. a. O. (S. 7, Fn. 14).

nannt ist, tatsächlich aufgebracht wurde und zwar unabhängig davon, ob die Gesellschaft Nennwertaktien oder unechte nennwertlose Aktien begeben hat. Der Grundsatz, dass das gezeichnete Kapital real aufgebracht werden muss, könnte auch bei einem System echter nennwertloser Aktien beibehalten werden. Die zu leistenden Einlagen müssten auch dann mindestens den satzungsmäßigen nominalen Kapitalerhöhungsbetrag decken. Bei Kapitalerhöhungen wäre zu entscheiden, welchen Bindungen das neue Eigenkapital unterliegen soll. Es ist denkbar, den Kapitalerhöhungsbetrag vollständig als gezeichnetes Kapital oder vollständig als Agio zu erfassen. Auch eine Aufteilung des neuen Eigenkapitals wäre möglich.[69] Die Aufteilung könnte den Unternehmen überlassen bleiben oder aber gesetzlich vorgeschrieben werden. Beispielsweise könnte der Gesetzgeber verlangen, dass mindestens die Hälfte des Emissionserlöses als gezeichnetes Kapital zu verbuchen ist und der darüber hinaus gehende Betrag als Agio eingestellt werden kann. Weil sich der zweite SLIM-Vorschlag darauf beschränkt, weitere Untersuchungen zu empfehlen, sollen hierzu weitergehende Ausführungen unterbleiben. Es wird aber schon an dieser Stelle deutlich, dass die Einführung echter nennwertloser Aktien, selbst beim Festhalten am gegenwärtigen Regime der Kapitalaufbringung und Kapitalerhaltung, umfassende Änderungen des Aktienrechts erforderlich machen würde.

3. Das geltende Europarecht

Die Kapitalrichtlinie regelt etwas versteckt, welche Aktienformen sie zulässt und welche nicht. Nach Art. 3 KapRL muss die Satzung einer Aktiengesellschaft »b) den Nennbetrag und zumindest jährlich deren Zahl« und »c) die Zahl der gezeichneten Aktien ohne Angabe des Nennbetrags, soweit die einzelstaatlichen Rechtsvorschriften die Ausgabe solcher Aktien erlauben« angeben. Hier wird also zwischen Nennwertaktien und nennwertlosen Aktien unterschieden. Art. 8 Abs. 1 KapRL, der Unterpariemissionen verbietet, präzisiert diese Unterscheidung: »Die Aktien dürfen nicht unter dem Nennbetrag oder, wenn ein Nennbetrag nicht vorhanden ist, nicht unter dem rechnerischen Wert ausgegeben werden.« Aus Art. 8 Abs. 1 KapRL folgt, dass

---

69 Nach *Schröer*, ZIP 1997, 221, 223, wären bei der Ausgabe echter nennwertloser Aktien die gesamten Erlöse in das gezeichnete Kapital einzustellen. *Schröer* begründet seine Annahme nicht. Es ist nicht ersichtlich, weshalb der gesamte Erlös zwingend als Grundkapital erfasst werden müsste.

nennwertlose Aktien einen rechnerischen Wert (accountable par)[70] haben müssen. Die Kapitalrichtlinie lässt also gegenwärtig Nennwertaktien und unechte nennwertlose Aktien zu, nicht aber echte nennwertlose Aktien.[71] Die Möglichkeit unechter nennwertloser Aktien wurde in die Kapitalrichtlinie aufgenommen, weil in Belgien und Luxemburg Aktiengesellschaften schon seit geraumer Zeit wählen können, ob sie die Aktien mit oder ohne Nennbetrag ausgeben.[72] In Deutschland wurde diese Option im Rahmen der Einführung des Euro und der damit verbunden Umstellung der Nennwerte von DM auf Euro eröffnet.[73]

Die Kapitalrichtlinie nennt keinen Mindestnennbetrag für Nennwertaktien. Den nationalen Gesetzgebern steht es frei, entsprechende Mindestziffern festzulegen.[74] Die nationalen Gesetzgeber können den Gesellschaften hierbei aber auch Satzungsautonomie belassen.[75] Diese hat für die Gesellschaften den Vorteil, dass sie durch Aktiensplits den Marktpreis für eine Aktie gering halten können, bis hin Cent-Aktien, bei denen der Börsenkurs unter einem Euro liegt.

Innerhalb der SLIM-Arbeitsgruppe kam die Frage auf, ob das Verbot der Unterpariemission nach Art. 8 Abs. 1 KapRL nur für die Gründung der Gesellschaft gilt, oder auch für spätere Kapitalerhöhungen.[76] Nach dem Wortlaut des Art. 8 Abs. 1 KapRL unterliegt jede Emission dem Unterpari-Verbot, auch die Kapitalerhöhung: »Aktien dürfen nicht unter dem Nennbetrag oder, wenn ein Nennbetrag nicht vorhanden ist, nicht unter dem rechnerischen Wert ausgegeben werden.« Zweck des Verbots der Unterpariemission ist es, die reale Kapitalaufbringung zu garantieren. Der Rechtsschein in Satzung, Handelsregister und Bilanz soll mit der Rechtswirklichkeit übereinstimmen. Der Rechtsverkehr soll darauf vertrauen können, dass das gezeich-

---

70 In der englischsprachigen Fassung lautet Art. 8 Abs. 1 KapRL: »Shares may not be issued at a price lower than their nominal value, or, where there is no nominal value, their accountable par.«
71 So auch der Regierungsentwurf zum Stückaktiengesetz vom 6.11.1997, ZIP 1998, 130, 131; *Edwards*, S. 67.
72 *Hirte*, WM 1991, 753, 754; *Edwards*, S. 67.
73 Gesetz über die Zulassung von Stückaktien vom 25.3.1998, BGBl 1998 I, S. 590. Siehe auch *Seibert*, WM 1997, 1610; *ders.*, ZGR 1998, 1; *Ekkenga*, WM 1997, 1645; *Funke*, AG 1997, 385; *Ihrig/Streit*, NZG 1998, 201.
74 Zur historischen Entwicklung des Nennwerts in Deutschland *Brändel*, in: Großkommentar zum AktG, § 8 Rn. 1 ff.; *Seibert*, AG 1993, 315; *Heider*, in: Münchener Kommentar zum AktG, § 8 Rn. 1 ff.
75 *Hirte*, WM 1991, 753, 756, verweist auf eine entsprechende Rechtslage in Italien, Spanien, den Niederlanden, Dänemark, Großbritannien und Irland.
76 SLIM-Erläuterungen, S. 12.

nete Kapital tatsächlich geleistet wurde. Dieser Vertrauenstatbestand soll nicht durch eine Kapitalerhöhung entfallen. Das Verbot der Unterpariemission muss deshalb notwendig auch bei Kapitalerhöhungen greifen.[77] Art. 26 KapRL stellt klar, dass bei einer Kapitalerhöhung die Einlagen in voller Höhe geleistet werden müssen. Die »mindestens 25 v. H.«-Klausel in dieser Norm relativiert die Pflicht, die Einlage in voller Höhe zu leisten, nicht, sondern stellt nur Mindestanforderungen für die Modalitäten der Pflichterfüllung auf. Art. 26 KapRL ist insofern vergleichbar mit §§ 188 Abs. 2, 36 a AktG, die ebenfalls die Durchführung der Kapitalerhöhung erleichtern sollen, ohne aber die Einlagepflicht zu schmälern.

Für die Europäische Aktiengesellschaft besagt Art. 1 Abs. 2 Satz 1 SE-VO: »Die SE ist eine Gesellschaft, deren Kapital in Aktien zerlegt ist.« Damit ist für die Europäische Aktiengesellschaft das Nennwertprinzip festgeschrieben. Auch hier bestimmt das Europarecht aber keine Mindestziffer.

4. Echte nennwertlose Aktien

Das britische Handelsministerium fordert, dass in der Kapitalrichtlinie *no par value shares*, also echte nennwertlose Aktien zugelassen werden. Das Department of Trade and Industry will dabei an den Grundsätzen der Kapitalaufbringung und Kapitalerhaltung und am System des gesetzlichen Mindestkapitals festhalten.[78]

Es ist nach den Vorteilen und Nachteilen zu fragen, die echte nennwertlose Aktien gegenüber dem gegenwärtigen Regime haben. Dann ist zu klären, welche Regelung sich auf europäischer Ebene empfiehlt.

a) Vorteile und Nachteile echter nennwertloser Aktien

Der Nennwert stimmt nicht mit dem Marktwert von Aktien überein, was zu Verwechslungen führen kann.[79] *Krafft* hat zu Recht darauf hingewiesen, dass diese Gefahr allenfalls für völlig Unerfahrene besteht.[80] Das psychologische

---

77 In diesem Sinne auch *Schwarz*, Europäisches Gesellschaftsrecht, S. 390.
78 Schreiben des britischen Handelsministeriums (DTI) an die Europäische Kommission vom 10.2.1999, S. 4.
79 *Escher-Weingart*, Deregulierung, S. 257.
80 *Krafft*, in: Kölner Kommentar zum AktG, § 6 Rn. 14.

II. Zweiter SLIM-Vorschlag: Nennwert

Moment der Differenz von Nennwert und Marktwert ist zu vernachlässigen. Bei unechten nennwertlosen Aktien besteht keine Verwechslungsgefahr.

Als Vorteil nennwertloser Aktien wird genannt, die Gesellschaften könnten damit übermäßig schwere Aktien, also nominal hohe Aktienkurse an der Börse, vermeiden.[81] Werden Aktien aufgrund des Nennwertes zu schwer, so liegt das an der Höhe des Nennwertes. Der Gesetzgeber kann hier gegensteuern, indem er entweder einen geringen Mindestnennwert festsetzt, wie einen Euro nach § 8 Abs. 2 AktG,[82] oder indem er den Gesellschaften die Nennwerthöhe vollständig anheim stellt. Beides lässt die Kapitalrichtlinie zu. Um zu schwere Börsenwerte zu verhindern bedarf es keiner unechten nennwertlosen Aktien und erst recht keiner echten nennwertlosen Aktien.

Führen echte nennwertlose Aktien zu einer übersichtlicheren Bilanzierung?[83] Hielte man am Grundkapitalkonzept fest, müsste sich die Bilanzierung des Eigenkapitals nicht grundsätzlich ändern.[84] Denn auch dann wäre ein etwaiges Agio gesondert zu passivieren, nach deutschem Handelsbilanzrecht wie bisher in der Kapitalrücklage. Der getrennte Ausweis von gezeichnetem Kapital und Agio ist gerade gewünscht. Er dient der Information des Rechtsverkehrs. Für den verständigen (und für den wirtschaftlichen Rechtsverkehr typischen) Leser einer Bilanz ist die Eigenkapitalgliederung aufschlussreich. Selbst beim ungeübten Leser werden sich selten Verständnisschwierigkeiten just bei der Gliederung des Eigenkapitals ergeben. Für die bilanzierenden Unternehmen ist die gegenwärtige Eigenkapitalgliederung in der Handelsbilanz zu handhaben, zumal sie aufgrund der elektronischen Datenverarbeitung mit geringem Aufwand und Kosten verbunden ist.

Nach dem deutschen Steuerrecht ist das gezeichnete Kapital sowohl nach § 29 Abs. 2 KStG alter Fassung als auch nach § 27 Abs. 1 KStG neuer Fassung auf einem Nennkapitalkonto zu passivieren. Ein Ausgabeagio ist entweder übergangsweise noch nach § 30 Abs. 2 Nr. 4 KStG alter Fassung im EK 04 zu erfassen, oder nach dem Halbeinkünfteverfahren nunmehr im steuerlichen Einlagekonto, § 27 Abs. 1 KStG. Ob das gezeichnete Kapital und ein Agio aber aus einer Emission von Nennwertaktien, von unechten nennwertlosen Aktien oder *de lege ferenda* von echten nennwertlosen Aktien stammt, ist für die steuerliche Bilanzierung gleich.

---

81 *Deutsches Aktieninstitut e. V.*, Ja zur nennwertlosen Aktie, S. 3.
82 Die *Regierungskommission Corporate Governance*, S. 210, empfiehlt, den Mindestnennbetrag von Aktien nach § 8 Abs. 2 AktG auf einen Cent zu senken.
83 Vgl. *Deutsches Aktieninstitut e. V.*, Ja zur nennwertlosen Aktie, S. 3.
84 Siehe bereits S. 107 f.

Aus bilanziellen Gründen ist die Einführung echter nennwertloser Aktien nicht geboten.

Das eigentliche Problem des Nennwertes beziehungsweise des rechnerischen Werts ist das Verbot der Unterpariemission. Liegt in einer Unternehmenskrise der Marktwert der Aktien unterhalb des Nennwertes oder des rechnerischen Wertes, so kann das Unternehmen am Markt kein neues Eigenkapital zu Marktpreisen aufnehmen, weil es sonst gegen das Verbot der Unterpariemission verstoßen würde. Will das Unternehmen in dieser Situation neues Eigenkapital gewinnen, muss es vor der Kapitalerhöhung zunächst das Kapital herabsetzen. Dieses Verfahren ist aufwendig.[85] Es kann den in der Unternehmenskrise gewünschten Mittelzufluss verzögern und erschweren. Um den praktischen Bedürfnissen gerecht zu werden, gleichzeitig aber zu verhindern, dass die Gläubigerschutzvorschriften umgangen werden, eröffnen Art. 22 KapRL und §§ 229 ff. AktG in diesen Fällen allerdings den Weg der vereinfachten Kapitalherabsetzung. Eine Kapitalherabsetzung kann am Markt Misstrauen auslösen. Wird aber das Kapital nur deshalb herabgesetzt, damit es anschließend erhöht werden kann, so relativiert sich das Misstrauenssignal. Die Marktteilnehmer wissen ja, dass der Kurswert der Aktie unter dem Nennwert liegt und dass eine Kapitalerhöhung deshalb eine Kapitalherabsetzung voraussetzt.

Was ist gegen eine Kapitalerhöhung zu vollem Wert (bei börsennotierten Gesellschaften: zu Börsenkursen) unter pari einzuwenden? Aus Sicht der Aktionäre hat die Kapitalerhöhung den Vorteil, dass neue Liquidität ins Unternehmen fließt. Die Kapitalerhöhung zu vollem Wert unter pari kann für die Aktionäre nachteilig sein. Als Stichworte seien die Gefahren der Stimmrechtsveränderung und der Vermögensverwässerung genannt. Diesen Gefahren sind die Aktionäre aber bei jeder Kapitalerhöhung ausgesetzt. Es handelt es sich nicht um Gefahren, die spezifisch durch eine Kapitalerhöhung zu vollem Wert unter pari bedingt sind. Aus Sicht der Gläubiger ist die Kapitalerhöhung zu vollem Wert auch unter pari vorteilhaft, weil damit der Haftungsfonds für ihre Forderungen größer wird. Die Gläubiger könnten sich aber nicht mehr darauf verlassen, dass das Grundkapital, das in der Bilanz und im Handelsregister publik gemacht ist, auch tatsächlich aufgebracht wurde und zum Zeitpunkt, zu dem die Kapitalerhöhung eingetragen

---

85   Dazu *Karsten Schmidt*, ZGR 1982, 519, 531.

II. Zweiter SLIM-Vorschlag: Nennwert

wurde, unverbraucht zur Verfügung stand.[86] Rechtsschein und Rechtswirklichkeit fallen auseinander. Das Unterpariverbot sorgt bei Nennwertaktien und unechten nennwertlosen Aktien im Falle einer Kapitalerhöhung dafür, dass Rechtsschein und Rechtswirklichkeit nicht auseinanderfallen. Der Emissionspreis darf nicht unter dem Quotienten des Grundkapitals über die Anzahl außenstehender Aktien liegen, weil sonst das gezeichnete Kapital nicht wirklich aufgebracht würde obwohl derjenige, der die neuen Aktien zeichnet, seiner Einlagepflicht voll nachkommt. Die Gefahr, dass Rechtsschein und Rechtswirklichkeit auseinanderfallen besteht nicht, wenn der Umfang der Mitgliedschaftsrechte nicht an den Anteil am Kapital gekoppelt ist. Bei echten nennwertlosen Aktien kann eine Kapitalerhöhung zu beliebigen Marktpreisen erfolgen, also auch dann, wenn der Marktpreis geringer ist als der Quotient des Grundkapitals über die Anzahl außenstehender Aktien. Leistet der Zeichner die geschuldete Einlage vollständig, so wird auch das Kapital real aufgebracht.

Würden echte nennwertlose Aktien zugelassen, so könnte das zu Problemen bei der Europäischen Aktiengesellschaft führen. Im Fall einer Verschmelzung durch Aufnahme nimmt die übernehmende Gesellschaft nach Art. 29 Abs. 1 lit. d SE-VO[87] ipso jure die Rechtsform einer Europäischen Aktiengesellschaft an. Deren Kapital ist gemäß Art. 1 Abs. 2 SE-VO in Aktien zerlegt. Hat die übernehmende Gesellschaft echte nennwertlose Aktien ausgegeben, erfordert die Gründung der Europäischen Aktiengesellschaft auch eine Umwandlung der Aktienart der übernehmenden Gesellschaft in Nennwertaktien.

Ein wichtiger Grund gegen echte nennwertlose Aktien ist rechtstechnischer Natur. Weil die Stellung des Aktionärs vielfach an seinem Anteil am Grundkapital festgemacht ist, würde ein rechtstechnischer Systemwechsel zu zahlreichen und außerordentlich komplexen Gesetzesänderungen führen.[88] Nicht nur das Aktiengesetz müsste an vielen Stellen geändert werden, sondern beispielsweise auch das Umwandlungsrecht, das Körperschaftsteuerrecht, das Kartellrecht und so fort. Müssten die Gesetzgeber das Aktienrecht neu schreiben, so spricht einiges dafür, dass sie die Aktionärsstellung nicht weitgehend am Kapitalanteil, sondern vielmehr an der Aktienanzahl festmachen sollten. Der Pfad der Rechtsentwicklung ist aber in Europa ein ande-

---

86 In diesem Sinne auch *Brändel*, in: Großkommentar zum AktG, § 9 Rn. 5; *Heider*, in: Münchener Kommentar zum AktG, § 9, Rn. 23.
87 A. a. O. (S. 7, Fn. 17).
88 *Coing/Kronstein*, S. 115; *Kübler*, Aktie, S. 61. Siehe nur die Beispiele S. 203, Fn. 63.

rer.[89] Ob Regierungen knappe Gesetzgebungsressourcen für Änderungen einsetzen sollten, die technisch sehr umfangreich sind, deren positive Wirkung aber allenfalls gering ist, ist fraglich.[90]

b) Regelungsebene

Auch auf europäischer Ebene würde die Zulassung echter nennwertloser Aktien umfassende Rechtsänderungen erforderlich machen. So müssten neben der Kapitalrichtlinie beispielsweise auch die Verschmelzungsrichtlinie, die Spaltungsrichtlinie, die Bilanzrichtlinie, die Konzernabschlussrichtlinie und die Verordnung über das Statut der Europäischen Aktiengesellschaft geändert werden.[91] Die Verhältnismäßigkeit von Aufwand und Nutzen der vom britischen Handelsministerium gewünschten Rechtsänderung wäre also auch auf europäischer Ebene zu prüfen.

Gleichwohl ist die Frage der richtigen Regelungsebene losgelöst von solchen politischen Erwägungen zu stellen. Für die Transaktionskosten der Teilnehmer im Binnenmarkt sind die materiellen Schutzniveaus entscheidend. Für den Kapitalbinnenmarkt ist ein wirkungsvoller Anlegerschutz erforderlich. Können die Aktionäre im gesamten Binnenmarkt darauf vertrauen, dass ihre Stellung durch bestimmte Mitentscheidungsrechte, durch das Bezugsrecht, durch den Dividendenanspruch, um nur einige Beispiele zu nennen, auf einem einheitlichen Mindestniveau gesichert sind, so senkt das die Transaktionskosten. Die Anleger müssen sich dann nicht mehr vor ihrer Anlageentscheidung über den künftigen Schutz ihres Vermögens und ihrer Rechte informieren. Haben sie Aktien erworben, senken einheitliche Regeln über die Rechte und ihre Ausübung die Transaktionskosten zwischen den Eigentümern und ihrer Gesellschaft. Wie solche Schutzniveaus innerhalb der Aktiengesellschaft technisch verwirklicht werden, ist aus Gründen der Transaktionskosten von untergeordneter Bedeutung. Für die Aktionäre ist es grundsätzlich gleich, ob ein einheitliches materielles Schutzniveau rechts-

---

89   Zur Pfadabhängigkeit der Rechtsentwicklung schon oben S. 59.
90   *Coing/Kronstein*, S. 116. Aus der Unternehmenspraxis haben sich *Eberstadt*, WM 1995, 1797, und *Schuster*, AG 1998, 379, 380, grundsätzlich für die Aufgabe des Nennwerts und des Grundkapitalerfordernisses ausgesprochen. *Schuster* will dennoch bei der lex lata bleiben: »Der Aufwand einer so tiefgreifenden Gesetzesänderung mit Auswirkungen im europäischen Rechtssystem sowie auf viele deutsche Gesetze neben dem Aktiengesetz bis weit hinein in das Steuerrecht lohnt sich aus praktischer Sicht nicht.«
91   Alle Rechtsakte a. a. O. (S. 7 f., Fn. 14, 17).

konstruktiv mit ihrer Aktienanzahl oder mit ihrem Anteil am Grundkapital verknüpft wird.

Auch aus Gläubigersicht kommt es auf das materielle Schutzniveau an. Können Gläubiger im Binnenmarkt gemeinschaftsweit darauf vertrauen, dass das in der Satzung, im (bald elektronischen)[92] Handelsregister und in der Bilanz ausgewiesene gezeichnete Kapital einer Aktiengesellschaft tatsächlich aufgebracht wurde, so senkt das Informationskosten. Das Vertrauen und die Leichtigkeit des Rechtsverkehrs wird durch solche materiellen Mindeststandards gestärkt, was der Integration des Binnenmarktes dient. Ob die Aktionäre das Kapital in Form von Nennwertaktien, von unechten oder von echten nennwertlosen Aktien aufbringen, ist aus Sicht der Gläubiger unbeachtlich. Entscheidend ist, dass und wie viel Kapital zu ihrem Schutz gebunden ist.

Daraus ergibt sich die Antwort auf die oben gestellte Frage: Auf europäischer Ebene sollten gemeinschaftsweite materielle Schutzniveaus festgelegt sein, auf die alle Marktteilnehmer im Binnenmarkt vertrauen können. In welcher Aktienform die Schutzniveaus rechtstechnisch umgesetzt werden, kann grundsätzlich den Mitgliedstaaten überlassen bleiben. Echte nennwertlose Aktien sollten in der Kapitalrichtlinie also dann und nur dann zugelassen werden, wenn auf europäischer Ebene sichergestellt ist, dass die Aktionäre und die Gläubiger in diesem Fall materiell auf genau dem gleichen Niveau geschützt sind, wie bei Nennwertaktien und unechten nennwertlosen Aktien. Ist das Schutzniveau nicht gleichwertig, steigen die Informationsanforderungen und damit die Transaktionskosten im Binnenmarkt. Im europäischen Kapitalmarkt würde die zunehmende rechtliche Produktvielfalt zu einer noch größeren Segmentierung führen, was nicht gewünscht ist.[93]

---

92 Siehe den ersten SLIM-Vorschlag zur Publizitätsrichtlinie, SLIM-Vorschläge, S. 1; SLIM-Erläuterungen, S. 8. Dazu auch *Kallmeyer*, in: Noack/Spindler, S. 263.
93 Siehe dazu bereits S. 75 f.

III. Dritter SLIM-Vorschlag: Zwangseinziehung

1. Der SLIM-Vorschlag

Wollen Unternehmen Aktien zwangsweise einziehen, um damit das Kapital herabzusetzen, so ist dies nach Art. 36 Abs. 1 lit. a KapRL nur zulässig, wenn die Zwangseinziehung bereits vor der Zeichnung der einzuziehenden Aktien durch die Satzung vorgeschrieben oder zugelassen war. Nach der SLIM-Arbeitsgruppe soll die Zwangseinziehung auch ermöglicht werden, wenn sie zum Zeitpunkt der Zeichnung der einzuziehenden Aktien noch nicht statuarisch vorgeschrieben oder zugelassen war, sondern erst später von der Hauptversammlung beschlossen wird.[94] Die Zwangseinziehung soll Aktionären, die mindestens 90 % aller Aktien der Gesellschaft halten, den Ausschluss der übrigen Aktionäre ermöglichen.[95] Diese neu zu schaffende Möglichkeit der Zwangseinziehung soll den Mitgliedstaaten vorbehalten bleiben, die bislang keine Vorschriften zum Squeeze Out erlassen haben.[96]

Namentlich *Kallmeyer* hat sich für den dritten SLIM-Vorschlag eingesetzt.[97] *Kallmeyers* Interesse ist es, im deutschen Recht den Ausschluss von Minderheitsaktionären gegen Barabfindung zu erleichtern.[98] In den meisten Mitgliedstaaten der Europäischen Union gibt es bereits Squeeze Out- (oder Freeze Out-)[99] Verfahren, die es Mehrheitsaktionären ermöglichen, Minderheitsaktionäre unter bestimmten Umständen gegen Barabfindung aus der Gesellschaft auszuschließen. In Deutschland wurde zusammen mit dem Wertpapiererwerbs- und Übernahmegesetz zum 1.1.2002 ein Squeeze Out-

---

94 SLIM-Vorschläge, S. 4; SLIM-Erläuterungen, S. 13.
95 SLIM-Vorschläge, S. 4; SLIM-Erläuterungen, S. 13.
96 SLIM-Vorschläge, S. 4; SLIM-Erläuterungen, S. 13.
97 *Kallmeyer*, Vortrag beim Deutschen Aktieninstitut e. V. in Frankfurt/Main am 24.4.2001, Skript, S. 8.
98 *Kallmeyer*, AG 2000, 59, 61; ders., AG 2001, 406, 409.
99 *Merkt*, US-amerikanisches Gesellschaftsrecht, S. 578, weist darauf hin, dass Squeeze Out und Freeze Out im amerikanischen Sprachgebrauch unterschieden werden. Beim Squeeze Out wird der Minderheitsaktionär nicht auf juristisch-technischem Weg aus der Gesellschaft ausgeschlossen. Der Verbleib wird ihm vielmehr wirtschaftlich derart vergällt, dass er von alleine geht. Beim Freeze Out wird dem Minderheitsaktionär seine Mitgliedschaft juristisch-technisch entzogen. Im deutschen Sprachgebrauch hat sich der Anglizismus Squeeze Out für alle Sachverhalte durchgesetzt, in denen Minderheitsaktionäre aus der Gesellschaft gedrängt werden. Daher wird hier einheitlich der Terminus Squeeze Out verwendet.

III. Dritter SLIM-Vorschlag: Zwangseinziehung

Verfahren (§ 327 a bis § 327 f AktG) eingeführt,[100] das zum Zeitpunkt der SLIM-Vorschläge im Jahre 1999 noch nicht konkret absehbar war. Minderheitsaktionäre können in Deutschland vor allem im Rahmen einer Eingliederung nach § 320 AktG, im Rahmen einer Verschmelzung nach § 20 UmwG und neuerdings im Rahmen des Ausschlussverfahrens nach §§ 327 a ff. AktG aus der Gesellschaft gedrängt werden. Hierbei ist aber jeweils ein formalisierter Vorstandsbericht[101] und eine sachverständige Prüfung[102] vorgeschrieben. *Kallmeyer* hält diese Verfahren für zu aufwendig und wenig praktikabel für ein Squeeze Out.[103] Er schlägt deshalb vor, das Institut der Einziehung nach § 237 AktG als (zusätzlichen) Weg für das Squeeze Out zu nutzen.[104] Dem steht im Regelfall aber Art. 36 Abs. 1 lit. a KapRL entgegen, der die Zwangseinziehung nur zulässt, wenn sie bereits vor Ausgabe der Aktien in der Satzung angelegt war. Die nationalen Gesetzgeber könnten die Einziehung also allenfalls dann zu einer Squeeze Out-Alternative ausgestalten, wenn zuvor Art. 36 Abs. 1 lit. a KapRL, wie von der SLIM-Arbeitsgruppe vorgeschlagen, geändert würde.

Beim Squeeze Out stellen sich sowohl auf nationaler wie auch auf europäischer Ebene eine Fülle von Fragen. Um zum dritten SLIM-Vorschlag Position beziehen zu können, ist es erforderlich, die Probleme des Squeeze Out und deren Regelung in Deutschland und Europa im Folgenden in Grundzügen zu skizzieren. Schließlich ist zu erörtern, welche Squeeze Out-Regelung sich für das Europarecht empfiehlt.

---

[100] Gesetz zur Regelung von öffentlichen Angeboten zum Erwerb von Wertpapieren und von Unternehmensübernahmen vom 20.12.2001, BGBl 2001 I, S. 3822.

[101] Eingliederungsbericht nach §§ 320 Abs. 1 Satz 3; 319 Abs. 3 Satz 1 Nr. 3 AktG; Verschmelzungsbericht nach § 8 UmwG (der Verschmelzungsbericht ist bei allen innerstaatlichen Verschmelzungen in der Europäischen Union erforderlich, Artt. 5, 10 Verschmelzungsrichtlinie [a. a. O., S. 7, Fn. 14]); Ausschlussbericht nach § 327 c Abs. 2 AktG.

[102] Eingliederungsprüfung nach § 320 Abs. 3 Satz 1 AktG; Verschmelzungsprüfung nach § 9 UmwG (auch die Verschmelzungsprüfung ist gemeinschaftsweiter Standard, Artt. 5, 10 Verschmelzungsrichtlinie [a. a. O., S. 7, Fn. 14]); Ausschlussprüfung nach § 327 c Abs. 2 AktG.

[103] *Kallmeyer*, AG 2000, 59, 61; *ders.*, AG 2001, 406, 409.

[104] *Kallmeyer*, AG 2000, 59, 61. *Kallmeyer*, AG 2001, 406, 408 f., schlägt nunmehr vor, die Zwangseinziehung als zusätzlichen Weg des Squeeze Out neben dem neuen Ausschlussverfahren nach §§ 327 a ff. AktG zu eröffnen.

Dritter Teil: Die Vorschläge der SLIM-Arbeitsgruppe

2. Squeeze Out

a) Deutschland

In Deutschland gab es auch schon vor der gesetzlichen Regelung des Squeeze Out in §§ 327 a ff. AktG mehrere Wege, die es einem Mehrheitsaktionär ermöglichten, Minderheitsaktionäre aus der Gesellschaft hinauszudrängen.[105] Schon angesprochen wurde die Eingliederung nach § 320 AktG, bei der eine inländische Aktiengesellschaft eine mindestens 95%ige Tochtergesellschaft eingliedern kann. Die Minderheitsgesellschafter scheiden dann aus der Tochtergesellschaft aus und haben nach § 320 b AktG Anspruch auf eine angemessene Abfindung. Eine weitere Möglichkeit, Minderheitsaktionäre aus der Gesellschaft zu drängen ist die übertragende Auflösung nach Maßgabe der §§ 179 a, 262 AktG.[106] Dabei veräußert die Tochtergesellschaft das gesamte Gesellschaftsvermögen an die Muttergesellschaft oder an ein verbundenes Konzernunternehmen. Anschließend wird die Tochtergesellschaft liquidiert. Die Minderheitsgesellschafter werden am Liquidationserlös entsprechend ihrem Anteil am Grundkapital beteiligt. Ferner kann der Mehrheitsaktionär versuchen, die Minderheitsteilhaber aus der Gesellschaft zu drängen, indem er die Aktiengesellschaft im Rahmen eines Formwechsels nach §§ 190 ff. UmwG in eine GmbH oder in eine Personenhandelsgesellschaft umwandelt. Der formwechselnde Rechtsträger hat jedem Aktionär, der dem Umwandlungsbeschluss widerspricht, nach § 207 Abs. 1 Satz 1 UmwG eine angemessene Barabfindung anzubieten. Schließlich können Minderheitsaktionäre im Rahmen einer Verschmelzung nach §§ 2 ff. UmwG aus der Gesellschaft gedrängt werden. Das Vermögen der übertragenden Aktiengesellschaft geht gemäß § 20 Abs. 1 Nr. 1 UmwG auf den übernehmenden Rechtsträger über und die Aktionäre der übertragenden Gesellschaft werden Anteilsinhaber des übernehmenden Rechtsträgers (§§ 20 Abs. 1

---

105 Dazu *Than*, in: Festschrift für Claussen, S. 405, 419; *Kossmann*, NZG 1999, 1198, 1200; *Land/Hasselbach*, DB 2000, 557, 559; *Halm*, NZG 2000, 1162, 1163.
106 Siehe etwa BGHZ 103, 184 (Linotype); BayObLG, ZIP 1998, 1872 (Magna Media/WEKA); sowie die Moto Meter-Entscheidungen: BVerfG, AG 2001, 42; OLG Stuttgart, ZIP 1995, 1515; OLG Stuttgart, AG 1997, 136; LG Stuttgart, DB 1993, 472. Aus der Literatur dazu *Henze*, ZIP 1995, 1473; *Lutter/Drygala*, in: Festschrift für Kropff, S. 191, 194; *Lutter/Leinekugel*, ZIP 1999, 261; *Wiedemann*, ZGR 1999, 857.

III. Dritter SLIM-Vorschlag: Zwangseinziehung

Nr. 2, 12 Abs. 2 UmwG). Widersprechende Aktionäre können nach § 29 Abs. 1 Satz 1 UmwG statt der Anteile eine Barabfindung verlangen.[107]
Die skizzierten aktienrechtlichen und umwandlungsrechtlichen Möglichkeiten des Mehrheitsaktionärs, Minderheitsaktionäre aus der Gesellschaft zu drängen, wurden von der deutschen Unternehmenspraxis weitgehend als ungenügend erachtet. Das gilt vor allem für die Eingliederung, die nach § 320 Abs. 1 Satz 1 AktG voraussetzt, dass der Hauptaktionär die Rechtsform einer Aktiengesellschaft hat und außerdem im Inland sitzt. Die Beteiligung sehr kleiner Minderheiten an Aktiengesellschaften kann erheblichen Aufwand verursachen, etwa bei der Beachtung der Vorschriften über die Hauptversammlung. Dieser Aufwand droht unverhältnismäßig zu werden, weil Kleinstbeteiligungen faktisch keinen Einfluss auf unternehmerische Entscheidungen haben, ihre mitgliedschaftlichen Rechte, insbesondere die Mitentscheidungs- und Informationsrechte aber dennoch voll gewahrt werden müssen. Das gilt auch bei Konzerngesellschaften. Von vielen Seiten wurde daher in Deutschland eine gesetzliche Squeeze Out-Regelung gefordert, die den Ausschluss von Aktionärsminderheiten gegen Barabfindung erleichtert.[108]

Zusammen mit dem Wertpapiererwerbs- und Übernahmegesetz trat am 1.1.2002 die neue Squeeze Out-Regelung nach §§ 327 a ff. AktG in Kraft,[109]

---

107 Zum Verhältnis von §§ 29 ff. UmwG zu dem neuen Ausschlussverfahren nach §§ 327 a ff. AktG *Seibt/Heiser*, ZHR 165 (2001), 466, 475.
108 Stellungnahme des gemeinsamen Arbeitsausschusses der Spitzenverbände der deutschen Wirtschaft (BDI, BVDB, BDA, DIHT, GVDV) für Unternehmensrecht zum Referentenentwurf eines Gesetzes zur Kontrolle und Transparenz im Unternehmensbereich (KonTraG) vom 10.1.1997, S. 35; *Börsensachverständigenkommission*, S. 26; *DAV*, Squeeze Out-Vorschlag; *Schiessl*, AG 1999, 442, 451; Empfehlungen der *Expertenkommission »Unternehmensübernahmen«*, WM Sonderbeilage Nr. 2 zu Heft 31/2000, S. 37, 38. Die *Expertenkommission »Unternehmensübernahmen«* wurde im Frühjahr 2000 von der Bundesregierung einberufen; siehe dazu den Referentenentwurf des Bundesministeriums der Finanzen für ein Gesetz zur Regelung von öffentlichen Angeboten zum Erwerb von Wertpapieren und von Unternehmensübernahmen vom 12.3.2001, S. 64 (abrufbar unter: http://www.bundesfinanzministerium.de).
109 Gesetz zur Regelung von öffentlichen Angeboten zum Erwerb von Wertpapieren und von Unternehmensübernahmen vom 20.12.2001, BGBl 2001 I, S. 3822. Die Regierungsentwürfe des Bundesministeriums der Finanzen vom 12.3.2001 und vom 11.7.2001 sind abrufbar unter: http://www.bundesfinanzministerium.de bzw. abgedruckt in ZIP 2001, 1262. Siehe dazu auch *Philipp Baums*, WM 2001, 1843; *Grunewald*, ZIP 2002, 18; *Körner*, DB 2001, 367; *Land*, DB 2001, 1707; *Möller/Pötzsch*, ZIP 2001, 1256; *Mülbert*, ZIP 2001, 1221; *Oechsler*, NZG 2001, 817; *Zinser*, NZG 2001, 291; *ders.*, WM 2002, 15; *Krieger*, BB 2002, 53; *Zschocke*, DB 2002, 79; *Halasz/Kloster*, DB 2002, 1251; *Gesmann-Nuissl*, WM 2002, 1205; *Fuhrmann/Simon*, WM 2002, 1205; *Schiffer/Roßmeier*, DB 2002, 1359.

die sich an den Vorschriften zur Eingliederung orientiert. Nach § 327 a Abs. 1 Satz 1 AktG kann die Hauptversammlung einer Aktiengesellschaft auf Verlangen eines Aktionärs, dem Aktien der Gesellschaft in Höhe von 95 % des Grundkapitals gehören (Hauptaktionär), die Übertragung der Aktien der übrigen Aktionäre (Minderheitsaktionäre) auf den Hauptaktionär gegen Gewährung einer angemessenen Barabfindung beschließen.[110] Das Squeeze Out ist weder auf börsennotierte Gesellschaften beschränkt, noch hängt es von einem vorhergehenden Übernahme- oder Pflichtangebot ab.[111]

b) Blick ins Ausland

In den USA kann es in drei Situationen dazu kommen, dass Minderheitsaktionäre zwangsweise aus der Gesellschaft ausscheiden: nach Übernahmeangeboten, bei Eingliederungen und beim Delisting.[112] Die rechtstechnische Umsetzung kann dabei sehr unterschiedliche Formen annehmen. So unterscheiden sich die Mehrheitsanforderungen und die Berechnung der Abfindung in den einzelnen Bundesstaaten. Die Gerichte überprüfen den Ausschluss auf seine Fairness und auf das Vorliegen eines legitimen Zwecks.[113] Auch in Großbritannien gibt es kein allgemeines Recht auf Übernahme der Aktien einer quantitativ bestimmten Minderheit. Der Companies Act von 1985 erlaubt ein Squeeze Out nur im Anschluss an ein Übernahmeangebot. Der Bieter kann Minderheitsaktionäre dann aus der Gesellschaft hinausdrängen, wenn mindestens 90 % der stimmberechtigten Aktionäre das Übernahmeangebot annehmen.[114] Mit dem Ausschlussrecht des Mehrheitsaktionärs korrespondiert das Recht des Minderheitsaktionärs, gegen Barabfindung aus

---

110 Dazu *Rühland*, WM 2000, 1884; *Vetter*, ZIP 2000, 1817; ders., DB 2001, 743; ders., AG 2002, 176; *Habersack*, ZIP 2001, 1230; *Wolf*, ZIP 2002, 153; *Sieger/Hasselbach*, ZGR 2002, 120. Aus ökonomischer Perspektive kritisch *Wenger/Kaserer/Hecker*, ZBB 2001, 317, 322.

111 Ablehnend daher *Habersack*, ZIP 2001, 1230, 1234 f. Auch *Drygala*, AG 2001, 291, 298, hält das Squeeze Out nur bei börsennotierten Gesellschaften für vertretbar. Kritisch ferner *Schüppen*, WPg 2001, 958, 974.

112 *Peltzer*, DB 1987, 973, 974; ausführlich *Merkt*, US-amerikanisches Gesellschaftsrecht, S. 577 ff., m. w. N.; *Peters*, BB 1999, 801, 802; *Habersack*, ZIP 2001, 1230, 1233.

113 *Peltzer*, DB 1987, 973, 974; *Merkt*, US-amerikanisches Gesellschaftsrecht, S. 591; *Peters*, BB 1999, 801, 802.

114 *Than*, in: Festschrift für Claussen, S. 405, 409; *Forum Europaeum Konzernrecht*, ZGR 1998, 672, 735, m. w. N. in Fußnote 289; *Kossmann*, NZG 1999, 1198, 1201; *Sieger/Hasselbach*, NZG 2001, 926. Zur Bemessung der Abfindung im englischen Recht auch *Rühland*, NZG 2001, 448, 450.

III. Dritter SLIM-Vorschlag: Zwangseinziehung

der Gesellschaft auszuscheiden. Auch in Italien[115] und in der Schweiz[116] ist ein Squeeze Out nur im Anschluss an ein Übernahmeangebot möglich. In Österreich kann ein Hauptaktionär, der mit mindestens 90 % an der Gesellschaft beteiligt ist, das Vermögen der Gesellschaft im Rahmen einer verschmelzenden Umwandlung auf sich übertragen. Die außenstehenden Aktionäre haben Anspruch auf angemessene Barabfindung.[117] Das französische Recht kennt das Squeeze Out nur bei börsennotierten Gesellschaften. Unabhängig von einem vorangegangenen Übernahmeangebot kann der mit mindestens 95 % beteiligte Hauptaktionär die restlichen Aktionäre gegen Abfindung aus der Gesellschaft ausschließen. Die Minderheitsaktionäre haben auch in Frankreich ein korrespondierendes Austrittsrecht.[118] In Belgien ist das Squeeze Out, wie in Frankreich, auf börsennotierte Aktiengesellschaften beschränkt. Auch hier muss dem Ausschluss kein Übernahmeangebot vorausgegangen sein und der Mehrheitsgesellschafter muss mindestens 95 % der Stimmrechte auf sich vereinen.[119] Das holländische Squeeze Out-Modell entspricht weitgehend dem neuen deutschen Recht. In den Niederlanden kann ein Hauptaktionär die Minderheitsaktionäre ausschließen, wenn er mindestens 95 % des Kapitals hält. Der Ausschluss ist nicht auf börsennotierte Gesellschaften oder Übernahmekonstellationen beschränkt.[120]

---

115 *Forum Europaeum Konzernrecht*, ZGR 1998, 672, 735, m. w. N. in Fußnote 290; *Kossmann*, NZG 1999, 1198, 1201; *Hommelhoff/Witt*, RIW 2001, 561, 568; *Sieger/Hasselbach*, NZG 2001, 926, 928.
116 *Böckli*, Rn. 1661; *Forum Europaeum Konzernrecht*, ZGR 1998, 672, 735, m. w. N. in Fußnote 291; *Kossmann*, NZG 1999, 1198, 1201.
117 *Forum Europaeum Konzernrecht*, ZGR 1998, 672, 734, m. w. N. in Fußnote 288; *Kossmann*, NZG 1999, 1198, 1201; *Habersack*, ZIP 2001, 1230, 1233; *Sieger/Hasselbach*, NZG 2001, 926, 929.
118 *Forum Europaeum Konzernrecht*, ZGR 1998, 672, 734, m. w. N. in Fußnote 287; *Kossmann*, NZG 1999, 1198, 1201; *Helms*, in: Hommelhoff/Hopt/Lutter (Hrsg.), S. 69, 93; *Klein/Stucki*, RIW 2001, 488, 491; *Habersack*, ZIP 2001, 1230, 1233; *Sieger/Hasselbach*, NZG 2001, 926, 927.
119 *Forum Europaeum Konzernrecht*, ZGR 1998, 672, 734, m. w. N. in Fußnote 286; *Kossmann*, NZG 1999, 1198, 1201; *Wymeersch*, in: Hommelhoff/Hopt/Lutter (Hrsg.), S. 23, 24; *Sieger/Hasselbach*, NZG 2001, 926, 928.
120 *Forum Europaeum Konzernrecht*, ZGR 1998, 672, 734, m. w. N. in Fußnote 285; *Kossmann*, NZG 1999, 1198, 1201; *Timmerman*, in: Hommelhoff/Hopt/Lutter (Hrsg.), S. 175, 176. *Habersack*, ZIP 2001, 1230, 1233; *Sieger/Hasselbach*, NZG 2001, 926, 928.

Dritter Teil: Die Vorschläge der SLIM-Arbeitsgruppe

3. Squeeze Out im Europarecht

a) Harmonisierung des Rechts des Squeeze Out

Das Recht des Squeeze Out ist in der Europäischen Union, das zeigte schon der knappe Überblick, weit verbreitet, aber durchaus unterschiedlich ausgestaltet. Mal darf es nur nach einem Übernahmeangebot oder einer Verschmelzung zum Ausschluss kommen, mal besteht ein allgemeines Ausschlussrecht, das nicht von solchen Voraussetzungen abhängt. Die Wertungen bei den Squeeze Out-Sachverhalten sind den Wertungen beim Delisting[121] und beim Management Buyout[122] ähnlich. In einigen Ländern ist der Squeeze Out auf börsennotierte Gesellschaften beschränkt, in anderen ist er auch möglich, wenn die Anteile der Gesellschaft nicht an der Börse gehandelt werden. Teilweise wird das Ausschlussrecht des Mehrheitsaktionärs durch ein Austrittsrecht des Minderheitsaktionärs ergänzt.[123] Die Eingriffsschwellen unterscheiden sich: meist betragen sie 90 % oder 95 % des Grundkapitals.

Vor diesem Hintergrund verwundert es nicht, dass es bereits mehrfach Anläufe gab, das Recht des Minderheitenausschlusses in der Europäischen Union zu harmonisieren. Die Vorentwürfe einer Konzernrechtsrichtlinie enthielten erstmals eine Squeeze Out-Regelung.[124] Art. 33 des Vorschlags für eine Konzernrechtsrichtlinie aus dem Jahr 1984[125] sieht im Zusammenhang mit der Begründung eines Unterordnungskonzerns vor, dass ein Unternehmen, das mindestens 90 % des Kapitals an einer Gesellschaft erworben hat, die verbleibenden Aktien zwangsweise übernehmen kann. Die umfassende Harmonisierung des Konzernrechts durch die ursprünglich geplante

---

121 *Seibt*, in: VGR (Hrsg.), Gesellschaftsrecht in der Diskussion 2000, S. 37, 71.
122 *Peltzer*, DB 1987, 973, 974
123 Zum deutschen Recht *Grunewald*, in: Festschrift für Claussen, S. 103; *Reinisch*, S. 8.
124 Der Vorentwurf von 1974/1975 ist abgedruckt bei *Lutter*, Europäisches Gesellschaftsrecht, 2. Aufl. 1984, S. 187; der Vorentwurf von 1984 a. a. O. (S. 7, Fn. 14). Zu den Squeeze Out-Regelungen in diesen Entwürfen *Than*, in: Festschrift für Claussen, S. 405, 416.
125 A. a. O. (S. 7, Fn. 16). Art. 33 Nr. 1 lautet: »Hat ein Unternehmen unmittelbar oder mittelbar 90 % oder mehr des Kapitals einer Gesellschaft erworben, kann es gegenüber dem Leitungsorgan der Gesellschaft einen einseitige Erklärung abgeben, die ein Konzernverhältnis begründet. Sind freie Aktionäre vorhanden, sieht diese Erklärung die zwangsweise Übernahme ihrer Aktien vor und enthält hierfür Bedingungen.«

III. Dritter SLIM-Vorschlag: Zwangseinziehung

Konzernrechtsrichtlinie ist gescheitert[126] und mit ihr auch diese Squeeze Out-Regelung.

Über zehn Jahre später forderte dann der *Ernst & Young-Bericht,* ein Austrittsrecht der Aktionäre auf europäischer Ebene festzuschreiben. Minderheitsaktionäre sollten das Recht haben, gegen Barabfindung aus der Aktiengesellschaft auszuscheiden, wenn ein Mehrheitseigner mindestens 95 % des Gesellschaftskapitals hält.[127]

Hopt griff das Thema Squeeze Out im europäischen Kontext bald wieder auf.[128] Er forderte bei Konzernbildungsvorgängen ein Pflichtangebot an die Minderheitsgesellschafter und als Gegenstück hierzu das Recht der Unternehmen, Minderheitsgesellschafter auszuschließen. Beides solle europäisch geregelt werden.[129] Bedingung sei eine faire Abfindung, die nur gewährleistet sei, wenn sie durch einen externen Wirtschaftsprüfer geprüft wird und die Möglichkeit besteht, dazu die Gerichte (Spezialisierung durch Zuständigkeitsregeln) anzurufen. Die richtige Schwelle liege bei 95 %, diskutabel seien aber auch 90 %.[130] Sodann legte das *Forum Europaeum Konzernrecht* im Jahr 1998 seine Vorschläge für die weitere Entwicklung des Europäischen Konzernrechts vor.[131] Der Vorschlag des *Forum Europaeum Konzernrecht* zum Ausschlussrecht des Mehrheitsaktionärs und zum Austrittsrecht der Minderheitsaktionäre beruht auf dem Entwurf von *Hopt.*[132] Der Vorschlag lautet:

»Als Gegenstück zum Pflichtangebot ist eine Ausschlussmöglichkeit zu eröffnen. Die Richtlinie sollte nur den Rahmen setzen: Schwelle zwischen 90-95 %, faires Verfahren, angemessener Preis und wirksame Überwachung. Ein obligatorisches Austrittsrecht für die Minderheitsgesellschafter auch außerhalb eines Pflichtangebotsverfahrens (Schwelle zwischen 90-95 %) sollte den Mitgliedstaaten durch europäische Empfehlung nahegelegt werden.«[133]

---

126 Siehe bereits S. 24.
127 *Ernst & Young-Bericht,* S. 91.
128 *Hopt,* in: Festschrift für Volhard, S. 74, 78.
129 *Hopt,* in: Festschrift für Volhard, S. 74, 78.
130 *Hopt,* in: Festschrift für Volhard, S. 74, 78.
131 *Forum Europaeum Konzernrecht,* ZGR 1998, 672. Siehe dazu auch *Hopt,* EuZW 1999, 577; *ders.,* in: Festschrift für Buxbaum, S. 299; *Fleischer,* AG 1999, 350.
132 *Forum Europaeum Konzernrecht,* ZGR 1998, 672.
133 *Forum Europaeum Konzernrecht,* ZGR 1998, 672, 737.

Dritter Teil: Die Vorschläge der SLIM-Arbeitsgruppe

Im Vorschlag für eine Übernahmerichtlinie aus dem Jahr 1997[134] war eine Squeeze Out-Regelung zunächst nicht vorgesehen. Das Europäische Parlament schlug im Dezember 2000 vor,[135] bei öffentlichen Angeboten zur Übernahme börsennotierter Gesellschaften ein Ausschlussrecht des Bieters vorzusehen, wenn der Bieter infolge des Übernahmeangebotes mindestens 95 % der Aktien erlangt hat.[136] Damit war das Europäische Parlament der Empfehlung seines Ausschusses für Recht und Binnenmarkt gefolgt.[137] Die Europäische Kommission lehnte den Änderungsantrag des Europäischen Parlaments im Februar 2001 mit der Bemerkung ab: »Die Kommission kann diese Abänderung nicht akzeptieren, auch wenn die Idee nicht uninteressant ist. Nur betrifft sie nicht allein den Bereich der Übernahmeangebote, sondern die Funktionsweise von Kapitalgesellschaften überhaupt. Es würde sich anbieten, den Gedanken bei einer Reform des Gesellschaftsrechts wieder aufzugreifen.«[138] Im Vermittlungsausschuss wurde dann vereinbart, in der Übernahmerichtlinie vorerst auf eine Squeeze Out-Regel zu verzichten und diese Frage zunächst durch eine Sachverständigenkommission prüfen zu

---

134 Geänderter Vorschlag einer Dreizehnten gesellschaftsrechtlichen Richtlinie des Europäischen Parlaments und des Rats vom 11.11.1997, ABlEG Nr. C 378 vom 13.12.1997, S. 10.
135 Legislative Entschließung des Europäischen Parlaments zu dem Gemeinsamen Standpunkt des Rates im Hinblick auf den Erlass der Richtlinie des Europäischen Parlaments und des Rates auf dem Gebiet des Gesellschaftsrechts über Übernahmeangebote (81289/1/2000-C5-0327/2000-1995/0341(COD)) vom 13.12.2000, S. 3. Das Protokoll (Nr. A5-0368/2000) ist abrufbar unter: http://europa.eu.int/eur-lex/de/index.html.
136 Der Vorschlag für den neuen Art. 5 a lautet: »Konsolidierung der Position des Bieters: Wenn der Bieter als Folge eines Übernahmeangebotes in den Besitz von mehr als 95 % der Wertpapiere mit Stimmrecht gelangt, so hat er binnen sechs Monaten ab der Schließung des Angebots das Recht, die übrigen Wertpapiere mit Stimmrecht zu dem im Übernahmeangebot festgelegten Angebotspreis in bar zu übernehmen. Mindestens ist jedoch der Höchstpreis zu zahlen, der für Wertpapiere des betroffenen Unternehmens in den zurückliegenden drei Monaten vor der Bekanntmachung des Angebots bezahlt worden ist.«
137 Europäisches Parlament, Ausschuss für Recht und Binnenmarkt, Empfehlung für die Zweite Lesung betreffend den Gemeinsamen Standpunkt des Rates im Hinblick auf den Erlass der Richtlinie des Europäischen Parlaments und des Rates auf dem Gebiet des Gesellschaftsrechts über Übernahmeangebote (81289/1/2000-C5-0327/2000-1995/0341 (COD)) vom 29.11.2000, S. 14. Das Sitzungsdokument, Nr. A5-0368/2000 (PE 294.900), ist abrufbar unter: http://europa.eu.int/eur-lex/de/index.html.
138 Europäische Kommission, Stellungnahme zu den Abänderungen des Europäischen Parlaments des gemeinsamen Standpunkts des Rates betreffend den Vorschlag für eine Richtlinie des Europäischen Parlaments und des Rates auf dem Gebiet des Gesellschaftsrechts über Übernahmeangebote vom 12.2.2001, KOM (2001) 77 endg., S. 5.

III. Dritter SLIM-Vorschlag: Zwangseinziehung

lassen.[139] Der Vorschlag des Vermittlungsausschusses für eine Übernahmerichtlinie ist im Europäischen Parlament mit knapper Mehrheit abgelehnt worden.[140] Die Europäische Kommission und das Europäische Parlament beraten derzeit, ob und wie Squeeze Out-Vorschriften in einen geänderten Vorschlag für eine Übernahmerichtlinie integriert werden können.[141]

Die *Winter*-Kommission hat hierzu am 10.1.2002 ihre Empfehlungen vorgelegt.[142] Die Empfehlungen betreffen zunächst nur das Squeeze Out im Anschluss an ein Übernahmeangebot.[143] In der Konsultation im Rahmen ihrer zweiten Arbeitsphase hat die *Winter*-Kommission deutlich gemacht, dass sie das Recht auf ein Squeeze Out und auf ein Sell Out im Grunde für alle Konstellationen prüfen will und nicht nur für Übernahme- oder Verschmelzungfälle.[144] Ob die *Winter*-Kommission – wie angekündigt[145] – auch den dritten SLIM-Vorschlag nochmals aufgreifen wird, ist noch nicht abzusehen. Die *Winter*-Kommission hat sich in ihrem ersten Bericht bereits für die europäische Harmonisierung des Rechts des Squeeze Out nach Übernahmeangeboten ausgesprochen. Die Unternehmen sollen sich danach gemeinschaftsweit auf bestimmte Gestaltungsmöglichkeiten und die Anteilseigner auf adäquate Mindestschutzniveaus verlassen können.[146] Als Eingriffschwelle schlägt die *Winter*-Kommission eine Obergrenze von 95 % und eine Untergrenze von 90 % des Gesellschaftskapitals vor. Die Mitgliedstaaten sollen in Übernahmekonstellationen die Eingriffschwelle aber statt an den Kapitalanteil auch an die Akzeptanz des Übernahmeangebots (mindestens 90%ige Annahme) binden können.[147] In beiden Fällen solle widerleglich vermutet werden, dass das Übernahmeangebots ein fairer Maßstab für die Abfindungshöhe sei, wenn das Übernahmeangebot von mindestens 90 % seiner Adressaten angenommen werde. Im Falle eines Pflichtangebots solle

---

139 Europäisches Parlament, Bericht über den vom Vermittlungsausschuss gebilligten gemeinsamen Entwurf einer Richtlinie des Europäischen Parlaments und des Rates auf dem Gebiet des Gesellschaftsrechts über Übernahmeangebote (C5-0221/2001-1995/0341 (COD)) vom 25.6.2001, S. 7. Das Sitzungsdokument, Nr. A5-0237/2001 (PE 287.589), ist abrufbar unter: http://europa.eu.int/eur-lex/de/index.html.
140 Siehe dazu bereits S. 25 f. sowie *Pluskat*, WM 2001, 1937, 1942.
141 Pressemitteilung der Europäischen Kommission vom 11.9.2001, Nr. MEMO/01/290, abrufbar unter: http://europa.eu.int/comm/internal_market/en/company/company/news/01-290.htm; Pressemitteilung der Europäischen Kommission vom 10.1.2002, Nr. IP/02/24, abrufbar unter: http://europa.eu.int/rapid/start/cgi.
142 *Winter-Bericht I* vom 10.1.2002. Siehe dazu schon S. 44 f.
143 *Winter-Bericht I*, S. 54.
144 *Winter-Konsultation*, S. 44.
145 *Winter-Bericht I*, S. 55, 63.
146 *Winter-Bericht I*, S. 63.
147 *Winter-Bericht I*, S. 64.

widerleglich vermutet werden, dass dessen Höhe auch bei einer geringeren Annahmequote ein fairer Abfindungsmaßstab sei. In allen anderen Fällen solle die Abfindungshöhe durch einen unabhängigen Sachverständigen ermittelt werden, der durch ein Gericht oder eine Aufsichtsbehörde zu bestellen sei.[148] Die *Winter*-Kommission empfiehlt auch beim Austrittsrecht von Minderheitsgesellschaftern im Anschluss an ein Übernahmeangebot gemeinschaftsweite Mindeststandards des Minderheitenschutzes zu schaffen.[149]

Der Vorschlag der *Winter*-Kommission wie auch der Vorschlag des *Forum Europaeum Konzernrecht* sind grundsätzlich zu begrüßen.[150] Bestehen im Binnenmarkt einheitliche Mindeststandards beim Squeeze Out und können die Anleger darauf vertrauen, dass sie in ihrer Aktionärsstellung überall in der Europäischen Union wirkungsvoll geschützt werden, so senkt das die Informationskosten im Binnenmarkt und schafft Anlegervertrauen. Es sollen hier keine Vorschläge dazu gemacht werden, wann das Europarecht ein Squeeze Out zulassen sollte, ob ein Ausschluss nur nach einem Barangebot oder nur für börsennotierte Gesellschaften zulässig sein sollte, welches die richtige Mindestschwelle (95 % oder 90 %) ist und wie ein Austrittsrecht der Minderheitsaktionäre zu regeln wäre. Nur auf einige Aspekte, die mit dem dritten SLIM-Vorschlag in unmittelbarem Zusammenhang stehen, ist einzugehen.

b) Verfahrensschutz

Das *Forum Europaeum Konzernrecht* hat zu Recht darauf hingewiesen, dass ein gemeinschaftsweiter Schutz nur dann ausreichend ist, wenn für den zwangsweisen Auskauf von Aktionärsminderheiten mindestens der Abfindungsstandard bei der Eingliederung nach § 320 b AktG erreicht wird.[151] Angemessen ist nur eine Abfindung zum vollem Wert.[152] Die Abfindungs-

---

148 *Winter-Bericht I*, S. 65 f.
149 Ausführlich *Winter-Bericht I*, S. 66 f.
150 Auch *Than*, in: Festschrift für Claussen, S. 405, 422, fordert gemeinschaftsweite Mindeststandards für den Zwangsausschluss von Minderheitsaktionären. Für eine einheitliche Regelung ferner *Drygala*, AG 2001, 291, 295.
151 *Forum Europaeum Konzernrecht*, ZGR 1998, 672, 734: »rechtspolitisch [...] Mindestlatte«. Für das deutsche Recht so auch der *DAV*, Squeeze Out-Vorschlag, S. 4; sowie der Referentenentwurf des Bundesministerium der Finanzen für ein Gesetz zur Regelung von öffentlichen Angeboten zum Erwerb von Wertpapieren und von Unternehmensübernahmen vom 12.3.2001, S. 183.
152 So auch *Forum Europaeum Konzernrecht*, ZGR 1998, 672, 739.

III. Dritter SLIM-Vorschlag: Zwangseinziehung

höhe muss durch einen unabhängigen Sachverständigen überprüft werden.[153] Sinnvoll wäre auch die Festsetzung oder wenigstens die Überprüfung der Abfindungshöhe durch eine Börsenaufsichtsstelle. Bei dieser Börsenaufsichtsstelle könnte es sich um eine (eventuell zentrale europäische) Behörde oder um ein Gericht handeln. Mit einem solchen Verfahren ließe sich die entscheidende Unabhängigkeit des Prüfenden garantieren.[154] Die Aktionäre müssen die Abfindung gerichtlich überprüfen lassen können.[155] In Deutschland ist es nach Art. 14 GG verfassungsrechtlich geboten, dass der erzwungene Verlust der Mitgliedschaft wirtschaftlich voll kompensiert wird und dass die Rechtsordnung hierfür wirksame Schutzvorkehrungen für die Minderheitsaktionäre bereithält.[156]

Die Vermögenssituation ist für die ausscheidenden Aktionäre vergleichbar der Situation der Minderheitsaktionäre im Falle einer Verschmelzung. Für diese sieht Art. 5 Abs. 1 lit. b der Verschmelzungsrichtlinie[157] einen Verschmelzungsplan des Vorstands vor, der Angaben zum Umtauschverhältnis der Aktien und gegebenenfalls zur Höhe einer baren Zuzahlung machen muss. Nach Art. 10 Abs. 1 und Abs. 2 Verschmelzungsrichtlinie muss der Verschmelzungsplan durch unabhängige Sachverständige geprüft werden, die die Angemessenheit des Umtauschverhältnisses gegenüber den Aktionären so darzulegen haben, dass die Aktionäre dies selbst grundsätzlich nachvollziehen können. Ein korrespondierendes Schutzmodell wurde jüngst in Artt. 17 Abs. 2 lit. a, 20, 22 f. SE-VO[158] für die Verschmelzung zu einer

---

153 Wie hier *Forum Europaeum Konzernrecht*, ZGR 1998, 672, 739. Teils entsprechend auch der auf S. 125 f. skizzierte Vorschlag der *Winter*-Kommission, *Winter-Bericht I*, S. 66.

154 Siehe ähnliche Vorschlägen zum vierten SLIM-Vorschlag (Erwerb eigener Aktien) auf S. 182 und zum sechsten SLIM-Vorschlag (Bezugsrechtsausschluss) auf S. 232. Zur Bedeutung der Unabhängigkeit des Prüfers bereits S. 100, Fn. 47.

155 So auch *Forum Europaeum Konzernrecht*, ZGR 1998, 672, 739.

156 BVerfGE 14, 263, 264 ff. (Feldmühle); BVerfG 100, 289, 301 ff. (DAT/Altana); BVerfG, AG 2001, 42, 43 (Moto Meter). Dazu auch *Großfeld*, BB 2000, 261; *Fleischer*, DNotZ 2000, 868, 876; *Vetter*, ZIP 2000, 561; *Busse von Colbe*, in: Festschrift für Lutter, S. 1053, 1054; *Henze*, in: Festschrift für Lutter, S. 1101, 1102; *Welf Müller*, in: Festschrift für Bezzenberger, S. 705, 711; *Hopt*, in: Hommelhoff/Hopt/Lutter (Hrsg.), S. 279, 291; *Piltz*, ZGR 2001, 185. Speziell zu den verfassungsrechtlichen Anforderungen für das Squeeze Out siehe auch den Referentenentwurf des Bundesministeriums der Finanzen für ein Gesetz zur Regelung von öffentlichen Angeboten zum Erwerb von Wertpapieren und von Unternehmensübernahmen vom 12.3.2001, S. 182. Aus der Literatur dazu *Rühland*, NZG 2001, 448, 453; *Thaeter/Barth*, NZG 2001, 545, 550; *Krieger*, BB 2002, 53, 54 und sehr kritisch *Heidel/Lochner*, DB 2001, 2031, 2032. Ferner *Winter-Bericht I*, S. 61. Für den parallel gelagerten Fall des Delisting *Mülbert*, ZHR 165 (2001), 104, 112.

157 A. a. O. (S. 7, Fn. 14).

158 A. a. O. (S. 7, Fn. 17).

Dritter Teil: Die Vorschläge der SLIM-Arbeitsgruppe

Europäischen Aktiengesellschaft verabschiedet. Die Vorschriften der Verschmelzungsrichtlinie und der SE-VO bezwecken, dass die Minderheitsaktionäre bei einer grundlegenden Änderung ihrer Mitgliedschaft wenigstens wirksam vor Vermögenseinbußen geschützt werden. Beim Squeeze Out geht es nicht nur um eine Änderung der Mitgliedschaft, sondern es geht um deren Vernichtung. Der Schutz der Minderheitsaktionäre muss deshalb mindestens das Niveau erreichen, das die Verschmelzungsrichtlinie beziehungsweise die SE-VO für Verschmelzungen garantiert.

Kallmeyer vertritt insofern eine andere Auffassung.[159] Er meint, nicht der Schutzstandard der Eingliederung oder der Verschmelzung sei geeigneter Maßstab für das Squeeze Out. Der Zwangsausschluss finde seine Parallele vielmehr in der Zwangseinziehung. Wie bei der gestatteten Einziehung nach § 237 AktG sei die Abfindungshöhe durch Hauptversammlungsbeschluss festzusetzen. Ausreichend sei, dass die Aktionäre diesen Hauptversammlungsbeschluss gerichtlich anfechten könnten.

Das Schutzkonzept bei der Zwangseinziehung nach Art. 36 KapRL ist tatsächlich ein anderes als das der Verschmelzungsrichtlinie. Art. 36 KapRL schreibt weder einen Einziehungsbericht, noch eine sachverständige Einziehungsprüfung vor. Aber es ist fraglich, ob Art. 36 KapRL der richtige Maßstab für das Schutzniveau beim Squeeze Out ist. Art. 36 KapRL war ein politischer Kompromiss. Deutschland, das als einziger Mitgliedstaat die Zwangseinziehung mit Kapitalherabsetzung kannte, bestand darauf, an diesem Institut festzuhalten. Die übrigen Mitgliedstaaten hatten dagegen Bedenken. Nach dem Richtlinienvorschlag der Europäischen Kommission hat Art. 36 KapRL

»nur den Zweck, Mindestgarantien für [eine] der Kapitalherabsetzung ähnliche [Maßnahme] festzulegen, die nicht im Recht aller Mitgliedstaaten vorgesehen [ist, ...]. Diese Maßnahme [wird] einfach auf jene Elemente zurückgeführt, die sich in andere Rechte übertragen lassen, und den wesentlichen Schutzbestimmungen unterworfen, die durch die vorhergehenden Artikel zugunsten der Aktionäre und, was die Zwangseinziehung betrifft, zugunsten der Gläubiger vorgeschrieben sind. Das [der Zwangeinziehung mit Kapitalherabsetzung nach deutschem Recht] auf diese Weise gegebene »gemeinschaftliche Gewand« wird diejenigen Länder, die die [Institution] nicht kennen, nicht zu einer Änderung ihrer Rechte veranlassen, sondern geeignet sein, dem Risiko gegensätzlicher Anwendung durch andere vorzubeugen, woraus für Gesellschafter und Dritte eventuell Nachteile entstehen könnten.«[160]

---

159 *Kallmeyer*, AG 2000, 59, 61; *ders.* AG 2001, 406, 409.
160 ABlEG Nr. C 48 vom 24.4.1970, S. 16. Parenthesen vom *Verfasser*. Formulierung im ABlEG im Plural.

III. Dritter SLIM-Vorschlag: Zwangseinziehung

Dieser politische Kompromiss war damals möglich, weil die Zwangseinziehung nach Art. 36 Abs. 1 KapRL nur zulässig ist, sofern sie bereits in der Satzung angelegt war, bevor die Aktien gezeichnet wurden. Die Mitgliedschaft des Aktionärs ist in diesem Fall abweichend vom gesetzlichen Ausgangsmodell von vornherein inhaltlich eingeschränkt. Eine ähnliche Regelung findet sich in Art. 39 KapRL für die rückerwerbbaren Aktien. Dort weiß der Aktionär von Anfang an, dass seine Mitgliedschaft durch den Rückkerwerb beendet werden kann und er kennt die Bedingungen, die dabei gelten.

Würde Art. 36 Abs. 1 KapRL entsprechend dem dritten SLIM-Vorschlag geändert, so geriete das, was dem Europäischen Gesetzgeber als politischer Kompromiss gerade noch tragbar schien, aus dem Lot. Auf einen europäischen Verfahrensschutz beim Squeeze Out zu verzichten wäre nicht nur im Hinblick auf die Verschmelzungsrichtlinie und die SE-VO unstimmig. Es wäre auch nicht sachgerecht, weil damit das Ziel der Harmonisierung des Squeeze Out, Informationskosten zu senken und Anlegervertrauen zu erhöhen, nicht erreicht würde.

Dass die Anforderungen an die Squeeze Out-Prüfung im Detail andere als die der Verschmelzung sind, liegt auf der Hand, schon weil beim Squeeze Out regelmäßig nicht wie bei der Verschmelzung zwei Unternehmen zu bewerten sind.[161] Materiell sind die Anforderungen aber vergleichbar. Auch beim Squeeze Out sollte gemeinschaftsweit vorgeschrieben werden, dass unabhängige Experten einen geplanten Zwangsausschluss prüfen.[162] Wird die Entscheidung über den Ausschluss und die Abfindungshöhe nicht von vornherein einem Gericht übertragen, so muss der Squeeze Out-Schutz *a priori* erfolgen.[163] Die Aktionäre müssen in jedem Fall aufgrund des Expertenberichts die Berechnung des Schwellenwertes als wesentliche Voraussetzung des Squeeze Out und die der Abfindungshöhe zugrunde liegenden Bewertungen nachvollziehen können.[164] Sie müssen sowohl für eine etwaige Entscheidung in der Hauptversammlung als auch für ihre Entscheidung über

---

161 Vgl. *Kallmeyer*, AG 2000, 59, 61; *ders.* AG 2001, 406, 409.
162 Vgl. Art. 10 Verschmelzungsrichtlinie (a. a. O., S. 7, Fn. 14); Artt. 17 Abs. 2 lit. b, 22 SE-VO (a. a. O., S. 7, Fn. 17). Nachdrücklich so auch *Forum Europaeum Konzernrecht*, ZGR 1998, 672, 739.
163 Vgl. Artt. 10, 11 Verschmelzungsrichtlinie (a. a. O., S. 7, Fn. 14); Artt. 17 Abs. 2 lit. b, 22, 23 SE-VO (a. a. O., S. 7, Fn. 17). Gleichsinnig schon *Bayer*, AG 1988, 323, 326.
164 Für das deutsche Recht (§ 327 c Abs. 2 AktG neuer Fassung) so auch der Referentenentwurf des Bundesministerium der Finanzen für ein Gesetz zur Regelung von öffentlichen Angeboten zum Erwerb von Wertpapieren und von Unternehmensübernahmen vom 12.3.2001, S. 183.

Dritter Teil: Die Vorschläge der SLIM-Arbeitsgruppe

die Inanspruchnahme gerichtlichen Rechtsschutzes ausreichend über die Voraussetzungen des Squeeze Out und über die Abfindungshöhe informiert sein.

c) *Zwangseinziehung als zusätzlicher Weg des Squeeze Out?*

Der dritte SLIM-Vorschlag war in der SLIM-Arbeitsgruppe sehr umstritten.[165] Der Vorschlag, ein Squeeze Out über Art. 36 KapRL nur den Ländern zu gestatten, in denen es noch keine gesetzliche Squeeze Out-Regelung gibt,[166] ist, ähnlich wie Art. 36 KapRL selbst, als politischer Kompromiss zu verstehen. Dieser Kompromiss innerhalb der SLIM-Arbeitsgruppe sollte es Deutschland, das damals noch kein Squeeze Out-Verfahren hatte, ermöglichen, die Zwangseinziehung zu einem Squeeze Out-Verfahren auszubauen. Die Voraussetzung dieses SLIM-Kompromisses ist durch das neue Verfahren zum Ausschluss von Minderheitsaktionären nach §§ 327 a ff. AktG entfallen. Weil Deutschland jetzt ein Squeeze Out-Verfahren eingeführt hat, wäre die Zwangseinziehung nach dem dritten SLIM-Vorschlag für Deutschland außerdem nicht mehr eröffnet, weil dieser Weg nur den Mitgliedstaaten offen stehen soll, die nicht über ein Squeeze Out-Verfahren verfügen. Der dritte SLIM-Vorschlag hat sich also auch insofern erledigt. Darüber hinaus würde eine Zweiteilung des Squeeze Out-Rechts in der Europäischen Union das Ziel der Harmonisierung konterkarieren. Will man das Squeeze Out europarechtlich regeln, um damit die Transaktionskosten im Binnenmarkt zu senken und das Anlegervertrauen zu erhöhen, so ist das nur mit einem einheitlichen Mindestschutzniveau möglich.

Denkbar wäre nun, in Art. 36 Abs. 1 KapRL die Zwangseinziehung auch zuzulassen, wenn sie noch nicht in der Satzung angelegt ist, sofern dabei die künftigen Squeeze Out-Vorschriften des Europarechts beachtet werden. Das Squeeze Out durch den Hauptaktionär führt nicht zu einer Kapitalherabsetzung; der Hauptaktionär muss für die Barabfindung der ausgeschlossenen Aktionäre aufkommen. Bei der Zwangseinziehung kommt es hingegen zu einer Kapitalherabsetzung. Schutzbedürftig sind deshalb nicht nur die ausgeschlossenen Aktionäre, sondern auch die Gläubiger der Gesellschaft.[167] Aus

---

165 Protokoll der Europäischen Kommission vom 19.4.1999 über das zweite Treffen der SLIM-Arbeitsgruppe am 7.3.1999, S. 10.
166 SLIM-Vorschläge, S. 4; SLIM-Erläuterungen, S. 13.
167 Zum Schutz der Aktionäre und der Gläubiger bei der Zwangseinziehung im deutschen Recht *Grunewald*, Der Ausschluss aus Gesellschaft und Verein, S. 51; *Oechsler*, in: Münchener Kommentar zum AktG, § 237 Rn. 3 f.

III. Dritter SLIM-Vorschlag: Zwangseinziehung

diesem Grunde verweist Art. 36 Abs. 1 lit. d KapRL zu Recht auf die Vorschriften über die Kapitalherabsetzung des Art. 32 KapRL. Die SLIM-Arbeitsgruppe schlägt nicht vor, das zu ändern. Ließe man den Squeeze Out im Wege der Zwangseinziehung zu, so müssten also de lege ferenda die allgemeinen europäischen Vorschriften über das Squeeze Out beachtet werden und nach Artt. 36 Abs. 1 lit. d, 32 KapRL darüber hinaus die Vorschriften über die Kapitalerhaltung. Soll aber der Squeeze Out mit einer Kapitalherabsetzung kombiniert werden, so kann das auch erfolgen, ohne dass hierfür eine eigene Vorschrift in die Kapitalrichtlinie aufgenommen wird. Eine solche Vorschrift widerspräche dem Ziel, die Transaktionskosten durch ein transparentes Europarecht zu senken.

Der dritte SLIM-Vorschlag ist überholt und abzulehnen.

IV. Vierter SLIM-Vorschlag: Erwerb eigener Aktien

1. Der SLIM-Vorschlag

Die SLIM-Arbeitsgruppe erachtet die gegenwärtigen Vorschriften der Kapitalrichtlinie zum Erwerb eigener Aktien als zu rigide. Besonders die Beschränkung des Erwerbs auf 10 % des gezeichneten Kapitals sowie die Zeitgrenze von 18 Monaten für die Erwerbsermächtigung durch die Hauptversammlung werden von ihr als unnötig restriktiv erachtet.[1]

Die 18-Monats-Regel des Art. 19 Abs. 1 lit. a KapRL könne durch sukzessive Ermächtigungen leicht »umgangen« werden. Sie sei daher bloß eine schwerfällige und teure Formalie, die nützliche Transaktionen verhindern könne. Als Beispiel hierfür werden Aktienoptionsprogramme genannt, die mit erworbenen eigenen Aktien bedient werden sollen. Art. 25 Abs. 2 Satz 3 KapRL sieht für das genehmigte Kapital einen Genehmigungszeitraum von bis zu fünf Jahren vor. In Anlehnung hieran empfiehlt die SLIM-Arbeitsgruppe, auch für die Ermächtigung zum Erwerb eigener Aktien eine Höchstdauer von fünf Jahren vorzusehen.

Die SLIM-Arbeitsgruppe will an der Kapitalgrenze des Art. 19 Abs. 1 lit. c KapRL festhalten. Der Erwerb eigener Aktien soll auch künftig auf das ausschüttungsfähige Nettovermögen beschränkt sein. Die zusätzliche Beschränkung des Erwerbs auf höchstens 10 % des gezeichneten Kapitals hält die SLIM-Gruppe für redundant. Auch diese Regel könne durch sukzessive Rückkäufe einfach umgangen werden. Die 10 %-Grenze des Art. 19 Abs. 1 lit. b KapRL sei daher auf europäischer Ebene aufzugeben. Den Mitgliedstaaten solle es aber freistehen, den Rückkauf eigener Aktien durch nationales Recht auf eine bestimmte Quote des Grundkapitals zu begrenzen.

Die SLIM-Arbeitsgruppe betont, dass der Grundsatz der Gleichbehandlung der Aktionäre in jedem Falle gewahrt werden müsse. Bei börsennotierten Gesellschaften werde dem Gleichheitsgrundsatz durch Rückkäufe zu Marktpreisen genügt. Beim Erwerb an der Börse müsse eine ausreichende kontinuierliche oder periodische Offenlegung gesichert sein. Weitere Formalien seien aber nicht zu beachten.

---

1 SLIM-Vorschläge, S. 5; SLIM-Erläuterungen, S. 13.

IV. Vierter SLIM-Vorschlag: Erwerb eigener Aktien

Auch der vierte SLIM-Vorschlag geht wesentlich auf die Initiative von *Kallmeyer* zurück.[2] *Kallmeyer* hatte besonders ein praktisches Problem des deutschen Aktienrechts vor Augen:[3] Seit dem Gesetz zur Kontrolle und Transparenz im Unternehmensbereich (KonTraG)[4] aus dem Jahre 1998 nimmt die Bedeutung von Aktienoptionsprogrammen in Deutschland stetig zu. Aktienoptionsprogramme können unter anderem mit Aktien bedient werden, die die Gesellschaft nach § 71 Abs. 1 Satz 1 Nr. 8 AktG erworben hat. Während Aktienoptionsprogramme typischerweise über mehrere Jahre laufen, ist die Erwerbsermächtigung nach § 71 Abs. 1 Satz 1 Nr. 8 AktG auf maximal 18 Monate begrenzt. Das kann zu Friktionen führen, wenn die Aktien nicht bereits sämtlich zu Beginn des Aktienoptionsprogramms erworben werden sollen. Hierauf ist später einzugehen.[5] Losgelöst von dieser Problematik hatte *Martens* schon davor die 18-Monatsgrenze als zu kurz erachtet[6] Er regte, ebenfalls in Anlehnung an die Vorschriften für das genehmigte Kapital, an, den Ermächtigungszeitraum auf fünf Jahre auszudehnen. Die 10 %-Grenze wurde zuvor in der Literatur schon verschiedentlich kritisiert. Namentlich *Kübler* und *Escher-Weingart* fordern, sie aufzuheben.[7]

2. Das geltende Recht

a) Deutschland bis zur Kapitalrichtlinie

Die historische Entwicklung des deutschen Aktienrechts ist nicht nur für das Verständnis der deutschen lex lata wichtig, sondern auch für das der Kapitalrichtlinie. So wurde beispielsweise die 10 %-Grenze in Art. 19 Abs. 1 lit. b KapRL aus dem deutschen Recht übernommen. Die Entwicklungslinien des

---

2 *Kallmeyer*, Vortrag beim Deutschen Aktieninstitut e. V. in Frankfurt am Main am 24.4.2001, Skript, S. 4.
3 *Kallmeyer*, AG 2001, 406, 407.
4 BGBl 1998 I, S. 786.
5 Siehe S. 175 f.
6 *Martens*, AG 1996, 337, 339, 343; ihm folgend *Benckendorff*, S. 304.
7 Grundlegend *Kübler*, Aktie, S. 63; *Escher-Weingart/Kübler*, ZHR 162 (1998), 537, 558; *Escher-Weingart*, Deregulierung, S. 290. Im Ergebnis aber auch *Enriques/Macey*, Cornell L. Rev. 86 (2001), 1165, 1167: »... the best way to reform this area of European Union law would be to repeal the legal capital rules altogether.«

Dritter Teil: Die Vorschläge der SLIM-Arbeitsgruppe

Erwerbs eigener Aktien im deutschen Aktienrecht bis zum Inkrafttreten der Kapitalrichtlinie sollen aus diesem Grunde hier skizziert werden.[8]

Der Erwerb eigener Aktien wurde in Deutschland erstmals 1870 geregelt und zwar in Form eines strikten Verbotes. Dieses strikte Verbot wurde bereits 1884 gelockert. Ab 1897 waren die deutschen Aktiengesellschaften nur noch durch eine bloße Sollvorschrift gehalten, im regelmäßigen Geschäftsbetrieb keine eigenen Aktien zu erwerben. Entgegen der Intention des Gesetzgebers kauften die Unternehmen in der Folge bald eigene Aktien in größerem Umfang zurück, insbesondere um den Börsenkurs zu pflegen. Dies wurde vielen Unternehmen zum Verhängnis, als in der Weltwirtschaftskrise von 1929 bis 1931 die Kurse rasant fielen. Unternehmen, die auf den Kursrutsch mit dem Erwerb eigener Aktien reagierten, fehlte das Kapital, das sie für die eigenen Anteile bezahlt hatten, bald an anderer Stelle. Außerdem mussten die Gesellschaften die erworbenen eigenen Anteile bei weiteren Kursverlusten fortlaufend abschreiben, was das Ergebnis weiter belastete. Die Kombination dieser beiden Effekte führte häufig zu einer Verlustspirale, die im Zusammenbruch des Unternehmens endete.[9] Aus diesem Grunde wurde der Erwerb eigener Aktien durch die Notverordnung vom 19.9.1931 grundsätzlich verboten.[10] Der neue § 226 Abs. 1 HGB 1931 lautete:

»Die Aktiengesellschaft darf eigene Aktien [...] erwerben, wenn es zur Abwendung eines schweren Schadens von der Gesellschaft notwendig ist; der Gesamtnennbetrag der zu erwerbenden Aktien darf zehn vom Hundert [...] des Grundkapitals nicht übersteigen. Im Übrigen darf die Aktiengesellschaft [...] eigene Aktien nur erwerben, wenn auf sie der Nennbetrag oder, falls der Ausgabebetrag höher ist, dieser voll geleistet ist und wenn [...] der Gesamtnennbetrag der zu erwerbenden Aktien zusammen mit anderen eigenen Aktien, die der Gesellschaft bereits gehören, zehn vom Hundert [...] des Grundkapitals nicht übersteigt und die Aktien zur Einziehung erworben werden [...].«

Die Entscheidung über den Erwerb stand als Geschäftsführungsmaßnahme dem Vorstand zu. Die Notverordnung von 1931 wollte die in der Wirtschaftskrise von 1929 bis 1931 plötzlich aufgetretenen Missstände rasch beseitigen. Sie hatte nicht den Anspruch, den Erwerb eigener Aktien endgül-

---

8 Hierzu auch *Huber*, in: Festschrift für Duden, S. 137 ff.; *Lutter*, in: Kölner Kommentar zum AktG, § 71 Rn. 5; *Oliver Peltzer*, WM 1998, 322; *Tilman Bezzenberger*, Eigenerwerb, S. 15 f.
9 Dazu *Siegfried Schön*, S. 15 ff.
10 RGBl 1931 I, S. 493.

IV. Vierter SLIM-Vorschlag: Erwerb eigener Aktien

tig zu regeln.[11] Ihre Vorschriften zum Erwerb eigener Aktien wurden gleichwohl in § 65 des Aktiengesetzes von 1937[12] weitgehend übernommen. § 65 AktG 1937 lautete:

»Abs. 1: Die Aktiengesellschaft darf eigene Aktien nur erwerben, wenn es zur Abwendung eines schweren Schadens von der Gesellschaft notwendig ist. Der Gesamtbetrag dieser Aktien darf zusammen mit dem Betrag anderer eigener Aktien, die die Gesellschaft bereits zur Abwendung eines schweren Schadens erworben hat und noch besitzt, zehn vom Hundert des Grundkapitals nicht übersteigen; [...].
Abs. 2: Der Erwerb eigener Aktien unterliegt den Beschränkungen des Abs. 1 nicht, wenn er auf Grund eines Beschlusses der Hauptversammlung zur Einziehung nach den Vorschriften über die Herabsetzung des Grundkapitals geschieht.«

Das Aktiengesetz von 1965[13] übernahm seinerseits die Vorschriften des Aktiengesetzes von 1937 zum Erwerb eigener Aktien fast ohne Änderungen. § 71 Abs. 1 Nr. 2 und Nr. 3 AktG 1965 ließen nun aber, anders als § 65 AktG 1937, als Erwerbszweck neben der Schadensabwehr auch die Ausgabe von Mitarbeiteraktien und die Abfindung von Aktionären zu.

b) Die Kapitalrichtlinie

Die Artt. 19 bis 24 KapRL, deren Regelungen oben schon aufgezeigt wurden,[14] waren bis 1976 Gegenstand besonders langer und hartnäckiger Erörterungen im Rat der Europäischen Gemeinschaften. Ein Kompromiss konnte erst im letzten Stadium der Verhandlungen erzielt werden.[15] Die Rechtsordnungen der Europäischen Gemeinschaft schränkten den Erwerb eigener Aktien überwiegend auch schon vor Inkrafttreten der Kapitalrichtlinie ein.[16] Das deutsche Recht und die romanischen Rechte verfolgten dabei grundsätzlich die gleichen Ziele: Die Vorschriften zum Erwerb eigener Aktien sollten zum Schutze der Gläubiger das Kapital erhalten und außerdem die Aktionäre

---

11 *Siegfried Schön*, S. 21 ff.
12 RGBl 1937 I, S. 107.
13 BGBl 1965 I, S. 1089.
14 S. 17 f.
15 Begründung des Gesetzesentwurfs der Bundesregierung zur Durchführung der Kapitalrichtlinie vom 31.3.1978, BTDrucks 8/1678, S. 14.
16 Die Niederlande mussten jedoch Regelungen über den Erwerb und das Halten eigener Aktien völlig neu einführen, siehe *Ganske*, DB 1978, 2461.

und deren Gleichbehandlung schützen.[17] Die Mittel, mit denen diese Ziele verfolgt wurden, unterschieden sich aber im deutschen Recht und in den romanischen Rechten.[18]

In Deutschland war der Erwerb eigener Aktien auf 10 % des Grundkapitals beschränkt. Zuständig für den Erwerb war der Vorstand. Der Erwerb war nur zu bestimmten Zwecken zulässig: Er musste entweder notwendig sein, um einen schweren Schaden von der Gesellschaft abzuwenden, oder er musste der Mitarbeiterbeteiligung oder der Aktionärsabfindung dienen.

In den romanischen Rechten war der Erwerb eigener Aktien auf 25 % des gezeichneten Kapitals beschränkt.[19] Es durften nur voll eingezahlte Aktien erworben werden. Der Erwerb war nicht an das Vorliegen bestimmter Gründe geknüpft. Der Vorstand durfte aber nur aufgrund einer Ermächtigung durch die Hauptversammlung tätig werden. Mit der Hauptversammlungskompetenz korrespondierten Berichts- und Informationspflichten des Vorstandes. Dem Kapitalschutz dienten in den romanischen Rechten zwei Institute: Zum einen mussten die erworbenen eigenen Aktien aktiviert und durch eine korrespondierende Rücklage bilanziell neutralisiert werden. Zum anderen durften die Aktien nur aus freien Mitteln erworben werden, also aus Mitteln, die die Gesellschaft auch als Dividende hätte ausschütten können. Schließlich mussten in den romanischen Rechten die eigenen Aktien wieder veräußert werden oder sie waren nach Ablauf einer bestimmten Frist zu beseitigen.[20]

Der europäische Gemeinschaftsgesetzgeber wollte nun in der Kapitalrichtlinie sowohl die deutsche als auch die romanische Rechtstradition berücksichtigen. Statt ein neues und in sich schlüssiges Gesamtkonzept zu entwickeln, kumulierte er einfach die Anforderungen beider Systeme. Diese Kumulation von Vorschriften wird bereits im Kommissionsentwurf zur Kapitalrichtlinie begründet: »Wenn auch die beiden Systeme theoretisch nicht gleichwertig erscheinen mögen, bildet ihre Existenz weder in dem einen noch in dem anderen Fall einen nennenswerte Gefahr für Dritte und Aktionäre.«[21]

---

17 Kommissionsentwurf zur Kapitalrichtlinie, ABlEG Nr. C 48 vom 24.4.1970, S. 12.
18 Siehe zu den Vorschriften der romanischen Rechte den Kommissionsentwurf zur Kapitalrichtlinie, ABlEG Nr. C 48 vom 24.4.1970, S. 12 ff. sowie die Begründung des Gesetzesentwurfs der Bundesregierung zur Durchführung der Kapitalrichtlinie vom 31.3.1978, BTDrucks 8/1678, S. 14 ff.
19 Kommissionsentwurf zur Kapitalrichtlinie, ABlEG Nr. C 48 vom 24.4.1970, S. 19.
20 Begründung des Gesetzesentwurfs der Bundesregierung zur Durchführung der Kapitalrichtlinie vom 31.3.1978, BTDrucks 8/1678, S. 14 ff.
21 ABlEG Nr. C 48 vom 24.4.1970, S. 12.

c) Deutschland nach der Kapitalrichtlinie

Durch das Gesetz zur Umsetzung der Kapitalrichtlinie vom 13.12.1978[22] wurde der Erwerb eigener Aktien in den §§ 71 bis 71 e, 150 a AktG grundlegend neu geregelt. Diese Vorschriften sind der stärkste durch die Kapitalrichtlinie bedingte Eingriff in die Systematik des Aktiengesetzes.[23] Besonders bedeutend ist die Einführung der Kapitalschranke in § 71 Abs. 2 Satz 2 AktG. Eigene Aktien dürfen demnach nur erworben werden, sofern nach dem Erwerb das Nettoaktivvermögen der Aktiengesellschaft das Grundkapital zuzüglich der gesetzlich oder satzungsmäßig gebundenen Rücklagen nicht unterschreitet. Im Ergebnis dürfen somit zum Rückerwerb nur die Mittel verwendet werden, die auch an die Aktionäre ausgeschüttet werden könnten.[24]

Die Möglichkeiten der Aktiengesellschaften, eigene Aktien zu erwerben, wurden in Deutschland im Jahr 1998 wesentlich erweitert. Mit dem Gesetz zur Kontrolle und Transparenz im Unternehmensbereich (KonTraG)[25] ging der deutsche Gesetzgeber weitgehend an die Grenzen heran, die ihm durch Art. 19 Abs. 1 KapRL vorgegeben sind. Nach dem neu eingefügten § 71 Abs. 1 Satz 1 Nr. 8 AktG kann die Gesellschaft eigene Aktien bis zu einem Anteil von 10 % ihres Grundkapitals erwerben. Voraussetzung hierfür ist eine höchstens 18 Monate geltende Ermächtigung der Hauptversammlung. Ein Erwerbszweck ist nicht vorgegeben. Lediglich der Handel in eigenen Aktien ist ausgeschlossen. In § 71 AktG sind nunmehr zwei verschiedene 10 %-Volumengrenzen vorgeschrieben: die Bestandsgrenze des § 71 Abs. 2 Satz 1 AktG sowie die Erwerbsgrenze des § 71 Abs. 1 Satz 1 Nr. 8 Satz 1 AktG. Die Bestandsgrenze des § 71 Abs. 2 Satz 1 AktG stimmt mit Art. 19 Abs. 1 lit. b KapRL überein. Diese Grenze soll nach Auffassung der SLIM-Arbeitsgruppe auf europäischer Ebene aufgehoben werden. Die Erwerbsgrenze des § 71 Abs. 1 Satz 1 Nr. 8 Satz 1 AktG geht über die Vorgaben der Kapitalrichtlinie hinaus. Sie ist aber mit dieser vereinbar, denn Art. 19 Abs. 1 lit. b KapRL ist ausdrücklich als Mindestnorm formuliert. Was ist nun der Unterschied zwischen der Erwerbsgrenze des § 71 Abs. 1 Satz 1 Nr. 8 Satz 1 AktG und der Bestandsgrenze des § 71 Abs. 2 Satz 1 AktG? Werden erworbene eigene Aktien verwertet, also beispielsweise eingezogen

---

22 BGBl 1978 I, S. 1959; siehe dazu schon oben S. 10.
23 Begründung des Gesetzesentwurfs der Bundesregierung zur Durchführung der Kapitalrichtlinie vom 31.3.1978, BTDrucks 8/1678, S. 14.
24 *Klingberg*, BB 1998, 1575.
25 BGBl 1998 I, S. 786.

Dritter Teil: Die Vorschläge der SLIM-Arbeitgruppe

oder veräußert, so mindert dies den Bestand, nicht aber den Erwerb.[26] Hat eine Gesellschaft aufgrund einer Erwerbsermächtigung nach sechs Monaten zehn Prozent der eigenen Aktien erworben, zwischenzeitlich aber wieder fünf Prozent veräußert, so wäre ein erneuter Erwerb von fünf Prozent nach § 71 Abs. 2 Satz 1 AktG zulässig, weil der Bestand zehn Prozent nicht überstiege. Nach § 71 Abs. 1 Satz 1 Nr. 8 Satz 1 AktG wäre der Erwerb aber unzulässig, weil die Gesellschaft das zulässige Erwerbsvolumen von zehn Prozent bereits zuvor voll ausgeschöpft hat. Zweck der neuen Erwerbsgrenze in § 71 Abs. 1 Satz 1 Nr. 8 Satz 1 AktG ist es, Kurspflegemaßnahmen zusätzlich zu begrenzen.[27]

Die Anleger werden beim Erwerb eigener Aktien durch die Gesellschaft auch durch das Kapitalmarktrecht geschützt. Wichtig sind hierbei die Ad hoc-Publiziät und das Insiderrecht.[28] Ermächtigt die Hauptversammlung den Vorstand zum Erwerb eigener Aktien, so wird dies meist noch keinen Einfluss auf den Aktienkurs haben, sofern nicht absehbar ist, ob und in welchem Umfang und zu welchen Kursen Aktien tatsächlich zurückgekauft werden. Der Vorstandsbeschluss zum tatsächlichen Aktienerwerb ist dagegen fast immer kursrelevant. Dann ist diese Ad hoc-Tatsache nach § 15 WpHG zu veröffentlichen.[29] Solche Ad hoc-Tatsachen sind stets auch Insidertatsachen im Sinne von § 13 Abs. 1 WpHG.[30] Auch die Beschlüsse des Vorstands und des Aufsichtsrates, der Hauptversammlung eine Rückkaufermächtigung nach § 71 Abs. 1 Satz 1 Nr. 8 AktG vorzuschlagen, wie auch der Ermächtigungsbeschluss der Hauptversammlung selbst, können eine Insidertatsache im Sinne von § 13 Abs. 1 WpHG darstellen. Das Bundesaufsichtsamt für den Wertpapierhandel empfiehlt, in diesen Fällen die Öffentlichkeit zu informieren.[31]

Wenn eine börsennotierte Gesellschaft eigene Aktien zurückgekauft hat, muss sie dies nach § 25 Abs. 1 WpHG veröffentlichen, sofern dadurch ein Schwellenwert nach § 21 Abs. 1 WpHG (5 % bzw. 10 % der Stimmrechte) berührt wird.[32] Schließlich kann bei Gesellschaften, die zum Börsenhandel

---

26 Vgl. den Regierungsentwurf zum KonTraG, BTDrucks 13/9712, S. 13.
27 Der *Handelsrechtsausschuss des Deutschen Anwaltvereins* begrüßt die zusätzliche Erwerbsgrenze in § 71 Abs. 1 Satz 1 Nr. 8 Satz 1 AktG in einer Stellungnahme zum KonTraG, ZIP 1997, 163, 171, ausdrücklich. Ebenso *Hüffer*, AktG, § 71 Rn. 19 e.
28 *Schneider*, ZIP 1996, 1769, 1774.
29 *Schockenhoff/Wagner*, AG 1999, 548; *van Aerssen*, WM 2000, 391.
30 *Assmann*, in: Assmann/Schneider, WpHG, § 13 Rn. 33a.
31 Schreiben des BAWe an die Vorstände der börsennotierten Aktiengesellschaften vom 28.6.1999: »Erwerb eigener Aktien nach § 71 Abs. 1 Satz 1 Nr. 8 AktG«, abrufbar unter: http://www.bawe.de/schr990628.htm. Kritisch dazu *van Aerssen*, WM 2000, 391, 402.
32 *Bayer*, in: Münchener Kommentar zum AktG, Anh § 22, § 25 WpHG Rn. 4.

IV. Vierter SLIM-Vorschlag: Erwerb eigener Aktien

mit amtlicher Notierung zugelassen sind, eine Mitteilung an das Bundesaufsichtsamt für den Wertpapierhandel nach § 21 WpHG erforderlich werden, wenn die zurückgekauften Aktien eingezogen werden und es daher zu einer Kapitalherabsetzung kommt, die die Stimmrechtsanteile verändert.[33]

Ob das WpÜG fortan auf den Rückerwerb eigener Aktien durch ein öffentliches Angebot anzuwenden ist, ist noch nicht geklärt.[34]

d) Bilanzierung eigener Aktien

Die Gläubiger werden beim Erwerb eigener Aktien durch das Unternehmen sowohl im Europäischen als auch im deutschen Aktienrecht durch Bilanzvorschriften geschützt. Diese Normen sollen hier aufgezeigt werden.

Die Bilanzrichtlinie[35] lässt den nationalen Gesetzgebern grundsätzlich die Wahl zwischen einem Aktivierungsgebot und einem Aktivierungsverbot für eigene Aktien.[36] Soweit die einzelstaatlichen Rechtsvorschriften eine Bilanzierung gestatten, schreibt die Bilanzrichtlinie in Art. 9, Aktiva, Posten D III. 2. vor, dass eigene Aktien im Umlaufvermögen zu aktivieren sind. Die Bewertung der eigenen Aktien erfolgt nach Art. 39 Abs. 1 lit. a Bilanzrichtlinie grundsätzlich zu Anschaffungskosten, es sind aber das Niederstwertprinzip (lit. b) und das Wertaufholungsgebot (lit. d) zu beachten.

Im Eigenkapital ist nach Art. 9, Passiva, Posten A IV. 2. Bilanzrichtlinie unbeschadet des Art. 22 Abs. 1 lit. b KapRL eine Rücklage für eigene Aktien zu bilden, soweit einzelstaatliche Rechtsvorschriften die Bildung einer derartigen Rücklage verlangen. Die Kapitalrichtlinie schreibt in Art. 22 Abs. 1 lit. b vor, dass in Mitgliedstaaten, in denen der Erwerb eigener Aktien gestattet ist, und bei denen die Aktien in der Bilanz aktiviert werden, auf der Passivseite der Bilanz ein gleich hoher Betrag in eine nicht verfügbare Rücklage eingestellt werden muss. Gemeinschaftsweit müssen also aktivierte eigene Aktien durch eine nicht verfügbare Rücklage bilanziell neutralisiert werden.

---

33 Siehe dazu das BAWe-Schreiben vom 28.6.1999 (a. a. O.), S. 3, sowie *Bayer*, in: Münchener Kommentar zum AktG, Anh § 22, § 21 WpHG Rn. 19 f., der sich in Rn. 13 dafür ausspricht, auch die Gesellschaften der Veröffentlichungspflicht zu unterwerfen, die am geregelten Markt oder im Freiverkehr notiert sind.
34 Dazu *Oechsler*, NZG 2001, 817, 818 und rechtsvergleichend *Fleischer/Körber*, BB 2001, 2589, 2592.
35 A. a. O. (S. 7, Fn. 14).
36 *Zätzsch*, in: Festschrift für Welf Müller, S. 773, 787.

Dritter Teil: Die Vorschläge der SLIM-Arbeitgruppe

Im deutschen Recht sind eigene Anteile nach § 266 Abs. 2 Posten B III. 2. HGB im Umlaufvermögen zu aktivieren. Nach § 253 Abs. 3 HGB greift das Niederstwertprinzip: Liegt der Börsen- oder Marktpreis der eigenen Anteile am Abschlussstichtag unterhalb des Buchwertes, so muss die Gesellschaft die eigenen Anteile auf diesen niedrigeren Wert abschreiben. Steigt der Börsen- oder Marktpreis in den Folgeperioden wieder, so muss die Gesellschaft nach dem Wertaufholungsgebot des § 280 Abs. 1 HGB eine entsprechende Zuschreibung vornehmen.[37] Die Obergrenze solcher Zuschreibungen bilden jedoch die ursprünglichen Anschaffungskosten für die eigenen Anteile.[38]

In Deutschland wurde Art. 22 Abs. 1 lit. b durch § 150 a AktG a. F. umgesetzt. Die Vorschrift findet sich seit dem Bilanzrichtlinien-Gesetz vom 19.12.1985[39] inhaltlich unverändert in § 272 Abs. 4 HGB. Entsprechend der Vorgabe des Art. 22 Abs. 1 lit. b KapRL werden die aktivierten eigenen Aktien durch eine Rücklage im Eigenkapital neutralisiert: Ist davon auszugehen, dass die eigenen Aktien zu einem späteren Zeitpunkt wieder veräußert werden, so schreibt § 272 Abs. 4 HGB vor, dass für eigene Anteile eine Rücklage zu bilden ist. Diese Rücklage wirkt als Ausschüttungssperre. Sie stellt zum Schutze der Gläubiger sicher, dass der Erwerb eigener Aktien nicht zur Rückzahlung von Kapital führt, das durch das Gesetz oder durch die Satzung gebunden ist.[40] Die Rücklage muss aus so genannten freien Mitteln gebildet werden, sprich aus Mitteln, die auch an die Aktionäre ausgeschüttet werden könnten. Nach § 272 Abs. 4 Satz 3 HGB darf die Rücklage aus vorhandenen Gewinnrücklagen gebildet werden, soweit diese frei verfügbar sind. Für die Rücklage nach § 272 Abs. 4 HGB kommen also in

---

37 Entgegen *Schmid/Wiese*, DStR 1998, 993, 994, wird das Beibehaltungswahlrecht des § 253 Abs. 5 HGB von § 280 Abs. 1 HGB verdrängt. § 280 Abs. 2 HGB ist seit Einfügung des steuerlichen Wertaufholungsgebotes in § 6 Abs. 1 Nr. 1 S. 4 EStG durch das Steuerentlastungsgesetz 1999/2000/2002 vom 24.3.1999 (BGBl 1999 I, S. 402) faktisch bedeutungslos. Dazu *Fischer*, in: Kirchhof, EStG, § 6 Rn. 2; *Glanegger*, in: Schmidt, EStG, § 6 Rn. 50 a.
38 *Wiedmann*, § 280 HGB Rn. 5.
39 Gesetz zur Durchführung der Vierten, Siebten und Achten Richtlinie des Rates der Europäischen Gemeinschaften zur Koordinierung des Gesellschaftsrechts (Bilanzrichtlinien-Gesetz – BilRiLiG) vom 19.12.1985, BGBl 1985 I, S. 2355.
40 Begründung des Gesetzesentwurfs der Bundesregierung zur Durchführung der Kapitalrichtlinie vom 31.3.1978, BTDrucks 8/1678, S. 17; *Zilias/Lanfermann*, WPg 1980, 89; *Förschle/Kofahl*, in: Beck'scher Bilanzkommentar, § 272 Rn. 118 f.

Betracht die freien Gewinnrücklagen, die freien Kapitalrücklagen und gegebenenfalls ein Jahresüberschuss oder ein Gewinnvortrag.[41]

Die Rücklage für eigene Anteile nach § 272 Abs. 4 HGB korrespondiert mit dem Aktivposten gemäß § 266 Abs. 2 Posten B III. 2. HGB. Werden eigene Anteile nach § 253 Abs. 3 HGB abgeschrieben, so wird die gebildete Rücklage in gleichem Umfang aufgelöst. Ansonsten darf die Rücklage nach § 272 Abs. 4 Satz 2 HGB nur aufgelöst werden, soweit die eigenen Aktien ausgegeben, veräußert oder eingezogen werden.

Hat die Hauptversammlung den Erwerb der eigenen Aktien nach § 71 Abs. 1 Satz 1 Nr. 6 oder Nr. 8 AktG zur Einziehung beschlossen, so entspricht der Rückerwerb wirtschaftlich einer Kapitalherabsetzung.[42] Daher sieht § 272 Abs. 1 Satz 4 HGB vor, dass diese Anteile in der Vorspalte offen von dem Posten »Gezeichnetes Kapital« als Kapitalrückzahlung abzusetzen sind. Dies gilt gemäß § 272 Abs. 1 Satz 5 HGB auch dann, wenn der Erwerb nicht zur Einziehung erfolgt ist, die Wiederveräußerung aber durch den Hauptversammlungsbeschluss an die Voraussetzungen des § 182 Abs. 1 Satz 1 AktG geknüpft ist. § 272 Abs. 1 Satz 5 HGB soll sicherstellen, dass Aktien, die nicht zum Zweck der Einziehung zurückgekauft wurden, nur dann mit ihrem Nennbetrag vom gezeichneten Kapital abgesetzt werden dürfen, wenn sie nur nach einem Hauptversammlungsbeschluss, der den Anforderungen an einen Beschluss über die Kapitalerhöhung hinsichtlich der Mehrheitsanforderungen entspricht, wieder in den Verkehr gebracht werden können. Diese Regelung ist nach dem Gesetzesentwurf zum Schutz der Aktionäre und der Märkte erforderlich, weil sonst das Kapital ohne Vorwarnung wirtschaftlich erhöht werden kann.[43]

Art. 22 Abs. 2 KapRL schreibt vor, dass im Anhang über den Erwerb eigener Aktien zu informieren ist. Die Norm wurde in § 160 Abs. 1 Nr. 2 AktG in deutsches Recht umgesetzt. Im Anhang müssen nunmehr Angaben

---

41 *Zilias/Lanfermann*, WPg 1980, 89, 90 ff.; *Förschle/Kofahl*, in: Beck'scher Bilanzkommentar, § 272 Rn. 119; *Schultz*, in: Festschrift für Rädler, S. 579, 586, mit konterischen Beispielen für die Handelsbilanz und umfassender steuerlicher Analyse. Siehe zum Steuerrecht auch *Thiel*, DB 1998, 1583; *Schmid*, DB 1998, 1785. Nach BFH, BStBl II 1998, 781, 782, ist der Erwerb eigener Anteile bilanzsteuerlich grundsätzlich Anschaffungsgeschäft und nicht Einlagenrückgewähr.

42 Im Gesetzentwurf zum KonTraG vom 28.1.1998 (BTDrucks 13/9712, S. 25) heißt es bildlich: »Eigene Aktien, deren Einziehung bindend vorgesehen ist, sind 'eingefroren'.« Ausführlich hierzu *Zätzsch*, in: Festschrift für Welf Müller, S. 772.

43 Gesetzentwurf der Bundesregierung zum KonTraG vom 28.1.1998, BTDrucks 13/9712, S. 26

über den Bestand, den Erwerb und die Veräußerung erworbener eigener Aktien gemacht werden.[44]

e) Europäische Union

Im Rahmen der durch Artt. 18 ff. KapRL vorgegebenen Mindeststandards regeln die nationalen Gesellschaftsrechte in der Europäischen Union den Erwerb eigener Aktien durchaus unterschiedlich.[45] Einige Besonderheiten sollen hervorgehoben werden.

Die österreichischen Vorschriften zum Erwerb eigener Aktien entsprachen bis vor kurzem praktisch denen des deutschen Aktiengesetzes. Zu nennenswerten Abweichungen gegenüber dem deutschen Recht kam es erst durch das österreichische Aktienrückerwerbsgesetz aus dem Jahr 1999.[46] Anders als der deutsche Gesetzgeber, der mit dem Gesetz zur Kontrolle und Transparenz im Unternehmensbereich (KonTraG)[47] den Erwerb eigener Aktien 1998 für alle Gesellschaften liberalisierte, hat der österreichische Gesetzgeber die generelle Erwerbsermächtigung nur für börsennotierte Gesellschaften eröffnet. Die Beschränkung auf börsennotierte Gesellschaften soll sicherstellen, dass das Gleichbehandlungsgebot beachtet wird. Nur bei börsennotierten Gesellschaften greifen die Sicherungsinstitute des Kapitalmarktrechts, namentlich das Insiderhandelsverbot. Ferner können sich Aktionäre börsennotierter Gesellschaften selbst in einem gewissen Umfang an der Börse durch Kauf oder Verkauf von Aktien schützen. Fehlen diese Schutzinstitute, weil die Aktien der Gesellschaft nicht an einer Börse gehandelt werden, so werden die Aktionäre im österreichischen Recht durch ein umfassendes Rükkerwerbsverbot geschützt.[48]

Die französische *Société Anonyme* darf eigene Aktien grundsätzlich nicht erwerben. Etwas anderes gilt nur, wenn der Erwerb zur Kapitalherabsetzung erfolgt, um Belegschaftsaktien zu schaffen oder wenn damit der Börsenkurs stabilisiert werden soll.[49] In Frankreich wird jedoch darüber diskutiert, den Erwerb eigener Aktien zu liberalisieren.[50]

---

44 Dazu *Kessler/Suchan*, BB 2000, 2529, 2533.
45 Ausführlich hierzu die Dissertation von *Ziebe*, zusammengefasst von *demselben* in AG 1982, 175.
46 Hierzu *Nowotny*, in: Festschrift für Lutter, S. 1513.
47 BGBl 1998 I, S. 786.
48 *Nowotny*, in: Festschrift für Lutter, S. 1513, 1515.
49 *Ziebe*, AG 1982, 175, 181.
50 *Skog*, ZGR 1997, 306, 317.

IV. Vierter SLIM-Vorschlag: Erwerb eigener Aktien

Der Erwerb eigener Aktien ist im belgischen, niederländischen, dänischen, italienischen, griechischen, spanischen und portugiesischen Recht grundsätzlich erlaubt, die Erwerbsschranken decken sich weitestgehend mit denen der Kapitalrichtlinie.[51]

Schweden wollte an seinem strikten Verbot des Erwerbs eigener Aktien lange Zeit festhalten, doch wurden auch dort in jüngerer Zeit Vorschläge zur Liberalisierung des Aktienrückkaufs gemacht.[52]

In Finnland war der Erwerb eigener Aktien bis 1996 generell verboten. Seit 1997 ist er jedoch entsprechend den Vorgaben der Kapitalrichtlinie zulässig Eine wesentliche Abweichung von den Regelungen der Kapitalrichtlinie besteht aber: Finnland erlaubt höchstens den Erwerb von fünf Prozent des Grundkapitals.[53]

In Großbritannien wurde der Erwerb eigener Aktien erstmals durch die Leitentscheidung *Trevor v. Withworth*[54] aus dem Jahr 1887 geregelt: Ein grundsätzliches Rückkaufverbot sollte insbesondere zum Schutz der Gläubiger die Kapitalerhaltung sichern und verhindern, dass die Vorschriften über die Kapitalherabsetzung umgangen werden.[55] Von diesem Verbot wurden zunehmend Ausnahmen gemacht. Im Companies Act von 1985 wurde den Unternehmen der Erwerb eigener Aktien in den Schranken der Kapitalrichtlinie zwar grundsätzlich erlaubt, im britischen Rechts können erworbene eigene Aktien jedoch später nicht wieder veräußert werden.[56] Die erworbenen eigenen Aktien gelten vielmehr als eingezogen (»*cancelled*«) und verringern das Grundkapital um ihren Nennwert.[57] Werden die erworbenen Aktien der Gesellschaft als »*cancelled*« behandelt und können diese nicht wieder veräußert werden, so ist vertretbar, die Gesellschaft *halte* die eigenen Aktien nicht mehr im Sinne des Art. 19 Abs. 1 lit. b KapRL, oder es liege eine Kapitalherabsetzung nach Art. 20 Abs. 1 lit. a KapRL vor und aus diesem Grunde sei die 10 %-Grenze des Art. 19 Abs. 1 lit. b KapRL nicht zu beachten. So wurde denn auch die 10 %-Grenze des Art. 19 Abs. 1 KapRL nicht in britisches Recht umgesetzt.[58] Ob dies mit der Kapitalrichtlinie ver-

---

51 *Skog*, ZGR 1997, 306, 317. Zum niederländischen Recht ausführlich die Dissertation von *Leithaus*.
52 *Skog*, ZGR 1997, 306, 307.
53 *Skog*, ZGR 1997, 306, 318.
54 *Trevor v. Withworth* (1887) 12 Appeal Cases, Entscheidungssammlung des House of Lords, S. 409.
55 *Ziebe*, Dissertation, S. 113 f; *Bödecker*, S. 80 f.; *Ferran*, S. 437.
56 *Stawowy*, S. 4.
57 *Stawowy*, S. 5 f.
58 *Wastl/Wagner/Lau*, S. 114, Fn. 240.

einbar ist, kann hier offen bleiben.[59] Anstelle einer 10 %-Schranke schreibt das britische Recht vor, dass es wenigstens eine Aktie geben muss, die sich nicht in der Hand der Gesellschaft befindet.[60] Die übrigen Vorgaben der Kapitalrichtlinie greifen jedoch. Insbesondere dürfen eigene Aktien auch in Großbritannien nur aus ausschüttungsfähigem Nettovermögen bezahlt werden.

Im britischen Recht kommt rückerwerbbaren Aktien (»*redeemable shares*«) besondere Bedeutung zu.[61] Diese unterscheiden sich vom Erwerb eigener Aktien allein hinsichtlich der Modalitäten des Rückerwerbs: Im Falle des Erwerbs eigener Aktien kommt der Erwerb durch einen zweiseitigen Vertrag zustande. Bei rückerwerbbaren Aktien ist die Grundlage für den Erwerb bereits im Rahmen ihrer Ausgabe durch die Satzung der Gesellschaft gelegt. Der Erwerb kommt dann durch einseitige Ausübung eines Optionsrechtes zustande, welches entweder der Gesellschaft oder dem Aktionär zusteht.[62]

Rückerwerbbare Aktien sind nach Maßgabe des Art. 39 KapRL zulässig. Anders als Art. 19 Abs. 1 KapRL kennt Art. 39 KapRL keine Beschränkung auf zehn Prozent des Grundkapitals. Unter anderem deshalb wird die Einführung rückerwerbbarer Aktien in jüngster Zeit auch in Deutschland gefordert.[63] Dieser Forderung hat sich die *Regierungskommission Corporate Governance* mittlerweile angeschlossen.[64] Sie spricht sich dafür aus, rückerwerbbare Aktien im Rahmen und nach Maßgabe der Vorschriften des Art. 39 KapRL auch im deutschen Aktienrecht vorzusehen. Nach § 139 Abs. 2 AktG dürfen stimmrechtslose Vorzugsaktien nur bis zur Hälfte des Grundkapitals ausgegeben werden.[65] In Anlehnung an diese Vorschrift schlägt die *Regierungskommission Corporate Governance* für rückerwerbbare Aktien zugleich eine Höchstgrenze von fünfzig Prozent des Grundkapitals vor.[66]

---

59 *Escher-Weingart*, Deregulierung, S. 289, fordert eine dem britischen Recht vergleichbare Regelung auch für Deutschland.
60 *Skog*, ZGR 1997, 306, 320.
61 *Ferran*, S. 436, 450 f.
62 Ausführlich *Habersack*, in: Festschrift für Lutter, S. 1329, 1332.
63 *Escher-Weingart/Kübler*, ZHR 162 (1998), 537, 559; *Habersack*, in: Festschrift für Lutter, S. 1329, 1335.
64 *Regierungskommission Corporate Governance*, S. 248 ff.
65 Vgl. auch die 50%ige Kapitalgrenze beim bedingten Kapital in § 192 Abs. 3 AktG.
66 *Regierungskommission Corporate Governance*, S. 249 f.

f) USA

In den USA spielt der Erwerb eigener Aktien seit langem eine wichtige Rolle. Zahlreiche Unternehmen erwerben dort in großem Umfang eigene Aktien zurück. 1994 wurde etwa die Hälfte der insgesamt ausgeschütteten Liquidität in Form zurückgekaufter Aktien an die Aktionäre zurückgereicht.[67] Dabei haben sich in der US-amerikanischen Praxis unterschiedliche Methoden des Rückerwerbs herausgebildet, die für Europa Vorbildcharakter haben können und auf die deshalb später noch einzugehen ist.[68] Die positiven Erfahrungen US-amerikanischer Unternehmen mit dem Erwerb eigener Aktien sind häufig Hintergrund deutscher und europäischer Liberalisierungsforderungen.[69] Die Zulässigkeit des Erwerbs eigener Anteile ist in den einzelnen Gesellschaftsrechten der US-Bundesstaaten im Detail unterschiedlich geregelt. Im Grundsatz gestatten aber alle Bundesstaaten der Erwerb eigener Aktien.[70] Aus Sicht der Gläubiger ist prinzipiell gleich, auf welche Weise die Gesellschaft Liquidität an ihre Aktionäre ausschüttet.[71] Daher wird der Erwerb eigener Aktien in den meisten US-Bundesstaaten den gleichen Regelungen unterworfen wie die Ausschüttung von Dividenden. Auch im *Revised Model Business Corporation Act*[72] wird der Liquiditätstransfer von der Gesellschaft zum Aktionär einheitlich als Ausschüttung definiert, Rückerwerb eigener Aktien und Dividendenausschüttungen werden daher in *einer* Vorschrift geregelt.[73] Zum Schutze der Gläubiger dürfen eigene Aktien in den meisten Bundesstaaten nur aus thesaurierten und ausschüttungsfähigen Gewinnen bezahlt werden. Andere Bundesstaaten lassen den Erwerb eigener Aktien nur zu, sofern danach noch die Forderungen sämtlicher Gesellschaftsgläubiger

---

[67] *Stephens/Weisbach*, JoF 53 (1998), 313. *Posner*, AG 1994, 312, 313, geht von einem noch größeren Anteil des Erwerbs eigener Aktien aus. *Fama/French*, JoFE 60 (2001), 3, 4, 35, berichten, dass 1999 nur noch 20,8 % der US-Firmen Bardividenden gezahlt haben. Dies erklären *Fama/French*, JoFE 60 (2001), 3, 35, aber nicht mit der tatsächlich gestiegenen Zahl von Aktienrückkäufen. Diese hätten nicht dem Abbau überschüssiger Liquidität gedient, sondern ganz überwiegend dem zunehmenden Einsatz von Aktienoptionsprogrammen.
[68] Siehe S. 159 ff.
[69] Siehe etwa *Kübler*, Aktie, S. 62 ff.; *Eberstadt*, WM 1996, 1809; *von Rosen/Helm*, AG 1996, 434, 437; *Escher-Weingart/Kübler*, ZHR 162 (1998), 537 ff.; *Escher-Weingart*, Deregulierung, S. 270 ff.
[70] *Bungert*, Gesellschaftsrecht in den USA, S. 48.
[71] In diesem Sinne auch *Lutter*, AG Sonderheft August 1997, S. 52, 56.
[72] Siehe dazu schon oben S. 56, Fn. 98.
[73] *Merkt*, US-amerikanisches Gesellschaftsrecht, S. 286; *Pellens/Schremper*, BFuP 2000, 132, 133.

bedient werden können.[74] Gesellschaftsrechtlich werden die Minderheitsaktionäre vor Beeinträchtigungen ihrer Mitgliedschaft und vor Vermögensnachteilen durch die Treue- und Sorgfaltspflichten des Vorstands geschützt.[75] Auch in den USA werden eigene Aktien bilanziell erfaßt. Dies erfolgt aber nicht durch Aktivierung der eigenen Aktien und Neutralisierung des Aktivpostens durch eine Rückstellung. Nach US-GAAP werden die eigenen Aktien vielmehr direkt vom Eigenkapital abgesetzt.[76] Die Durchführung des Erwerbs eigener Aktien ist in den USA durch bundeseinheitliches Kapitalmarktrecht geregelt. Beim Erwerb eigener Aktien sind insbesondere die Vorschriften des *Securities Exchange Act* von 1934 zu beachten.[77] Diese enthalten für unterschiedliche Rückerwerbsverfahren zahlreiche Vorschriften, die den Schutz der Aktionäre bezwecken. Offenmarkttransaktionen müssen zum Beispiel angekündigt werden. Eine Vielzahl von Handelsregeln soll dort Kursmanipulationen verhindern.[78] Da die Durchsetzung solcher Regeln in der Praxis überaus schwierig ist, hat die *Securities and Exchange Commission* strenge Insidervorschriften erlassen. Diese sind mit Haftstrafen bewehrt und haben bereits aus diesem Grunde eine gewisse abschreckende Wirkung.[79]

3. Motive für den Erwerb eigener Aktien

Das Gewicht von Deregulierungsforderungen hängt wesentlich davon ab, welche möglichen Ziele verfolgenswert sind, derzeit aufgrund rechtlicher Vorgaben aber nicht oder nur eingeschränkt verfolgt werden können. Aus Sicht der Unternehmensfinanzierung sollen daher mögliche Ziele des Erwerbs eigener Aktien und ihrer Verwendung beschrieben werden.

---

74 *Benckendorff*, S. 109 ff.
75 *Merkt*, US-amerikanisches Gesellschaftsrecht, S. 284; *Benckendorff*, S. 130 ff.
76 Anschaulich hierzu *Arbeitskreis »Externe Unternehmensrechnung« der Schmalenbach-Gesellschaft*, DB 1998, 1673; sowie *Günther/Muche/White*, WPg 1998, 574.
77 *von Rosen/Helms*, AG 1996, 434, 437; *Günther/Muche/White*, RIW 1998, 337, 338. Ausführlich *Benckendorff*, S. 163 ff. Allgemein zum Securities Exchange Act von 1934 schon oben, S. 56.
78 Dazu *Kübler*, Aktie, S. 46 f.; *Günther/Muche/White*, RIW 1998, 337.
79 Dazu *Posner*, AG 1994, 312, 316.

IV. Vierter SLIM-Vorschlag: Erwerb eigener Aktien

a) Ausschüttung nicht benötigter Liquidität

Aus Sicht der Unternehmen ist der Erwerb eigener Anteile neben der Dividenden-Ausschüttung eine alternative und gleichwertige Möglichkeit, im Unternehmen nicht benötigte Liquidität an die Aktionäre zurückzugeben.[80] In der deutschen Diskussion wird die Ausschüttung überschüssiger Liquidität gelegentlich als »phantasielos« angesehen. Investition der freien Mittel sei dem Rückkauf eigener Aktien stets vorzuziehen.[81] Das überzeugt nicht. Das Management hat zwar ein Interesse, die Finanzmittel im Unternehmen zu halten und zu investieren, um so seine eigenen Einflussmöglichkeiten auszudehnen.[82] Die Aktionäre aber haben ein Interesse daran, dass das Unternehmen nicht über seine optimale Größe hinaus wächst. Die optimale Unternehmensgröße wird überschritten, wenn die zusätzlichen Investitionen des Unternehmens bei gleichem Risiko geringere Gewinne erwirtschaften, als dies bei einer alternativen Anlage des Geldes außerhalb des Unternehmens möglich wäre. Es gibt zahlreiche Industrien, wo die Gewinne die vernünftigen Investitionsmöglichkeiten häufig übersteigen, so etwa die Ölindustrie.[83] Legt das Unternehmen in einer solchen Situation das Geld langfristig – zum Beispiel in Beteiligungen – an, so liegt das regelmäßig nicht im Interesse der Aktionäre, da diese ihre individuelle Portfolioentscheidung besser treffen können als das von ihnen gehaltene Unternehmen.

Abgesehen von solchen Konstellationen ist es für das Vermögen der Aktionäre grundsätzlich unbeachtlich, ob Gewinne ausgeschüttet oder thesauriert werden.[84] Im Fall der Thesaurierung ist der Aktienkurs genau um den anteiligen Betrag höher, der sonst als Dividende ausgeschüttet würde. Vermögensunterschiede zwischen den beiden Formen der Gewinnrealisierung können sich für die Aktionäre aber aus steuerlichen Gründen ergeben. Nach deutschem Recht unterliegen Dividenden gemäß § 20 Abs. 1 Nr. 1 EStG (gegebenenfalls in Verbindung mit § 8 Abs. 1 KStG) stets der Besteuerung. Das gilt grundsätzlich auch für Kursgewinne, wenn die Aktien im Betriebs-

---

80 *Brealey/Myers*, S. 440.
81 So z. B. *Benner-Heinacher*, in: Schmidt/Riegger (Hrsg.), S. 251, 263, m. w. N.
82 Nachdrücklich zu Recht *Jensen*, AER 76 (1986), Papers and Proceedings, S. 323.
83 *Brealey/Myers* berichten in der vierten Auflage ihres Lehrbuchs (1991, S. 373), dass der Ölmulti *Exxon* aus dem genannten Grund im Jahr 1989 Aktien im Wert von mehr als 15 Mrd. US-$ zurückgekauft hat. *Posner*, AG 1994, 312, 313 verweist auf eine entsprechende Praxis bei den Ölfirmen *Chevron* und *Texaco* und beim Chemiekonzern *Du Pont*.
84 *Brealey/Myers*, S. 452; *Ferran*, S. 409.

vermögen gehalten werden, §§ 4 Abs. 1 Satz 1, 5 Abs. 1 Satz 1 EStG (gegebenenfalls in Verbindung mit § 8 Abs. 1 KStG). Werden die Anteile jedoch im Privatvermögen gehalten, so unterliegen die Kursgewinne nach § 23 Abs. 1 Satz 1 Nr. 2 EStG nur dann der Einkommensteuer, wenn der Zeitraum zwischen Anschaffung und Veräußerung der Wertpapiere nicht mehr als ein Jahr beträgt. In den USA ist die Lage grundlegend anders: dort unterliegen sowohl Dividenden als auch Kursgewinne stets der Besteuerung.

Die Dividendenentscheidung kann sich aber nicht nur auf Vermögensaspekte beschränken. Aktionäre, denen an ihrem relativen Stimmanteil gelegen ist, ist nicht gleichgültig, in welcher Form (Dividende oder Kursgewinn) sie ihre Rendite erzielen. Sie wollen ihr Stimmgewicht erhalten und gerade keine Wertpapiere verkaufen. Auch deshalb erwarten sie kontinuierliche Dividenden. An diesen Markterwartungen richtet sich die Dividendenpolitik der Unternehmen aus. Die Gesellschaften versuchen aus diesem Grunde meist, die Dividendenzahlungen über die Jahre hin zu nivellieren.[85] Sollen Dividenden konstant gehalten werden, können Unternehmen überschüssige Finanzmittel an ihre Aktionäre auskehren, indem sie eigene Aktien erwerben.

Schließlich ist der Erwerb eigener Aktien als Methode, den Aktionären Liquidität auszuschütten, sehr flexibel: Sowohl der Zeitpunkt als auch die jeweiligen Volumina des Rückkaufs können entsprechend der Finanzlage des Unternehmens kurzfristig festgelegt werden.

b) Veränderung der Kapitalstruktur: Leverage

Aktiengesellschaften können durch den Erwerb eigener Aktien ihre Eigenkapitalquote senken. Unternehmen können die Eigenkapitalquote aber auch dadurch beeinflussen, dass sie Fremdkapital zurückzahlen oder zusätzliches Fremdkapital aufnehmen. Sie sind deshalb in aller Regel nicht darauf angewiesen, zu diesem Zweck eigene Aktien zurückzukaufen. Wird Eigenkapital durch Fremdkapital ersetzt, entfällt der erwartete Gewinn auf weniger Eigenkapital. Diese Hebelwirkung (»*leverage*«) führt zu einer steigenden Eigenkapitalrendite.[86] Korrespondierend zur Eigenkapitalrendite steigt aber auch das auf das Eigenkapital entfallende Risiko.[87] Die Substitution von

---

85 *Brealey/Myers*, S. 463.
86 Statt aller *Huber*, in: Festschrift für Kropff, S. 101, 106.
87 Anschaulich *Brealey/Myers*, S. 480 ff.

Eigenkapital durch Fremdkapital bewirkt also eine Änderung in der erwarteten Rendite und in entsprechendem Umfang auch im Risiko der Anlage. Weil die Renditeerwartung und das Risiko korrespondierend ansteigen, hat der Erwerb eigener Aktien durch die Gesellschaft auf den Wert der Aktien der Anteilseigner keine Auswirkung.[88] Etwas anderes kann sich aus steuerlichen Gründen ergeben, da Zinsen, anders als Dividenden, den Gewinn und damit die Steuerlast mindern.

c) Kurspflege und Signalfunktion

Hält der Vorstand aufgrund seiner Insiderinformationen das Unternehmen am Markt für unterbewertet, so kann er dies signalisieren, indem er öffentlich Aktien des Unternehmens zurückkauft. Einem solchen Signal messen die Marktteilnehmern mehr Glaubwürdigkeit bei, als wenn der Vorstand seine Insiderinformationen lediglich verbal mitteilt. Erweist sich das Rückerwerbssignal nämlich als falsch, büßt das Unternehmen selbst Liquidität ein. Die Gesellschaft kauft dann eigene Aktien zu einem Kurs, der über dem *objektiven Wert* [89] liegt. Der durch den Rückerwerb herbeigeführte Kursanstieg ist allenfalls von kurzer Dauer. Platziert das Unternehmen die eigenen Aktien später wieder am Markt, realisiert sich der Kursverlust. So oder so können Fehlinformationen des Managements dessen Glaubwürdigkeit beeinträchtigen. Der Vorstand hat also einen Anreiz, den Kurs nicht falsch zu beeinflussen. Die Gefahr von Kursmanipulationen ist allerdings groß, wenn das Management persönlich von einem hohen Aktienkurs profitiert. Das ist um so mehr der Fall, je stärker sich seine Vergütung am Aktienkurs orientiert. Auf diese Risiken ist später zurückzukommen.[90]

Zahlreiche empirische Studien haben die Signalhypothese für die USA bestätigt: Aktienrückkäufe gehen dort überwiegend mit signifikanten Kursgewinnen einher, die zum größten Teil nachhaltig sind.[91] Die Kurskorrekturen sind nur von Dauer, wenn tatsächlich eine Informationsasymmetrie vorlag,

---

88 So aber *Deutsches Aktieninstitut e. V.*, Der Erwerb eigener Aktien durch die Gesellschaft, S. 4; *Benner-Heinacher*, in: Schmidt/Riegger (Hrsg.), Gesellschaftsrecht 1999, S. 251, 261. Wie hier *Stawowy*, S. 18; *Schultz*, in: Festschrift für Rädler, S. 579, 582 f.
89 Zum Begriff siehe S. 98, Fn. 34.
90 Siehe S. 187.
91 Siehe besonders die Untersuchungen von *Dann*, JoFE 9 (1981), 113; *Vermaelen*, JoFE 9 (1981), 139; *Comment/Jarell*, JoF 46 (1991), 1243; *Lee/Mikkelson/Partch*, JoF 47 (1992), 1947; *Bagwell*, JoF 47 (1992), 71; *Stephens/Weisbach*, JoF 53 (1998), 313.

Dritter Teil: Die Vorschläge der SLIM-Arbeitgruppe

wenn also die mit dem Rückkauf signalisierte Unterbewertung durch Tatsachen begründet ist, die zuvor zwar der Unternehmensleitung, nicht aber dem Markt bekannt waren. Dabei wird den verschiedenen Rückkaufmethoden von den Marktteilnehmern unterschiedlicher Informationsgehalt respektive unterschiedliche Glaubwürdigkeit beigemessen.[92]

Die empirisch beobachteten Kurssteigerungen nach Aktienrückkäufen werden teils auch mit einem *Principal-Agent*-Ansatz erklärt.[93] Danach besteht zwischen Vorstand und Aktionären ein Interessenkonflikt um die Ressourcen des Unternehmens. Die Aktionäre sind nur dann an einem Mitteleinsatz durch das Unternehmen interessiert sind, wenn dieser profitabler ist als alternative Investitionsmöglichkeiten der Aktionäre. Die Manager sind um ihrer Machtentfaltung willen bestrebt, das Unternehmen auch über seine optimale Größe hinaus wachsen zu lassen. Indem nun Gewinne – sei es als Dividende, sei es in Form des Aktienrückkaufs – ausgeschüttet werden, sinkt die Ineffizienz, die bei suboptimalem Einsatz der Mittel im Unternehmen droht. Mag dieser Erklärungsansatz auch plausibel sein, so ist er empirisch, soweit ersichtlich, bislang nicht belegt. Die Unterschiede der Kursentwicklung je nach Rückkaufmethode lassen sich mit der Signalhypothese erklären, mit dem Principal-Agent-Modell hingegen nicht.

Dass die Kurspflege eine positive Rolle spielen kann, wird anhand eines historischen Beispiels deutlich: Am 19.10.1987 kam es an der Wall Street zu massiven Kursverlusten. Im Durchschnitt gaben die Notierungen um über zwanzig Prozent nach. Zahlreiche große US-Firmen, wie *Citicorp*, *Bank of Boston* und *Hilton*, haben auf den Kurssturz sofort reagiert und in großem Umfang eigene Aktien gekauft. Durch dieses Vertrauenssignal konnten die Unsicherheit der Anleger relativiert und weitere Kursverluste weitgehend aufgefangen werden.[94] Interessant ist, ob entsprechende Stützungskäufe nach den Terroranschlägen in den USA am 11.9.2001 weitere Kursverluste an der

---

[92] *Comment/Jarell*, JoF 46 (1991), 1243, 1265, berichten von durchschnittlichen anhaltenden Kurssteigerungen von + 11 % bei Festpreis-Tenderverfahren, von + 8 % bei Dutch Auction-Tenderverfahren und von + 2 % bei Offenmarktrückkäufen. *Vermaelen*, JoFE 9 (1981), 139, 179, und *Lee/Mikkelson/Partch*, JoF 47 (1992), 1947, 1960, kommen zu ähnlichen Ergebnissen. *Bagwell*, JoF 47 (1992), 71, 97, erklärt die Differenzen damit, dass die Preiselastizität des Aktienangebotes nicht vollkommen ist. Die Angebotskurve sei vielmehr steigend, da die Aktionäre ihre Anteile unterschiedlich bewerten.

[93] *Jensen*, AER 76 (1986), Papers and Proceedings, S. 323; *La Porta/Lopez de Silanes/Shleifer/Vishny*, JoF 55 (2000), 1, 27.

[94] *Brealey/Myers*, S. 441; *Posner*, AG 1994, 312, 313.

IV. Vierter SLIM-Vorschlag: Erwerb eigener Aktien

New Yorker Börse verhindert haben. Bislang sind hierzu noch keine verlässlichen Daten verfügbar.[95]

Nach § 71 Abs. 1 Satz 1 Nr. 8 Satz 2 AktG dürfen Gesellschaften derzeit keine Aktien zurückkaufen, um mit ihnen zu handeln. Die Vorschrift geht auf *Lutter* zurück.[96] Sie wurde vielfach kritisiert.[97] Die Grenze zwischen erlaubter Kurspflege und verbotenem Streben nach Arbitragegewinnen zieht sie in der Tat nicht eindeutig. Dürfen Unternehmen ihren Aktienkurs gezielt beeinflussen, um damit den Unternehmenswert aus Insidersicht dem Markt glaubhaft zu signalisieren? Der Gesetzgeber führt dazu aus:

»Der Eigenerwerb darf nicht der kontinuierlichen Kurspflege und dem Handel in eigenen Aktien dienen. [...] Damit scheidet ein fortlaufender Kauf und Verkauf eigener Aktien und der Versuch, Trading-Gewinne zu machen, als Zweck aus. Die Bestimmung des Zwecks der Maßnahme im Übrigen ist Geschäftsführungsaufgabe.«[98]

Dies ist eine eindeutige Absage an die kontinuierliche Kurspflege. Vereinzelte Maßnahmen zur gezielten Einflussnahme auf den Börsenkurs sind durch § 71 Abs. 1 Satz 1 Nr. 8 Satz 5 AktG aber nicht ausgeschlossen.[99]

d) Aktionärsstruktur

Die Unternehmensleitung kann durch den Erwerb eigener Aktien und durch die anschließende Verwendung der erworbenen eigenen Aktien die Aktionärsstruktur beeinflussen. Eigene Anteile kann eine Gesellschaft beispielsweise dazu verwenden, ihre Aktie an einer ausländischen Börse einzuführen.

---

95 Siehe aber bereits die Mitteilungen von Standard & Poor's, die abrufbar sind unter: http://www.sandp.com/Forum/MarketAnalysis/AssaultOnAmerica/index.html.
96 *Lutter*, AG Sonderheft August 1997, S. 52, 56, hat den im Referentenentwurf (BTDrucks 13/367) noch nicht enthaltenen Wortlaut des § 71 Abs. 1 Satz 1 Nr. 8 Satz 2 AktG vorgeschlagen. In der Sache wie *Lutter* auch schon *Huber*, in: Festschrift für Kropff, S. 101, 120.
97 *Martens*, AG Sonderheft August 1997, S. 83,86; *Wiese*, DB 1998, 609; *Kraft/Altvater*, NZG 1998, 448, 450. Zuvor auch schon *Claussen*, AG 1996, 481, 490. Die *Regierungskommission Corporate Governance*, S. 225, empfiehlt, in § 71 Abs. 1 Satz 1 Nr. 8 Satz 2 AktG eine Ausnahmeregelung für öffentlich beaufsichtigte Finanzdienstleister aufzunehmen, denen Asset Management in eigenen Aktien gestattet werden soll.
98 Gesetzentwurf der Bundesregierung zum KonTraG vom 28.1.1998, BTDrucks 13/9712, S. 13.
99 So auch *Claussen*, DB 1998, 177, 180; *Hüffer*, AktG, § 71 Rn. 19 i; *Schäfer*, WM 1999, 1345, 1346; *Kindl*, DStR 1999, 1276, 1279; *Pellens/Schremper*, BFuP 2000, 132, 135.

Dritter Teil: Die Vorschläge der SLIM-Arbeitgruppe

Unternehmen können sich bemühen, durch den Erwerb eigener Aktien die Breite des Streubesitzes und die Anzahl der Kleinstbeteiligungen zu verringern, um so Verwaltungskosten einzusparen.[100] Die Kosten, die der Gesellschaft für den Kontakt zu ihren Aktionären entstehen, werden allerdings meist moderat sein und mit dem zunehmenden Einsatz elektronischer Medien weiter sinken.[101] Auch darüber hinaus wird der Vorstand oft ein Interesse an der Beeinflussung der Aktionärsstruktur haben. So mag er etwa opponierende Kleinaktionäre auskaufen. Eine derartige Einflussnahme auf die Aktionärsstruktur verstößt aber gegen den Gleichbehandlungsgrundsatz und ist unzulässig.[102]

Das gilt auch, wenn der Vorstand zur Abwehr einer geplanten Übernahme des Unternehmens bestimmte Aktionäre oder Aktionärsgruppen innerhalb oder außerhalb des Aktionärskreises wissen möchte und aus diesem Grunde eigene Aktien erwirbt oder verkauft. Ist ein Unternehmen Zielobjekt einer feindlichen Übernahme, so kann es diese zu verhindern suchen, indem es eigene Aktien zurückkauft. Das kann dazu führen, dass der potentielle Erwerber nicht genügend verkaufsbereite Aktionäre findet und es ihm daher unmöglich wird, eine Mehrheit an der Gesellschaft zu erwerben. Dieses Motiv ist in den USA durchaus bedeutend.[103] In Deutschland ist dies nunmehr nur in den Grenzen des § 33 WpÜG zulässig.[104] Ob mit Art. 9 des Vorschlags für eine Übernahmerichtlinie[105] bald gemeinschaftsweite Vorgaben zur Verhaltenspflicht des Vorstands bei Übernahmen eingeführt werden, ist, wie bereits ausgeführt,[106] noch nicht abzusehen.[107]

---

100 Dagegen zu Recht *Deutsches Aktieninstitut e. V.,* Der Erwerb eigener Aktien durch die Gesellschaft, S. 4.
101 *Posner,* AG 1994, 312, 316, schätzt, dass die Verwaltungskosten in den USA zwischen zwölf und 18 US-$ pro Jahr und Aktionär liegen.
102 A. A. *Martens,* in: Festschrift für Beusch, S. 529, 543.
103 *Ebenroth/Eyles,* RIW 1988, 413, 414; *Harbarth,* ZVglRWiss 100 (2001), 275, 298.
104 Siehe zur Neutralitätspflicht des Vorstands LG Düsseldorf, AG 2000, 233, 234 (Mannesmann/Vodafone) und aus der Literatur statt aller *Ebenroth/Daum,* DB 1991, 1157, 1158; *Hopt,* ZGR 1993, 534, 545; *ders.,* in: Festschrift für Lutter, S. 1361; *Kallmeyer,* AG 2000, 553; *Merkt,* ZHR 165 (2001), 224; *Maier-Reimer,* ZHR 165 (2001), 258; *Dietrich Becker,* ZHR 165 (2001), 280; *Altmeppen,* ZIP 2001, 1073; *Drygala,* ZIP 2001, 2801; a. A. *Kirchner,* AG 1999, 481; *ders.,* BB 2000, 105. Zu § 33 WpÜG siehe *Winter/Harbarth,* ZIP 2002, 1.
105 A. a. O. (S. 7, Fn. 15).
106 Siehe S. 25.
107 Dazu *Wouters,* CML Rev. 30 (1993), 267, 295; *Hopt,* in: Festschrift für Zöllner, S. 253, 261; *Krause,* NZG 2000, 905, 910; *Grunewald,* AG 2001, 288, 289.

IV. Vierter SLIM-Vorschlag: Erwerb eigener Aktien

e) Aktienoptionsprogramme

Unternehmen kaufen eigene Aktien zunehmend zurück, um damit das eigene Management zu bezahlen. Der vierte SLIM-Vorschlag wurde gerade auch im Hinblick auf praktische Bedürfnisse bei der Finanzierung von Aktienoptionsplänen gemacht.[108] Um die Problematik in ihrem Kontext darzustellen, ist es geboten, einige Gestaltungsalternativen für aktienkursbasierte Vergütungssysteme und deren Finanzierung aufzuzeigen.

Ein Ziel der Corporate Governance der Aktiengesellschaft ist es, die Interessen des Managements mit denen der Aktionäre in Einklang zu bringen.[109] Vereinfachend kann man unterstellen, dass das Interesse der Aktionäre in einer möglichst großen Rendite besteht. Die Rendite einer Kapitalanlage ermittelt sich als die Summe ihrer abgezinsten zukünftigen Zahlungsströme an den Anleger abzüglich der Anschaffungskosten. Schematisiert ist die Rendite von Aktien die Summe der künftigen Dividenden zuzüglich den Aktienkurssteigerungen, die später als Veräußerungsgewinn realisiert werden können. Wird das Management an Kapital und Erfolg der Gesellschaft beteiligt, so hat es selbst einen materiellen Anreiz, sich für maximale Renditen einzusetzen. Vor diesem Hintergrund haben sich in den USA schon seit geraumer Zeit Vergütungssysteme durchgesetzt, die an die im Aktienkurs ausgedrückte Unternehmenswertentwicklung anknüpfen. Auch in Deutschland hat sich mittlerweile ein vielfältiges Spektrum aktienkursbasierter Vergütungssysteme gebildet. Einige bedeutende Instrumente seien hier genannt:

Bei Aktienoptionsprogrammen erhalten Führungskräfte einen Teil ihrer Vergütung in Form von Aktienoptionen.[110] Dies sind Bezugsrechte auf Aktien des Unternehmens, deren Ausübung an bestimmte Erfolgskriterien – zum Beispiel eine zwanzigprozentige Aktienkurssteigerung – und an bestimmte zeitliche Vorgaben – beispielsweise eine Ausübung frühestens drei und spätestens fünf Jahre nach Gewährung – gebunden ist. Die Bezugsrechte der Manager werden durch aufschiebend bedingte Aktienkaufverträge begründet. Die Manager üben das Optionsrecht durch Erklärung gegenüber der Gesellschaft aus.

---

108 SLIM-Erläuterungen, S. 13. Siehe schon S. 133.
109 *Baums*, in: Festschrift für Claussen, S. 1, 5 ff.; *Kürsten*, ZfB 71 (2001), 249, 250.
110 In Deutschland haben zahlreiche Unternehmen Aktienoptionsprogramme aufgelegt, so z. B. BASF AG; Bayer AG; Bilfinger+Berger AG; DaimlerChrysler AG; Deutsche Bank AG; Henkel KGaA; Infineon Technologies AG; Intershop Communications AG; Jenoptik AG; SAP AG; Siemens AG.

Eine Art virtuelle Aktienoption, die auch in Deutschland zunehmend eingesetzt wird,[111] sind so genannte *Stock Appreciation Rights*.[112] Bei deren Ausübung erhält der Berechtigte keine Aktien, sondern eine zusätzliche Barvergütung, die sich aus der Differenz zwischen dem zuvor festgelegten Ausübungspreis und dem Aktienkurs am Tag der Ausübung ermittelt. Ein solches Modell hat den Vorteil, dass die zusätzliche Barvergütung aus Sicht des Unternehmens steuerlich abzugsfähiger Aufwand ist.

Die Koppelung der Managerinteressen mit den Aktionärsinteressen ist besonders groß, wenn der Manager zunächst aus eigenen Mitteln Aktien der Gesellschaft kaufen muss, um in den Genuss einer erfolgsabhängigen Vergütung zu kommen. Hier kommen Wandelschuldverschreibungen als Vergütungsinstrumente in Betracht. Diese muss der Mitarbeiter aus eigenen Mitteln erwerben. Neben dem Anspruch auf Verzinsung und Rückzahlung des Nennbetrages wird dem Berechtigten die Befugnis eingeräumt, innerhalb eines vorgeschriebenen Zeitraums zu einem festgesetzten Preis zusätzlich eine bestimmte Menge Aktien der Gesellschaft zu erwerben, wenn die vorgegebenen Erfolgsziele erreicht wurden.[113]

Wie kann das Unternehmen nun die Aktien, die es für die Vergütung seiner Manager benötigt, beschaffen? Mehrere Wege stehen zur Verfügung: Zunächst können die für das Aktienoptionsprogramm benötigten Aktien durch eine Kapitalerhöhung beschafft werden. Hier kommt neben einer regulären Kapitalerhöhung, der Kapitalerhöhung durch genehmigtes Kapital und der bedingten Kapitalerhöhung die Begebung von Wandel- oder Gewinnschuldverschreibungen in Betracht.[114] Der in der Praxis wichtigste Fall ist

---

111 So etwa von der Deutsche Bank AG, siehe den Geschäftsbericht 2000 der Deutsche Bank AG, S. 116 f.; von der E.ON AG, siehe den Geschäftsbericht 2000 der E.ON AG, S. 100 f. und von der SAP AG, siehe den Geschäftsbericht 2000 der SAP AG, S. 34, 73 f.
112 Hierzu *Kau/Leverenz*, BB 1998, 2269, 2271, und kritisch *Hirte*, in: Schmidt/Riegger (Hrsg.), Gesellschaftsrecht 1999, S. 211, 220.
113 Wandelschuldverschreibungen wurden z. B. – neben Aktienoptionen – von der Brokat AG begeben, siehe deren Geschäftsbericht 2000, S. 110 f. sowie TOP 10 deren Hauptversammlung am 21.6.2001. Die SAP AG gewährt Wandelschuldverschreibungen, Stock Appreciation Rights und Aktienoptionen, siehe deren Geschäftsbericht 2000, S. 73, und TOP 10 und 11 der Hauptversammlung der SAP AG am 3.5.2001. Bei der Deutsche Bank AG, die bislang eine ähnliche Vergütungspolitik hatte wie die SAP AG, sollen künftig Aktienoptionen dominieren, siehe den Geschäftsbericht 2000 der Deutsche Bank AG, S. 116 ff. sowie TOP 11 und 12 der Hauptversammlung der Gesellschaft am 17.5.2001.
114 *Martin Peltzer*, AG 1996, 307, 309; *Schneider*, ZIP 1996, 1769, 1772; *Kau/Leverenz*, BB 1998, 2269, 2271; *Weiß*, WM 1999, 353, 356. Zu Wandel- und Optionsanleihen in Europa *Hirte*, DB 2000, 1949, sowie die Länderberichte in *Lutter/Hirte* (Hrsg.), ZGR Sonderheft 16, 2000.

die bedingte Kapitalerhöhung nach §§ 192 Abs. 1 Nr. 3, 193 AktG. Sollen in diesem Rahmen Aktien zur Gewährung von Bezugsrechten an Arbeitnehmer und Mitglieder der Geschäftsführung beschafft werden, so bedarf der entsprechende Beschluss der Hauptversammlung einer Dreiviertelmehrheit und muss nach § 193 Abs. 2 AktG die wesentlichen Eckpunkte des Aktienoptionsplans festlegen. Der Beschluss unterliegt keinen zeitlichen Schranken. Bei der Kapitalerhöhung im Rahmen eines genehmigten Kapitals wird das Grundkapital noch nicht durch die Ermächtigung seitens der Hauptversammlung erhöht, sondern erst durch die vom Vorstand veranlasste Eintragung der Kapitalerhöhung im Handelsregister. Gemäß § 202 Abs. 1 und 2 AktG ist die Ermächtigungsdauer auf jeweils fünf Jahre begrenzt. Nach § 202 Abs. 3 AktG kann das genehmigte Kapital bis zu 50 % des Grundkapitals betragen. Eine reguläre Kapitalerhöhung gemäß § 182 AktG ist unpraktikabel, da sie auf einen bestimmten Zweck lauten muss. Wandel- und Gewinnschuldverschreibungen sind in der Ausgestaltung und ihrer Handhabe relativ aufwendig.[115]

Statt eine Kapitalerhöhung durchzuführen, kann die Gesellschaft die für den Aktienoptionsplan benötigten Aktien zurückkaufen. Für Mitarbeiter eröffnet § 71 Abs. 1 Satz 1 Nr. 2 AktG diesen Weg schon seit 1965. Angelehnt an diese Norm privilegiert auch Art. 19 Abs. 3 KapRL Belegschaftsaktien. Der Erwerb eigener Aktien nach § 71 Abs. 1 Satz 1 Nr. 2 AktG liegt allein in der Macht des Vorstandes und erfolgt ohne Beteiligung der Hauptversammlung. Die Organe der Gesellschaft, also Vorstand und Aufsichtsrat, sind nicht Mitarbeiter im Sinne des § 71 Abs. 1 Satz 1 Nr. 2 AktG. Sollen die Organe der Gesellschaft mit eigenen Aktien vergütet werden, so können dazu nunmehr aber Aktien verwendet werden, die nach § 71 Abs. 1 Satz 1 Nr. 8 AktG erworben wurden. Werden Aktien nach § 71 Abs. 1 Satz 1 Nr. 8 AktG erworben, um diese anschließend im Rahmen eines Aktienoptionsplanes zu verwenden, so muss der Hauptversammlungsbeschluss, der zum Erwerb der Aktien ermächtigt, mit Dreiviertelmehrheit[116] ergehen und die

---

115 *Kau/Leverenz*, BB 1998, 2269, 2273; *Klahold*, S. ; 76; *Wulff*, S. 152.
116 *Hirte*, in: Schmidt/Riegger (Hrsg.), Gesellschaftsrecht 1999, S. 211, 240, kritisiert zu Recht, dass nach §§ 71 Abs. 1 Satz 1 Nr. 8 Satz 5, 186 Abs. 3 AktG eine Dreiviertelmehrheit nur dann erforderlich ist, wenn bei Erwerb oder Veräußerung der Gleichbehandlungsgrundsatz – etwa durch ein Aktienoptionsprogramm – außer Kraft gesetzt wird. Da der Erwerb eigener Aktien tatsächlich eine jedenfalls befristete Kapitalherabsetzung ist, liegt die Parallele zu § 222 AktG und zu § 202 AktG auf der Hand. Sowohl bei der Kapitalherabsetzung als auch beim genehmigten Kapital bedarf es aber einer satzungsändernden Mehrheit.

Kernpunkte des Aktienoptionsplans nennen: § 71 Abs. 1 Satz 1 Nr. 8 Satz 5 AktG verweist auf §§ 186 Abs. 3, 193 Abs. 2 Nr. 4 AktG. Anders als bei den Belegschaftsaktien, die nach § 71 Abs. 1 Satz 1 Nr. 2, Abs. 3 Satz 2 AktG binnen Jahresfrist ausgegeben werden müssen, unterliegt die Verwertung von Aktien, die nach § 71 Abs. 1 Satz 1 Nr. 8 AktG erworben wurden, keinen zeitlichen Beschränkungen. Die 18-Monatsfrist in § 71 Abs. 1 Satz 1 Nr. 8 AktG bezieht sich auf den Erwerb, nicht auf das Halten der eigenen Aktien.

Schließlich kann das Unternehmen für die benötigten Aktien auch selbst Optionen erwerben, den Aktienoptionsplan also über einen zwischengeschalteten Dritten finanzieren.[117] Sofern die Begünstigten des Aktienoptionsplans die Mitarbeiter des Unternehmens sind und nicht dessen Organe, ist dies nach § 71 Abs. 1 Nr. 2 AktG zulässig und bedarf auch keines Hauptversammlungsbeschlusses. Die finanzierenden Banken dürften regelmäßig stattliche Prämien für die Finanzierung verlangen, die allerdings als Betriebsausgaben steuerlich abzugsfähig sind.

Feddersen/Pohl[118] haben Einladungen zu Hauptversammlungen, die 1999 im Bundesanzeiger abgedruckt waren, im Hinblick auf Mitarbeiterbeteiligungsprogramme deutscher börsennotierter Aktiengesellschaften analysiert. Danach werden Aktienoptionsprogramme im Durchschnitt für eine Laufzeit von 6,5 Jahren aufgelegt.[119] Ca. 87 % der Aktienoptionsprogramme werden ausschließlich durch ein bedingtes Kapital bedient, etwa 9 % der Aktienoptionsprogramme parallel dazu durch erworbene eigene Aktien. Nur rund 4 % der untersuchten Gesellschaften wählten zur Finanzierung allein den Weg des Erwerbs eigener Aktien.[120]

f) Unternehmenskäufe

Aktiengesellschaften können eigene Aktien erwerben, um sie als Akquisitionswährung zu nutzen. Unternehmensbeteiligungen werden häufig nicht bar, sondern mit eigenen Anteilen bezahlt. Eine Möglichkeit, solche Transaktionen zu finanzieren, ist die Sachkapitalerhöhung: Das Zielunternehmen wird als Sacheinlage in die erwerbende Gesellschaft eingebracht. Die Eigner des

---

117 Dazu *Paefgen*, AG 1999, 67; *Kallmeyer*, AG 1999, 97, 102; *Schmid/Mühlhäuser*, AG 2001, 493, 494; *Mutter/Mikus*, ZIP 2001, 1949.
118 *Feddersen/Pohl*, AG 2001, 26.
119 *Feddersen/Pohl*, AG 2001, 26, 32.
120 *Feddersen/Pohl*, AG 2001, 26, 33.

IV. Vierter SLIM-Vorschlag: Erwerb eigener Aktien

Zielunternehmens zeichnen im Gegenzug die neuen Aktien der Erwerbergesellschaft. Im deutschen Recht kann dies als reguläre Kapitalerhöhung gegen Sacheinlage (§§ 182, 183 Abs. 1 AktG) erfolgen oder als bedingte Kapitalerhöhung (§§ 192, 194 Abs. 1 AktG). In beiden Fällen muss die einzubringende Beteiligung im Hauptversammlungsbeschluss konkret festgesetzt werden. Beim genehmigten Kapital (§§ 202, 205 Abs. 2 AktG) sind die Anforderungen an den Hauptversammlungsbeschluss geringer: Seit der Siemens/Nold-Entscheidung des Bundesgerichtshofs[121] muss die Maßnahme, zu deren Durchführung der Vorstand ermächtigt werden soll, nur noch allgemein und in abstrakter Form beschlossen werden. Das genehmigte Kapital ist seit Siemens/Nold in Deutschland für den Vorstand ein außerordentlich flexibles Instrument der Unternehmensfinanzierung. Soll eine zu erwerbende Beteiligung mit eigenen Aktien des Unternehmens finanziert werden, so wird das genehmigte Kapital in Deutschland in aller Regel das Mittel der Wahl des Vorstands sein.

Gleichwohl mag ein Unternehmen einen Beteiligungskauf mit eigenen Aktien bezahlen, die es zuvor selbst erworben hat. Ein Grund für diese ebenfalls flexible Finanzierungsform[122] kann sein, dass das Unternehmen Liquidität in Form eigener Aktien übrig hat. Wirtschaftlich entspricht die Hingabe zuvor erworbener eigener Aktien weitgehend dem Barkauf. In beiden Fällen wird die Beteiligung aus der vorhandenen Liquidität des Unternehmens finanziert. Im einen Fall erfolgt dies direkt, im anderen Fall mittelbar, indem das Unternehmen zunächst eigene Aktien erwirbt, um diese dann als Akquisitionswährung zu verwenden.

Die Finanzierung des Anteilserwerbs mittels erworbener eigener Aktien ist im Volumen derzeit wegen Art. 19 Abs. 1 lit. b KapRL auf 10 % des Grundkapitals beschränkt. Bei Unternehmenskäufen, die dieses Volumen übersteigen, kann im deutschen Recht nach dem Holzmüller-Urteil des Bundesgerichtshofs[123] eine Zustimmung der Hauptversammlung erforderlich werden. Vielfach wird die Schwelle, ab der die Hauptversammlung Transaktionen

---

121 BGHZ 136, 133 (Siemens/Nold).
122 Nach dem Regierungsentwurf zum KonTraG, BTDrucks 13/9712, S. 14, ist die Ungleichbehandlung der Aktionäre bei der Verwendung erworbener eigener Aktien nur zulässig, wenn ein sachlicher Grund hierfür vorliegt. Der Hauptversammlungsbeschluss nach § 71 Abs. 1 Satz 1 Nr. 8 Satz 5 AktG wird sich hinsichtlich seiner Konkretisierung nach den Siemens/Nold-Grundsätzen richten müssen. Er kann also wohl abstrakt ergehen. Der Vorstand muss die nächste Hauptversammlung nach § 71 Abs. 3 Satz 1 AktG in jedem Fall über die Transaktion informieren.
123 BGHZ 83, 122 (Holzmüller).

Dritter Teil: Die Vorschläge der SLIM-Arbeitgruppe

nach den Holzmüller-Grundsätzen zustimmen muss, gerade bei einem Volumen festgemacht, das 10 % des Grundkapitals entspricht.[124] Die Holzmüller-Doktrin und ihre Reichweite sind streitig.[125] Die Praxis hat sich darauf aber eingestellt und legt Strukturentscheidungen und Maßnahmen grundsätzlicher Bedeutung der Hauptversammlung vor.[126] Was wäre nun die Folge für Unternehmenskäufe, die mittels erworbener eigener Aktien finanziert werden, wenn die 10 %-Grenze beim Erwerb eigener Aktien nach Art. 19 Abs. 1 lit. b KapRL aufgehoben würde?[127] Ein Vorstand, der im Hinblick auf die Holzmüller-Rechtsprechung einen sicheren Weg gehen will, wird einen Beteiligungskauf, der einen Umfang entsprechend 10 % des Grundkapitals übersteigt, auch künftig vor der Transaktion und unabhängig von seiner Finanzierung der Hauptversammlung zur Zustimmung vorlegen.

---

124 So z. B. LG Frankfurt am Main, AG 1993, 287, 288 (Hornblower Fischer); *Gessler*, in: Festschrift für Stimpel, S. 771, 787; *Dietz*, S. 366.
125 Siehe aus der Rechtsprechung BVerfG, AG 2001, 42, 43 (Moto Meter); BGH, BB 2001, 483 (Altana/Milupa); öst. OGH, AG 1996, 382; OLG Köln, ZIP 1993, 110 (Winterthur/Nordstern); OLG München, AG 1995, 232 (Ekatit); OLG Köln, DB 1996, 1713 (Tomberger II); OLG München, AG 1996, 327 (März); OLG Düsseldorf vom 5.11.1997, 16 U 73/97 (Rau; unveröffentlicht); OLG Frankfurt am Main, AG 1999, 378 (Altana/Milupa); OLG Celle, AG 2001, 357 (Allied Signal); LG Stuttgart, AG 1992, 236 (ASS), mit Anmerkung von *Bayer*, WuB II A. § 241 AktG 1.92; LG Köln, AG 1992, 238 (Winterthur/Nordstern); LG Frankfurt am Main, AG 1993, 287 (Hornblower Fischer); LG Hamburg, AG 1997, 238 (Wünsche); LG Düsseldorf, AG 1999, 94 (Rau); LG Düsseldorf vom 7.3.1996, 31 O 172/95 (Rau; unveröffentlicht); LG Frankfurt am Main, ZIP 1997, 1698 (Altana/Milupa); LG Karlsruhe, AG 1998, 99 (Badenwerk); LG Heidelberg, AG 1999, 135 (MLP); LG Hannover, DB 2000, 1607 (Asch); LG Frankfurt am Main, AG 2001, 431 (AGIV). Aus der jüngeren Literatur statt aller und mit weiteren Nachweisen: *Lutter/Leinekugel*, ZIP 1998, 225; *dies.*, ZIP 1998, 805; *von Rechenberg*, in: Festschrift für Bezzenberger, S. 359.
126 *Groß*, AG 1996, 111; *Wollburg/Gehling*, in: Festschrift für Lieberknecht, S. 133, 134; *Lutter/Leinekugel*, ZIP 1998, 805; *von Rechenberg*, in: Festschrift für Bezzenberger, S. 359.
127 Freilich müsste die Aufhebung der Volumengrenze in der Kapitalrichtlinie nicht auch zur Aufhebung des § 71 Abs. 2 Satz 1 AktG führen. Außerdem existiert noch die Volumengrenze des § 71 Abs. 1 Satz 1 Nr. 8 AktG, die sich als Erwerbsschranke allerdings nur auf die Dauer der Ermächtigung bezieht und über den Ermächtigungszeitraum hinaus alleine nicht verhindern könnte, dass der Bestand eigener Aktien 10 % des Grundkapitals übersteigt.

g) Zwischenergebnis

Sowohl der Erwerb eigener Aktien als auch die Verwendung erworbener eigener Aktien können bedeutende Instrumente der Unternehmensfinanzierung sein. Die damit verfolgten Ziele sind in aller Regel auch mit anderen Mitteln zu erreichen. Gleichwohl kann der Erwerb eigener Aktien und deren Verwendung aus Sicht der Unternehmen ausgesprochen interessant sein, weil beide Finanzierungsmöglichkeiten zeitlich sehr flexibel sind. Auch ihr sachlicher Anwendungsbereich ist groß. Mit dem Erwerb eigener Aktien können die Unternehmen überschüssige Liquidität an die Aktionäre zurückgeben. Der Erwerb eigener Aktien kann daher als Alternative zur Dividendenausschüttung verstanden werden. Er kann als Signal am Kapitalmarkt dienen und die Kapitalstruktur wie auch die Eigentümerstruktur der Gesellschaft beeinflussen. Auch die Verwendung erworbener eigener Aktien eröffnet den Unternehmen vielfältige Finanzierungsmöglichkeiten. Wirtschaftlich kann sie an die Stelle einer Kapitalerhöhung treten. Diese Option ist für die Unternehmen interessant, wenn neue Anteilseigner gewonnen werden sollen, deren Gegenleistung für die Mitgliedschaft nicht in Geld besteht. So ist die Gegenleistung im Falle eines Unternehmenskaufes das zu erwerbende Unternehmen, im Falle von Aktienoptionen die Arbeitsleistung der Manager.

4. Rechtstatsächliche Aspekte

a) Methoden des Erwerbs eigener Aktien

Die Methoden des Erwerbs eigener Aktien entwickeln sich in Abhängigkeit vom rechtlichen Ordnungsrahmen. Da der Erwerb eigener Aktien in den USA wirtschaftlich besonders bedeutend ist, haben sich die geläufigen Rückkaufmethoden überwiegend dort herausgebildet. Von diesen Verfahren sollen die wichtigsten im Folgenden skizziert werden. Die Rahmenbedingungen des US-amerikanischen Rechts und des Europarechts unterscheiden sich aber. In der Europäischen Union ist nach Art. 42 KapRL insbesondere darauf zu achten, dass die Aktionäre beim Rückkauf und bei der Verwendung eigener Aktien gleich behandelt werden.

Bei Offenmarktrückkäufen kündigt das Unternehmen an, am Markt eine bestimmte – meist relativ kleine – Menge von Aktien innerhalb eines bestimmten Zeitraumes zurückzukaufen. Die tatsächlichen Rückkäufe erfolgen dann anschließend im Rahmen der Ankündigung am Sekundärmarkt. Die Gesellschaft selbst tritt dabei nicht auf, sondern handelt anonym über einen Börsenhändler. Ein Vorteil von Offenmarktrückkäufen ist deren große zeitliche Flexibilität. Möchte das Unternehmen die Anteile nicht zu einem erhöhten Kurs kaufen und auch die Volatilität des Marktes nicht gefährden, so können Offenmarkttransaktionen sukzessive erfolgen, was das Rückkaufprogramm allerdings zeitlich erheblich verzögern kann. Bei Offenmarktrückkäufen ergeben sich im Hinblick auf den Gleichbehandlungsgrundsatz keine Probleme.

Beim Festpreis-Tenderverfahren nennt das Unternehmen einen festen Preis, zu dem es die eigenen Anteile zurückkaufen will, wie auch den prozentualen Anteil der Aktien am Gesamtbestand und den Zeitrahmen der Rückkaufaktion. Übersteigen die Verkaufsangebote der Aktionäre am Ende der Rückkaufaktion die von der Gesellschaft nachgefragte Menge, so ist die Gesellschaft verpflichtet, Aktien zu gleichen Teilen von den anbietenden Aktionären zu kaufen. Das Festpreis-Tenderverfahren lässt sich meist in kurzer Zeit abwickeln, Aktien können in größeren Volumina zurückgekauft werden. Ein Problem ist freilich die Festsetzung des von der Gesellschaft gebotenen Preises. Ist die Gesellschaft unterbewertet, so wird das Management versuchen, die Aktien zum *objektiven Wert*[128] zu kaufen. Ist die Aktien am Markt nicht unterbewertet, muss die Gesellschaft aber einen Aufschlag auf den Marktpreis zahlen. Ist diese Prämie zu hoch, führt das zu unnötigen Vermögensverwässerungen bei den Altaktionären und oft auch zu unnötigen pro-rata Ankäufen. Ist die Prämie zu niedrig, wird die Gesellschaft nicht ausreichend viele Anteile erwerben können.

Beim *Dutch Auction*-Verfahren gibt das Unternehmen eine Preisspanne bekannt, innerhalb derer es eine bestimmte Anzahl eigener Aktien kaufen will. Die Aktionäre werden aufgefordert, Angebote zu machen, wie viele Aktien sie zu welchem Preis innerhalb der Preisspanne zu verkaufen bereit sind. Nach Ablauf der Angebotsfrist ordnet die Gesellschaft die Verkaufsangebote nach dem Preis und aggregiert daraus eine Angebotsfunktion. Zu dem Preis, bei dem sich die Nachfrage der Gesellschaft und das Angebot der Aktionäre gleichen, kommt die Transaktion zustande. Die Gesellschaft kauft zu diesem einheitlichen Markträumungspreis die Aktien all derer Aktionäre auf, die den Verkauf zu diesem oder einem geringeren Preis angeboten ha-

---

128 Zum Begriff siehe oben S. 98, Fn. 34.

ben. Das Clearing-Verfahren ist nur wenig aufwendiger als das beim Festpreis-Tender. Die Prämie, die die Gesellschaft im Falle einer Dutch Auction zahlen muss, ist dagegen geringer; sie hängt von der nachgefragten Aktienmenge ab.

Paketkäufe, bei denen die Gesellschaft von einem oder mehreren ausgesuchten Aktionären Aktien zurückkauft, kommen besonders für Aktiengesellschaften in Betracht, die nicht börsennotiert sind. Regelmäßig verstoßen Paketkäufe gegen den Gleichbehandlungsgrundsatz und sind daher unzulässig. Ein Auskauf lästiger, etwa berufsopponierender, Aktionäre scheidet also schon aus diesem Grunde aus, wie auch generell die willkürliche Einflussnahme auf die Aktionärsstruktur, beispielsweise um eine feindliche Übernahme zu verhindern.

b)   Tatsächliche Bedeutung des Erwerbs eigener Aktien in Deutschland

Der Erwerb eigener Aktien ist in Deutschland erst durch das Gesetz zur Kontrolle und Transparenz im Unternehmensbereich (KonTraG) aus dem Jahr 1998[129] praktisch relevant geworden. Mittlerweile enthalten die Tagesordnungen zahlreicher großer deutscher Aktiengesellschaften Erwerbsermächtigungen nach § 71 Abs. 1 Satz 1 Nr. 8 AktG.[130] Tatsächlich wird auch bereits von den Ermächtigungen Gebrauch gemacht,[131] wenngleich bislang

---

[129] BGBl 1998 I, S. 786.
[130] Nach *Hillebrandt/Schremper*, BB 2001, 533, 534, verfügten im Jahr 2000 bereits knapp die Hälfte der DAX-Unternehmen über einen Ermächtigungsbeschluss zum Rückkauf eigener Aktien. Ähnlich *Zätzsch*, in: Festschrift für Welf Müller, S. 773, 774.
[131] Die **BASF AG** hat 1999 insgesamt 7.896.200 Stück oder 1,27 % ihrer ausstehenden Aktien für € 256 Mio. zur Einziehung zurückgekauft, 2000 waren es 15.856.500 Stück oder 2,55 % der ausstehenden Aktien für € 670 Mio.; siehe Finanzbericht 2000 der BASF AG, S. 64.
Die **Jenoptik AG** hat im Jahr 2000 eigene Aktien in Höhe von 6,05 % ihres Grundkapitals für € 69 Mio. am Markt verkauft und im gleichen Zeitraum eigene Aktien für € 29 Mio., das entspricht 2,77 % ihres Grundkapitals, erworben. In beiden Fällen dienten die Transaktionen dem Beteiligungserwerb; siehe den Geschäftsbericht 2000 der Jenoptik AG, S. 105.
Um ihre leistungsorientierten variablen Vergütungssysteme zu bedienen, hat die **Lufthansa AG** im Geschäftsjahr 2000 insgesamt 1.282.166 eigene Aktien erworben. Das entspricht 0,34 % vom Grundkapital; siehe Geschäftsbericht 2000 der Lufthansa AG, S. 113.
Die **SAP AG** hat im Zeitraum von Januar 2000 bis März 2001 im Rahmen ihrer Umstellung der Vorzugsaktien auf Stammaktien 500.000 Vorzugsaktien zur Einziehung zurückgekauft; siehe TOP 14 der Hauptversammlung der SAP AG am 3.5.2001. In einer Pressemitteilung vom 28.9.2001 kündigte das Unternehmen an, eigene Aktien im Wert von

Dritter Teil: Die Vorschläge der SLIM-Arbeitsgruppe

wenige Unternehmen auch nur annähernd 10 % des Grundkapitals zurückgekauft haben.[132] Häufig wird die Ermächtigung vom Vorstand nur prophylaktisch eingeholt.[133] Es ist fraglich, ob eine solche Praxis andauern wird, oder ob sich die Vorstände nicht bald nur noch dann durch die Hauptversammlung ermächtigen lassen, wenn sie konkret planen Aktien zurückzukaufen.[134] Der Erwerb eigener Aktien ist als Instrument der Unternehmensfinanzierung in Deutschland noch nicht eingespielt. Das zeigen auch die empirischen Studien, die seit Einführung des § 71 Abs. 1 Satz 1 Nr. 8 AktG in Deutschland gemacht wurden:

Das *Deutsche Aktieninstitut* hat im Jahr 1999 eine Feldstudie zum Erwerb eigener Aktien durchgeführt.[135] Die Untersuchung stützte sich im Wesentlichen auf strukturierte Fragebögen, die von einer großen Anzahl börsennotierter deutscher Aktiengesellschaften beantwortet wurden. Der Studie zufolge verfügten bereits zahlreiche Unternehmen über eine Erwerbsermächtigung der Hauptversammlung. Nur vergleichsweise wenige Unternehmen

---

bis zu 400 Mio. € zurückzukaufen. Die SAP AG will die eigenen Aktien als Akquisitionswährung nutzen und damit außerdem ihren Aktienoptionsplan bedienen.
Die **Schering AG** erwarb 1999 zur Einziehung 4.974.069 eigene Aktien zum Gesamtpreis von € 183 Mio. Mit den eigenen Aktien wurde das Grundkapital um nominal € 4 Mio., oder 2,27 %, herabgesetzt; siehe Geschäftsbericht 2000 der Schering AG, S. 97.
Im Jahr 2000 hat die **Siemens AG** Aktien zu einem Gegenwert von € 999 Mio. am Markt zurückgekauft und eingezogen. Damit wurde das Grundkapital nominal um € 16 Mio. bzw. 1 % herabgesetzt. Im Jahr 2001 hat die Gesellschaft Aktien im Wert von € 18 Mio. oder 1,2 % des Grundkapitals zurückgekauft, um diese Aktien an ihre Mitarbeiter weiterzureichen; siehe Geschäftsbericht 2001 der Siemens AG, S. 100.

132 Die **Volkswagen AG** hat im Jahre 2000 insgesamt 40.954.683 Stammaktien erworben. Am 31.12.2000 hat der Anteil eigener Aktien, inkl. des bereits zuvor vorhandenen Aktienbestandes, 9,97 % des Grundkapitals betragen; siehe TOP 7 der Hauptversammlung der Volkswagen AG vom 7.6.2001.

133 So wurde z. B. auf der Hauptversammlung der **DaimlerChrysler AG** am 11.4.2001 der Vorstand erneut zum Erwerb eigener Aktien ermächtigt (TOP 7). Laut einem Schreiben der Gesellschaft an den *Verfasser* vom 7.8.2001 bestehen derzeit keine Vorstandsbeschlüsse zum Erwerb eigener Aktien und auf »absehbare Zeit ist ein Rückkauf auch nicht vorgesehen.« Die Hauptversammlung der **Siemens AG** hat die Gesellschaft am 17.1.2002 ermächtigt, eigene Aktien bis zu 10 % des Grundkapitals zu erwerben (HV-TOP 6 lit. a). Im Kurzbericht 2001, den die Gesellschaft zusammen mit der Einladung zur Hauptversammlung am 17.1.2002 verschickt hat, heißt es auf S. 37, die Gesellschaft habe zurzeit keine konkreten Pläne für einen Aktienrückkauf.

134 Die Hauptversammlung der **Commerzbank AG** am 26.5.2000 (TOP 7) hatte noch eine Ermächtigung zum Erwerb eigener Aktien gemäß § 71 Abs. 1 Nr. 8 AktG erteilt, in der Tagesordnung der Hauptversammlung vom 25.5.2001 fehlte hingegen entsprechender Beschlussvorschlag.

135 *Deutsches Aktieninstitut e. V.*, Der Erwerb eigener Aktien in Deutschland.

hatten aber bereits eigene Aktien erworben[136] oder dies konkret ins Auge gefasst. Als wichtigste Motive der Ermächtigung zum Erwerb eigener Aktien wurden genannt: die Nutzung der Aktien als Akquisitionswährung, die Veränderung der Kapitalstruktur sowie die Ausschüttung überschüssiger Liquidität. Untergeordnete Motive waren ferner die Optimierung der Aktionärsstruktur, die Abwehr feindlicher Übernahmen sowie die Bedienung von Mitarbeiterbeteiligungsprogrammen. Der Kurspflege im Sinne des Signalisierens einer Unterbewertung, wie auch der Optimierung der Kapitalkosten wurde kaum Bedeutung beigemessen. Die meisten Unternehmen hatten über den Zweck des zu ermöglichenden Aktienrückkaufs aber noch nicht entschieden, dort ging es also offensichtlich darum, dem Vorstand Handlungsspielräume zu eröffnen.

Zwar hatten eine Reihe von Unternehmen bereits Ermächtigungen für öffentliche Rückkaufangebote erteilt, bei den schon realisierten Rückkäufen spielte aber der Erwerb über die Börse die wichtigste Rolle.[137] Dabei wird überwiegend der Börsenkurs als Maßstab für den Rückkaufpreis gewählt und eine Abweichung von plus/minus 5 % zugelassen. Lediglich in einem Fall wurde der zulässige Rahmen von 10 % des Grundkapitals tatsächlich bereits in vollem Umfang ausgenutzt, in allen anderen Fällen war von der Erwerbsermächtigung erst teilweise Gebrauch gemacht worden.

Auch *Pellens/Schremper*[138] haben im Frühjahr 1999 einige börsennotierte deutsche Aktiengesellschaften zum Erwerb eigener Aktien befragt.[139] Ihre Ergebnisse decken sich nur teilweise mit denen der DAI-Studie. Nach *Pellens/Schremper* dominiert das Signalmotiv den Erwerb eigener Aktien: Unternehmen wollen damit eine Kurskorrektur an der Börse herbeiführen. Steuerliche Vorteile des Erwerbs eigener Aktien gegenüber Dividendenzahlungen spielen nach *Pellens/Schremper* in der deutschen Praxis keine große Rolle für die Unternehmen. Kaum nennenswert ist der Erwerb eigener Aktien nach der Bochumer Studie, um damit Aktienoptionsprogramme zu bedienen. Auch als Maßnahme zur Veränderung der Aktionärsstruktur ist der

---

136 Das DAI hatte Fragebögen an 722 deutsche börsennotierte Gesellschaften geschickt. Nur zehn von 337 ausgewerteten börsennotierten Gesellschaften hatten im Frühjahr 1999 bereits Aktien zurückgekauft, darunter zwei DAX-Gesellschaften und drei M-DAX-Gesellschaften. Bei den DAX-Gesellschaften muss es sich um die BASF AG und die Schering AG handeln, siehe zu diesen bereits die Ausführungen in Fn. 131.
137 Acht von zehn Unternehmen kauften an der Börse zurück, zwei von zehn Unternehmen durch öffentliches Kaufangebot, bei dem eine Preisspanne für den Rückkauf festgelegt wurde.
138 *Pellens/Schremper*, BFuP 2000, 132.
139 Von 52 befragten deutschen börsennotierten Gesellschaften hatten 37 geantwortet.

Dritter Teil: Die Vorschläge der SLIM-Arbeitgruppe

Erwerb eigener Aktien nach *Pellens/Schremper* weitgehend irrelevant. Die Autoren erwarten, dass eigene Aktien künftig zunehmend als Akquisitionswährung zurückgekauft werden.

Kellerhals/Rausch[140] haben im Jahr 1999 die 30 im DAX vertretenen Aktiengesellschaften zu Aktienrückkäufen befragt und kamen zu wiederum anderen Ergebnissen. Nach ihnen ist das wichtigste Motiv, das die deutschen Unternehmen mit dem Erwerb eigener Aktien verbinden, die Veränderung der Kapitalstruktur, d. h. die Erzielung eines Leverage-Effekts. Als zweitwichtigstes Motiv ermittelten sie das Signalling, also die Behebung von Fehlbewertungen an der Börse. Größere Bedeutung wurde den eigenen Aktien als Akquisitionswährung beigelegt, wie auch der Kurspflege. Eine weniger große Rolle spielt der Erwerb eigener Aktien nach *Kellerhals/Rausch* als Alternative zur Dividendenzahlung und zur Abwehr feindlicher Übernahmeversuche. Unbedeutend ist nach dieser Studie das Motiv, den Aktionärskreis durch den Erwerb eigener Aktien zu verringern um damit Verwaltungskosten zu senken.

Kellerhals/Rausch haben die DAX-Unternehmen auch danach befragt, ob sie die 10%ige Bestandsgrenze des § 71 Abs. 2 Satz 1 AktG für sinnvoll erachten. Die Frage wurde weitgehend bejaht und erreichte »eine große Zustimmung.«[141] Die DAX-Unternehmen erachteten die 10 %-Grenze, die durch Art. 19 Abs. 1 lit. b KapRL im gesamten Binnenmarkt besteht, ganz überwiegend für ausreichend, um ihre Ziele zu erreichen.

Empirische Untersuchungen zum Erwerb eigener Aktien durch deutsche Aktiengesellschaften, die nicht an einer Börse notiert sind, liegen, soweit ersichtlich, nicht vor. Aussagen zu deren Rückerwerbspraxis lassen sich also noch schwerer machen.

Für die börsennotierten deutschen Aktiengesellschaften ist als Zwischenergebnis festzuhalten: Der Erwerb eigener Aktien ist in Deutschland ein junges und noch wenig erprobtes Instrument der Unternehmensfinanzierung. Ob, wie und wozu die Praxis von diesem Instrument künftig Gebrauch machen wird, lässt sich nicht prognostizieren und muss abgewartet werden. Einige wenige Unternehmen haben die Möglichkeiten des Erwerbs eigener Aktien bereits weitgehend ausgeschöpft. Bei der großen Mehrzahl der Unternehmen ist dies aber nicht der Fall. Viele Unternehmen, deren Hauptversammlung den Vorstand bereits zum Erwerb eigener Aktien ermächtigt hat, wissen noch nicht, ob und in welcher Form sie künftig von der Erwerbser-

---

140 *Kellerhals/Rausch*, AG 2000, 222.
141 *Kellerhals/Rausch*, AG 2000, 222, 225.

IV. Vierter SLIM-Vorschlag: Erwerb eigener Aktien

mächtigung Gebrauch machen wollen. Ein dringendes praktisches Bedürfnis, die 10%ige Bestandsgrenze des § 71 Abs. 1 Satz 1, Art. 19 Abs. 1 lit. b KapRL auszuweiten, besteht derzeit in Deutschland nicht.

5. Gläubigerschutz

a) Volumengrenzen beim Erwerb eigener Aktien

Im Rahmen der Arbeit wurden bereits unterschiedliche Volumengrenzen beim Erwerb eigener Aktien genannt: Finnland beschränkt den Erwerb eigener Aktien auf fünf Prozent des Grundkapitals,[142] die Kapitalrichtlinie sieht zehn Prozent vor. Die früheren romanischen Rechte zogen die Grenze bei 25 Prozent.[143] Die *Regierungskommission Corporate Governance* schlägt vor, rückerwerbbare Aktien auch in Deutschland zuzulassen und zwar bis zu einem Anteil von fünfzig Prozent des Grundkapitals.[144] Eine solche Grenze wäre auch für den Erwerb eigener Aktien denkbar. In Großbritannien ist der Erwerb eigener Aktien im Volumen nur darauf beschränkt, dass mindestens eine Aktie nicht der Gesellschaft gehören darf.[145] Die SLIM-Arbeitsgruppe schlägt vor, die Volumengrenze ganz aufzugeben.

Zunächst ist zu fragen, ob es einer Volumengrenze zwingend bedarf, um sicherzustellen, dass die Gesellschaft nicht alle eigenen Aktien zurückkauft und sich dann vollständig selbst gehört. Als Szenario stelle man sich vor: Die Volkswagen AG sei am (ineffizienten) Kapitalmarkt stark unterbewertet. Allein die Tochtergesellschaft Audi könnte zu einem Preis verkauft werden, der über dem Börsenwert des Mutterunternehmens liegt.[146] Will sich der Vorstand von Volkswagen in dieser Situation seiner Aktionäre entledigen, so könnte er eine Bank beauftragen, alle außenstehenden Aktien des Unternehmens für dieses zu kaufen. Sodann wird Audi verkauft und mit dem Erlös begleicht Volkswagen seine Verbindlichkeiten gegenüber der Bank.

---

142 *Skog*, ZGR 1997, 306, 318.
143 Kommissionsentwurf zur Kapitalrichtlinie, ABlEG Nr. C 48 vom 24.4.1970, S. 19.
144 *Regierungskommission Corporate Governance*, S. 248 f.
145 *Skog*, ZGR 1997, 3.
146 Ähnlich schätzte der damalige Vorstandsvorsitzende der Volkswagen AG *Ferdinand Piech* in einem Interview der *Wirtschaftswoche* vom 17.5.2001, S. 60, die Marktlage ein: »Wenn man beispielsweise unseren Finanzdienstleister und Audi abkappen und einzeln verkaufen würde, dann hätte man das, was der Konzern rechnerisch an der Börse kosten würde, locker wieder reingeholt.«

Jetzt gehört die Volkswagen AG sich selbst, sie wird zu einer Art verselbständigtem Sondervermögen. Ein solches Szenario wäre praktisch wenig wahrscheinlich. Es muss gleichwohl zwingend ausgeschlossen sein, da in diesem Fall das Organisationsgefüge der Aktiengesellschaft in sich zusammenbräche. Gemäß § 71 b AktG und Art. 22 Abs. 1 lit. a KapRL können aus eigenen Aktien keine Stimmrechte ausgeübt werden. Eine Hauptversammlung wäre daher nicht möglich. Der Aufsichtsrat, der seinerseits den Vorstand beruft, könnte nicht gewählt, der Jahresabschluss könnte nicht festgestellt und über die Gewinnverwendung könnte nicht entschieden werden, um nur einige Beispiele zu nennen.

Der geschilderte Fall ist ökonomisch nicht denkbar, wenn der Erwerb nur aus freien Rücklagen finanziert werden darf, denn die ausschüttbaren Gewinne werden immer geringer sein als die Marktkapitalisierung des Unternehmens. Dürfen eigene Aktien nur aus freien Rücklagen bezahlt werden und ist ferner ausgeschlossen, dass Dritte den Erwerb eigener Aktien finanziell unterstützen, so ist sichergestellt, dass die Gesellschaft nicht alle ausstehenden eigenen Aktien erwerben kann. Dies ist derzeit nach § 71 Abs. 2 Satz 2, 71 a AktG und nach Artt. 19 Abs. 1 lit. c, 23 KapRL der Fall. Sollte die Kapitalschranke oder das Verbot der finanziellen Unterstützung gelockert werden, kann allerdings eine zwingende Volumengrenze erforderlich werden. Um einen vollständigen Erwerb aller eigenen Aktien durch die Gesellschaft zu verhindern, reicht aber die in Großbritannien geltende Regel aus, wonach mindestens eine Aktie nicht dem Unternehmen selbst gehören darf.

Welches sind nun die Gründe dafür, dass die Volumengrenze in Art. 19 Abs. 1 lit. c KapRL auf zehn Prozent des Grundkapitals festgesetzt wurde? Die 10 %-Grenze entstammt dem deutschen Aktienrecht und wurde dort durch die Notverordnung vom 19.9.1931[147] eingeführt. Es gibt keine Anhaltspunkte dafür, dass sich der europäische Gesetzgeber, als er die Kapitalrichtlinie verabschiedete, darüber diskutierte, welches die Normvorstellungen des deutschen Reichspräsidenten im Jahr 1931 waren. Gleichwohl hat der europäische Gesetzgeber die 10 %-Schranke gezielt, und sich explizit auf das deutsche System beziehend, in die Kapitalrichtlinie übernommen.[148] Es ist daher zu fragen, welcher Zweck der 10 %-Grenze im deutschen Recht

---

147 RGBl 1931 I, S. 493. Siehe dazu schon oben S. 134.
148 Kommissionsentwurf zur Kapitalrichtlinie, ABlEG Nr. C 48 vom 24.4.1970, S. 12.

IV. Vierter SLIM-Vorschlag: Erwerb eigener Aktien

beigemessen wurde.[149] Die Auslegung der Notverordnung von 1931 wird dadurch erschwert, dass Motive und Protokolle hierzu nicht vorhanden sind.[150] Aus dem historischen Kontext lässt sich der Wille des Gesetzgebers aber erschließen. In den zwanziger und dreißiger Jahren wurde das Aktienrecht in Deutschland grundlegend überarbeitet.[151] Schon bevor die Notverordnung von 1931 verabschiedet wurde, war es ein zentrales rechtspolitisches Anliegen, das Verbot des Erwerbs eigener Aktien zu verschärfen.[152] Nachdem die Notverordnung von 1931 gemeinhin nur als vorläufiger Eilbehelf erachtet wurde, wurde der Erwerb eigener Aktien 1932 im Aktienrechtsausschuss des Vorläufigen Reichswirtschaftsrates, und ab 1933 dann im Ausschuss für Aktienrecht der Akademie für Deutsches Recht, ausgiebig diskutiert. Die Auffassungen waren im Aktienrechtsausschuss des Vorläufigen Reichswirtschaftsrates im Detail sehr kontrovers.[153] Die 10 %-Grenze und die Beschränkung des Erwerbszwecks auf die Gefahrenabwehr wurden vor dem Hintergrund der Erfahrungen in der Weltwirtschaftskrise, in der zahlreiche Unternehmen aufgrund des Erwerbs eigener Aktien in eine Verlustspirale gerieten, gleichwohl ganz überwiegend als notwendig und angemessen angesehen. Mit der Volumengrenze sollten aber nicht nur die Gläubiger vor Kapitalabfluss geschützt werden, sondern gleichermaßen die Minderheitsaktionäre in ihrer Rechtsstellung.[154] Die Höhe der Volumengrenze war ein Kompromiss: Mit zehn Prozent des Grundkapitals sollte sie einerseits die genannten Missbrauchsgefahren eindämmen. Andererseits sollte sie den Unternehmen einen gewissen Spielraum belassen, denn es wurde auch gemeinhin anerkannt, dass die Gesellschaften ein berechtigtes und unter Umständen großes Interesse am Erwerb eigener Aktien haben können. Auch

---

149 Methodologisch *Lutter*, JZ 1992, 593, 595; kritisch *Bungert*, ZHR 160 (1996), 401, 403. Zur Politik des Gesetzes als Auslegungsmaßstab auch *Steindorff*, in: Festschrift für Larenz, S. 217.
150 *Siegfried Schön*, S. 21.
151 Auch der 33. DJT in Heidelberg 1924 und der 34. DJT in Köln 1926 beschäftigten sich ausführlich mit der Aktienrechtsreform. Die Fragen, um die es damals ging – Machtbalance zwischen Vorstand und Aktionären, Beschränkung der Höhe der Bezüge von Vorstand und Aufsichtsrat, Depotstimmrecht, Übernahme angelsächsischer Regelungsmodelle, etc. – sind weitgehend Fragen, die noch heute Kern der aktienrechtlichen Diskussion sind. Siehe zu den Entwürfen der Aktienrechtsreform der Weimarer Republik auch *Schubert*, ZRG 103 (1986), Germ. Abt., S. 140; *Hommelhoff*, in: Schubert/Hommelhoff, Die Aktienrechtsreform am Ende der Weimarer Republik, S. 71.
152 *Schubert/Hommelhoff*, Die Aktienrechtsreform am Ende der Weimarer Republik, S. 33.
153 Siehe die Verhandlungsprotokolle des Aktienrechtsausschusses des Vorläufigen Reichswirtschaftsrats, in: *Schubert/Hommelhoff*, Die Aktienrechtsreform am Ende der Weimarer Republik, insbes. S. 147 ff.
154 Ausführlich *Siegfried Schön*, S. 34 ff.

im Ausschuss für Aktienrecht der Akademie für Deutsches Recht wurde der Erwerb eigener Aktien eingehend behandelt. Diskutiert wurde dort aber nicht mehr die 10 %-Grenze, sondern das Stimmrecht eigener Aktien, Fragen des Bezugsrechts und Konzernsachverhalte.[155] Die Vorschläge des Aktienrechtsausschusses des Vorläufigen Reichswirtschaftsrates, wie auch des Ausschusses für Aktienrecht der Akademie für Deutsches Recht, gingen in das Aktiengesetz von 1937 ein.[156] § 65 AktG 1937 bestätigte die Volumengrenze des § 226 Abs. 1 HGB 1931. Die 10%ige Volumengrenze wurde dann auch in § 71 Abs. 2 Satz 1 AktG 1965 übernommen, an dem sich schließlich die 10%-Grenze in Art. 19 Abs. 1 lit. b KapRL orientierte.

Die SLIM-Arbeitsgruppe kritisiert die 10 %-Grenze unter anderem deshalb, weil sie durch sukzessive Rückkäufe umgangen werden könne.[157] Nach Art. 19 Abs. 1 lit. a KapRL darf der rechnerische Wert der erworbenen Aktien einschließlich der Aktien, welche die Gesellschaft früher erworben hat und noch hält, nicht höher als zehn Prozent des gezeichneten Kapitals sein. Bei Art. 19 Abs. 1 lit. a KapRL handelt es sich wie bei § 71 Abs. 2 Satz 1 AktG um eine Bestandsgrenze, nicht aber um eine Erwerbsgrenze wie im Falle des § 71 Abs. 1 Satz 1 Nr. 8 Satz 1 AktG.[158] Werden die erworbenen Aktien verwertet, beispielsweise eingezogen oder veräußert, so sinkt der Bestand wieder. Die Gesellschaft kann anschließend erneut eigene Aktien erwerben. Bei Erwerbsgrenzen, wie der des § 71 Abs. 1 Satz 1 Nr. 8 Satz 1 AktG, sind sukzessive Rückkäufe auch möglich. Dies setzt, anders als bei Bestandsgrenzen, nicht voraus, dass zuvor eigene Anteile verwertet wurden. Die Hauptversammlung muss den Vorstand aber vor weiteren Käufen erneut zum Erwerb eigener Aktien ermächtigen. Die Möglichkeit, Volumengrenzen durch sukzessiven Erwerb eigener Aktien auszuhöhlen, machen solche Grenzen nicht von vornherein sinnlos. Diese schränken die Handlungsspielräume des Vorstands beim Erwerb eigener Aktien merklich ein. Durch Erwerbsgrenzen wie die des § 71 Abs. 1 Satz 1 Nr. 8 Satz 1 AktG wird der Vorstand an einen erneuten Hauptversammlungsbeschluss gebunden. Bei der Bestandsgrenze des Art. 19 Abs. 1 lit. b KapRL und des § 71 Abs. 2 Satz 1 AktG muss der Vorstand, will er im Ergebnis mehr als zehn Prozent eigener Aktien erwerben, die zuvor erworbenen Aktien zunächst verwerten.

---

155 *Schubert/Schmid/Regge*, S. 206 ff. und passim. Siehe auch *Nörr*, ZHR 150 (1986), 155, 178.
156 *Schubert/Hommelhoff*, Die Aktienrechtsreform am Ende der Weimarer Republik, S. 24 ff., 35.
157 SLIM-Erläuterungen, S. 13.
158 Siehe bereits S. 137.

IV. Vierter SLIM-Vorschlag: Erwerb eigener Aktien

b) Volumengrenze und Kapitalgrenze

Die Kumulation der Volumengrenze des Art. 19 Abs. 1 lit. b KapRL und der Kapitalgrenze des Art. 19 Abs. 1 lit. c KapRL war kein dogmatisches Konzept, sondern ein politischer Kompromiss.[159] Die Kapitalgrenze ist besser geeignet die Gläubiger zu schützen, denn sie orientiert sich, anders als die Volumengrenze, an der finanziellen Lage der Gesellschaft: Nur sofern Mittel verfügbar sind, die auch als Dividenden ausgeschüttet werden könnten, dürfen eigene Aktien erworben werden. Anders als die Volumengrenze kann die Kapitalgrenze nicht durch sukzessive Erwerbe eigener Aktien und deren anschließende Verwertung ausgehöhlt werden. In Verbindung mit der Pflicht zur bilanziellen Neutralisierung der eigenen Anteile nach Art. 22 Abs. 1 lit. b KapRL bannt die Kapitalgrenze die Gefahr einer Verlustspirale[160] besser als eine Volumengrenze. Die Kapitalgrenze kann zwar nicht verhindern, dass Geld aus dem Unternehmen fließt. Sie beschränkt aber den Abfluss auf die Mittel, mit denen die Gläubiger ohnehin nicht rechnen durften, weil diese Mittel auch als Dividende hätten ausgeschüttet werden können. Die bilanzielle Neutralisierung eigener Aktien verhindert, dass sich etwaige Kursverluste negativ auf das Ergebnis der Gesellschaft auswirken und so zu einer Verlustspirale führen. Die Gläubiger sollten beim Erwerb eigener Aktien also zum einen durch eine Kapitalgrenze (Art. 19 Abs. 1 lit. c KapRL) geschützt werden, zum anderen durch eine Pflicht zur bilanziellen Neutralisierung (Art. 22 Abs. 1 lit. b KapRL). Daneben bedarf es zum Schutz der Gläubiger nicht auch noch der 10%igen Volumengrenze des Art. 19 Abs. 1 lit. b KapRL. Denn, wie *Lutter* treffend ausführt: »Ob der Gewinn als Dividende verteilt oder zum Rückkauf von Aktien verwandt wird, ist unter Aspekten des Kapital- und Vermögensschutzes sowie des Gläubigerschutzes gleichgültig.«[161]

---

159 Siehe bereits S. 136.
160 Siehe dazu schon S. 134, 166 f.
161 *Lutter*, AG Sonderheft August 1997, S. 52, 56.

Dritter Teil: Die Vorschläge der SLIM-Arbeitgruppe

6. Schutz der Aktionäre

a) Gefahren für die Aktionäre bei Erwerb und Veräußerung eigener Aktien durch die Gesellschaft

Die Aktionäre sind in ihrer Rechtsstellung und in ihrer Vermögensposition sowohl beim Erwerb als auch bei der Veräußerung eigener Aktien durch die Gesellschaft, gefährdet. Der Vorstand kann diese Finanzierungsinstrumente zu seinem eigenen Vorteil nutzen. Der Vorstand kann aber auch die Interessen der Aktionärsmehrheit zum Nachteil der Minderheitsaktionäre verfolgen.[162] Dies wird um so bedeutender, je enger der Vorstand mit der Aktionärsmehrheit zusammenarbeitet. Je konzentrierter der Anteilsbesitz ist, desto größer ist die Gefahr, dass Vorstand und Mehrheitsaktionäre zu Lasten der Aktionärsminderheit (kollusiv) zusammenwirken. Deutschland, Griechenland, Italien, Österreich, Portugal und Spanien sind Länder, in denen der Anteilsbesitz typischerweise stark konzentriert ist, während beispielsweise in Großbritannien und in den USA der Streubesitz überwiegt.[163]

Außerdem kann der Vorstand durch den Erwerb und die Veräußerung eigener Aktien die Aktionärsstruktur beeinflussen.[164] Dadurch können das Stimmgewicht einzelner Aktionäre und die Machtverhältnisse in der Hauptversammlung verändert werden. Erwirbt eine Gesellschaft eigene Aktien, so steigt der Stimmenanteil aller verbliebenen Aktionäre proportional an. Obwohl die Stimmquote der Minderheitsaktionäre steigt, kann sich deren Stellung in der Gesellschaft aber verschlechtern. Dies sei durch ein Beispiel verdeutlicht: Eine Aktiengesellschaft habe einen Großaktionär, der 60 % der Anteile hält. Die übrigen 40 % befinden sich im Streubesitz. Kauft der Vorstand – der vertrauensvoll mit dem Großaktionär zusammenarbeitet – nun 25 % der eigenen Aktien aus dem Streubesitz am Markt zurück, so erhöht sich der Anteil des Großaktionärs auf 80 %. Diejenigen Streubesitzaktionäre, die ihre Aktien behalten haben, konnten ihren Stimmenanteil auch steigern. Zuvor hatten sie zusammen 15 %, jetzt halten sie zusammen 20 % der Gesellschaftsanteile. Gleichwohl hat der Großaktionär nunmehr eine Satzungs-

---

162 Kritisch deshalb *Beeser*, AcP 159 (1960), 56,59; *von Rosen/Helm*, AG 1996, 434, 439; *Claussen*, DB 1998, 177, 179; *Escher-Weingart/Kübler*, ZHR 162 (1998), 537, 560.
163 *Adams*, AG 1994, 148; *Wymeersch*, AG 1998, 382, *La Porta/Lopez de Silanes/Shleifer/Vishny*, JPE 106 (1998), 1113, 1147; *La Porta/Lopez de Silanes/Shleifer*, JoF 54 (1999), 471, 491.
164 Siehe bereits S. 151 f.

mehrheit. Die Stellung der übrigen Aktionäre hat sich deshalb trotz ihres individuell gestiegenen Stimmanteils verschlechtert. Veräußert die Gesellschaft die erworbenen eigenen Aktien wieder, so verändern sich die Stimmanteile erneut. Ein Aktionär, der an beiden Transaktionen nicht teilgenommen hat, erreicht sein altes Stimmgewicht wieder. Gleichwohl wird nicht der status quo ante hergestellt. Die Zusammensetzung des Aktionärskreises hat sich durch die Transaktionen geändert und damit oft auch die Mehrheitsverhältnisse in der Hauptversammlung.

Erwirbt die Gesellschaft eigene Aktien, oder verwertet sie diese anschließend, so droht das Vermögen der Aktionäre hierdurch verwässert zu werden. Kauft die Gesellschaft eigene Aktien zu einem Preis, der über dem Wert der Anteile liegt, so erleiden die verbleibenden Aktionäre eine Vermögenseinbuße. Das gleiche passiert, wenn die Gesellschaft die erworbenen eigenen Aktien zu einem Preis abgibt, der unterhalb ihres Wertes liegt.

b) Hauptversammlungskompetenz

(1) Mitentscheidung der Aktionäre

Wegen der genannten Gefahren, die für die Aktionäre beim Erwerb eigener Aktien und deren anschließender Verwendung bestehen, schreibt Art. 19 Abs. 1 lit. a KapRL vor, dass der Erwerb in seinen Einzelheiten von der Hauptversammlung beschlossen werden muss. Die Kompetenzzuweisung sichert nicht nur die Teilhabe der Aktionäre an dieser Finanzierungsentscheidung. Die Mitentscheidung setzt notwendig voraus, dass die Aktionäre zuvor auch informiert wurden. Die Kompetenzzuweisung des Art. 19 Abs. 1 lit. a KapRL sichert für die Aktionäre auch die Teilhabe an Informationen. Durch den Hauptversammlungsbeschluss wird schließlich, jedenfalls nach deutschem Recht, der Minderheit die Möglichkeit eröffnet, eine Mehrheitsentscheidung gerichtlich überprüfen zu lassen. Kann die Minderheit Mehrheitsentscheidungen keiner objektiven Rechtskontrolle unterwerfen, so drohen die Minderheitenrechte faktisch leer zu laufen.

Dass Art. 19 Abs. 1 lit. a KapRL die Entscheidung über das Ob und das Wie des Erwerbs eigener Aktien der Hauptversammlung zuweist, entspricht der Systematik der Kapitalrichtlinie. Der Erwerb eigener Aktien ist wirtschaftlich vergleichbar mit einer Dividendenausschüttung oder mit einer (temporären) Kapitalherabsetzung. Die Entscheidung über die Dividendenausschüttung steht in der Europäischen Union überwiegend zwingend der Hauptversammlung zu.[165] Die Kapitalherabsetzung muss nach Art. 30 KapRL von der Hauptversammlung beschlossen werden. Werden die eigenen Aktien eingezogen, liegt eine endgültige Kapitalherabsetzung vor, wie sich auch aus Art. 20 Abs. 3 KapRL ergibt. Werden die erworbenen eigenen Aktien hingegen nicht eingezogen, sondern an Dritte gegeben, entspricht die Verwertung der eigenen Aktien wirtschaftlich einer Kapitalerhöhung. Jede Kapitalerhöhung muss nach Art. 25 Abs. 1 Satz 1 KapRL von der Hauptversammlung beschlossen werden. Der wirtschaftliche Gesamteffekt von Erwerb und anschließender Verwertung eigener Aktien besteht in dem Fall, in dem Aktien eingezogen werden, in einer Kapitalherabsetzung oder einer Dividendenausschüttung. In den anderen Fällen wird die Aktionärsstruktur verändert, wobei zunächst Liquidität abfließt und anschließend dem Unternehmen Werte zufließen.

Wenn Art. 19 Abs. 1 lit. a KapRL für den Erwerb eigener Aktien den Weg der Ermächtigung des Vorstands durch die Hauptversammlung vorsieht, dient dies der Flexibilität des Finanzierungsinstruments: Dem Vorstand sollen praktisch erforderliche Handlungsspielräume eingeräumt werden. Die Entscheidung über den Erwerb eigener Anteile soll wegen ihrer Bedeutung für die Stellung der Aktionäre aber von der Hauptversammlung getroffen werden. Die Hauptversammlung muss deshalb nach Art. 19 Abs. 1 lit. a KapRL »die Einzelheiten des vorgesehenen Erwerbs und insbesondere die Höchstzahl der zu erwerbenden Aktien, die Geltungsdauer der Genehmigung, die achtzehn Monate nicht überschreiten darf, und bei entgeltlichem Erwerb den niedrigsten und höchsten Gegenwert festlegen.« Zu den Einzelheiten des vorgesehenen Erwerbs gehört auch der Zweck, für den die Aktien verwendet werden sollen. Der Hauptversammlung steht es zu, im Ermächtigungsbeschluss auch detaillierte Vorgaben für die Verwendung der erworbenen eigenen Aktien zu machen. Nur weil die Aktionäre über diese sie grundlegend betreffenden Finanzierungsmaßnahmen in ihren Einzelheiten in der Hauptversammlung entscheiden, werden im Gegenzug die Befugnisse des Vorstands erweitert. Das entspricht dem Bild des Aktionärs im Europäischen Aktienrecht: Als Miteigentümer der Gesellschaft sind ihm vor allem bei Strukturentscheidungen und wichtigen Kapitalmaßnahmen umfassende Mitentscheidungsrechte eingeräumt.[166] Der Europäische Gerichtshof hat in

---

165 Siehe bereits S. 32.
166 Siehe dazu oben S. 29 ff.

seiner Karella-Entscheidung[167] betont, dass die Kapitalrichtlinie ein Mindestmaß des Aktionärsschutzes gerade auch dadurch gewährleisten will, dass sie den Anteil der Aktionäre an der Entscheidungsgewalt der Gesellschaft sichert.

(2) Die 18-Monatsgrenze des Art. 19 Abs. 1 lit. a KapRL

Der Zeitraum von 18 Monaten in Art. 19 Abs. 1 lit. a KapRL ist offensichtlich so gewählt, dass der Vorstand, will er kontinuierlich eigene Aktien der Gesellschaft erwerben, die Zustimmung jeder ordentlichen Hauptversammlung einholen muss. Weil die Zeitgrenze nicht bei maximal einem Jahr, sondern bei höchstens achtzehn Monaten liegt, entsteht ein Zeitpuffer von einem halben Jahr. Dieser ermöglicht es den Gesellschaften, ihre ordentliche Hauptversammlung jedes Jahr ausreichend flexibel zu terminieren.

Die SLIM-Arbeitsgruppe hält den Ermächtigungszeitraum von 18 Monaten für zu kurz und schlägt in Anlehnung an den Ermächtigungszeitraum beim genehmigten Kapital vor, ihn auf fünf Jahre zu verlängern.[168] Die SLIM-Gruppe führt aus, die 18-Monatsgrenze könne durch sukzessive Ermächtigungen »umgangen« werden. Sukzessive Ermächtigungen seien eine bloße Formalie, die sinnvolle Transaktionen, wie etwa Aktienoptionsprogramme, behindere.[169]

Wird den Aktionären die Teilhabe an einer Entscheidung dadurch ermöglicht, dass sie den Vorstand durch einen Hauptversammlungsbeschluss zu bestimmtem Handeln ermächtigen, so hängt der tatsächliche Anteil an der Entscheidung vom Ermächtigungszeitraum ab. Innerhalb von fünf Jahren können sich die wirtschaftlichen Umstände, die Grundlage der Ermächtigung sind, wesentlich verändern. Dem kann die Hauptversammlung unter Umständen dadurch entgegnen, dass sie die Ermächtigung vor Ablauf des fünfjährigen Ermächtigungszeitraums widerruft oder ändert. Oft wird das aber nicht möglich sein. Ermächtigt die Hauptversammlung den Vorstand für fünf Jahre, so wird sie zuvor den Bedarf der Gesellschaft an eigenen Aktien für fünf Jahre abschätzen. Dieser wird oft größer sein als der Bedarf bis zur folgenden Hauptversammlung. Erwirbt der Vorstand aufgrund der fünfjährigen Ermächtigung das zulässige Volumen gleich im ersten Jahr und ändern sich nun die wirtschaftlichen Umstände, so kann die Hauptversammlung ihre Ermächtigung nicht einfach den geänderten Umständen anpassen,

---

167 EuGHE 1991, I-2691, 2718 (Karella). Siehe hierzu schon S. 32.
168 SLIM-Vorschläge, S. 5; SLIM-Erläuterungen, S. 13.
169 SLIM-Erläuterungen, S. 13.

Dritter Teil: Die Vorschläge der SLIM-Arbeitgruppe

weil die Gesellschaft längst eigene Aktien für den erwarteten Gesamtbedarf innerhalb von fünf Jahren erworben hat. Nur wenn die Mitentscheidung der Aktionäre möglichst zeitnah erfolgt, hat sie signifikantes Gewicht. Sukzessive Hauptversammlungsbeschlüsse sind keine Formalie, sondern Ausdruck der zeitnahen Willensbildung der Eigentümer der Aktiengesellschaft. Zeitnahe Hauptversammlungsbeschlüsse sind nicht nur geboten, weil sich die wirtschaftlichen Umstände und Erwartungen, die ihnen zugrunde liegen, ändern. Auch der Kreis der Eigentümer der Gesellschaft ändert sich ständig. Er kann und wird oft nach fünf Jahren ein ganz anderer sein.[170] Eine fünfjährige Erwerbsermächtigung würde die neuen Aktionäre bis zu fünf Jahre weitgehend von der Teilhabe an der Entscheidung darüber ausschließen, ob und zu welchen Bedingungen ihre Gesellschaft eigene Aktien erwirbt. Das wäre mit dem Aktionärsbild des Europäischen Aktienrechts schwer vereinbar, weil dieses von umfassenden Mitentscheidungsmöglichkeiten des Aktionärs geprägt ist.[171]

Die SLIM-Arbeitsgruppe verweist auf das genehmigte Kapital, bei dem die Ermächtigung des Vorstands nach Art. 25 Abs. 2 Satz 3 KapRL auf höchstens fünf Jahre begrenzt ist. Aber trifft dieser Vergleich? Beim genehmigten Kapital geht es um einen Mittelzufluss. Beim Erwerb eigener Aktien hingegen fließen Mittel (jedenfalls zeitweilig) ab. Systematisch ist der Erwerb eigener Aktien nicht mit einer Kapitalerhöhung, sondern mit einer (temporären) Kapitalherabsetzung zu vergleichen. Wirtschaftlich ist der Erwerb eigener Aktien keine Verbreiterung der Eigenkapitalbasis, sondern eine Alternative zur Dividendenausschüttung. Es wurde ausgeführt, dass es in der Europäischen Union überwiegend zwingend Sache der Hauptversammlung ist, über die Ausschüttung des Gewinns zu entscheiden.[172] Dass diese Entscheidung in jeder ordentlichen Hauptversammlung ergeht, und nicht etwa nur alle fünf Jahre, ist beinahe selbstverständlich. Will man die Fünfjahresfrist des Art. 25 Abs. 2 Satz 3 KapRL für den Erwerb eigener

---

170 Daten zu Aktienumsätzen in Deutschland und Europa finden sich im *DAI-Factbook 2000*, S. 06-1 ff. Nach der Tabelle 06-6 lag die Umschlagshäufigkeit inländischer Aktien in Deutschland in den 90er Jahren stets über 100 % p. a. Das heißt, dass im Durchschnitt die Anzahl jährlich umgesetzter Aktien einer Gesellschaft die Anzahl ihrer insgesamt außenstehenden Aktien überstieg. Zwar können Aktionärsstrukturen auch bei solchen Daten relativ stabil bleiben, weil viele Aktien ihren Eigner mehrfach pro Jahr wechseln. Gleichwohl wird deutlich, dass schon innerhalb eines Jahres erhebliche Veränderungen im Eigentümerkreis typisch sind.
171 Siehe dazu bereits oben S. 31 ff.
172 Siehe S. 32.

IV. Vierter SLIM-Vorschlag: Erwerb eigener Aktien

Aktien fruchtbar machen, so liegt es nahe, die Parallele bei der Verwertung erworbener eigener Aktien zu ziehen. Denn wenn der Vorstand die eigenen Aktien nicht einzieht, sondern an Dritte ausgibt, so hat er damit wirtschaftlich gesehen die Möglichkeit, das Kapital der Gesellschaft zu erhöhen. Hierauf ist später noch einzugehen.[173]

Als Beispiel für die Hinderlichkeit der 18-Monatsgrenze in der Praxis nennt der SLIM-Vorschlag Aktienoptionsprogramme.[174] Der SLIM-Vorschlag geht insofern auf *Kallmeyer* zurück, der ein neues und bislang wenig beachtetes Problem der deutschen Hauptversammlungspraxis vor Augen hatte.[175]

(3) Die Ermächtigung zum Erwerb eigener Aktien und ihre 18monatige Höchstdauer in der deutschen Hauptversammlungspraxis

Die 18-Monatsfrist des § 71 Abs. 1 Satz 1 Nr. 8 Satz 1 AktG kann in Deutschland zu Friktionen führen, wenn Unternehmen eigene Aktien erwerben, um diese im Rahmen eines Aktienoptionsprogramms zu verwenden. Aktienoptionsprogramme sind typischerweise auf mehr als 18 Monate ausgelegt, häufig dauern sie fünf Jahre.[176] Ein Unternehmen kann alle benötigten Aktien gleich zu Beginn des Aktienoptionsprogramms kaufen, es kann sie aber auch sukzessive erwerben.[177] Kursrisiken muss die Gesellschaft in beiden Fällen tragen. Erwirbt die Gesellschaft sämtliche Aktien zu Beginn des Aktienoptionsprogramms, so ist sie gegen steigende Kurse abgesichert, nicht aber gegen fallende Kurse. Fallen die Kurse, so werden die Optionen nicht ausgeübt. Das Unternehmen kann die eigenen Aktien nur noch zu einem Preis am Markt platzieren, der unter dem Kaufpreis liegt. Erwirbt die Gesellschaft die Papiere für den Aktienoptionsplan sukzessive und nicht bereits sämtlich zu dessen Beginn, so trägt sie das Risiko steigender Kurse.

---

173 Siehe S. 184.
174 SLIM-Erläuterungen, S. 13.
175 *Kallmeyer*, Vortrag beim Deutschen Aktieninstitut e. V. in Frankfurt am Main am 24.4.2001, Skript, S. 4; *ders.*, AG 2001, 406, 407. Siehe auch schon oben S. 133.
176 *Hirte*, in: Schmidt/Riegger (Hrsg.), Gesellschaftsrecht 1999, S. 211, 242; *Kallmeyer*, AG 2001, 406, 408; *Feddersen/Pohl*, AG 2001, 26, 32 berichten von einer durchschnittlichen Laufzeit von 6,5 Jahren;.
177 Im Gesetzentwurf der Bundesregierung zum KonTraG, BTDrucks 13/9712, S. 14, heißt es dazu: »Hierbei wird streng darauf zu achten sein, dass der Vorstand nicht erst durch den Rückerwerb die Bezugsrechte ins Geld bringt. Die Hauptversammlung sollte er einen deutlichen Abstand zwischen dem Ende des Ermächtigungszeitraums zum Erwerb eigener Aktien und dem Zeitpunkt für die erstmalige Ausübung der Optionen achten.«

Kauft die Gesellschaft die benötigten eigenen Aktien gleich am Anfang, so müssen diese Aktien nicht mit Dividenden bedient werden. Diese Liquiditätsersparnis geht aber mit einer erhöhten (zumindest kalkulatorischen) Zinsbelastung für das Unternehmen einher. Aus diesem Grunde kann das Unternehmen geneigt sein, Aktien für den Optionsplan möglichst spät zu erwerben.

Im deutschen Recht muss der Hauptversammlungsbeschluss, der den Vorstand ermächtigt für ein Optionsprogramm eigene Aktien zu erwerben, auch die wesentlichen Bestandteile des Aktienoptionsplans umfassen. § 71 Abs. 1 Satz 1 Nr. 8 Satz 5 AktG verweist insofern auf § 193 Abs. 2 Nr. 4 AktG. Der Gesetzgeber will damit erreichen, dass das Sicherheitsniveau bei Aktienoptionsplänen unabhängig davon ist, ob die eigenen Aktien erworben oder über ein bedingtes Kapital beschafft werden.[178] Diese Pflicht besteht nicht nur für die Erwerbsermächtigung, die mit dem Aktienoptionsplan selbst beschlossen wird. Die Eckpunkte des Aktienoptionsplans müssen auch beschlossen werden, wenn die Hauptversammlung den Vorstand lediglich erneut zum Erwerb eigener Aktien ermächtigt.[179] Das kann dazu führen, dass das Aktienoptionsprogramm in jeder ordentlichen Hauptversammlung wiederholt beschlossen werden muss, weil der Vorstand ermächtigt werden soll, weiterhin Aktien der Gesellschaft für deren bereits laufendes Vergütungsprogramm zu erwerben. Zahlreiche Unternehmen gehen in dieser Situation in der Praxis einen anderen Weg: Statt den Optionsplan im Rahmen der Erwerbsermächtigung der Hauptversammlung erneut vorzulegen, verweisen sie auf den vorangegangenen Hauptversammlungsbeschluss, der das betreffende Aktienoptionsprogramm verabschiedet hat.[180] Das ist mit dem eindeutigen Wortlaut des § 71 Abs. 1 Satz 1 Nr. 8 Satz 5 AktG in Verbindung mit § 193 Abs. 2 Nr. 4 AktG nicht vereinbar.[181]

---

178 Gesetzentwurf der Bundesregierung zum KonTraG, BTDrucks 13/9712, S. 14.
179 *Bosse*, NZG 2001, 594, 597; *Kallmeyer*, AG 2001, 406, 408.
180 So beispielsweise TOP 7 der Hauptversammlung der Deutschen Bank AG am 17.5.2001; TOP 8 der Hauptversammlung der Henkel KGaA am 30.4.2001; TOP 11 lit. d, bb der Hauptversammlung der Siemens AG am 22.2.2001 und TOP 6 lit. d Abs. 2 der Hauptversammlung der Siemens AG am 17.1.2002. In der Einladung zur Hauptversammlung am 17.1.2002 weist die Siemens AG darauf hin, dass die Eckpunkte der Aktienoptionspläne 1999 und 2001 beim Handelsregister, in den Geschäftsräumen am Gesellschaftssitz und im Internet eingesehen werden können und den Aktionären auf Anfrage auch zugesandt werden.
181 So auch *Bosse*, NZG 2001, 594, 597; *Kallmeyer*, AG 2001, 406, 408. Die Rechtsprechung und die Kommentarliteratur haben sich mit dem Thema bislang, soweit ersichtlich, noch nicht auseinandergesetzt. Das LG Berlin, AG 2000, 328, 329 (Bankgesellschaft Berlin), konnte die Frage offen lassen.

IV. Vierter SLIM-Vorschlag: Erwerb eigener Aktien

Aber muss deshalb der Verweis von § 71 Abs. 1 Satz 1 Nr. 8 Satz 5 AktG auf den Beschlussinhalt nach § 193 Abs. 2 Nr. 4 AktG geändert werden, oder sogar die 18-Monatsgrenze des § 71 Abs. 1 Satz 1 Nr. 8 Satz 1 AktG und des Art. 19 Abs. 1 lit. a KapRL? Die Unternehmen können ohne größeren Aufwand den Inhalt des laufenden Aktienoptionsprogramms in einen Hauptversammlungsbeschluss aufnehmen.[182] Die Informationen, die sie hierzu erteilen müssen, haben sie schon einmal erteilt. Die Unternehmen können daher auf vorhandene Unterlagen zurückgreifen. Die erneute Information der Hauptversammlung ist keine bloße Formalie. Der Hauptversammlung wird der Inhalt eines vor mehreren Jahren beschlossenen Aktienoptionsplans nämlich kaum mehr gegenwärtig sein.[183] Die Unternehmen mögen bei wiederholtem Beschluss des Aktienoptionsprogramms zusätzliche Anfechtungsrisiken befürchten,[184] doch halten sich diese in Grenzen. Wollen Aktionäre den Aktienoptionsplan gerichtlich überprüft wissen, so werden sie in aller Regel bereits den Hauptversammlungsbeschluss anfechten, der den Aktienoptionsplan selbst zum Gegenstand hat. Vereinzelt kann es dennoch dazu kommen, dass ein Folgebeschluss der Hauptversammlung zum Erwerb eigener Aktien aufgrund seiner Feststellungen zum Aktienoptionsplan angefochten wird. Da dieser Hauptversammlungsbeschluss nicht mit einer Bewegung im Handelsregister einhergeht, kann eine Anfechtungsklage nicht zu einer Registersperre führen.[185] Die Unternehmer müssen daher nicht befürchten, dass Grundlagenentscheidungen des Unternehmens durch eine etwaige Anfechtungsklage blockiert werden, wie dies etwa bei Umwandlungen der Fall sein kann.[186]

Die Nachteile, die den Gesellschaften in Verbindung mit der 18-Monatsgrenze entstehen können, wenn sie eigene Aktien für einen Aktienoptionsplan nach § 71 Abs. 1 Satz 1 Nr. 8 AktG erwerben, sind also vergleichsweise gering. Den Unternehmen stehen aber auch andere Möglichkeiten offen, die für einen Optionsplan erforderlichen Aktien zu beschaffen. Für Beleg-

---

182 So ist beispielsweise die DaimlerChrysler AG verfahren, siehe TOP 7 lit. g der Hauptversammlung der Gesellschaft am 11.4.2001. In ähnlicher Weise hat die SAP AG auf den im Vorjahr beschlossenen Aktienoptionsplan Bezug genommen, wenn dieser auch aus bedingtem Kapital und nicht mit erworbenen Aktien bedient wird; siehe TOP 11 der Hauptversammlung der SAP AG am 3.5.2001.
183 So auch *Bosse*, NZG 2001, 594, 597.
184 *Kallmeyer*, AG 1999, 97, 101.
185 Für diesen Hinweis danke ich Herrn Rechtsanwalt und Notar Dr. *Karlheinz Quack*, Berlin.
186 Siehe zu § 16 Abs. 2 und 3 UmwG *Bayer*, ZGR 1995, 613, 618; *ders.*, in: Hommelhoff/Röhricht (Hrsg.), S. 133, 134; *ders.* ZHR 163 (1999), 505, 545; *Martens*, AG 2000, 301, 305.

schaftsaktien weist § 71 Abs. 1 Satz 1 Nr. 2 AktG einen gangbaren Weg auf. Die praktisch bedeutendste Beschaffungsalternative ist aber, wie oben schon ausgeführt,[187] die bedingte Kapitalerhöhung nach §§ 192 Abs. 2 Nr. 3, 193 Abs. 2 Nr. 4 AktG. Wollen Gesellschaften diese Möglichkeiten ebenfalls nicht nutzen, so steht ihnen das breite Spektrum alternativer aktienkursbasierter Vergütungssysteme zur Verfügung, die oben dargestellt wurden: *Stock Appreciation Rights*, Wandelschuldverschreibungen und Optionen, die vom Unternehmen selbst am Markt erworben werden.[188] Eine dringende praktische Notwendigkeit § 71 Abs. 1 Satz 1 Nr. 8 Satz 5 AktG zu ändern, besteht vor diesem Hintergrund nicht. Selbst wenn man diesbezüglich eine andere Auffassung verträte, würde eine Änderung des Aktiengesetzes ausreichen.[189] An Art. 19 Abs. 1 lit. a KapRL sollte in jedem Fall unverändert festgehalten werden.

(4) Zwischenergebnis

Das Mitentscheidungsinteresse der Aktionäre und das Flexibilitätsinteresse des Vorstands werden angemessen ausgeglichen, wenn die Erwerbsermächtigung bei kontinuierlichem Erwerb eigener Aktien von jeder ordentlichen Hauptversammlung erneuert werden muss. Als Standardbeschluss führt der Ermächtigungsbeschluss nur zu geringem Aufwand für die Gesellschaft, sichert aber eine zeitnahe und damit wirksame Teilhabe der Aktionäre an der Entscheidung über den Erwerb und die Veräußerung eigener Aktien durch die Gesellschaft. Die 18-Monatsgrenze ist daher eine ausgewogene Lösung. Wird sie auf europäischer Ebene beibehalten, so können die Anleger darauf vertrauen, dass sie gemeinschaftsweit beim Eigenerwerb von Aktien durch die Gesellschaft durch Mitspracherechte geschützt sind. Das senkt den Transaktionskostenpegel im gemeinsamen Kapitalmarkt und ist deshalb zu begrüßen. Dem SLIM-Vorschlag, die 18-Monatsgrenze des Art. 19 Abs. 1 lit. a KapRL auf fünf Jahre zu verlängern, ist daher nicht zu folgen.

---

187 Siehe S. 154 f.
188 Siehe S. 154 f.
189 Denkbar wäre, den Unternehmen zu gestatten, die Aktienoptionspläne, an welche die Erwerbsermächtigung angeknüpft, rechtzeitig im Internet zu veröffentlichen und sie den Aktionären auf Wunsch kostenlos zuzuschicken. Beides wäre den Aktionären in der Einladung zur Hauptversammlung mitzuteilen. So beispielsweise jüngst die Einladung der Siemens AG zu ihrer Hauptversammlung am 17.1.2002 (dazu schon oben S. 176, Fn. 180).

IV. Vierter SLIM-Vorschlag: Erwerb eigener Aktien

c) *Aktionärsschutz beim Erwerb eigener Aktien durch die Gesellschaft*

Dem Gleichbehandlungsgrundsatz kommt beim Erwerb und bei der Veräußerung eigener Aktien durch die Gesellschaft zentrale Bedeutung zu. Das betont die SLIM-Arbeitsgruppe zu Recht.[190] Der Gleichheitsgrundsatz kann in gewissem Umfang vermeiden, dass die Aktionärsstruktur durch den Vorstand oder mittelbar durch einen Großaktionär gezielt zulasten der Minderheitsaktionäre verändert wird. Der Gleichheitsgrundsatz sichert darüber hinaus, dass alle Aktionäre die gleichen Chancen haben, wenn die Gesellschaft eigene Aktien erwirbt beziehungsweise erworbene Aktien wieder veräußert. Neben der Gefahr der Ungleichbehandlung besteht für die Aktionäre beim Erwerb und bei der Veräußerung eigener Aktien durch die Gesellschaft die Gefahr der Vermögensverwässerung. Diese Gefahr wird nur gebannt, wenn sichergestellt ist, dass die Gesellschaft eigene Aktien nicht zu einem Preis erwirbt, der über deren Wert liegt, und dass die Aktien gleichermaßen nicht unter ihrem Wert an Dritte gegeben werden.

Wie sind nun die Gleichbehandlung der Aktionäre und der Schutz ihres Vermögens beim Erwerb eigener Aktien durch die Gesellschaft auf nationaler und auf europäischer Ebene gesichert? Der Gleichbehandlungsgrundsatz ist in Art. 42 KapRL und in § 53 a AktG festgeschrieben. Weder auf europäischer, noch auf nationaler Ebene wird er für den Erwerb oder für die Veräußerung eigener Aktien konkretisiert. Die Hauptversammlung kann im Rahmen ihres Ermächtigungsbeschlusses Vorgaben für die Ausgestaltung des Erwerbs und der Veräußerung eigener Aktien durch die Gesellschaft machen. Dadurch kann sie die Wahrung des Gleichbehandlungsgrundsatzes und des Vermögensschutzes teilweise selbst regeln. Durch die Hauptversammlungskompetenz sind die Aktionäre also in einem gewissen Umfang davor geschützt, dass der Vorstand mit dem Erwerb und der Veräußerung eigener Aktien eigene Interessen verfolgt, die nicht mit den Interessen der Aktionäre übereinstimmen. Die Zuständigkeit der Hauptversammlung schützt die Minderheitsaktionäre aber kaum vor Benachteiligungen durch die Aktionärsmehrheit.

Dem Schutz der Aktionäre dient die Sorgfaltspflicht des § 93 Abs. 1 AktG. Werden Aktionäre beim Erwerb eigener Aktien ungleich behandelt oder kauft die Gesellschaft eigene Aktien zu überhöhten Preisen zurück, so kann darin ein Verstoß gegen die Sorgfaltspflicht des Vorstands liegen. Der

---

[190] SLIM-Vorschläge, S. 5; SLIM-Erläuterungen, S. 13.

Erwerb eigener Aktien zu überhöhten Preisen ist als verdeckte Einlagenrückgewähr auch nach § 57 Abs. 1 AktG unzulässig.[191]

Der Schutz der Aktionäre beim Erwerb eigener Aktien durch die Gesellschaft ist nach dem deutschen Recht schwach. Zum einen sind die Vorgaben der §§ 53 a, 93 Abs. 1, 57 Abs. 1 AktG wenig eindeutig, zum anderen sind Verstöße gegen diese Normen in der Praxis oft schwer zu beweisen und kaum zu ahnden.[192] Auf europäischer Ebene sind Sorgfaltspflichten und Treuepflichten des Vorstandes noch nicht festgeschrieben.[193] Art. 15 KapRL bleibt hinter dem bescheidenen Schutz des § 57 AktG zurück.

Die 10 %-Grenze in Art. 19 Abs. 1 lit. b KapRL und § 71 Abs. 2 Satz 1 AktG, wie auch die 10 %-Grenze in § 71 Abs. 1 Satz 1 Nr. 8 Satz 1 AktG können nicht verhindern, dass die Aktionäre ungleich behandelt werden. Sie können auch nicht verhindern, dass das in Aktien verkörperte Vermögen der Aktionäre verwässert wird. Der Schutz durch die Volumengrenze ist deshalb unzureichend. Systematisch besteht das Problem darin, dass nicht schädigende Verhaltensweisen verboten werden, sondern dass nur der Bestand oder der Erwerb eigener Aktien im Volumen beschränkt wird. Schädigendes Verhalten wird also nicht dem Grunde nach verhindert, sondern nur in der Höhe eingeschränkt. Die Höhenbeschränkung belässt mit einem Äquivalent von zehn Prozent des Grundkapital reichlich Missbrauchsmöglichkeiten. Das gilt besonders, wenn die Höhenbeschränkung nicht in einer Erwerbsschranke besteht, wie bei § 71 Abs. 1 Satz 1 Nr. 8 AktG, sondern in einer Bestandsgrenze, wie bei Art. 19 Abs. 1 lit. b KapRL und § 71 Abs. 2 Satz 1 AktG. Denn dann kann die Volumengrenze durch Veräußerung zuvor erworbener Anteile erneut ausgeschöpft werden.[194] Die 10%igen Bestandsgrenzen sind also zum Schutz der Aktionäre ungenügend, weil sie allenfalls großvolumige Missbräuche eindämmen können.

Wird die 10 %-Grenze des Art. 19 Abs. 1 lit. b KapRL, wie von der SLIM-Arbeitsgruppe vorgeschlagen, aufgehoben, ist das Problem aber nicht gelöst. Im Gegenteil. Die Bestandsgrenze ist unzureichend. Immerhin ist sie aber bei großvolumigen Transaktionen ein gewisser Schutz vor Missbräu-

---

191 *Hefermehl/Bungeroth*, in: Geßler/Hefermehl, AktG, § 57 Rn. 38; *Lutter*, in: Kölner Kommentar zum AktG, § 57 Rn. 33.
192 Siehe aus der Rechtsprechung OLG Oldenburg, DB 1994, 929 und ferner die Nachweise auf S. 56 in Fn. 104.
193 Siehe schon S. 30.
194 Siehe bereits oben S. 137 f.

IV. Vierter SLIM-Vorschlag: Erwerb eigener Aktien

chen. Dieser Schutz sollte nur zugunsten einer besseren Alternativlösung aufgegeben werden.[195]

Es ist daher zu überlegen, die Gleichbehandlung der Aktionäre und den Schutz ihres Vermögens durch zwingende Verfahrensvorschriften für den Erwerb eigener Aktien durch die Gesellschaft zu sichern.[196] Im US-amerikanischen Kapitalmarktrecht sorgt die Rule 13e-4 (»*Tender Offers by Issuers*«) der *Securities and Exchange Commission* zum *Securities and Exchange Act* von 1934[197] seit langem für entsprechende Schutzstandards.[198] Wegen des bestehenden strikten Gebots, Aktionäre gleich zu behandeln, hielt der deutsche Gesetzgeber bei Einführung des § 71 Abs. 1 Satz 1 Nr. 8 AktG ausdrückliche gesetzliche Verfahrensvorschriften den Ankauf und Verkauf für entbehrlich.[199] Die Rückerwerbsverfahren der Praxis und ihre Kontrolle im Hinblick auf den Gleichbehandlungsgrundsatz der Rechtsprechung zu überlassen hat aber Nachteile. Zum einen garantiert der Gleichbehandlungsgrundsatz keinen Schutz vor Vermögensverwässerungen. Zum anderen, und das ist entscheidend, führt die Nichtregelung zu erheblicher Rechtsunsicherheit. Die Rechtsprechung muss dann klären, welche Rückerwerbsverfahren mit dem Gleichheitssatz vereinbar sind und welche hiergegen verstoßen. Die Anzahl denkbarer Rückerwerbsmethoden lässt sich beinahe beliebig steigern. Oben wurden einige mögliche Methoden bereits skizziert.[200] Es ist fraglich, ob den Unternehmen mit solchen Freiheiten gedient ist. Jedenfalls bis sich zu jeder Rückerwerbsmethode eine gefestigte Rechtsprechung entwickelt hat, ist den Unternehmen aufgrund der drohenden Anfechtungsrisiken kaum geholfen. Für die Aktionäre ist die Rechtsunsicherheit ebenfalls groß. Das gilt schon für eine rein nationale Betrachtung, erst recht aber für einen gemeinsamen europäischen Kapitalmarkt. Mit der Rechtsunsicherheit sind Transaktionskosten verbunden. Nicht nur für die Unternehmer, sondern auch für die Anleger ist der Informationsaufwand

---

195 Wie hier *Drygala*, AG 2001, 291, 297. Ähnlich *Escher-Weingart/Kübler*, ZHR 162 (1998), 537, 560, die sich für die Aufgabe der Volumengrenze aussprechen: »Eine solche Flexibilisierung sollte von flankierenden Maßnahmen zur Sicherung der Anleger begleitet sein, die sowohl auf der Ebene des Gesellschaftsrechts als auch auf der des Kapitalmarktrechts vorgesehen sind.«
196 Dafür *von Rosen/Helm*, AG 1996, 434, 439. Für eine Bindung des Erwerbs eigener Aktien an den Börsenhandel *Martens*, AG 1996, 337, 339. Für eine gesetzliche Regelung von Paketkäufen *Wastl/Wagner/Lau*, S. 134 ff.
197 Rule 13e-4 ist abrufbar unter: http://www.law.uc.edu/CCL/34ActRls/rule13e-4.html.
198 Dazu *Benckendorff*, S. 306.
199 Regierungsentwurf zum KonTraG, BTDrucks 13/9712, S. 13. So auch *Benckendorff*, S. 306.
200 Siehe S. 159 f.

erheblich. In der Praxis werden die Transaktionskosten meist in Form von Honoraren gut bezahlter Wirtschaftsanwälte entstehen. Soll einem europäischen Anleger, der sein Portfolio im europäischen Binnenmarkt länderübergreifend diversifizieren will, zugemutet werden, dass er sich zunächst in jeder Jurisdiktion Rat darüber einholt, wie er von den Gerichten der unterschiedlichen Mitgliedstaaten beim Erwerb eigener Aktien durch die Gesellschaft geschützt wird? Die Kosten der Kapitalanlage in einem anderen Mitgliedstaat sind dann selbst für größere institutionelle Anleger, wie beispielsweise ein berufständisches Versorgungswerk, prohibitiv. Es ist offensichtlich, dass solche Transaktionskosten einem effizienten europäischen Kapitalbinnenmarkt entgegenstehen.

Soll der europäische Kapitalbinnenmarkt vollendet werden, so bedarf es auf europäischer Ebene zwingender gesetzlicher Verfahrensvorschriften für den Erwerb eigener Anteile durch Aktiengesellschaften. Diese Vorschriften müssen einerseits eine möglichst flexible Unternehmensfinanzierung ermöglichen und zwar sowohl für börsennotierte als auch für nicht börsennotierte Gesellschaften. Andererseits müssen sie sicherstellen, dass die Aktionäre gleichbehandelt werden und wirksam gegen Vermögensverwässerungen geschützt sind. Eine (eventuell zentrale europäische) Börsenaufsichtsbehörde sollte die Einhaltung der Verfahrensvorschriften überwachen.[201] Was wäre für solche Verfahrensvorschriften grundsätzlich zu beachten?

Der Gleichheitsgrundsatz verlangt, dass beim Erwerb eigener Aktien durch die Gesellschaft mindestens folgende Bedingungen erfüllt sind: Alle Aktionäre müssen Kenntnis von dem Erwerb und seinen Umständen erlangen.[202] Die relevanten Informationen müssen sämtliche Aktionäre deutlich vor dem Zeitpunkt erhalten, zu dem der Erwerb beginnen soll. Anderenfalls kommt es faktisch zu einer Ungleichbehandlung der Aktionäre entsprechend ihrem Informationsstand. Der Gleichheitsgrundsatz verlangt ferner, dass die veräußernden Aktionäre für ihre Beteiligung den gleichen Preis erhalten. Ist die Erwerbsofferte der Gesellschaft überzeichnet, so wird dem Gleichheitsgrundsatz nur genügt, wenn die Gesellschaft pro rata zurückkauft.[203]

---

201 Siehe auch die ähnlichen Vorschläge zum dritten SLIM-Vorschlag (Squeeze Out) auf S. 127 und zum sechsten SLIM-Vorschlag (Bezugsrechtsausschluss) auf S. 232.
202 *Baums*, AG Sonderheft August 1997, S. 26, 35; *Wenger*, AG Sonderheft August 1997, S. 57, 63; *Escher-Weingart/Kübler*, ZHR 162 (1998), 537, 561.
203 So auch *Deutsches Aktieninstitut e. V.*, Der Erwerb eigener Aktien durch die Gesellschaft, S. 5.

IV. Vierter SLIM-Vorschlag: Erwerb eigener Aktien

Zur Absicherung der Aktionärsrechte und zur anreizkonformen Rechtsgestaltung sollten Verstöße gegen die Verfahrensvorschriften mit einer zivilrechtlichen Haftung der rechtswidrig handelnden Organe einhergehen.[204] Auch auf diese zivilrechtliche Organhaftung sollten sich die Anleger im Binnenmarkt verlassen können. Sie ist deshalb auf europäischer Ebene festzuschreiben.

Für börsennotierte Gesellschaften wird der Erwerb am Markt häufig die Methode der Wahl sein.[205] Davon geht auch der SLIM-Vorschlag aus.[206] Der Kapitalmarkt ist anonym und neutral.[207] Der Kapitalmarkt kommt einem effizienten Markt nahe. Die Aktienkurse sind als Wertgutachten des Marktes stets verfügbar. Erwirbt die Gesellschaft die Aktien zum Marktpreis, werden Vermögenseinbußen der verbleibenden Aktionäre und der Gesellschaft oft ausgeschlossen sein. Problematisch ist aber, dass die Gesellschaft durch ihren Erwerb die Gesamtnachfrage nach den Aktien der Gesellschaft erhöht.[208] Das ist zu vernachlässigen, wenn die Aktie am Markt unterbewertet ist und der Erwerb gerade dies signalisieren soll. Ist dies aber nicht der Fall, so führt die durch den Eigenerwerb erhöhte Nachfrage zu einem höheren Kurs der Aktie. Liegt dieser Preis signifikant über dem *objektiven Wert*[209], so führt das zu Vermögensverlusten für die Gesellschaft und für die verbleibenden Aktionäre. Wann dies der Fall ist, hängt von der Preiselastizität des Aktienangebotes ab. Wirtschaftswissenschaftler müssten hier empirisch fundierte Lösungen vorschlagen. Denkbar wäre durchaus auch eine Volumengrenze. Dabei würde es sich wahrscheinlich eher um eine Erwerbsgrenze handeln, die sich auf einen kürzeren Zeitraum bezieht. Beispielsweise

---

204 Wie hier *Benckendorff*, S. 308. Das *Deutsche Aktieninstitut e. V.*, Der Erwerb eigener Aktien durch die Gesellschaft, S. 20, hat für § 71 AktG ebenfalls einen Schadenersatzanspruch der Aktionäre vorgeschlagen, der sich aber nicht gegen die schuldhaft handelnden Organe, sondern gegen die Gesellschaft richten soll. Will man ein anreizkonformes Haftungsregime, so sollten die handelnden Organe haften, nicht die Gesellschaft und damit vermögensmäßig die Aktionäre. Zu §§ 93 Abs. 2, 111, 116 AktG siehe *Markwardt*, BB 2002, 1108, 1113.
205 Nachdrücklich *Deutsches Aktieninstitut e. V.*, Der Erwerb eigener Aktien durch die Gesellschaft, S. 5.
206 SLIM-Vorschläge, S. 5. In diesem Sinne auch der Wirtschafts- und Sozialausschuss in seiner Stellungnahme zum Entwurf der Europäischen Kommission für eine Kapitalrichtlinie, ABlEG Nr. C 88 vom 6.9.71, S. 4.
207 *Martens*, AG 1996, 337, 339. Gegebenenfalls könnten für Namensaktien Verfahrensvorschriften erforderlich sein, die die Anonymität und Neutralität der Märkte garantieren.
208 Hierauf weist *Drygala*, AG 2001, 291, 297, zu Recht hin.
209 Zum Begriff siehe S. 98, Fn. 34.

Dritter Teil: Die Vorschläge der SLIM-Arbeitgruppe

könnte der Erwerb eigener Aktien auf ein bis zwei Prozent der außenstehenden Aktien pro Monat beschränkt werden.

Das aus den USA bekannte *Dutch Auction*-Verfahren[210] könnte auch für Europa sinnvoll sein und zwar gleichermaßen für Kapitalmarktgesellschaften wie für nicht börsennotierte Gesellschaften.[211] Paketkäufe sind im Hinblick auf den Gleichheitsgrundsatz ausgesprochen problematisch.[212] Sie sollten nur zulässig sein, wenn dies aus übergeordneten Unternehmensinteressen dringend geboten ist.[213]

d) *Aktionärsschutz bei der Veräußerung eigener Aktien durch die Gesellschaft*

Die SLIM-Arbeitsgruppe hat sich mit der Veräußerung eigener Aktien nicht beschäftigt. Hier wird darauf eingegangen, da die Volumengrenze des Art. 19 Abs. 1 lit. b KapRL nicht nur den Erwerb, sondern mittelbar auch die Veräußerung eigener Aktien durch die Gesellschaft beschränkt. Die mittelbaren Schranken beim Erwerb eigener Aktien nach Art. 19 Abs. 1 KapRL sind die einzigen Vorschriften, die die Kapitalrichtlinie zur Veräußerung eigener Aktien enthält. Dieses Regelungsvakuum überrascht, weil die Veräußerung eigener Aktien durch die Gesellschaft für deren Aktionäre überaus bedeutend ist.[214] Auf die Gefahren für die Stellung der Aktionäre und deren Vermögen bei der Veräußerung eigener Aktien durch die Gesellschaft wurde bereits hingewiesen.[215] Die Gefahr der Ungleichbehandlung und der Vermögensverwässerung ist bei der Veräußerung oft größer als beim Erwerb. Werden die erworbenen Aktien eingezogen, so ist das aus Sicht der Aktionäre unproblematisch. Werden die Aktien von der Gesellschaft aber zum Kauf einer Unternehmensbeteiligung verwendet, so liegt darin notwendig eine Ungleichbehandlung der Aktionäre. Die eigenen Aktien sollen gerade nicht die Altaktionäre erhalten, sondern der Eigner des zu erwerbenden Unternehmens. Werden die eigenen Aktien dazu verwendet, Optionsprogramme

---

210 Siehe dazu oben S. 160.
211 Zu möglichen Erwerbsverfahren für Gesellschaften, die nicht an der Börse notiert sind *Kiem*, ZIP 2000, 209, 212.
212 Siehe bereits S. 161.
213 So auch *Escher-Weingart/Kübler*, ZHR 162 (1998), 537, 561; *Drygala*, AG 2001, 291, 297.
214 Ähnlich für das deutsche Recht *Reichert/Harbarth*, ZIP 2001, 1441.
215 Siehe S. 170 f.

IV. Vierter SLIM-Vorschlag: Erwerb eigener Aktien

zu finanzieren, so kommt zu der notwendigen Ungleichbehandlung eine notwendige Vermögensverwässerung hinzu. Die Vergütung von Managern durch Aktienoptionen besteht gerade darin, dass diese anstatt Geld, Anteile zu einem Preis erhalten, der unter ihrem Wert liegt, wodurch das Vermögen der Altaktionäre verwässert wird.

Die Volumengrenze beim Erwerb eigener Aktien nach Art. 19 Abs. 1 lit. b KapRL ist ein unzulänglicher Schutz der Aktionäre bei der Veräußerung eigener Aktien durch die Gesellschaft. Die Volumengrenze regelt weder die drohende Ungleichbehandlung noch die drohende Vermögensverwässerung der Aktionäre. Weil sie auf die spezifischen Risiken nicht eingeht, ist die Volumengrenze systematisch unbefriedigend. Indem sie die Spielräume des Vorstands beim Eigenerwerb einschränkt, führt sie im Ergebnis aber doch zu einem, wenngleich sehr bescheidenen, Schutz der Aktionäre auch vor Missbräuchen bei der Veräußerung eigener Aktien durch die Gesellschaft. Dieser unzulängliche Schutz sollte wiederum nur zugunsten einer besseren Regelung aufgegeben werden. Es sollen im Folgenden die Wertungen aufgezeigt werden, die bei einer Alternativlösung zu beachten wären.

Werden die erworbenen eigenen Aktien nicht eingezogen, sondern veräußert, so entspricht dies zwar nicht formal, wohl aber materiell, einer Kapitalerhöhung. Wie bei dieser gilt es auch hier, die Aktionäre ausreichend vor Beeinträchtigungen ihrer Rechtsstellung und ihres Vermögens zu schützen. Hierbei kommt zwei Schutzinstrumenten besondere Bedeutung zu: der Zustimmung der Hauptversammlung und dem Bezugsrecht. Wegen der starken Eingriffe in die Rechts- und Vermögensposition der Aktionäre sollte die Veräußerung eigener Aktien durch die Gesellschaft, wie jede Kapitalerhöhung auch (Art. 25 Abs. 1 KapRL), von der Hauptversammlung beschlossen werden.[216] Das geltende Europarecht schließt nicht aus, dass in der Erwerbsermächtigung dezidierte Vorgaben für die Veräußerung der eigenen Aktien gemacht werden. Art. 19 Abs. 1 lit. a KapRL garantiert aber die Hauptversammlungskompetenz für die Veräußerung eigener Aktien nicht.

Weil die Veräußerung eigener Aktien durch die Gesellschaft für die Aktionäre mit den gleichen Gefahren einhergeht, die auch bei der Kapitalerhöhung bestehen, sollten die Aktionäre auch hier grundsätzlich durch ein Bezugsrecht geschützt werden.[217] Wird bei der Veräußerung eigener Aktien

---

216 Wie hier *Wastl/Wagner/Lau*, S. 131. A. A. *Benckendorff*, S. 310.
217 Rechtstechnisch ist de lege ferenda ein Verweis von Art. 19 Abs. 1 KapRL auf Art. 29 Abs. 1 und 4 KapRL denkbar. Für ein Erwerbsanrecht der Aktionäre im Falle der Veräußerung eigener Aktien durch die Gesellschaft spricht sich nun auch *Tilman Bezzenberger*, Eigenerwerb, S. 123, aus. *Benckendorff*, S. 309, berichtet, dass die Aktionäre bei der Wiederveräußerung in den US-amerikanischen Rechtsordnungen nicht durch ein Bezugs-

durch die Gesellschaft der Gleichheitsgrundsatz nicht eingehalten, so entspricht das wirtschaftlich dem Bezugsrechtsausschluss bei der Kapitalerhöhung.[218]

Will man den Unternehmen eigene Aktien als ein flexibles Instrument der Unternehmensfinanzierung an die Hand geben, so ist zu fragen, unter welchen Umständen die Verwertung der eigenen Aktien mit deren Erwerb von der Hauptversammlung gleich mitbeschlossen werden kann. Es geht dabei darum, wie konkret eine solche Veräußerungsermächtigung gefasst sein muss und wie abstrakt sie bleiben kann. Werden die Aktionäre bei der Veräußerung der eigenen Aktien ungleich behandelt, so müsste, wie beim Bezugsrechtsausschluss (Artt. 29 Abs. 4, 42 KapRL), ein sachlicher Grund dafür vorliegen und der Vorstand müsste über diesen berichten.[219] Auch insofern wären die Anforderungen an den Hauptversammlungsbeschluss und den Vorstandsbericht zu definieren.

Sinnvoll erscheint es, einen Fallkatalog mit Voraussetzungen aufzustellen, in denen vom Gleichheitsgrundsatz abgewichen werden kann und in denen abstrakte Veräußerungsermächtigungen ausreichen. In den übrigen Fällen wäre ein konkret gefasster Hauptversammlungsbeschluss und im Falle der Ungleichbehandlung ein sachlicher Grund erforderlich. Zu solchen Katalogsachverhalten könnte neben der Einziehung auch die Veräußerung der eigenen Aktien an der Börse zu Marktpreisen gehören.[220] Ebenso könnte die Bedienung von Aktienoptionsprogrammen hierunter fallen, sofern das Optionsprogramm bestimmte Mindeststandards erfüllt. Um den Anteil der Aktionäre an der Entscheidung über die Veräußerung der eigenen Aktien zu sichern, müsste die Veräußerungsermächtigung schließlich, wie ein geneh-

---

oder Erwerbsrecht geschützt werden, sondern durch fiduziarische Bindungen der Verwaltung. Der erforderliche Schutz der Aktionäre wird dort also nach hinten verlagert und nicht ex ante, sondern ex post verwirklicht.

218 So bereits *Hirte*, Bezugsrechtsausschluss und Konzernbildung, S. 173 ff.; und auch der Regierungsentwurf zum KonTraG, BTDrucks 13/9712, S. 14.

219 Zum Bezugsrechtsausschluss siehe S. 211 ff. Wie hier der Sache nach schon *Frey/Hirte*, ZIP 1991, 697, 699. Auch nach geltendem deutschen Recht darf bei der Veräußerung von Aktien, die nach § 71 Abs. 1 Satz 1 Nr. 8 AktG erworben wurden, nur dann vom Gleichheitsgrundsatz abgewichen werden, wenn ein sachlicher Grund hierfür vorliegt, und der Vorstand über diesen berichtet (§§ 71 Abs. 1 Satz 1 Nr. 8 Satz 5, 186 Abs. 3 und 4 AktG). Die Voraussetzungen der Veräußerung nach § 71 Abs. 1 Satz 1 Nr. 8 Satz 5 AktG sind in den Einzelheiten allerdings noch nicht geklärt. Siehe hierzu den Regierungsentwurf zum KonTraG, BTDrucks 13/9712, S. 14; *Hüffer*, AktG, § 71 Rn. 19 k; *Reichert/Harbarth*, ZIP 2001, 1441.

220 Eingehend dazu die Ausführungen zum sechsten SLIM-Vorschlag (Bezugsrecht), S. 227 ff.

migtes Kapital, zeitlich befristet werden.[221] Hier bietet es sich an, die Fünfjahresgrenze zu übernehmen, die Art. 25 Abs. 2 Satz 3 KapRL für das genehmigte Kapital vorschreibt. Denkbar wäre aber auch ein Rückgriff auf Art. 20 Abs. 2 KapRL, wonach erworbene eigene Aktien in bestimmten Fällen binnen drei Jahren wieder veräußert werden müssen.

Dass auch bei der Veräußerung eigener Aktien durch die Gesellschaft gemeinschaftsweite Mindeststandards geboten sind, ergibt sich aus den bereits diskutierten Argumenten zum Erwerb eigener Aktien.[222] Die 10 %-Grenze des Art. 19 Abs. 1 lit. b KapRL sollte daher beibehalten werden, bis das Europarecht die Aktionäre im Kapitalbinnenmarkt bei der Veräußerung erworbener Aktien durch die Gesellschaft durch ausreichende gemeinschaftsweite Mindeststandards schützt.

e) Zwischenergebnis

Um den Anteil der Aktionäre am Erwerb eigener Aktien zu sichern, sollte die 18-Monatsgrenze des Art. 19 Abs. 1 lit. a KapRL in jedem Fall beibehalten werden.

Die 10%ige Volumenschranke des Art. 19 Abs. 1 lit. b KapRL schützt die Aktionäre nur unzureichend vor den Gefahren des Erwerbs eigener Aktien und deren anschließender Veräußerung. Sie sollte daher durch europäische Schutzstandards sowohl für den Erwerb als auch für die Veräußerung ersetzt werden. Solange sich die Aktionäre im europäischen Kapitalmarkt nicht auf solche Mindeststandards verlassen können, sollte die 10 %-Grenze beibehalten werden, weil sie die Missbrauchsmöglichkeiten immerhin auf einen gewissen quantitativen Umfang beschränken kann.

7. Kapitalmarktrecht und Erwerb eigener Aktien

Am Kapitalmarkt kann der Erwerb eigener Aktien zu Kursmanipulationen missbraucht werden. Zum Schutz der Preisbildungsmechanismen des Kapitalmarktes muss jede Form der Kursmanipulation unterbunden werden. Das ist nur mit umfassender Transparenz zu erreichen. Gerade mit dem Erwerb eigener Aktien können Unternehmen den Börsenkurs beeinflussen. Über die

---

221 Siehe hierzu schon oben S. 173 f.
222 Siehe S. 170 ff.

Ad hoc-Publizität hinaus müssen deshalb alle Rückkaufprogramme umfassend und zeitnah bekannt gemacht werden.[223] Eine besondere kapitalmarktrechtliche Gefahr besteht, wenn Unternehmen eigene Aktien zurückkaufen, um damit den Vorstand und leitende Mitarbeiter zu vergüten. Das Management hat in solchen Fällen ein starkes finanzielles Eigeninteresse an einem hohen Börsenkurs. Je stärker die Entlohnung des Managements an den Aktienkurs gebunden ist, desto größer sind die Gefahren missbräuchlicher Kursmanipulationen durch das Management. Die Integrität des Kapitalmarktes erfordert hier umfassende und zeitnahe Transparenz.[224] In den USA muss das Management deshalb Eigengeschäfte mit Aktien der Gesellschaft bereits bekannt geben, bevor die Transaktion durchgeführt wird.[225]

Das finanzielle Eigeninteresse des Managements an einem hohen Börsenkurs besteht nicht nur bei aktienkursbasierter Vergütung und dort auch nicht nur, wenn sich das Unternehmen die erforderlichen Aktien mittels Rückkäufen beschafft. Es handelt sich vielmehr um allgemeine Insiderprobleme. Das Insiderrecht wurde gerade in Deutschland[226] und soll in Kürze auch in der Europäischen Union[227] gesetzlich neu geregelt werden.[228] Für Eigengeschäf-

---

223 So nachdrücklich und zu Recht *von Rosen/Helm*, AG 1996, 440; *Benckendorff*, S. 313; *Escher-Weingart/Kübler*, ZHR 162 (1998), 537, 561; *Drygala*, AG 2001, 291, 297; *Tilman Bezzenberger*, Eigenerwerb, S. 132 f.
224 *Deutsches Aktieninstitut e. V.*, Stellungnahme zum Vierten Finanzmarktförderungsgesetz, S. 5.
225 *von Rosen*, Transparenz ist Voraussetzung von Vertrauen, in: *Die Welt* vom 5.3.2001.
226 §§ 12 ff. WpHG in der Fassung Gesetzes zur weiteren Fortentwicklung des Finanzplatzes Deutschland (Viertes Finanzmarktförderungsgesetz) vom 21.6.2002, BGBl 2002 I, S. 2010, 2030 ff. Der Diskussionsentwurf des Bundesfinanzministeriums vom 3.9.2001 ist abrufbar unter: http://www.bundesfinanzministerium.de. Die *Regierungskommission Corporate Governance*, S. 272, empfiehlt die Offenlegung von Vorstandsbezügen und Aktienoptionen im Anhang entsprechend den Vorschlägen des Deutschen Standardisierungsrats auszuweiten.
227 Siehe den Vorschlag der Europäischen Kommission für eine Richtlinie des Europäischen Parlaments und des Rates über Insider-Geschäfte und Marktmanipulation (Marktmissbrauch) vom 30.5.2001, KOM (2001) 281 endg., abrufbar unter: http://europa.eu.int/eurlex/de/com/pdf/2001/de_501PC0281.pdf; Konsultationsdokument der Europäischen Kommission »Towards an EU-Regime on Transparency Obligations of Issuers Whose Securities are Admitted to Trading on a Regulated Market« vom 11.7.2001, abrufbar unter: http://europa.eu.int/comm/internal_market/en/finances/mobil/ transparency.htm; Stellungnahme des Wirtschafts- und Sozialausschusses vom 16./17.1.2002 zu dem Vorschlag der Kommission für eine Marktmissbrauchsrichtlinie vom 30.5.2001, ABlEG Nr. C 80 vom 3.4.2002, S. 61.
228 Siehe zur Reform des Rechts der Börsenkursmanipulation auch *Lenzen*; *Fleischer*, Gutachten für den 64. DJT, 2002, S. F 28, F 118 ff.; *Merkt*, Gutachten für den 64. DJT, 2002, S. G 56 ff., jeweils mit umfassenden weiteren Nachweisen.

te des Managements sieht § 15 a Abs. 1 WpHG n. F. nunmehr eine Anzeigepflicht vor, die sich an das US-amerikanische Kapitalmarktrecht anlehnt.[229]

Man mag eine Volumengrenze beim Erwerb eigener Aktien auch aus kapitalmarktrechtlichen Gründen für sinnvoll erachten. Tatsächlich können Erwerbsgrenzen, wie die des § 71 Abs. 1 Satz 1 Nr. 8 Satz 1 AktG, Kurspflegemaßnahmen und Spekulationen in eigenen Aktien einschränken.[230] Die Bestandsgrenzen des § 71 Abs. 2 Satz 1 AktG und des Art. 19 Abs. 1 lit. b KapRL sind hierzu aber kaum in der Lage. Bei den Bestandsgrenzen kann die Gesellschaft, wie bereits ausgeführt,[231] die Volumengrenze immer wieder ausnutzen, sobald sie die erworbenen Aktien nicht mehr hält. Wollen Gesellschaften mit dem Erwerb oder mit der Veräußerung eigener Anteile ihren Aktienkurs beeinflussen, so handelt es sich oft um zeitlich eng befristete Maßnahmen. Eine 10%ige Bestandsgrenze lässt den Unternehmen viel Spielraum, wenn den Ankäufen Verkäufe gegenüberstehen. Die Bestandsgrenze beschränkt in diesem Fall allenfalls ausgesprochen großvolumige Transaktionen.

8. Die 10 %-Grenze des Art. 19 Abs. 1 lit. b KapRL zur Förderung des Streubesitzes

Teilweise wird vertreten, die 10%ige Bestandsgrenze für eigene Aktien könne den Streubesitz fördern und dadurch Konzentrationstendenzen verhindern.[232] Tatsächlich ist eine breite Streuung des Aktienbesitzes wünschenswert.[233] Ob fixe Volumenschranken ein geeignetes Mittel sind, um den Streubesitz zu fördern, kann offen bleiben. Hier wurde begründet, dass das entscheidende Kriterium für die Harmonisierung des Aktienrechts die Effizienz des Binnenmarktes ist.[234] Die wirtschaftspolitische Förderung des Streubesitzes spielt für die Transaktionskosten der Marktteilnehmer im Bin-

---

229 Siehe den Diskussionsentwurf des Bundesfinanzministeriums für das Vierte Finanzmarktförderungsgesetz vom 3.9.2001 (a. a. O.), der auf S. 218 explizit auf Sec. 16 des US-amerikanischen Securities Exchange Act verweist.
230 So auch der *Handelsrechtsausschuss des Deutschen Anwaltvereins* in einer Stellungnahme zum Referentenwurf des KonTraG, ZIP 1997, 163, 171.
231 Siehe oben S. 137 f.
232 In diesem Sinne *Escher-Weingart*, Deregulierung, S. 285, die sich im Ergebnis gleichwohl dafür ausspricht, die 10 %-Grenze aufzugeben.
233 Explizit *Graf Lambsdorff*, ZGR 1981, 1, 9, dessen Meinung in Deutschland Konsens sein dürfte.
234 Siehe oben S. 59 ff.

nenmarkt keine Rolle. Sie sollte deshalb den nationalen Gesetzgebern vorbehalten sein. Dem SLIM-Vorschlag zufolge soll es den Mitgliedstaaten unbenommen sein, auf nationaler Ebene Volumengrenzen für den Erwerb eigener Aktien vorzusehen.[235] Danach wäre es den nationalen Gesetzgebern also auch möglich, den Streubesitz mittels einer Volumengrenze beim Erwerb eigener Aktien zu fördern. Aus dem wirtschaftspolitischen Blickwinkel der Förderung des Streubesitzes ist dem SLIM-Vorschlag daher zuzustimmen.

9. Fazit

Die Dauer der Ermächtigung zum Erwerb eigener Aktien in Art. 19 Abs. 1 lit. a KapRL sollte weiterhin auf 18 Monate beschränkt bleiben. Der Erwerb eigener Aktien und auch deren anschließende Veräußerung birgt für die Rechte und für das Vermögen der Aktionäre Gefahren. Diese Gefahren entsprechen weitgehend denen bei anderen bedeutenden Kapitalmaßnahmen. Wie bei der Erhöhung und Herabsetzung des Kapitals muss daher über den Erwerb eigener Aktien von den Aktionären in der Hauptversammlung entschieden werden. Um eine flexible Handhabe des Finanzierungsinstruments *Eigene Aktien* zu gewährleisten, kann die Hauptversammlung den Vorstand zum Erwerb und zur Veräußerung eigener Aktien ermächtigen. Um einen wirkungsvolle Teilhabe der Aktionäre an dieser Entscheidung zu sichern, sollte bei laufendem Erwerb jede ordentliche Hauptversammlung über die Bedingungen des Erwerbs beschließen. In der deutschen Hauptversammlungspraxis drohende Friktionen können von der Praxis gelöst werden und rechtfertigen eine Rechtsänderung nicht, zumal nicht auf europäischer Ebene.

Die 10%ige Volumengrenze in Art. 19 Abs. 1 lit. b. KapRL befriedigt konzeptionell weder beim Gläubigerschutz noch beim Aktionärsschutz, weil sie die Umstände des Einzelfalls nicht berücksichtigt.

Aus Gründen des Gläubigerschutzes kann die 10 %-Grenze in Art. 19 Abs. 1 lit. b KapRL aufgegeben werden. Die Gläubiger sind durch die Kapitalgrenze des Art. 19 Abs. 1 lit. c KapRL in Verbindung mit dem Gebot der bilanziellen Neutralisierung aktivierter eigener Aktien nach Art. 22 Abs. 1 lit. b KapRL besser und auch ausreichend geschützt. Aus Sicht der Gläubiger ist es gleich, ob die Unternehmen die freien Mittel nach Art. 19 Abs. 1

---

235 SLIM-Erläuterungen, S. 13.

lit. c KapRL als Dividende ausschütten oder ob diese Liquidität in Form von Aktienrückkäufen an die Aktionäre zurückgegeben wird.

Da die 10 %-Grenze in Art. 19 Abs. 1 lit. b KapRL eine Bestandsgrenze ist und zudem mit zehn Prozent eine relativ hohe Bestandsgrenze, ist sie ungenügend, um den Kapitalmarkt vor Kursmanipulationen durch den Erwerb eigener Aktien zu schützen.

Ob Volumengrenzen beim Erwerb eigener Aktien geeignet sind den Streubesitz zu fördern, kann offen bleiben. Da Maßnahmen zur Förderung des Streubesitzes die Transaktionskosten im Binnenmarkt nicht senken, rechtfertigen sie keine europäischen, sondern allenfalls nationale Regeln.

Die 10 %-Grenze des Art. 19 Abs. 1 lit. b KapRL kann dem Grunde nach nicht verhindern, dass Aktionäre ungleich behandelt, dass ihre Rechte verletzt und ihr Vermögen verwässert werden. Deshalb genügt sie zum Schutz der Aktionäre nicht. Um die Transaktionskosten im Binnenmarkt zu senken und einen effizienten Kapitalmarkt in der Europäischen Union zu vollenden, müssen die Aktionäre durch europäisches Recht ausreichend vor Gefahren bei Erwerb und Veräußerung eigener Aktien durch die Gesellschaft geschützt werden. Hierzu sollten *de lege ferenda* gemeinschaftsweite Mindeststandards für den Erwerb und für die Veräußerung eigener Aktien festgelegt werden. Für den Erwerb bieten sich zwingende Verfahrensvorschriften an, die durch eine (eventuell zentrale europäische) Börsenaufsichtsbehörde überwacht werden. Für die Wiederveräußerung sollte die Hauptversammlungszuständigkeit und ein Bezugsrecht der Altaktionäre europarechtlich festgeschrieben werden. Solange die Anleger in Europa nicht darauf vertrauen können, dass ihre Rechtsposition und ihr Vermögen beim Erwerb und bei der Veräußerung eigener Aktien durch die Gesellschaft hinreichend geschützt ist, sollte an der 10 %-Grenze des Art. 19 Abs. 1 lit. b KapRL festgehalten werden. Diese schützt die Aktionäre nur unzulänglich, stellt aber gleichwohl eine gewisse Einschränkung von Missbrauchsmöglichkeiten dar.

Der Erwerb und die Veräußerung eigener Aktien sind flexible und vielseitig einsetzbare Instrumente der Unternehmensfinanzierung. In Deutschland entwickeln sich diese Finanzierungsinstitute erst langsam. Zur Zeit besteht aus Sicht der deutschen Praxis kein dringender Bedarf, die 10 %-Volumengrenze auszuweiten.

V. Fünfter SLIM-Vorschlag: Finanzielle Unterstützung des Aktienerwerbs

1. Der SLIM-Vorschlag

Art. 23 Abs. 1 KapRL verbietet derzeit einer Gesellschaft, im Hinblick auf den Erwerb ihrer Aktien durch einen Dritten Vorschüsse zu geben, Darlehen zu gewähren oder Sicherheiten zu leisten. Nach Auffassung der SLIM-Arbeitsgruppe soll das bislang strikte Verbot des Art. 23 Abs. 1 KapRL auf ein »praktikables Mindestmaß« reduziert werden.[1] Hierzu schlägt die SLIM-Arbeitsgruppe zwei alternative Wege vor:[2] Die finanzielle Unterstützung kann auf den Betrag des ausschüttungsfähigen Nettovermögens beschränkt werden.[3] Das Verbot der finanziellen Unterstützung kann sich aber auch auf die Zeichnung neuer Aktien beschränken.[4]

Der fünfte SLIM-Vorschlag geht zurück auf die Initiative von *Wymeersch* und auf eine Forderung des britischen Handelsministeriums.[5] *Wymeersch* hatte sich bereits 1998 dafür ausgesprochen, Art. 23 KapRL völlig zu streichen.[6] Im Rahmen der Company Law Reform[7] unternahm das britische Handelsministerium ab November 1996 eine Konsultation zum Verbot der finanziellen Unterstützung des Erwerbs eigener Aktien.[8] Aus dieser Konsultation folgerte das britische Handelsministerium, für Großbritannien sei eine

---

[1] SLIM-Vorschläge, S. 5.
[2] Zu abweichenden Vorschlägen aus Großbritannien siehe *Edwards*, S. 75 f.
[3] Großbritannien (Stellungnahme Großbritanniens zu den Empfehlungen der SLIM-Arbeitsgruppe an die Europäische Kommission vom Oktober 1999, S. 8) und Schweden (Schreiben des schwedischen Justizministeriums an die Europäische Kommission vom 7.1.2000, S. 2) halten diesen Pfad für überlegenswert.
[4] Kein Mitgliedstaat befürwortete auf ministerieller Arbeitsebene die zweite von der SLIM-Arbeitsgruppe aufgezeigte Alternative.
[5] Protokoll der Europäischen Kommission vom 23.2.1999 über das erste Treffen der SLIM-Arbeitsgruppe am 12.2.1999, S. 7; Protokoll der Europäischen Kommission vom 19.4.1999 über das zweite Treffen der SLIM-Arbeitsgruppe am 7.3.1999, S. 14 f.
[6] *Wymeersch*, in: Festschrift für Drobnig, S. 724, 747.
[7] Siehe dazu bereits S. 37 und S. 105.
[8] Department of Trade and Industry (DTI), Consultation Paper on Financial Assistance, London, 24.11.1996.

V. Fünfter SLIM-Vorschlag: Finanzielle Unterstützung des Aktienerwerbs

wesentlich liberalere Regelung für die Anteilsfinanzierung geboten.[9] Wegen Art. 23 Abs. 1 KapRL sah sich die britische Regierung aber nicht in der Lage, den gewünschten Weg der Deregulierung einzuschlagen. Daher drängte das britische Handelsministerium im Februar 1999 bei der Europäischen Kommission darauf, Art. 23 KapRL im Rahmen des SLIM-Prozesses entweder zu lockern oder gar völlig zu streichen.[10] Auch die *Winter*-Kommission setzt sich mit dieser Forderung auseinander.[11]

Das Meinungsspektrum innerhalb der SLIM-Arbeitsgruppe zu Art. 23 KapRL war breit gefächert.[12] Auch die Reaktionen der Mitgliedstaaten auf den fünften SLIM-Vorschlag gingen weit auseinander. Es wurde gefordert, bei der lex lata zu bleiben,[13] das Verbot in Art. 23 KapRL zu lockern[14] oder Art. 23 KapRL sogar ersatzlos zu streichen.[15]

Die praktisch bedeutenden Fragen in Zusammenhang mit Art. 23 KapRL betreffen kleinere Unternehmen, nicht große Publikumsgesellschaften.[16] Während Art. 23 KapRL in Deutschland mit § 71 a AktG umgesetzt wurde, der nur für Aktiengesellschaften (typisiert: große Publikumsgesellschaften) gilt, erfasst das Verbot der Anteilsfinanzierung in anderen Mitgliedstaaten viele kleine Unternehmen. Entweder weil dort die Rechtsform der Aktiengesellschaft auch von kleineren Unternehmen häufig gewählt wird[17] oder weil Art. 23 KapRL in diesen Staaten in einem rechtsformübergreifenden Verbot der Anteilsfinanzierung umgesetzt wurde, das auch Gesellschaften vom Typ der deutschen GmbH erfasst.[18] Art. 23 KapRL führt in Deutschland zu keinen nennenswerten Problemen. Die praktische Bedeutung von § 71 a AktG

---

9   Department of Trade and Industry (DTI), Company Law Reform: Financial Assistance by a Company for the Acquisition of its own Shares: Conclusions of Consultation, London, 21.4.1997.
10 Schreiben des Department of Trade and Industry (DTI) an die Europäische Kommission vom 10.2.1999: »Simpler Legislation for the Internal Market – Phase IV: First and Second Company Law Directives (68/151/EEC & 77/91/EEC)«, S. 2 f.
11 *Winter-Konsultation*, S. 30 f..
12 Protokoll der Europäischen Kommission vom 19.4.1999 über das zweite Treffen der SLIM-Arbeitsgruppe am 7.3.1999, S. 14 f.
13 Stellungnahme der irischen Regierung an die Europäische Kommission vom Dezember 1999, S. 4. So jetzt auch *DAI*, Winter-Konsultation, S. 15.
14 Schreiben des niederländischen Justizministeriums an die Europäische Kommission vom 18.1.2000, S. 1.
15 Stellungnahme Großbritanniens zu den Empfehlungen der SLIM-Arbeitsgruppe an die Europäische Kommission vom Oktober 1999, S. 8.
16 *Wymeersch*, in: Festschrift für Drobnig, S. 724, 729.
17 Siehe bereits S. 11.
18 *Wymeersch*, in: Festschrift für Drobnig, S. 724, 729. Siehe dazu auch *Pühler*, S. 177 ff.

ist gering.[19] *Fleischer* spricht von einer »gesellschaftsrechtlichen *terra incognita*.«[20] Dem fünften SLIM-Vorschlag wird deshalb keine eigene Empfehlung entgegengestellt. Gleichwohl soll auf das Verbot der Anteilsfinanzierung nach Art. 23 KapRL und den fünften SLIM-Vorschlag knapp eingegangen werden.

2. Das Verbot der Anteilsfinanzierung nach Art. 23 KapRL

Großbritannien ist bei Art. 23 KapRL die treibende Kraft in Europa. Im Richtlinienvorschlag der Europäischen Kommission aus dem Jahr 1970[21] war ein Verbot der Anteilsfinanzierung nicht enthalten. Art. 23 Abs. 1 KapRL wurde erst auf britischen Wunsch und angelehnt an das britische Recht in die Kapitalrichtlinie aufgenommen.[22] Nun ist es wiederum Großbritannien, das mit Nachdruck fordert, Art. 23 Abs. 1 KapRL aufzuheben oder wenigstens zu lockern.

Art. 23 Abs. 1 KapRL soll zum einen verhindern, dass die Vorschriften der Artt. 19 ff. KapRL über den Erwerb eigener Aktien umgangen werden. Der Regelungszweck ist offensichtlich: Verbietet man den Erwerb eigener Aktien, nicht aber auch die finanzielle Unterstützung des Erwerbs eigener Aktien, so können die Akteure die Vorschriften über den Erwerb eigener Aktien einfach umgehen. Die Unternehmen bezahlen einen Dritten dafür, dass dieser die eigenen Aktien kauft und mit ihnen dann entsprechend der vertraglichen Vereinbarung verfährt. Dieser Umgehungsaspekt stand bei der Umsetzung der Kapitalrichtlinie in deutsches Recht im Vordergrund.[23] Die amtliche Überschrift des § 71 a AktG: »Umgehungsgeschäfte« verleiht dem

---

19 Die Rechtsprechung hatte sich, soweit ersichtlich, bislang nur in zwei Fällen mit § 71 a AktG zu befassen. Das OLG Frankfurt am Main, AG 1992, 194 (Hornblower Fischer), mit kritischer Anmerkung von *Lutter/Gehling*, WuB II A. § 71 a AktG, 1.92, hielt eine Kurspflegevereinbarung in Zusammenhang mit einer Neuemission für vereinbar mit § 71 a AktG. Im Revisionsurteil des BGH, AG 1994, 32 (Hornblower Fischer), konnte die Frage offen bleiben. Das LG Göttingen, AG 1993, 46, sah bei einem Aufhebungsvertrag zwischen einer Aktiengesellschaft und ihrem ehemaligen Vorstandsmitglied § 71 a AktG verletzt.
20 *Fleischer*, AG 1996, 494.
21 ABlEG Nr. C 48 vom 24.4.1970, S. 8.
22 Die Entstehungsgeschichte des Art. 23 Abs. 1 KapRL und seine Ursprünge im englischen Recht sind vorzüglich dargestellt bei *Schroeder*, S. 15 ff. Zum englischen Ursprung des Art. 23 Abs. 1 KapRL siehe auch *Schmitthoff*, CML Rev. 15 (1978), 43, 50; *Fleischer*, AG 1996, 494, 495; *Wymeersch*, in: Festschrift für Drobnig, S. 724, 730; *Edwards*, S. 51. Auf vergleichbare italienische Vorläuferregelungen verweist *Pühler*, S. 291.
23 Vgl. *Lutter*, in: Kölner Kommentar zum AktG, § 71 a Rn. 1 f.

V. Fünfter SLIM-Vorschlag: Finanzielle Unterstützung des Aktienerwerbs

Ausdruck. Der Regierungsentwurf des Durchführungsgesetzes zur Kapitalrichtlinie macht deutlich, dass § 71 a Abs. 1 AktG nur zur Umsetzung des Art. 23 KapRL in das Aktiengesetz aufgenommen wurde und dass der Gesetzgeber dieser Norm für Deutschland nur geringe Bedeutung beigemessen hat.[24]

Der Umgehungsschutz, der im deutschen Recht im Vordergrund steht, ist nur eine gesetzgeberische Intention des Art. 23 Abs. 1 KapRL.[25] Wichtiger ist, dass Art. 23 Abs. 1 KapRL bestimmte Finanzierungsformen des Unternehmenskaufs unterbinden will.[26] Nach Art. 23 Abs. 1 KapRL darf eine Gesellschaft *im Hinblick auf den Erwerb ihrer Aktien*[27] durch einen Dritten keine finanzielle Unterstützung leisten. *Im Hinblick auf den Erwerb* erfolgt nicht nur die Unterstützung, die vor dem Erwerb geleistet wird. Es fallen vielmehr auch nachträgliche Finanzierungshilfen unter das Verbot des Art. 23 Abs. 1 KapRL.[28] Art. 23 Abs. 1 KapRL soll verhindern, dass ein Dritter Anteile an der Gesellschaft ohne ausreichende Eigenmittel erwirbt, um nach erlangter Kontrolle über die Gesellschaft den Erwerb ausschließlich aus den künftigen Cashflows der Gesellschaft zu finanzieren.[29] Solche Finanzierungstechniken werden unter dem Oberbegriff der *Leverage Buyouts* zusammengefasst.[30] Ihnen ist gemein, dass der Erwerber den Kaufpreis weitgehend oder ausschließlich fremdfinanziert. Der Kreditgeber sichert sich allein durch das Vermögen der Zielgesellschaft ab. Die Gesellschaft gewährt also im Hinblick auf den Erwerb ihrer Aktien Sicherheiten (Art. 23 Abs. 1 KapRL). Sonstige Sicherheiten erhält der Kreditgeber, anders als allgemein üblich, nicht. Zinsen und Tilgung des Kaufpreisdarlehens bringt der Erwerber allein aus den Cashflows der Zielgesellschaft auf. Dieser Mittelabfluss

---

24 In BTDrucks 8/1678, S. 16, heißt es: »Die Richtlinienbestimmung geht auf eine offenbar in Großbritannien verbreitete Praxis zurück. Für die Bundesrepublik Deutschland dürfte die Bedeutung hauptsächlich im Bereich der Kreditgeschäfte der Banken liegen. Die neue Regel muss nach der Richtlinie unabhängig davon vorgesehen werden, ob die Gesellschaft selbst eigene Aktien erwerben darf.«
25 *Schroeder*, S. 120; *Pühler*, S. 291.
26 Grundlegend *Schroeder*, S. 111. Siehe ferner *Wymeersch*, in: Festschrift für Drobnig, S. 724, 732, mit Nachweisen zur Zweckbestimmung der nationalen Umsetzungsnormen zu Art. 23 Abs. 1 KapRL in den einzelnen Mitgliedstaaten. Dazu auch *Pühler*, S. 22 f.
27 In der englischen Fassung heißt es: »with a view to the acquisition«, und in der französischen Fassung: »en vue de l´acquisition«; jeweils ABlEG Nr. L 26 vom 31.1.1977, S. 8.
28 *Lutter/Wahlers*, AG 1989, 1, 9; *Schroeder*, S. 194 ff.; *Fleischer*, 495, 500; *Pühler*, S. 34 ff. A. A. *Franz-Jörg Semler*, in: Hölters (Hrsg.), S. 559.
29 *Schroeder*, S. 111.
30 Zur US-amerikanischen Herkunft des *Leverage Buyout* und zu seinen zahlreichen Gestaltungsformen in der Praxis *Peltzer*, DB 1987, 973; *Lutter/Wahlers*, AG 1989, 1, 8; *Fleischer*, AG 1996, 494, 497.

führt wirtschaftlich zwangsläufig zu einem steigenden Fremdfinanzierungsgrad der Gesellschaft. Weil das Gesellschaftsvermögen meist vollständig das Darlehen sichert, mit dem der Erwerber den Kaufpreis finanziert hat, muss die Gesellschaft Mittel aufnehmen, ohne dem Kreditgeber ausreichende Sicherheiten anbieten zu können. Dafür muss die Gesellschaft einen Risikoaufschlag zahlen. Die erhöhten Zinsen belasten das Ergebnis weiter. Die mit dem *Leverage Buyout* verbundene Eigenkapitalschwäche steigert das Insolvenzrisiko des Unternehmens systematisch. Die Gefahr für die Gläubiger der Gesellschaft und deren Minderheitsaktionäre liegt auf der Hand. Mit kreditfinanzierten Unternehmensübernahmen sind auch Missbrauchsgefahren verbunden. Beim so genannten *Asset Stripping*[31] erwirbt der Käufer die Anteilsmehrheit an einer Gesellschaft. Sobald er die Kontrolle über das Unternehmen erlangt hat, plündert er es gezielt aus. So veranlasst er etwa, dass das Unternehmen ihm Vermögenswerte unter Wert verkauft oder über Wert abkauft. Geschädigt sind wiederum die Minderheitsaktionäre und wegen der nun drohenden Insolvenz auch die Gesellschaftsgläubiger. Der wichtigste Zweck von Art. 23 Abs. 1 KapRL ist, derartige kreditfinanzierte Unternehmenskäufe aufgrund der damit verbundenen strukturellen Risiken und erhöhten Missbrauchsgefahren zu unterbinden.

Schließlich verfolgt Art. 23 Abs. 1 KapRL noch ein drittes Ziel: Er soll verhindern, dass Gesellschaften den Aktienkurs durch Anteilsfinanzierungen beeinflussen.[32] Auf die Möglichkeiten und Gefahren, mit dem Erwerb eigener Anteile den Aktienkurs zu beeinflussen, wurde beim vierten SLIM-Vorschlag bereits eingegangen.[33] Die Transaktionen lassen sich sämtlich auch über einen zwischengeschalteten Dritten abwickeln. Daneben hat Art. 23 Abs. 1 KapRL Nebenwirkungen, die zwar vom Gesetzgeber nicht eigentlich beabsichtigt waren, die aber gleichwohl die Rechtswirklichkeit prägen. Dazu gehört, dass Art. 23 Abs. 1 KapRL die Möglichkeiten des Vorstands beschränkt, Einfluss auf den Aktionärskreis zu nehmen.[34]

---

31 Dazu *Fleischer*, AG 1996, 494, 499; *Wymeersch*, in: Festschrift für Drobnig, S. 724, 732.
32 *Schroeder*, S. 113 f. *Pühler*, S. 292, nennt dies allerdings nicht Zweck, sondern Nebenwirkung.
33 Siehe S. 149.
34 *Pühler*, S. 291. Siehe dazu auch schon S. 151.

3. Mögliche Änderung des Art. 23 KapRL

Wenn auch Art. 23 KapRL derzeit in Deutschland nicht zu nennenswerten Problemen führt, ist doch fraglich, ob das strikte Verbot der Anteilsfinanzierung aus gesamteuropäischer Sicht eine angemessene Regelung ist. *Drygala* spricht sich für gemeinschaftsweite Standards bei der Finanzierung von Anteils- und Unternehmenskäufen aus.[35] Harmonisierte Vorschriften sollen nach seiner Auffassung im europäischen Markt für Unternehmen und Unternehmenskontrolle Handelshemmnisse bei grenzüberschreitenden Transaktionen abbauen.[36] Der jüngste Vorschlag für eine Übernahmerichtlinie[37] enthält keine Vorgaben für die Finanzierung der von ihr zu regelnden Unternehmensübernahmen. Auch der Bericht *Winter*-Kommission[38] macht keine entsprechenden Vorschläge. Eine umfassendere Harmonisierung des Rechts der Finanzierung von Anteils- und Unternehmenskäufen müsste zahlreiche Aspekte berücksichtigen. Es wäre zu klären, ob von solchen europäischen Vorschriften nur Aktiengesellschaften erfasst werden sollen, gar nur börsennotierte Unternehmen oder aber auch Gesellschaften vom Typ der GmbH, bei denen *Buyouts* in der Praxis ihre eigentliche Bedeutung haben.[39] Häufig wird die Anteilsfinanzierung konzernrechtlich relevant, es wären daher adäquate Lösungen für die Verschiebung von Liquidität und Insolvenzrisiken innerhalb von Unternehmensgruppen zu suchen.[40] Schließlich wäre eine Abstimmung mit dem Europäischen Kapitalmarktrecht notwendig.[41] Diese

---

35 *Drygala*, AG 2001, 291, 294.
36 *Drygala*, AG 2001, 291, 294, 296, konkretisiert seinen Vorschlag nicht näher, lehnt aber den fünften SLIM-Vorschlag als »in diesem diffizilen Zusammenhang zu pauschal« ab. Sehr reserviert gegenüber einer möglichen Änderung des Art. 23 KapRL auch *DAI*, Winter-Konsultation, S. 15.
37 A. a. O. (S. 7, Fn. 15).
38 *Winter-Bericht I* vom 10.1.2002. Siehe dazu S. 44 f.
39 *Wymeersch*, in: Festschrift für Drobnig, S. 724, 729. Siehe auch *Pühler*, S. 177 ff., und speziell zur GmbH-rechtlichen Buyout-Problematik (§§ 30 ff. GmbHG) *Koppensteiner*, ZHR 155 (1991), 97; *Weber*, ZHR 155 (191), 120; *Hung*, S. 70 ff.; *Nussbaum*, S. 100 ff.; *Harbers*, S. 175 ff.; *Ballweg*, S. 23 ff. (alle m. w. N.).
40 Zur Verschiebung von Liquidität und Insolvenzrisiken im Konzern eingehend *Bayer*, in: Festschrift für Lutter, S. 1011, 1017. Zu Art. 24 a KapRL siehe *Kindl*, ZEuP 1994, 77, 85; *Schwarz*, S. 386. Zur Bedeutung des § 71 a AktG im deutschen Konzernrecht siehe *Fleischer*, AG 1996, 494, 507.
41 *Wymeersch*, in: Festschrift für Drobnig, S. 724, 745. In der Stellungnahme zu den SLIM-Vorschlägen vom Oktober 1999, S. 9, setzt sich das britische Handelsministerium für eine Deregulierung des Art. 23 KapRL ein. Dort heißt es: »Wir [...] betonen aber, dass sich unserer Meinung nach die Mitgliedstaaten nur dann einer solchen Deregulierung bedienen sollten, wenn dort angemessene Sanktionen zur Verhinderung einer Marktmanipulation bestehen.«

rechtspolitisch und konzeptionell überaus interessanten Fragen sollen hier offen bleiben. Einzugehen ist auf den fünften SLIM-Vorschlag und die Folgen für den Gläubiger- und Aktionärsschutz im Falle seiner Umsetzung.

Die SLIM-Arbeitsgruppe schlägt als zweite Deregulierungsoption vor, das Verbot der Anteilsfinanzierung auf die Zeichnung neuer Aktien zu beschränken. Das Verbot der finanziellen Unterstützung der Zeichnung neuer Aktien sollte in jedem Fall aufrechterhalten werden. Art. 18 Abs. 1 KapRL verbietet der Gesellschaft strikt, eigene Aktien zu zeichnen. In dieses Verbot bezieht Art. 18 Abs. 2 KapRL Fälle ein, in denen Dritte im eigenen Namen, aber für Rechnung der Gesellschaft deren Aktien zeichnen. Art. 24 a KapRL erstreckt das Verbot des Art. 18 Abs. 1 KapRL auch auf abhängige Gesellschaften. Werden entgegen dieser Verbote Aktien gezeichnet, so ordnet Art. 18 Abs. 3 KapRL an, dass die Gründer der Gesellschaft, und im Falle der Kapitalerhöhung der Vorstand, für die Einlage persönlich haften. Diese Vorschriften sollen die reale Aufbringung des gezeichneten Kapitals garantieren. Damit unvereinbar wäre es, den Gesellschaften die finanzielle Unterstützung der eigenen Kapitalerhöhung zu gestatten, denn im Umfang der Unterstützung käme es zu keiner realen Vermögensmehrung bei der Gesellschaft. Eine unternehmerische Notwendigkeit für die finanzielle Unterstützung der eigenen Kapitalerhöhung ist außerdem nicht gegeben.[42]

Als ersten möglichen Deregulierungsweg hat die SLIM-Arbeitsgruppe vorgeschlagen, die finanzielle Unterstützung auf den Betrag des ausschüttungsfähigen Nettovermögens zu beschränken. Dieser Vorschlag ist nach hier vertretener Auffassung nur für die Unterstützung des derivativen Erwerbs eigener Aktien zu erörtern. Hält man beim Erwerb eigener Aktien an der 10 %-Grenze des Art. 19 Abs. 1 lit. b KapRL fest, so müsste Art. 23 KapRL auch *de lege ferenda* die Umgehung des Art. 19 Abs. 1 lit. b KapRL durch Einschaltung eines Dritten sichern. Eine Beschränkung des Verbots der finanziellen Unterstützung des Anteilserwerbs auf das ausschüttungsfähige Nettovermögen könnte dies nicht leisten. Ersetzt man die 10 %-Grenze des Art. 19 Abs. 1 lit. b KapRL, wie hier vorgeschlagen,[43] durch andere Schutzinstitute beim Erwerb (Verfahrensvorschriften) und bei der Veräußerung eigener Aktien durch die Gesellschaft, so ist auch in diesem Fall ein Umgehungsschutz erforderlich. Die Anforderungen hierfür hängen von der konkreten Ausgestaltung dieser Schutzinstitute ab. Eine Beschränkung der Anteilsfinanzierung auf das ausschüttungsfähige Nettovermögen wäre aber auch dort nicht geeignet, die Verletzung des Gleichbehandlungsgrundsatzes

---

42 Wie hier *Drygala*, AG 2001, 291, 295.
43 Siehe S. 179 ff.

V. Fünfter SLIM-Vorschlag: Finanzielle Unterstützung des Aktienerwerbs

zu vermeiden. Die von der SLIM-Arbeitsgruppe vorgeschlagene Lösung könnte schließlich auch verhindern, dass die prinzipielle Entscheidungszuständigkeit der Hauptversammlung für den Eigenerwerb von Aktien durch Umgehungsgeschäfte ausgehöhlt würde. Sie ist aus diesem Grunde abzulehnen.

Die von der SLIM-Arbeitsgruppe vorgeschlagene erste Änderungsalternative zu Art. 23 KapRL überzeugt aber auch über die Frage des Umgehungsschutzes hinaus nicht. So könnte sie nicht verhindern, dass das Insolvenzrisiko beim *Leverage Buyout* systematisch steigt. Kauft die Zielgesellschaft eigene Aktien zurück, so muss sie die Anteile nach Art. 22 Abs. 1 lit. b KapRL durch die Bildung einer nicht verfügbaren Rücklage bilanziell neutralisieren. Diese Pflicht besteht aber nicht, wenn die Zielgesellschaft das Darlehen der Bietergesellschaft mit ihren Vermögensgegenständen besichert, wie es beim *Leverage Buyout* typischerweise der Fall ist. Darüber hinaus wäre die Gefahr des *Asset Stripping* nicht gebannt, würde die Anteilsfinanzierung lediglich im Umfang auf das ausschüttungsfähige Nettovermögen beschränkt. Auch losgelöst von der Gefahr des *Asset Stripping* würde die vorgeschlagene Änderung des Art. 23 KapRL den Schutz der Aktionäre verringern. Übernimmt die Bietergesellschaft nicht alle Anteile der Zielgesellschaft, dann führt die finanzielle Unterstützung des Anteilserwerbs durch die Zielgesellschaft stets zu einer Ungleichbehandlung ihrer Aktionäre und in aller Regel zu deren Benachteiligung. Aus deutscher Perspektive bestehen keine praktischen Notwendigkeiten, die einen derartigen Rückbau des europäischen Schutzniveaus für Gläubiger und Aktionäre rechtfertigen würden. Der fünfte SLIM-Vorschlag ist auch aus diesem Grunde abzulehnen.

VI. Sechster SLIM-Vorschlag: Bezugsrecht

1. Der SLIM-Vorschlag

Die SLIM-Arbeitsgruppe schlägt vor, in der Kapitalrichtlinie die Voraussetzungen des Bezugsrechtsausschlusses bei einer Kapitalerhöhung im Rahmen eines genehmigten Kapitals für börsennotierte Unternehmen zu konkretisieren. Danach soll die Hauptversammlung einer börsennotierten Gesellschaft den Vorstand für einen höchstens fünfjährigen Zeitraum ermächtigen können, zusätzliche Aktien gegen Bareinlagen ohne Bezugsrecht auszugeben, sofern diese Aktien wenigstens zum Börsenkurs (»market price«) oder leicht unter diesem ausgegeben werden.[44] Die SLIM-Arbeitsgruppe hält in diesem Fall weder einen Vorstandsbericht noch einen Sachverständigenbericht für erforderlich.

Der sechste SLIM-Vorschlag geht wesentlich auf die Initiative von *Kallmeyer* zurück.[45] *Kallmeyer* hält es für fraglich, ob § 186 Abs. 3 Satz 4 AktG mit der Kapitalrichtlinie vereinbar ist.[46] Außerdem entspricht nach seiner Auffassung die deutsche Bezugsrechtsdoktrin trotz § 186 Abs. 3 Satz 4 AktG und trotz Siemens/Nold[47] noch nicht den praktischen Bedürfnissen.[48] Deshalb setzte sich *Kallmeyer* »für die Sanktionierung des deutschen § 186 Abs. 3 Satz 4 AktG unter gleichzeitiger Ausweitung« auf europäischer Ebene ein.[49] Eine quantitative Beschränkung der Kapitalerhöhung mit einem solchen Bezugsrechtsausschluss, wie etwa auf 10 % des Grundkapitals entsprechend § 186 Abs. 3 Satz 4 AktG, hält die SLIM-Arbeitsgruppe nicht für

---

44 SLIM-Vorschläge, S. 5; SLIM-Erläuterungen, S. 14.
45 Sitzungsprotokoll der Europäischen Kommission über das erste Treffen der SLIM-Arbeitsgruppe am 12.2.1999, S. 7; Schreiben von *Kallmeyer* an *Wymeersch* vom 23.3.1999 (das Schreiben wurde an die übrigen Mitglieder der Arbeitsgruppe weitergeleitet); Sitzungsprotokoll der Europäischen Kommission über das zweite Treffen der SLIM-Arbeitsgruppe am 26.3.1999, S. 22; *Kallmeyer*, Vortrag beim Deutschen Aktieninstitut e. V. in Frankfurt am Main am 24.4.2001, Skript S. 4.
46 *Kallmeyer*, AG 2001, 406, 408.
47 BGHZ 136, 133 (Siemens/Nold).
48 *Kallmeyer*, AG 2001, 406, 408. Siehe auch schon den früheren »Vorschlag für eine neue Bezugsrechtsdoktrin« von *Kallmeyer*, AG 1993, 249.
49 *Kallmeyer*, AG 2001, 406, 408. Die *Regierungskommission Corporate Governance*, S. 234, hat sich jüngst dagegen ausgesprochen, die 10 %-Grenze in § 186 Abs. 3 Satz 4 AktG heraufzusetzen, da dies die Gefahr der Beeinträchtigung von Aktionärsinteressen erhöhe. Das sei angesichts der nicht ausreichenden Rechtsschutzmöglichkeiten der Aktionäre nicht vertretbar und es bestehe für einen solchen Schritt auch kein erhebliches praktisches Bedürfnis.

VI. Sechster SLIM-Vorschlag: Bezugsrecht

erforderlich und auch einen Vorstandsbericht[50] oder einen Sachverständigenbericht über die Gründe des Bezugsrechtsausschlusses hält sie für entbehrlich.

Kallmeyer hatte in der SLIM-Arbeitsgruppe ferner vorgeschlagen, es den Gesellschaften freizustellen, in ihrer Satzung *neben* herkömmlichen Aktien mit Bezugsrecht auch bezugsrechtslose Aktien vorzusehen.[51] Seine Idee war, dass die Aktionäre dann am Markt selbst darüber entscheiden können, ob sie Aktien mit oder ohne Bezugsrecht erwerben wollen. Die SLIM-Arbeitsgruppe hat sich diese Vorstellung, entgegen dem Verständnis von *Drygala*,[52] nicht zu Eigen gemacht. Im SLIM-Vorschlag heißt es (vielleicht etwas missverständlich), die Ermächtigung zum Bezugsrechtsausschluss solle zulässig sein, »es sei denn, die Satzung bestimmt etwas anderes.«[53] Diese von der SLIM-Arbeitsgruppe vorgeschlagene Satzungsklausel verdeutlicht, dass es den Unternehmen freistehen soll, den (künftigen) Aktionären von vornherein die Sicherheit zu verschaffen, dass sie bei Kapitalerhöhungen durch ein Bezugsrecht geschützt sind und dieses Bezugsrecht auch dann nicht ohne weiteres ausgeschlossen werden kann, wenn der Ausgabekurs der jungen Aktien dem Börsenkurs (annähernd) entspricht.[54] Die genannte Klausel ist aber, wie *Kallmeyer* ausdrücklich klargestellt hat,[55] nicht als Vorschlag eines satzungsdispositiven Bezugsrechts durch die SLIM-Arbeitsgruppe zu verstehen.

---

50 Vgl. Art. 29 Abs. 4 Satz 3, Abs. 5 KapRL, §§ 186 Abs. 4 Satz 2, 203 Abs. 1 Satz 1 und Abs. 2 Satz 2 AktG.
51 *Kallmeyer*, AG 2001, 406, 408, der aber selbst einräumt, dass der praktische Nutzen seines Vorschlags zweifelhaft ist. Weitergehend als *Kallmeyer* zuvor schon *Spindler*, AG 1998, 53, 72, dem nicht ein Nebeneinander von Bezugsrechtsaktien und bezugsrechtslosen Aktien vorschwebt, sondern der den Unternehmen auch ermöglichen will, ausschließlich bezugsrechtslose Aktien zu emittieren. Ein satzungsdispositives Bezugsrecht hatte bereits *Kübler*, Aktie, S. 64, gefordert. Jetzt so auch *Escher-Weingart*, Deregulierung, S. 268.
52 *Drygala*, AG 2001, 291, 293, der einem satzungsdispositiven Bezugsrecht durchaus offen gegenüber steht.
53 SLIM-Vorschläge, S. 5: »In derogation to art. 29, § 4, unless the articles state otherwise, the general meeting ...«
54 Eine solche Satzungsklausel könnte den vereinfachten Bezugsrechtsausschluss vollkommen verbieten, oder ihn an bestimmte inhaltliche Vorgaben binden, wie etwa an eine Volumengrenze für entsprechende Kapitalerhöhungen, an Mindestausgabebeträge oder an einen Katalog von Gründen, die den vereinfachten Bezugsrechtsausschluss rechtfertigen. Damit die Klausel die gewünschte Schutzwirkung gegenüber den Minderheitsaktionären hat, könnte in der Satzung das Mehrheitserfordernis für die Änderung der Klausel angehoben werden, was bis hin zum Erfordernis der Einstimmigkeit möglich wäre.
55 *Kallmeyer*, AG 2001, 406, 408.

Neben *Kallmeyer* dürfte auch *Wymeersch* die (kurze)[56] Diskussion über den sechsten SLIM-Vorschlag innerhalb der SLIM-Arbeitsgruppe geprägt haben. *Wymeersch* hatte sich nämlich bereits 1998 für eine Lockerung des Bezugsrechts in Europa ausgesprochen und dabei die deutsche Regelung »besonders restriktiv, insbesondere aufgrund ihrer Interpretation durch den BGH« genannt.[57] Nach *Wymeersch* ist das in der Kapitalrichtlinie gemeinschaftsweit festgeschriebene Bezugsrecht »eine beträchtliche Verbesserung der Stellung der Aktienanleger, die sich auf allen europäischen Märkten zumindest grundsätzlich auf dasselbe Schutzniveau berufen können.«[58] Abweichungen vom Bezugsrecht hält *Wymeersch*, ohne den Grundsatz des Bezugsrechts als solchen aufgeben zu wollen, für sinnvoll, »sofern die wesentlichen Voraussetzungen eingehalten werden, namentlich die Emission zum Börsenkurs erfolgt.«[59] Für die von ihm rechtspolitisch befürwortete Lockerung des Bezugsrechts in den Mitgliedstaaten hielt *Wymeersch* 1998 eine Änderung der Kapitalrichtlinie nicht für erforderlich.[60]

Im Hinblick auf den sechsten SLIM-Vorschlag ist zunächst auf die Funktion des Bezugsrechts bei börsennotierten Gesellschaften einzugehen. Dann sind die Voraussetzungen des Bezugsrechtsausschlusses nach der Kapitalrichtlinie darzustellen und es ist zu fragen, wie sich der so genannte vereinfachte Bezugsrechtsausschluss nach § 186 Abs. 3 Satz 4 AktG und der Bezugsrechtsausschluss nach den Vorstellungen der SLIM-Arbeitsgruppe zu Art. 29 Abs. 4 KapRL verhält. Schließlich wird zu einer etwaigen Kodifizierung der Voraussetzungen des Bezugsrechtsausschlusses für börsennotierte Gesellschaften in der Kapitalrichtlinie Stellung genommen.

2. Das Bezugsrecht bei börsennotierten Gesellschaften

Das Bezugsrecht bezweckt die Altaktionäre bei einer Kapitalerhöhung in doppelter Weise zu schützen: Es erlaubt den Altaktionären ihren relativen

---

56　In der ersten Arbeitssitzung am 12.2.1999 wurde der Vorschlag zu Art. 29 KapRL nicht inhaltlich behandelt. »The German delegation will prepare a paper on this topic for the next meeting« heißt es lediglich im Sitzungsprotokoll der Europäischen Kommission, S. 7. Die Diskussion in der zweiten Arbeitssitzung am 26.3.1999 wird im Sitzungsprotokoll der Europäischen Kommission, S. 16, als »short discussion« bezeichnet und inhaltlich nur in zwei knappen Sätzen wiedergegeben.
57　*Wymeersch*, AG 1998, 382, 389.
58　*Wymeersch*, AG 1998, 382, 390.
59　*Wymeersch*, AG 1998, 382, 392.
60　*Wymeersch*, AG 1998, 382, 393.

VI. Sechster SLIM-Vorschlag: Bezugsrecht

Anteil an der Gesellschaft aufrechtzuerhalten und es schützt sie vor der Verwässerung ihres in der Aktie verkörperten Vermögens. Ein Interesse am Bestand ihres relativen Gesellschaftsanteils (oder dem einer Aktionärsgruppe, der sie angehören) können Aktionäre aus mehreren Gründen haben. Zunächst hängen zahlreiche Rechte von einem qualifizierten Anteil am Kapital der Gesellschaft ab.[61] So werden im Aktienrecht Minderheitenrecht oft an eine qualifizierte prozentuale Beteiligung (beispielsweise 5 %, 10 % oder 25 %) am Grundkapital geknüpft.[62] Auch im Steuerrecht sind bestimmte Tatbestände an einen qualifizierten Anteil des Steuerpflichtigen an einer Kapitalgesellschaft gebunden.[63] Das Stimmgewicht kann für die Aktionäre aber auch jenseits dieser formalen Anteilsquoten bedeutend sein, denn der tatsächliche Einfluss innerhalb der Gesellschaft hängt vom Anteil des Aktionärs an der Gesellschaft ab. Schließlich bestimmt sich auch der Anteil am Gewinn und am Liquidationserlös (§§ 60 Abs. 1, 271 Abs. 2 AktG) nach dem Anteil am Kapital der Gesellschaft.

Neben dem Bestandsschutz bezweckt das Bezugsrecht aber auch den Schutz des Vermögens der Altaktionäre bei einer Kapitalerhöhung. Werden die neuen Aktien unter Wert ausgegeben und können die Altaktionäre an der Kapitalerhöhung nicht partizipieren, so müssen sie den Preisabschlag wirtschaftlich anteilig mittragen: Das Grundkapital steigt prozentual stärker an als das Vermögen der Gesellschaft, womit der Wert der einzelnen Aktie

---

61 *Martens*, ZIP 1992, 1677, 1692; *Henze*, DStR 1993, 1823, 1826.
62 Siehe etwa § 93 Abs. 4 Satz 3 AktG: Widerspruch gegen Verzicht auf Schadenersatzanspruch der Gesellschaft gegen Vorstands- oder Aufsichtsratmitglied (10 %); § 122 Abs. 2 AktG: Recht auf Einberufung der Hauptversammlung (5 %); § 142 Abs. 2 AktG: Bestellung eines Sonderprüfers (10 %); § 147 Abs. 1 AktG: Geltendmachung von Schadenersatzansprüchen der Gesellschaft gegen Vorstands- oder Aufsichtsratmitglied aus Gründung oder Geschäftsführung (10 %); § 179 Abs. 2 AktG: Verhinderung von Satzungsänderungen (25 %); § 309 Abs. 3 AktG: Widerspruch gegen Verzicht auf Schadenersatzanspruch der Gesellschaft gegenüber den gesetzlichen Vertretern bzw. dem Inhaber des herrschenden Unternehmens (10 %); § 320 Abs. 1 Satz 1 AktG: Verhinderung der Eingliederung in ein anderes Unternehmen (25 %).
63 So zum Beispiel beim gewerbesteuerlichen Schachtelprivileg nach § 9 Nr. 2 a GewStG (10 %). Bis 1977 gab es auch körperschaftsteuerliche Schachtelprivilegien. Durch die Einführung des Körperschaftsteueranrechnungsverfahrens im Jahre 1977 wurden diese Schachtelprivilegien obsolet, weil das Anrechnungsverfahren eine mehrfache Belastung der Dividenden mit Körperschaftsteuer vermied. Nachdem das Anrechnungsverfahren mit dem StSenkG vom 23.10.2000 (BGBl 2000 I, S. 1433) durch das Halbeinkünfteverfahren ersetzt wurde, bleiben künftig bei der Ermittlung des körperschaftsteuerlichen Einkommens Kapitalerträge außer Ansatz. § 8 b Abs. 1 KStG macht diese Freistellung aber nicht (wie § 9 Nr. 2 a GewStG) von einem bestimmten Anteil am Grundkapital der ausschüttenden Gesellschaft abhängig.

sinkt. Das Bezugsrecht schützt die Aktionäre vor einer solchen Vermögensverwässerung. Die Aktionäre können das Bezugsrecht ausüben und damit selbst in den Genuss des Preisabschlags gelangen. Können oder wollen die Aktionäre an der Kapitalerhöhung nicht teilhaben, so steht es den Aktionären frei, ihr Bezugsrecht zu veräußern und dadurch wenigstens den Vermögensnachteil (weitgehend)[64] zu kompensieren.[65]

Gleichzeitig kann das Bezugsrecht der Altaktionäre für die Unternehmen mit Nachteilen verbunden sein. Zum einen verzögert sich das Emissionsverfahren, wenn Bezugsrechte bestehen.[66] Meist wird sich die Verzögerung aber auf die Dauer der Bezugsfrist beschränken, die nach Art. 29 Abs. 3 Satz 4 KapRL, § 186 Abs. 1 Satz 2 AktG mindestens zwei Wochen beträgt.[67] Zum anderen kann die Bezugsrechtsemission mit höheren Verfahrenskosten einhergehen, als die freie Emission, weil die Abwicklung des Bezugsrechts regelmäßig mit finanziellem Aufwand verbunden ist.[68] Das Bezugsrecht mag die Verfahrenskosten der Emission im Einzelfall allerdings auch senken.[69] Das Bezugsrecht ist außerdem oft eine Platzierungshilfe, die die Emission erleichtert.[70] Ein genereller Kostennachteil der Bezugsrechtsemission (oder sogar ein damit verbundener Wertverlust der Aktien) ist nicht anzunehmen und auch empirisch nicht bestätigt.[71] Tendenziell führt das Bezugsrecht

---

64 Bezugsrechte werden meist mit einem erheblichen Abschlag gegenüber ihrem Wert gehandelt (so genanntes *Underpricing*). Dazu *Lorenz/Röder*, ZBB 1999, 73, 81, m. w. N.
65 *Bayer*, ZHR 163 (1999), 505, 508.
66 *Heinsius*, in: Festschrift für Kellermann, S. 115, 124, hat einen Terminplan für eine Kapitalerhöhung einer börsennotierten Aktiengesellschaft unter Ausnutzung eines Genehmigten Kapitals vorgestellt. Danach vergehen von der Beschlussfassung des Vorstands und des Aufsichtsrats über die Ausnutzung des genehmigten Kapitals bis zum Vollzug der Kapitalerhöhung ca. 50 Tage. Der Beschluss selbst bedarf darüber hinaus einer Vorlaufzeit von ca. 30 Tagen.
67 *Ekkenga*, AG 1994, 59, 60; *Terstege*, ZBB 2001, 141, 153.
68 *Kübler/Mendelson/Mundheim*, AG 1990, 461, 473.
69 *Rammert*, ZfbF 50 (1998), 703, 721, verweist insofern auf die Kapitalerhöhung einer konzernierten Gesellschaft, bei der die Muttergesellschaft vorweg die Übernahme sämtlicher Aktien garantiert.
70 So *Kübler*, ZBB 1993, 1, 5, der zu Recht darauf hinweist, dass die mit dem Bezugsrecht im Einzelfall verbundenen Platzierungsvorteile gleichermaßen mit einem satzungsdispositiven Bezugsrecht zu erreichen wären.
71 Wie hier *Rammert*, ZfbF 50 (1998), 703, 720; *Pellens/Bonse*, in: Festschrift für Großfeld, S. 851, 856; *Terstege*, ZBB 2001, 141, 143. In den USA haben von 1962 bis 1981 über 300 börsennotierte Unternehmen ihre Satzungen geändert und ein zuvor statuarisch vorgesehenes Bezugsrecht der Aktionäre abgeschafft. *Bhagat*, JoFE 12 (1983), 289, 307, hat die Börsenkursentwicklung im Zusammenhang mit 211 dieser Satzungsänderungen untersucht und dabei signifikant fallende Aktienkurse festgestellt. Deshalb geht *Bhagat* davon aus, dass die Aktionäre dem Bezugsrecht nicht nur als konkretem Bezugsanspruch nach beschlossener Kapitalerhöhung, sondern auch als Rechtsinstitut einen eigenen Wert

allerdings zu höheren Emissionskosten. Schließlich sind die so genannten »räuberischen Aktionäre« in Deutschland in der Vergangenheit oft bei Kapitalerhöhungsbeschlüssen mit Ausschluss des Bezugsrechts aus dem Hinterhalt gekommen.[72] Die umfassende Diskussion der jüngsten Zeit zu den Anfechtungsklagen hat aber klargestellt, dass es sich dabei nicht um eine Frage des Bezugsrechts handelt, sondern um ein grundsätzliches prozessuales Problem.[73]

Die Schutzinteressen der Minderheitsaktionäre und die Finanzierungsinteressen des Unternehmens können also divergieren und müssen in einen vernünftigen Ausgleich gebracht werden.[74] Dies erfolgt so, dass das im Aktionärsschutzinteresse bestehende Bezugsrecht dann ausgeschlossen werden kann, wenn dies aus übergeordneten Unternehmensinteressen erforderlich ist. Dieser Interessenausgleich kann sich bei Kapitalmarktgesellschaften grundlegend von dem bei nicht börsennotierten Aktiengesellschaften unterscheiden. Die Funktionen des Bezugsrechts: Bestandsschutz und Vermögensschutz, können nämlich unter Umständen durch den Kapitalmarkt erfüllt werden. Das trifft dann zu, wenn Aktionäre im Falle der Kapitalerhöhung mit Bezugsrechtsausschluss ihr Stimmgewicht durch Zukäufe an der Börse erhalten können ohne dabei zusätzliche Mittel aufwenden zu müssen, die sie nicht auch bei Ausübung des Bezugsrechts aufwenden müssten. Eine Vermögensverwässerung droht den Altaktionären dann nicht, wenn die neuen Aktien, von deren Bezug sie ausgeschlossen sind, zu Börsenkursen ausgegeben werden. Dann (aber auch nur dann) ist das Bezugsrecht funktionslos, sein Ausschluss lediglich formaler, nicht materieller Qualität.[75] Sofern also sichergestellt ist, dass die Altaktionäre zu dem Kurs, zu dem die neuen Aktien ausgegeben werden, am Markt Aktien hinzukaufen können, bedarf es eines Bezugsrechts nicht und die mit dem Bezugsrecht möglicherweise verbundenen Nachteile (Verlängerung der Emissionsdauer und steigende Emissionskosten) können verhindert werden. Das ist auch der Grundgedanke hinter der Regelung des so genannten vereinfachten Bezugsrechtsausschlusses in § 186 Abs. 3 Satz 4 AktG.[76]

---

beimessen. Im Ergebnis so auch *Ekkenga*, AG 1994, 59, 64. A. A. *Kübler/Mendelson/Mundheim*, AG 1990, 461, 473.
72 *Martens*, ZIP 1992, 1677.
73 Ausführlich dazu *Bayer*, in: VGR (Hrsg.), S. 35, 43 f.; *ders.*, NJW 2000, 2609, 2613 m. w. N. Siehe ferner die Nachweise auf S. 56 in Fn. 104.
74 *Hopt*, ZGR 1993, 534, 536, spricht hinsichtlich der Interessenpluralität in der Aktiengesellschaft von dem aktienrechtlichen Gebot der praktischen Konkordanz.
75 *Bayer*, ZHR 163 (1999), 505, 542.
76 Entwurf der Fraktionen CDU/CSU und F. D. P. eines Gesetzes für kleine Aktiengesellschaften und zur Deregulierung des Aktienrechts, BTDrucks 12/6721, S. 10. Dazu auch

Der Ausgleich der Schutzinteressen der Aktionäre und der Finanzierungsinteressen des Unternehmens hängt auch von der Art der Kapitalerhöhung ab. Die Gefahren für die Aktionäre bei der Kapitalerhöhung (Verringerung des Stimmgewichts und Vermögensverwässerung) potenzieren sich, wenn die Kapitalerhöhung im Rahmen eines genehmigten Kapitals erfolgt. Beim genehmigten Kapital müssen die Aktionäre entweder selbst vorweg und damit zwingend unter Unsicherheit über den Bezugsrechtsausschluss entscheiden (Direktausschluss). Oder die Aktionäre übertragen die Entscheidung über den Bezugsrechtsausschluss dem als Treuhänder fungierenden Vorstand (Ausschlussermächtigung). Erteilen die Aktionäre dem Vorstand eine Ausschlussermächtigung, bestehen für sie erhebliche Missbrauchsgefahren. Der Vorstand kann Eigeninteressen verfolgen, die nicht mit den Interessen der Aktionäre übereinstimmen, der Vorstand kann die Ermächtigung aber auch einseitig im Sinne bestimmter Aktionärsgruppen (mit denen er vertrauensvoll zusammenarbeitet) ausnutzen.

3. Das Bezugsrecht und sein Ausschluss nach dem Aktiengesetz

Nach § 186 Abs. 1 Satz 1 AktG haben die Altaktionäre bei Kapitalerhöhungen ein Recht auf den Bezug neuer Aktien entsprechend ihrem bisherigen Anteil am Grundkapital. Dieses Bezugsrecht besteht sowohl bei Bar- als auch bei Sachkapitalerhöhungen. Die Ausübungsfrist für das Bezugsrecht beträgt nach § 186 Abs. 1 Satz 2 AktG, der Art. 29 Abs. 3 Satz 4 KapRL in nationales Recht umsetzt,[77] mindestens zwei Wochen. Das Bezugsrecht kann gemäß § 186 Abs. 3 AktG durch einen Beschluss der Hauptversammlung, der einer satzungsändernden Mehrheit bedarf, ausgeschlossen werden. § 186 Abs. 4 AktG statuiert formelle Voraussetzungen für den Bezugsrechtsausschluss. Die Pflicht des Vorstandes, die Hauptversammlung schriftlich über den Grund des Bezugsrechtsausschlusses zu unterrichten (§ 186 Abs. 4 Satz 2 AktG), ist dem deutschen Gesetzgeber durch Art. 29 Abs. 4 Satz 3 KapRL vorgegeben.[78]

Seibert, ZIP 1994, 914, 915; *Lutter*, AG 1994, 429, 440; *ders.*, in: Kölner Kommentar zum AktG, § 186 Nachtrag Rn. 3; *Marsch-Barner*, AG 1994, 532; *Groß*, DB 1994, 2431; *Wiedemann*, in: Großkommentar zum AktG, § 186 Rn. 150; *Schwark*, in: Festschrift für Claussen, S. 357; *Busch*, AG 1999, 58, 59; *Bayer*, ZHR 163 (1999), 505, 512, 542; *Ekkenga*, in: VGR (Hrsg.), S. 77, 80 f.; *ders.*, AG 2001, 615, 227; monografisch *Aubel*.

77 Gesetz zur Durchführung der Zweiten Richtlinie des Rates der Europäischen Gemeinschaften zur Koordinierung des Gesellschaftsrechts, BGBl 1978 I, S. 1959, 1962.
78 BGBl 1978 I, S. 1959, 1962. Dazu auch *Helmut Becker*, BB 1981, 394.

VI. Sechster SLIM-Vorschlag: Bezugsrecht

In der Praxis wird die reguläre Kapitalerhöhung nach § 182 AktG zunehmend zur Ausnahme und die Kapitalerhöhung durch ein genehmigtes Kapital zum Regelfall.[79] Auch beim genehmigten Kapital besteht nach §§ 202, 203 Abs. 1 Satz 1, 186 AktG ein Bezugsrecht. Beim genehmigten Kapital kann die Hauptversammlung das Bezugsrecht selbst ausschließen (§ 203 Abs. 1 Satz 1 AktG), oder aber den Vorstand dazu ermächtigen, das Bezugsrecht bei Ausnutzung des genehmigten Kapitals auszuschließen (§ 203 Abs. 2 Satz 1 AktG).[80] Umstritten ist, wann und in welchem Umfang der Vorstand über die Gründe des Bezugsrechtsausschlusses berichten muss (vgl. §§ 202, 203 Abs. 1 Satz 1 und Abs. 2 Satz 2, 186 Abs. 4 AktG).[81]

Neben den formellen, im Gesetz genannten Voraussetzungen (§§ 182 Abs. 1 und 2, 186 Abs. 3 Satz 2 und Abs. 4, 202, 203 Abs. 1 Satz 1 und Abs. 2 Satz 2 AktG) hat der Bundesgerichtshof in seiner Rechtsprechung zusätzliche (ungeschriebene) sachliche Wirksamkeitsvoraussetzungen für den Bezugsrechtsausschluss entwickelt.[82] Nach dem Kali+Salz-Urteil muss ein Bezugsrechtsausschluss im Gesellschaftsinteresse gerechtfertigt sein. Ob dies der Fall ist, ergibt sich nach der Kali+Salz-Rechtsprechung aus einer

---

79 So schon *Heinsius*, in: Festschrift für Kellermann, S. 115: »Die reguläre Barkapitalerhöhung ist tot, es lebe das »Genehmigte Kapital«!« Infolge der Siemens/Nold-Entscheidung des Bundesgerichthofs hat das genehmigte Kapital noch erheblich an Bedeutung gewonnen; siehe *Cahn*, ZHR 164 (2000), 113, 114; *Roth*, ZBB 2001, 50, 60; *Hirte*, in: Großkommentar zum AktG, § 202 Rn. 89. Zum Verhältnis der §§ 182 ff. AktG zu den §§ 202 ff. AktG siehe LG Düsseldorf, AG 1999, 135, 136 (Nordhäuser Tabakfabriken); LG Heidelberg, BB 2001, 1809, 1811 (MLP); *Krieger*, in: Münchener Handbuch AG, § 58 Rn. 4, 18.

80 In der Praxis bestehen häufig mehrere genehmigte Kapitalien nebeneinander. Üblich ist es, ein genehmigtes Kapital unter Aufrechterhaltung des Bezugsrechts zu schaffen (so genanntes Genehmigtes Kapital I) und ein weiteres genehmigtes Kapital mit Ermächtigung zum Bezugsrechtsausschluss (so genanntes Genehmigtes Kapital II). Siehe dazu *Krieger*, in: Münchener Handbuch AG, § 58 Rn. 15.

81 Siehe aus jüngerer Zeit BGHZ 144, 290, 294 (adidas); KG, ZIP 2001, 2178, 2179 (Senator Entertainment); LG Frankfurt am Main, ZIP 1997, 1030, 1034 (Deutsche Bank); LG Darmstadt, NJW-RR 1999, 1122; LG Frankfurt am Main, WM 2000, 2159 (Commerzbank); LG München I, BB 2001, 748 (MHM); LG Memmingen, EWiR § 221 AktG 1/01, 405 (Schneider Rundfunkwerke) mit Anmerkung von *Kort*; LG Heidelberg, BB 2001, 1809 (MLP).

82 Grundlegend BGHZ 71, 40 (Kali+Salz); BGHZ 83, 319 (Holzmann); BGHZ 125, 239 (Deutsche Bank); BGHZ 136, 133 (Siemens/Nold). Aus der Literatur dazu die Nachweise in den Fußnoten dieses Abschnitts sowie *Martens*, in: Festschrift für Fischer, S. 437; *ders.*, ZIP 1994, 669; *Lutter*, JZ 1994, 914; *ders.*, ZIP 1995, 648; *ders.*, JZ 1998, 50; *ders.*, in: Festschrift für Zöllner, Band I, S. 363; *ders.*, in Festschrift für den Bundesgerichtshof, S. 321; *Schockenhoff*, AG 1994, 45; *Bungert*, WM 1995, 1; *ders.*, NJW 1998, 488; *ders.*, BB 2001, 742; *Hirte*, WM 1997, 1001; *Goette*, DStR 1997, 1463; *Röhricht*, in: Hommelhoff/Röhricht (Hrsg.), S. 191, 215; *ders.*, ZGR 1999, 445, 469; *Bayer*, ZHR 163 (1999), 505, 509.

Abwägung der widerstreitenden Interessen und der Verhältnismäßigkeit von Mittel (Bezugsrechtsausschluss) und Zweck (Gesellschaftsinteresse).[83] Im Holzmann-Urteil hat der Bundesgerichtshof die Kali+Salz-Rechtsprechung auf das genehmigte Kapital übertragen und geurteilt, die Ermächtigung zum Bezugsrechtsausschluss sei nur zulässig, wenn konkrete Anhaltspunkte dafür gegeben seien, dass sich ein Bezugsrechtsausschluss später als notwendig und angemessen erweisen könne.[84] Diese konkreten Voraussetzungen hatte der Vorstand nach §§ 186 Abs. 4 Satz 2, 203 Abs. 2 Satz 2 AktG gegenüber der Hauptversammlung darzulegen. Im Siemens/Nold-Urteil hat der Bundesgerichtshof seine Holzmann-Rechtsprechung korrigiert. Nunmehr hält er beim genehmigten Kapital einen Bezugsrechtsausschluss oder eine Ermächtigung hierzu dann für zulässig, wenn die Maßnahme, zu deren Durchführung der Vorstand ermächtigt werden soll, im wohlverstandenen Interesse der Gesellschaft liegt und der Hauptversammlung allgemein und in abstrakter Form bekannt gegeben wird.[85] Ob der Bezugsrechtsausschluss im wohlverstandenen Gesellschaftsinteresse liegt, hat der Vorstand im Rahmen seines unternehmerischen Ermessens sorgfältig und gewissenhaft zu prüfen.[86] Streitig ist, ob der Vorstand vor dem Gebrauch der ihm erteilten Ermächtigung zum Bezugsrechtsausschluss entsprechend § 186 Abs. 4 Satz 2 AktG einen schriftlichen Bericht über die Gründe für den beabsichtigten Bezugsrechtsausschluss erstatten muss.[87] Nach dem Siemens/Nold-Urteil muss der Vorstand jedenfalls nach dem Gebrauch der Ermächtigung auf der nächsten ordentlichen Hauptversammlung über die Einzelheiten seines Vorgehens berichten.[88]

---

83 BGHZ 71, 40, 46 (Kali+Salz).
84 BGHZ 83, 319, 321 (Holzmann).
85 BGHZ 136, 133, 136 (Siemens/Nold).
86 BGHZ 136, 133, 139 (Siemens/Nold). Hierzu *Bayer*, ZHR 163 (1999), 505, 514; *Hüffer*, AktG, § 203 Rn. 35; *Schüppen*, in: Seibert/Kiem (Hrsg.), S. 326; *Hirte*, in: Großkommentar zum AktG, § 203 Rn. 22; *Ekkenga*, AG 2001, 567, 569.
87 BGHZ 83, 319, 327 (Holzmann) hat die Frage ausdrücklich offengelassen. Für eine Berichtspflicht *Lutter*, BB 1981, 861, 863; *ders.*, in: Kölner Kommentar zum AktG, § 203 Rn. 31; *Hirte*, Bezugsrechtsausschluss und Konzernbildung, S. 120 ff.; *ders.*, in: Großkommentar zum AktG, § 203 Rn. 72 ff.; *Hüffer*, AktG, § 203, Rn. 36. Dagegen LG Frankfurt am Main, WM 2000, 2159, 2160 (Commerzbank); *Quack*, ZGR 1983, 257, 264; *Martens*, in: Festschrift für Steindorff, S. 151, 154; *Heinsius*, in: Festschrift für Kellermann, S. 115, 123; *Volhard*, AG 1998, 397, 403; *Krieger*, in: Münchener Handbuch AG, § 58 Rn. 44.
88 BGHZ 136, 133, 140 (Siemens/Nold).

In den neunziger Jahren hat nicht nur die Siemens/Nold-Entscheidung den Bezugsrechtsausschluss erheblich erleichtert.[89] Auch der Gesetzgeber hat zur Liberalisierung des Bezugsrechtsausschlusses beigetragen, indem er, angelehnt an die (von US-amerikanischen Erfahrungen beeinflussten)[90] Vorschläge von *Kübler*[91] und *Martens*[92], in § 186 Abs. 3 Satz 4 AktG den so genannten vereinfachten Bezugsrechtsausschluss kodifiziert hat.[93] Nehmen börsennotierte Aktiengesellschaften eine Barkapitalerhöhung vor, die nicht mehr als 10 % des Grundkapitals ausmacht und bei der der Ausgabebetrag für die neuen Aktien den Börsenpreis nicht wesentlich unterschreitet, so wird nach § 186 Abs. 3 Satz 4 AktG gesetzlich vermutet, dass der Bezugsrechtsausschluss im Gesellschaftsinteresse liegt und verhältnismäßig ist.

4. Das Bezugsrecht und sein Ausschluss nach der Kapitalrichtlinie

a) Artikel 29 Kapitalrichtlinie

In Art. 29 KapRL schreibt die Kapitalrichtlinie für die Barkapitalerhöhung ein Bezugsrecht der Altaktionäre vor:

»(1) Bei jeder Erhöhung des gezeichneten Kapitals durch Bareinlagen müssen die Aktien vorzugsweise den Aktionären im Verhältnis zu dem durch ihre Aktien vertretenen Teil des Kapitals angeboten werden. [...]
(4) Dieses Bezugsrecht darf durch die Satzung oder den Errichtungsakt weder beschränkt noch ausgeschlossen werden. Dieses kann jedoch durch Beschluss der Hauptversammlung geschehen. Das Verwaltungs- oder Leitungsorgan hat der Hauptversammlung einen schriftlichen Bericht über die Gründe für eine Beschränkung oder einen Ausschluss zu erstatten und den vorgeschlagenen Ausgabekurs zu begründen.

---

89 Die Diskussion um die Fortentwicklung des Bezugsrecht ging mit einer wahren Literaturflut einher. Bereichert wurde die Auseinandersetzung auch durch die Monografien von *Hirte*, Bezugsrechtsausschluss und Konzernbildung; *Schockenhoff*, Gesellschaftsinteresse, *Kübler*, Aktie; *Mülbert*, Aktiengesellschaft; *Habersack*, Die Mitgliedschaft; *Grundmann*, Der Treuhandvertrag; *Aubel*; *Kley* und jüngst *Escher-Weingart*, Deregulierung. Speziell mit europäischem Bezug *Bagel*, die das Bezugsrecht in Deutschland, Italien, Spanien, Portugal, England, Frankreich, Belgien, den Niederlanden und der Schweiz in Länderberichten und rechtsvergleichend behandelt.
90 Dazu schon oben S. 55 ff.
91 *Kübler*, Aktie, S. 50, 64; ders., ZBB 1993, 1, 7; *Kübler/Mendelson/Mundheim*, AG 1990, 461, 473.
92 *Martens*, ZIP 1992, 1677.
93 Gesetz für kleine Aktiengesellschaften und zur Deregulierung des Aktienrechts vom 2.8.1994, BGBl 1994 I, S. 1961. Siehe dazu *Bayer*, ZHR 163 (1999), 505, 542.

Die Hauptversammlung entscheidet nach den Vorschriften, die in Artikel 40 über Beschlussfähigkeit und Mehrheitserfordernisse festgelegt sind. Der Beschluss ist [...] offen zu legen.

(5) Die Rechtsvorschriften eines Mitgliedstaats können vorsehen, dass die Satzung, der Errichtungsakt oder die Hauptversammlung, die nach den in Absatz 4 genannten, die Beschlussfähigkeit, Mehrheitserfordernisse und Offenlegung betreffenden Vorschriften entscheidet, dem Organ der Gesellschaft, das zur Entscheidung über die Erhöhung des gezeichneten Kapitals innerhalb der Grenzen des genehmigten Kapitals berufen ist, die Befugnis einräumen kann, das Bezugsrecht zu beschränken oder auszuschließen. [...]«

Das Bezugsrecht wird vom europäischen Sekundärgesetzgeber als wichtiger Bestandteil des Europäischen Aktienrechts angesehen. Im Vorschlag der Europäischen Kommission für die Kapitalrichtlinie heißt es:

»Bei einer Kapitalerhöhung durch Bareinlagen ist es notwendig, die alten Aktionäre zu schützen und den Grundsatz des Bezugsrechts – der nicht in allen Mitgliedstaaten anerkannt wird – innerhalb der Gemeinschaft zu verankern. Das Bezugsrecht ist eine Folge des Rechts des Aktionärs, seine Beteiligung an der Gesellschaft nicht durch die Ausgabe neuer Aktien vermindert zu sehen. Allerdings werden von dieser Regelung wichtige Ausnahmen zugelassen, um zu vermeiden, dass die dem Aktionär gegebene Garantie dem Interesse der Gesellschaft schadet und die Fremdfinanzierung erschwert. Lässt man es zu, dass das Bezugsrecht eingeschränkt, ja sogar beseitigt werden kann, so soll darüber doch in jedem Fall nur die Hauptversammlung entscheiden können; sie beschließt mit qualifizierter Mehrheit des vertretenen Kapitals, nachdem zuvor die Aktionäre ordnungsgemäß unterrichtet worden sind.«[94]

Auch der Europäische Gerichtshof betont die Bedeutung des Bezugsrechts: Nach dem Evangelikis-Urteil[95] sind Art. 29 Abs. 1 und 4 KapRL Mindestnormen, die unbedingt gelten und selbst dann nicht unterschritten werden dürfen, wenn sich die Gesellschaft in ernsten finanziellen Schwierigkeiten befindet.

Die Kapitalrichtlinie sieht auch in dem für die Praxis wichtigsten Fall der Kapitalerhöhung, dem genehmigten Kapital, grundsätzlich ein Bezugsrecht vor (Art. 29 Abs. 1 KapRL). Die Hauptversammlung kann dem Vorstand im Zusammenhang mit dem genehmigten Kapital die Befugnis einräumen, das Bezugsrecht zu beschränken oder auszuschließen (Art. 29 Abs. 5 Satz 1 KapRL). Das ist vergleichbar mit der Ausschlussermächtigung nach § 203 Abs. 2 AktG. Die Hauptversammlung kann das Bezugsrecht beim genehmigten Kapital aber auch direkt ausschließen, entsprechend dem Direktausschluss nach § 203 Abs. 1 Satz 1 AktG. Beim Direktausschluss und bei der Ausschlussermächtigung ist streitig, ob und wann die

---

94   ABlEG Nr. C 48 vom 24.4.1970, S. 14.
95   EuGHE 1992, I-2134, 2145, 2146 (Evangelikis Ekklisias).

VI. Sechster SLIM-Vorschlag: Bezugsrecht

Ausschlussermächtigung ist streitig, ob und wann die Kapitalrichtlinie einen Bericht des Vorstands über die Gründe für den Bezugsrechtsausschluss vorschreibt.[96]

Für die Sachkapitalerhöhung sieht die Kapitalrichtlinie kein Bezugsrecht vor. Damit weicht die Kapitalrichtlinie vom deutschen Recht ab, entspricht aber der großen Mehrheit der anderen europäischen Aktienrechte.[97] Der Europäische Gerichtshof hat in seinem Siemens-Urteil entschieden, dass nationale Regelungen, durch die das Bezugsrecht über Art. 29 Abs. 1 KapRL hinaus auch auf Sacheinlagen ausgedehnt wird, gleichzeitig aber unter bestimmten Voraussetzungen eingeschränkt oder ausgeschlossen werden kann, einem der Ziele der Kapitalrichtlinie entspricht: dem wirksamen Schutz der Aktionäre.[98] Die von der deutschen Rechtsprechung entwickelte Inhaltskontrolle des Bezugsrechtsausschlusses bei Sachkapitalerhöhungen hat der Europäische Gerichtshof dabei ausdrücklich gebilligt. Die materielle Beschlusskontrolle stehe selbst dann nicht im Widerspruch zur Kapitalrichtlinie, wenn sie zu Verzögerungen bei der Durchführung der Kapitalerhöhung führen sollte.[99] Art. 29 KapRL hat also Mindestnormcharakter und steht nationalen Regeln materieller Beschlusskontrolle grundsätzlich nicht entgegen.

b) Materielle Voraussetzungen des Bezugsrechtsausschlusses nach Art. 29 KapRL

Die Kapitalrichtlinie sagt nicht ausdrücklich, unter welchen materiellen Voraussetzungen das Bezugsrecht bei einer Barkapitalerhöhung ausgeschlossen werden kann.[100] Der Europäische Gerichtshof hat bislang nicht entschieden, ob und welche inhaltlichen Schranken für den Bezugsrechtsausschluss aus Art. 29 Abs. 4 KapRL abzuleiten sind.[101] Das OLG München

---

96   Siehe dazu gleich S. 214 ff.
97   *Hirte*, DB 1995, 1113, mit Nachweisen zu den ausländischen Rechtsordnungen in Fn. 5. *Wymeersch*, AG 1998, 382, 383 Fn. 7, weist darauf hin, dass vor Verabschiedung der Kapitalrichtlinie nur Deutschland und Dänemark ein Bezugsrecht bei Sachkapitalerhöhungen kannten.
98   EuGHE 1996, I-6017, 6035 (Siemens).
99   EuGHE 1996, I-6017, 6036 (Siemens).
100 *Drinkuth*, IStR 1997, 312, 315.
101 Der Europäische Gerichtshof ist in seinem Siemens-Urteil (EuGHE 1996, I-6019, 6028) auf die materiellen *Mindest*anforderungen für den Bezugsrechtsausschluss nach Art. 29 Abs. 4 KapRL nicht eingegangen. Generalanwalt *Tesauro*, EuGHE 1996, I-6019, 6025 (Siemens) hält das in der Kapitalrichtlinie verankerte Bezugsrecht für ein Recht, das »nur unter Einhaltung eines bestimmten Verfahrens und beim Vorliegen konkreter, objektiv

hatte im Berufungsurteil in Sachen Siemens/Nold angenommen, die Kapitalrichtlinie regele nicht die materiellen Voraussetzungen, unter denen in ein Bezugsrecht eingegriffen werden kann.[102] Die Literaturstimmen sind überwiegend anderer Meinung und berufen sich dabei auf die Berichtspflicht des Vorstands nach Art. 29 Abs. 4 Satz 3 KapRL:

Hirte meint, die Inhaltskontrolle des Bezugsrechtsausschlusses sei in allen EG-Ländern anerkannt und auch lange vor Verabschiedung der Kapitalrichtlinie kodifiziert gewesen. Dieses Kondensat gemeinsamer europäischer Rechtsüberzeugung sei heute im Europarecht mit der Berichtspflicht des Art. 29 Abs. 4 Satz 3 KapRL festgeschrieben.[103] Eine solche rechtsvergleichende Argumentation ist angreifbar. Im Entwurf der Kapitalrichtlinie wird ausdrücklich gesagt, dass der Grundsatz des Bezugsrechts zuvor nicht in allen Mitgliedstaaten anerkannt war.[104] Ein Verweis auf die nationalen Rechtsordnungen fehlt dort, anders als etwa beim Erwerb eigener Aktien.[105] Von den sechs Mitgliedstaaten, die an der Entstehung der Kapitalrichtlinie maßgeblichen Anteil hatten, kannten nur Deutschland, Frankreich und Italien ein gesetzliches Bezugsrecht.[106] In Deutschland erging das für die materielle Beschlusskontrolle des Bezugsrechtsausschlusses grundlegende Kali+Salz-Urteil[107] des Bundesgerichtshofs erst 1978, also nach Verabschiedung der Kapitalrichtlinie.

Andere namhafte Autoren kommen zum gleichen Ergebnis wie *Hirte,* argumentieren aber nicht rechtsvergleichend, sondern rein formal mit einem Umkehrschluss: Die Berichtspflicht nach Art. 29 Abs. 4 Satz 3 KapRL,

---

überprüfbarer Voraussetzungen eingeschränkt werden kann.« Wenn *Tesauro* der Kapitalrichtlinie für den Bezugsrechtsausschluss neben den Verfahrensvorschriften noch weitere Voraussetzungen entnimmt, so muss es sich dabei um materielle Anforderungen handeln. Der Generalanwalt konkretisiert nicht, welches nach seiner Auffassung die materiellen Mindeststandards der Kapitalrichtlinie für den Bezugsrechtsausschluss sind. *Tesauro,* EuGHE 1996, I-6019, 6026, hält aber die deutsche Rechtsprechung für »insofern strenger als die Richtlinie selbst« und zwar nicht nur für Sachkapitalerhöhungen, sondern auch für Barkapitalerhöhungen.

102   OLG München, ZIP 1993, 676, 680. So auch *Natterer,* ZIP 1995, 1481, 1487; *Wymeersch,* AG 1998, 382, 383; *Schwarz,* Europäisches Gesellschaftsrecht, S. 393.
103   *Hirte,* WM 1994, 321, 324; *ders.* ZIP 1994, 356, 360.
104   ABlEG Nr. C 48 vom 24.4.1970, S. 14. Siehe auch schon S. 210.
105   Siehe dazu bereits oben S. 136 sowie ABlEG Nr. C 48 vom 24.4.1970, S. 12 (Erwerb eigener Aktien) und S. 14 (Bezugsrecht).
106   Zur Entstehungsgeschichte des Art. 29 KapRL siehe gleich S. 218 sowie *Kley,* S. 39 f. Für Frankreich siehe *Wiedemann,* in: Großkommentar zum AktG, § 186 Rn. 23 f.; *Wymeersch,* AG 1998, 382, 385; *Bagel,* S. 170; *Butters,* ZBB 2001, 44, 46. Für Italien siehe *Wiedemann,* in: Großkommentar zum AktG, § 186 Rn. 29 f.; *Bagel,* S. 41; *Tevini,* ZBB 2001, 206, 209.
107   Urteil vom 13.3.1978, BGHZ 71, 40 (Kali+Salz).

sagen sie, setze die Notwendigkeit einer materiellen Begründung des Bezugsrechtsausschlusses voraus, denn anderenfalls sei die Berichtspflicht über die Gründe des Bezugsrechtsausschlusses sinnlos.[108] Zwingend ist dieser Schluss nicht. Die Pflicht des Vorstands, die Hauptversammlung über die Gründe des geplanten Bezugsrechtsausschlusses zu unterrichten, kann auch ausschließlich dem informierten Zustandekommen einer Mehrheitsentscheidung dienen, ohne den Mehrheitsentschluss deshalb auch an bestimmte materielle Vorgaben zu knüpfen.[109] So verhält es sich hier. Die ihnen nach Art. 29 Abs. 4 Satz 2 KapRL zugewiesene und für sie grundlegende Entscheidung über den Bezugsrechtsausschluss können die Aktionäre überhaupt nur dann adäquat treffen, wenn sie vor der Entscheidung umfassende und begründete Informationen über die Entscheidungsgrundlagen erhalten haben.[110] Der Vorstandsbericht nach Art. 29 Abs. 4 Satz 3 KapRL dient der Entscheidungsfindung der Hauptversammlung,[111] und er ist Ausdruck des im Europäischen Aktienrecht verankerten Grundsatzes, dass die Zuweisung von Entscheidungskompetenz stets mit umfassender, der Entscheidung vorausgehender Information einhergeht.[112] Inhaltliche Vorgaben für die Mehrheitsentscheidung in der Hauptversammlung sind aber aus der Pflicht des Vorstandes, den Bezugsrechtsausschluss zu begründen, nicht abzuleiten.

Ein materielles Kriterium des Bezugsrechtsausschlusses ergibt sich aber aus der historischen Auslegung der Kapitalrichtlinie. Der europäische Gesetzgeber hat nämlich Ausnahmen vom Bezugsrecht explizit nur zugelassen, »um zu vermeiden, dass die dem Aktionär gegebene Garantie dem Interesse der Gesellschaft schadet.«[113] Art. 29 Abs. 4 KapRL ist daher so auszulegen, dass das Bezugsrecht gemeinschaftsweit nur ausgeschlossen werden darf, wenn das Interesse der Gesellschaft an einem Bezugsrechtsausschluss das

---

108 *Lutter*, ZGR 1979, 401, 408; *ders.*, Europäisches Unternehmensrecht, S. 52; *Kindler*, ZHR 158 (1994), 339, 357; *Groß*, EuZW 1994, 395, 399; *ders*, in: Grundmann (Hrsg.), Systembildung, S. 189, 198; *Bagel*, S. 348; *Grundmann* und *Hommelhoff*, in: Grundmann (Hrsg.), Systembildung, S. 286; *Schwarz*, Europäisches Gesellschaftsrecht, S. 393. So auch *Natterer*, ZIP 1995, 1481, 1487 und *Drinkuth*, KapRL, S. 246, nach denen die materiellen Gründe sich allerdings nicht aus der Kapitalrichtlinie selbst ergeben, sondern von den nationalen Gesetzgebern konkretisiert werden müssen.
109 So zu Recht *Kley*, S. 53. Ähnlich für das nationale Recht BGHZ 83, 319, 326 (Holzmann), wonach in § 186 Abs. 4 Satz 2 AktG »eine Bestätigung und zugleich sinnvolle Ergänzung der in der Rechtsprechung und Schrifttum aufgestellten materiellen Grundsätze über die sachliche Rechtfertigung eines Bezugsrechtsausschlusses« liegt.
110 Vgl. ABlEG Nr. C 48 vom 24.4.1970, S. 15. Siehe auch schon oben S. 33.
111 *Lutter*, ZGR 1979, 401, 408; *Hirte*, Bezugsrechtsausschluss und Konzernbildung, S. 86; *Kindler*, ZHR 158 (1994), 339, 363.
112 Siehe dazu schon die Ausführungen oben S. 33.
113 ABlEG Nr. C 48 vom 24.4.1970, S. 14. Siehe auch schon oben S. 210.

Individualinteresse der Aktionäre am Bestandsschutz überwiegt.[114] Außerdem erfordert die Kapitalrichtlinie, dass der Bezugsrechtsausschluss dem Gleichbehandlungsgebot (Art. 42 KapRL) genügt.

Nach Art. 29 Abs. 4 Satz 3 KapRL muss der Vorstand beim geplanten Ausschluss des Bezugsrechts der Hauptversammlung auch einen Ausgabekurs vorschlagen und diesen schriftlich begründen. Hieraus leitet *Lutter* ein Verwässerungsverbot ab.[115] Aber wiederum kann aus der formalen Begründungspflicht nicht ohne weiteres auf ein sie tragendes materielles Gebot (hier: Verwässerungsverbot) geschlossen werden. Für das von *Lutter* angenommene Verwässerungsverbot finden sich in den Gesetzesmaterialien zur Kapitalrichtlinie keinerlei Hinweise. Auch die historische Auslegung von Art. 29 KapRL stützt *Lutters* Auffassung daher nicht.

Es ist festzuhalten, dass die Kapitalrichtlinie bislang zwei materielle Voraussetzungen des Bezugsrechtsausschlusses enthält: das Gesellschaftsinteresse und das Gleichbehandlungsgebot. Diese relativ abstrakten materiellen Voraussetzungen können die Mitgliedstaaten durch nationales Recht konkretisieren. Sie können nach der Rechtsprechung des Europäischen Gerichtshofs darüber hinaus zum Schutz der Aktionäre auch weitere materielle Anforderungen für den Bezugsrechtsausschluss festschreiben.[116] Eindeutigere materielle Rechtmäßigkeitskriterien für den Bezugsrechtsausschluss, wie sie etwa die deutsche Rechtsprechung verlangt, ergeben sich derzeit aus der Kapitalrichtlinie aber nicht.[117]

c) *Berichtspflichten nach Art. 29 KapRL beim Bezugsrechtsausschluss im Rahmen eines genehmigten Kapitals*

Nach Art. 29 Abs. 4 Satz 2 KapRL kann das Bezugsrecht durch Beschluss der Hauptversammlung beschränkt oder ausgeschlossen werden. Schlägt der Vorstand der Hauptversammlung den Bezugsrechtsausschluss vor, so muss er gemäß Art. 29 Abs. 4 Satz 3 KapRL einen schriftlichen Bericht über die Gründe hierfür erstatten und den Ausgabekurs rechtfertigen. Sollen die Aktionäre über bestimmte Fragen wegen ihrer großen Bedeutung selbst ent-

---

114 Im Ergebnis so auch *Lutter*, ZGR 1979, 401, 408; *ders.*, Europäisches Unternehmensrecht, S. 52; *Kindler*, ZHR 158 (1994), 339, 357; *Bagel*, S. 349; *Groß*, in: Grundmann (Hrsg.), Systembildung, S. 189, 198.
115 *Lutter*, Europäisches Unternehmensrecht, S. 52.
116 So auch *Drinkuth*, IStR 1996, 549, 551; *ders.*, KapRL, S. 246; *Bagel*, S. 348. Siehe auch schon oben S. 211.
117 Wie hier *Kindler*, ZHR 158 (1994), 339, 360; *Bagel*, S. 348; ähnlich *Lutter*, Europäisches Unternehmensrecht, S. 53.

VI. Sechster SLIM-Vorschlag: Bezugsrecht

scheiden, so können solche Entscheidungen sinnvoll nur dann herbeigeführt werden, wenn die Aktionäre in Kenntnis aller verfügbaren entscheidungsrelevanten Informationen beschließen. Dies will die Berichtspflicht des Art. 29 Abs. 4 Satz 2 KapRL für den Bezugsrechtsausschluss durch die Hauptversammlung gemeinschaftsweit sichern.[118] Streitig und vom Europäischen Gerichtshof bislang nicht entschieden ist, ob und welche Vorgaben die Kapitalrichtlinie für etwaige Berichtspflichten des Vorstands im Rahmen eines genehmigten Kapitals enthält. Aus deutscher Perspektive hat diese Frage spätestens mit dem Siemens/Nold-Urteil[119] des Bundesgerichtshofs besondere Bedeutung erlangt. *Kindler* hält beim Bezugsrechtsausschluss im Rahmen eines genehmigten Kapitals nach deutschem Recht einen Vorstandsbericht für entbehrlich.[120] Bei der Auslegung des § 203 Abs. 2 Satz 2 AktG sei Art. 29 Abs. 5 KapRL maßgeblich zu berücksichtigen, der ausdrücklich nicht auf das Berichtserfordernis in Art. 29 Abs. 4 Satz 3 KapRL verweise. Konträr dazu ist die Auffassung von *Hirte*, der meint, eine Auslegung des § 203 Abs. 2 Satz 2 AktG, bei der es zu keinem Zeitpunkt zu einer ausführli-

---

118 Vgl. den Kommissionsentwurf für die Kapitalrichtlinie, ABlEG Nr. C 48 vom 24.4.1970, S. 14. Siehe außerdem schon die Ausführungen auf S. 33 f., 206, 209 ff. Gleichsinnig LG München I, BB 2001, 748, 749 (MHM), wonach Art. 29 Abs. 4 Satz 3 KapRL für den Vorstandsbericht genauere Angaben verlangt. Da Art. 29 Abs. 4 Satz 3 KapRL durch § 186 Abs. 4 Satz 2 AktG in nationales Recht umgesetzt werde, müsse, so das Urteil, auch der Vorstandsbericht über den geplanten Bezugsrechtsausschluss im Rahmen einer regulären Kapitalerhöhung nach § 186 Abs. 4 Satz 2 AktG genauere Angaben enthalten. § 203 Abs. 2 Satz 2 AktG verweise uneingeschränkt sinngemäß auf § 186 Abs. 4 Satz 2 AktG, weshalb auch beim Vorstandsbericht im Falle des Bezugsrechtsausschlusses im Rahmen eines genehmigten Kapitals nach § 203 Abs. 2 Satz 2 AktG genauere Angaben erforderlich seien. Entgegen *Hirte*, EWiR § 203 AktG 1/01, 507, hat das LG München I nicht geurteilt, der Verzicht auf eine ausreichende Begründung beim Bezugsrechtsausschluss im Rahmen eines genehmigten Kapitals widerspreche europäischem Recht. Die Kapitalrichtlinie hat das LG München I nur für die Auslegung der Berichtspflicht im Falle der regulären Kapitalerhöhung (§ 186 Abs. 4 Satz 2 AktG) bemüht. Es hat ausdrücklich offengelassen, ob die Berichtspflicht des Vorstands beim Bezugsrechtsausschluss im Rahmen eines genehmigten Kapitals nach § 203 Abs. 2 Satz 2 AktG durch Art. 29 KapRL vorgegeben ist. Das LG München I hielt Art. 29 KapRL offensichtlich (*acte claire*-Doktrin, vgl. BGHZ 110, 47, 68 f. (IBH/Lemmerz)) für eine Mindestnorm, die eine umfassende Berichtspflicht nach § 203 Abs. 2 Satz 2 AktG nicht ausschließe. Aus diesem Grunde hat das LG München I von einer Vorlage an den Europäischen Gerichtshof nach Art. 234 EGV (ex Art. 177 EGV) abgesehen. Siehe zu der Entscheidung auch *Bungert*, BB 2001, 742.
119 BGHZ 136, 133 (Siemens/Nold). Dazu bereits S. 208 f.
120 *Kindler*, ZHR 158 (1994), 339, 363; *ders.*, ZGR 1998, 35, 63. Zuvor ähnlich bereits *van Venrooy*, DB 1982, 735, 739; *ders.*, BB 1982, 1137. Siehe zu *Kindler* gleich S. 223, Fn. 154.

Dritter Teil: Die Vorschläge der SLIM-Arbeitsgruppe

chen Berichterstattung komme, sei richtlinienwidrig.[121] *Hirte* leitet aus Art. 29 Abs. 5 KapRL für den Fall der Ermächtigung zum Bezugsrechtsausschluss eine Pflicht des Vorstands zu umfassender Berichterstattung ab, die er im Zeitpunkt der Ausübung der Ermächtigung ansiedelt.[122]

(1) Wortlaut und Aufbau des Art. 29 KapRL

Hinsichtlich der Berichtspflicht des Vorstands über den Bezugsrechtsausschluss im Rahmen eines genehmigten Kapitals sind zwei Fälle auseinander zu halten:[123] Erstens der Direktausschluss, bei dem die Hauptversammlung ein genehmigtes Kapital beschließt und für dieses sogleich das Bezugsrecht selbst ausschließt. Und zweitens die Ausschlussermächtigung, bei der die Hauptversammlung ein genehmigtes Kapital beschließt und den Vorstand ermächtigt, das Bezugsrecht bei der Ausnutzung des genehmigten Kapitals auszuschließen. Der Ausschluss des Bezugsrechts durch die Hauptversammlung, sei es bei einer regulären Kapitalerhöhung oder beim genehmigten Kapital, ist in Art. 29 Abs. 4 KapRL geregelt. Art. 29 Abs. 4 Satz 3 KapRL schreibt für den Bezugsrechtsausschluss durch die Hauptversammlung einen schriftlichen Vorstandsbericht vor. Die Ausschlussermächtigung ist in Art. 29 Abs. 5 KapRL geregelt. Art. 29 Abs. 5 Satz 1 KapRL verweist hinsichtlich der Vorschriften, die die Beschlussfähigkeit, die Mehrheitserfordernisse und die Offenlegung betreffen auf Art. 29 Abs. 4 Satz 4 und Satz 5 KapRL. Ein Verweis auf die Berichtspflicht des Art. 29 Abs. 4 Satz 3 KapRL enthält Art. 29 Abs. 5 Satz 1 KapRL hingegen nicht. Ein Vorstandsbericht ist im Falle der Ausschlussermächtigung also nach dem Wortlaut des Art. 29 Abs. 5 KapRL nicht erforderlich.[124]

---

121 *Hirte*, EWiR § 203 AktG 1/01, 507, 508, in Anmerkung zu LG München I, BB 2001, 748 (MHM).
122 *Hirte*, DStR 2001, 577, 580; *ders.*, in: Großkommentar zum AktG, § 202 Rn. 47.
123 In der deutschen Literatur wurde diese Differenzierung, soweit ersichtlich, erstmals von *Kley*, S. 64 f., vorgenommen, während die europarechtliche Regelung des Direktausschlusses des Bezugsrechts durch die Hauptversammlung im Rahmen eines genehmigten Kapitals ganz überwiegend nicht gesondert behandelt wird, siehe etwa *Schwark*, in: Festschrift für Claussen, S. 357, 380; *Drinkuth*, KapRL, S. 251 f.; *Bagel*, S. 354 f.; *Habersack*, Europäisches Gesellschaftsrecht, S. 105; *Schwarz*, Europäisches Gesellschaftsrecht, S. 396; *Bosse*, ZIP 2001, 104, 105.
124 Wie hier LG Frankfurt am Main, ZIP 1997, 1030, 1034 (Deutsche Bank); *van Venrooy*, DB 1982, 735, 739; *ders.*, BB 1982, 1137; *Kindler*, ZHR 158 (1994), 339, 363; *ders.*, ZGR 1998, 35, 63; *Schwark*, in: Festschrift für Claussen, S. 357, 380; *Kley*, S. 62; *Bagel*, S. 354; *Habersack*, Europäisches Gesellschaftsrecht, S. 105; *Hofmeister*, NZG 2000, 713, 716; *Bosse*, NZG 2001, 104, 105. Zum Europarecht diffus und ohne Begründung, im Ergebnis aber gleichwohl treffend LG Heidelberg, BB 2001, 1809, 1810 (MLP), wonach

Entgegen dem eindeutigen Wortlaut des Art. 29 Abs. 4 Satz 3 KapRL hält *Kley*[125] einen Vorstandsbericht über den Bezugsrechtsausschluss im Rahmen eines genehmigten Kapitals nach Art. 29 KapRL immer für entbehrlich, also auch im Falle des Direktausschlusses durch die Hauptversammlung. Eine Gegenposition vertritt *Hirte*,[126] der entgegen dem eindeutigen Wortlaut des Art. 29 Abs. 5 KapRL einen Vorstandsbericht beim Bezugsrechtsausschluss im Rahmen eines genehmigten Kapitals wegen Art. 29 Abs. 4 Satz 3 KapRL immer für erforderlich hält, also auch im Falle der Ausschlussermächtigung.

Das genehmigte Kapital ist in Art. 25 Abs. 2 KapRL geregelt. Das Bezugsrecht und sein Ausschluss ist für alle Formen der Kapitalerhöhung in Art. 29 KapRL normiert. Art. 29 Abs. 4 KapRL schreibt wegen der großen Bedeutung des Bezugsrechts für die Stellung der Aktionäre vor, dass diese das Bezugsrecht grundsätzlich nur selbst in der Hauptversammlung ausschließen können.[127] Diese Anordnung ist unabhängig davon, ob das Kapital direkt durch die Hauptversammlung erhöht wird, oder ob die Hauptversammlung den Vorstand zur Kapitalerhöhung ermächtigt. In Art. 29 Abs. 5 KapRL wird der Hauptversammlung die Möglichkeit eröffnet, im Falle eines genehmigten Kapitals dem Vorstand nicht nur die Entscheidung über die Kapitalerhöhung, sondern auch die Entscheidung über den Bezugsrechtsausschluss zu übertragen. Entgegen *Kley*[128] ist der Bezugsrechtsausschluss im Rahmen eines genehmigten Kapitals in der Kapitalrichtlinie also nicht einheitlich in Art. 29 Abs. 5 KapRL geregelt. Vielmehr wird der Direktausschluss nach dem Wortlaut und der Systematik des Art. 29 KapRL von dessen Abs. 4 erfasst, die Ausschlussermächtigung hingegen von Abs. 5. Eine Regelungslücke, die *Kley* für den Direktausschluss bei Art. 29 KapRL annimmt,[129] besteht nicht. Deshalb entfällt schon die grundlegende Voraussetzung für *Kleys*[130] analoge Anwendung des Art. 29 Abs. 5 KapRL auf den Direktausschluss.

---

sich eine im Verhältnis zum Umfang der Kapitalerhöhung gesteigerte Berichtspflicht gemäß §§ 203 Abs. 2 Satz 2, 186 Abs. 4 Satz 2 AktG nicht mit Rücksicht auf die Kapitalrichtlinie ergebe.

125 *Kley*, S. 64, sowie *Hofmeister*, NZG 2000, 713, 716.
126 *Hirte*, in: Großkommentar zum AktG, § 202 Rn. 46 f.
127 Siehe den Entwurf der Europäischen Kommission für die Kapitalrichtlinie, ABlEG Nr. C 48 vom 24.4.1970, S. 15, sowie die Ausführungen oben auf S. 210 f.
128 *Kley*, S. 64 f. Gleiches Missverständnis aber auch bei *Kindler*, ZHR 158 (1994), 339, 363; *ders.*, ZGR 1998, 35, 63; *Sethe*, AG 1994, 342, 354; *Schwark*, in: Festschrift für Claussen, S. 357, 380; *Drinkuth*, KapRL, S. 251; *Hofmeister*, NZG 2000, 713, 716; *Schwarz*, Europäisches Gesellschaftsrecht, S. 396; *Bosse*, ZIP 2001, 104, 105.
129 *Kley*, S. 64; gleichsinnig *Hofmeister*, NZG 2000, 713, 716.
130 *Kley*, S. 65, und der Sache nach auch *Hofmeister*, NZG 2000, 713, 716.

Dritter Teil: Die Vorschläge der SLIM-Arbeitsgruppe

(2) Entstehungsgeschichte des Art. 29 KapRL

Die differenzierte Regelung des Direktausschlusses (Art. 29 Abs. 4 KapRL, Vorstandsbericht ist erforderlich) und der Ausschlussermächtigung (Art. 29 Abs. 5 KapRL, Vorstandsbericht ist nicht erforderlich) war eine bewusste Entscheidung des europäischen Gesetzgebers. An der Entwicklung der Kapitalrichtlinie waren Belgien, Deutschland, Frankreich, Italien, Luxemburg und die Niederlande maßgeblich beteiligt.[131] Die Benelux-Staaten führten ein gesetzliches Bezugsrecht und die Berichtspflicht des Vorstands über den Bezugsrechtsausschluss erst zur Umsetzung der Kapitalrichtlinie ein. Deutschland und Italien hatten in ihren nationalen Aktiengesetzen zwar zuvor schon ein gesetzliches Bezugsrecht verankert, eine Berichtspflicht des Vorstands über die Gründe für den vorgeschlagenen Bezugsrechtsausschluss nahmen aber auch sie erst zur Umsetzung der Kapitalrichtlinie in nationales Recht auf.[132] In Frankreich gibt es bereits seit 1935 eine gesetzliche Berichtspflicht des Vorstandes über den vorgesehenen Bezugsrechtsausschluss. 1967 wurde dort klargestellt, dass der Bericht auch die Gründe für den geplanten Bezugsrechtsausschluss nennen muss.[133] In Deutschland dominiert bei der Kapitalerhöhung im Rahmen eines genehmigten Kapitals die Ausschlussermächtigung. In Frankreich[134] und Italien[135] darf das Bezugsrechts auch im Rahmen eines genehmigten Kapitals immer nur durch die Hauptversammlung selbst ausgeschlossen werden. Bei der Formulierung des Art. 29 KapRL galt es diese unterschiedlichen nationalen Rechtstraditionen zu berücksichtigen. Im Kommissionsentwurf für die Kapitalrichtlinie war der Bezugsrechtsausschluss für alle Formen der Kapitalerhöhung einheitlich geregelt. Der Vorstand sollte danach stets verpflichtet sein, der Hauptversammlung einen schriftlichen Bericht über die Gründe der Beschränkung oder Aufhebung des Bezugsrechts zu geben und den vorgesehenen Ausga-

---

131 Zur Entstehungsgeschichte des Art. 29 KapRL siehe *Kley*, S. 39 f.
132 Für Deutschland (§ 186 Abs. 4 Satz 2 AktG) siehe das Gesetz zur Durchführung der Zweiten Richtlinie des Rates der Europäischen Gemeinschaften zur Koordinierung des Gesellschaftsrechts vom 13.12.1978, BGBl 1978 I, S. 1959, 1962, sowie aus dem Schrifttum *Helmut Becker*, BB 1981, 394. Für Italien siehe *Wiedemann*, in: Großkommentar zum AktG, § 186 Rn. 30; *Bagel*, S. 94 f.; *Tevini*, ZBB 2001, 206, 209.
133 *Wiedemann*, in: Großkommentar zum AktG, § 186 Rn. 26 f.; *Kley*, S. 40; *Bagel*, S. 217; *Butters*, ZBB 2001, 44, 46.
134 *Wymeersch*, AG 1998, 382, 385; *Bagel*, S. 217; *Butters*, ZBB 2001, 44, 46.
135 *Bagel*, S. 94; *Tevini*, ZBB 2001, 206, 209.

bekurs zu rechtfertigen.[136] Der Wirtschafts- und Sozialausschuss äußerte in seiner Stellungnahme zum Kommissionsentwurf folgende Bedenken:

»Das Bezugsrecht, das eine durchaus berechtigte Garantie für die Aktionäre darstellt, kann Emissionen zur notwendigen Finanzierung des Unternehmens bremsen, wenn die an seine Einschränkung gestellten Forderungen zu streng sind. Beispielsweise ist die Rechtfertigung des Ausgabekurses im Fall des genehmigten Kapitals nach Artikel 22 Absatz 2 [jetzt: Art. 25 Abs. 2 KapRL] überhaupt nicht durchführbar, da der Kurs zum Zeitpunkt der Genehmigung des Kapitals noch nicht feststeht. Die gegenwärtige Fassung des Artikels 25 Absatz 2 [jetzt: Art. 29 Abs. 4 KapRL] würde somit das Funktionieren des Systems des genehmigten Kapitals praktisch verhindern.«[137]

Berichterstatter im Wirtschafts- und Sozialausschuss war ein Deutscher,[138] der seinen der Stellungnahme zugrundeliegenden Bericht aus der Perspektive der deutschen Rechtstradition (Ausschlussermächtigung) verfasst haben dürfte.[139] Aufgrund der zitierten Stellungnahme des Wirtschafts- und Sozialausschusses wurde Art. 29 KapRL um seinen Abs. 5 ergänzt. Der europäische Gesetzgeber hat also bewusst entschieden, für den Direktausschluss eine Berichtspflicht des Vorstands gemeinschaftsweit festzuschreiben, für die Ausschlussermächtigung aber auf eine solche gemeinschaftsweite Regelung zu verzichten.

(3) Differenzierte Behandlung von Direktausschluss (Art. 29 Abs. 4 Satz 3 KapRL: Berichtspflicht) und Ausschlussermächtigung (Art. 29 Abs. 5 Satz 1 KapRL: keine Berichtspflicht)

Sowohl *Kley*[140] als auch *Hirte*[141] halten es für widersprüchlich, die Berichtspflicht im Falle des Direktausschlusses anders zu behandeln als im Falle der

---

136 ABlEG Nr. C 48 vom 24.4.1970, S. 1, 21 (Art. 22 Abs. 1 KapRL-Entwurf: reguläre Kapitalerhöhung; Art. 22 Abs. 2 KapRL-Entwurf: genehmigtes Kapital; Art. 25 Abs. 2 KapRL-Entwurf: Bezugsrechtsausschluss).
137 ABlEG Nr. C 88 vom 6.9.1971, S. 1, 5. Parenthesen vom *Verfasser*.
138 Laut ABlEG Nr. C 88 vom 6.9.1971, S. 1, 2, war *Aschoff* Berichterstatter.
139 Entgegen *Hirte*, in: Großkommentar zum AktG, § 202 Rn. 46, bezog sich die Sorgfalt des europäischen Gesetzgebers, von der *Hirte* im Hinblick auf Art. 29 Abs. 5 KapRL spricht, also durchaus auf den Fall der Ausschlussermächtigung.
140 *Kley*, S. 64 f., und so auch *Hofmeister*, NZG 2000, 713, 716.
141 *Hirte*, in: Großkommentar zum AktG, § 202 Rn. 46, der sich allerdings widerspricht, weil er selbst die Berichtspflichten in beiden Fällen unterschiedlich behandelt wissen will: Für den Fall des Direktausschlusses nimmt er eine Berichtspflicht vor der Entscheidung der Hauptversammlung an (Entscheidungsfunktion der Berichtspflicht, Anm. des *Verf.*), verneint diese aber im gleichen Zeitpunkt für die Ausschlussermächtigung, bei der er eine

Dritter Teil: Die Vorschläge der SLIM-Arbeitsgruppe

Ausschlussermächtigung, denn das vom Wirtschafts- und Sozialausschuss angesprochene Wissensproblem bestehe in beiden Fällen gleichermaßen. Sinnvoll sei daher nur, beide Fälle in Bezug auf die Berichtspflicht des Vorstandes gleich zu behandeln, wobei *Kley* in beiden Fällen eine Berichtspflicht ablehnt, *Hirte* in beiden Fällen eine Berichtspflicht annimmt. Richtig ist, dass die im Zeitpunkt der Hauptversammlung verfügbaren Informationen unabhängig davon sind, was die Hauptversammlung beschließt (Direktausschluss oder Ausschlussermächtigung). Und zwingend ist auch, dass bei einem genehmigten Kapital im Zeitpunkt der Ermächtigung zur Kapitalerhöhung weniger Informationen verfügbar sind als im Zeitpunkt der Ausübung des Ermächtigung. Dieser konstitutionelle Wissensmangel ist der entscheidende Grund, weshalb es die Ausschlussermächtigung überhaupt gibt. Beim Direktausschluss wird das Bezugsrecht endgültig unter konstitutionellem Wissensmangel ausgeschlossen. Das ist grundlegend anders bei der Ausschlussermächtigung. Dort wird zwar die Ermächtigung unter konstitutionellem Wissensmangels erteilt, aber nur deshalb, weil damit eine endgültige Entscheidung über den Bezugsrechtsausschluss durch den Vorstand als Treuhänder der Aktionäre ermöglicht wird, die alle im Zeitpunkt der Kapitalerhöhung vorhandenen Informationen berücksichtigen kann. Die Informationsbedürfnisse der Aktionäre unterscheiden sich in den beiden Formen der genehmigten Kapitalerhöhung wesentlich.

Beim Direktausschluss bedürfen die Aktionäre der Information durch den Vorstand, um die ihnen zugewiesene grundlegende Entscheidung überhaupt informiert treffen zu können. Eine Informationspflicht dient hier also der Entscheidungsfindung der Aktionäre in der Hauptversammlung. Der Vorstand kann nur die Informationen weitergeben, die ihm selbst zugänglich sind. Im Falle des Direktausschlusses kann es deshalb unvermeidlich sein, dass der Vorstandsbericht auf einige entscheidungsrelevante Fragen keine oder nur eine eingeschränkte Antwort geben kann. Das macht allerdings den Vorstandsbericht nicht entbehrlich. Im Gegenteil. Ergeht eine grundlegende Entscheidung unter konstitutionellem Wissensmangel, so sollte die Unwissenheit doch so weit wie irgend möglich ausgeräumt werden. Um an das Beispiel des Wirtschafts- und Sozialausschusses anzuknüpfen: Wenn ein Ausgabebetrag junger Aktien wegen der Unsicherheiten des Marktes vom Vorstand zum Zeitpunkt der Entscheidung der Hauptversammlung noch nicht beziffert werden kann, so kann der Vorstand entweder einen Korridor

---

Berichtspflicht allein im Zeitpunkt der Ausnutzung der Ermächtigung (Kontrollfunktion der Berichtspflicht, Anm. des *Verf.*) für ausreichend erachtet (Rn. 47).

VI. Sechster SLIM-Vorschlag: Bezugsrecht

oder ein Verfahren nennen, anhand dessen der genaue Ausgabebetrag zum Zeitpunkt der Kapitalerhöhung ermittelt werden soll.

Die Informationsbedürfnisse der Aktionäre im Falle der Ausschlussermächtigung werden durch das gestufte Verfahren des Bezugsrechtsausschlusses bestimmt. Auf der ersten Stufe entscheiden die Aktionäre in der Hauptversammlung über die Ermächtigung des Vorstandes und über die vom Vorstand beim Bezugsrechtsausschluss im Einzelnen zu beachtenden Vorgaben. Die Aktionäre können die Ausschlussermächtigung theoretisch uninformiert erteilen, weil sie die endgültige Entscheidung über den Bezugsrechtsausschluss nicht selbst treffen. Wegen der Bedeutung des Bezugsrechts für die Aktionäre und wegen der Missbrauchsgefahren[142] im Falle der Ausschlussermächtigung spricht allerdings viel dafür, auch die Entscheidung über die Ausschlussermächtigung mit einer Pflicht des Vorstands zu vorheriger Information zu flankieren (Entscheidungsfunktion von Informationen). Nur dann können die Aktionäre nämlich ihre Ermächtigung zum Bezugsrechtsausschluss in den Einzelheiten den aktuellen Gegebenheiten anpassen und dadurch an der grundlegenden Entscheidung zwar nicht vollständig, aber doch weitgehend Teil haben. Weil die Aktionäre die endgültige Entscheidung über den Bezugsrechtsausschluss nicht selbst treffen, sondern dem Vorstand übertragen, sind Informationspflichten des Vorstandes über die Ausnutzung der Ausschlussermächtigung in jedem Fall notwendig. Ohne entsprechende Informationspflichten drohten die Aktionärsrechte leer zu laufen, weil das Vorstandshandeln dann faktisch nicht zu kontrollieren und folglich auch nicht justiziabel wäre (Kontrollfunktion von Informationen). Informationspflichten über die Ausübung der Ausschlussermächtigung können unterschiedlich ausgestaltet werden. Zeitlich können sie unmittelbar vor oder unmittelbar nach[143] der Kapitalerhöhung angesiedelt werden, sich schließlich aber auch auf die der Kapitalerhöhung folgende (ordentliche) Hauptversammlung[144] beziehen. Im Falle der Ausschlussermächtigung sind also viele Systeme des Aktionärsschutzes durch Information denkbar. Es muss über die konkrete Ausgestaltung der Kontrollinformationen (Ausschlussbericht auf der zweiten Stufe des Bezugsrechtsausschlusses) entschieden werden. Und es muss darüber entschieden werden, ob zusätzlich zu den Kontrollinformationen auch Entscheidungsinformationen erteilt werden (Ermächtigungsbericht auf der ersten Stufe des Bezugsrechtsausschlusses).

---

142 Siehe schon S. 206.
143 So in Frankreich, wo der Vorstand den Aktionären vor der Erteilung und außerdem nach dem Gebrauch der Ermächtigung über den Bezugsrechtsausschluss berichten muss. Siehe *Bagel*, S. 219 f.; *Butters*, ZBB 2001, 44, 46.
144 So bei börsennotierten Gesellschaften in England. Siehe *Bagel*, S. 149, 312.

Dass nun der europäische Gesetzgeber im Fall des Direktausschlusses gemeinschaftsweit eine Berichtspflicht vorgeschrieben hat (Art. 29 Abs. 4 Satz 3 KapRL), bei der Ausschlussermächtigung hingegen nicht (Art. 29 Abs. 5 KapRL), mag man rechtspolitisch kritisieren. Aber es entspricht durchaus dem gegenwärtigen Bild der Harmonisierung des Europäischen Aktienrechts und zwar sowohl politisch als auch systematisch. Auf europäischer Ebene dürfte eine politische Einigung über die Berichtspflicht beim Direktausschluss des Bezugsrechts leicht zu erreichen sein, denn die Information der Aktionäre vor ihrer abschließenden Entscheidung über den Bezugsrechtsausschluss ist der Sache nach zwingend notwendig. Eine entsprechende Einigung über die Berichtspflichten bei der Ausschlussermächtigung dürfte schwerer zu erzielen sein, weil dort sehr unterschiedliche Modelle des notwendigen Aktionärsschutzes durch Information denkbar sind. Gesetzgebungssystematisch ist der Grundsatz, dass die Entscheidungszuständigkeit der Aktionäre von umfassenden Informationspflichten des Vorstandes flankiert wird, bereits vielfach geltendes Europäisches Aktienrecht.[145] Es ist nur stimmig diesen Grundsatz auch beim Direktausschluss (Entscheidungsfunktion von Informationen) zu verankern. Die Rechtsschutzmöglichkeiten der Aktionäre sind bislang im Europäischen Aktienrecht praktisch nicht angeglichen.[145] Daher überrascht es auch nicht, dass die Informationspflichten bei der Ausschlussermächtigung, die im Falle des Ausschlussberichts auf der zweiten Stufe des Bezugsrechtsausschlusses primär eine Kontrollfunktion und damit eine Rechtsschutzfunktion haben, nicht harmonisiert wurden.

(4) Korrektur des Art. 29 KapRL?

Der eindeutige Wortlaut des Art. 29 Abs. 4 Satz 3, Abs. 5 KapRL ist also Ausdruck einer bewussten Entscheidung des europäischen Gesetzgebers. Dieser gewollte Wortlaut kann nicht, wie einerseits von *Hirte*[147] und andererseits von *Kley*[148] vorgeschlagen, im Rahmen der Auslegung korrigiert werden. Nach ständiger Rechtsprechung des Europäischen Gerichtshofes[149] sind bei der Auslegung einer Gemeinschaftsvorschrift nicht nur deren Wortlaut zu berücksichtigen, sondern auch der Zusammenhang, in dem sie steht und die Ziele, die mit der Regelung, zu der sie gehört, verfolgt werden. Da-

---

145 Siehe S. 33 f.
146 Siehe S. 35.
147 *Hirte*, in: Großkommentar zum AktG, § 202 Rn. 46 f.
148 *Kley*, S. 64 f. und wie dieser *Hofmeister*, NZG 2000, 713, 716.
149 Zuletzt EuGHE 1999, I-7081, 7107 (adidas) m. w. N.

bei ist von mehreren möglichen Auslegungen einer Gemeinschaftsvorschrift diejenige zu wählen, die allein geeignet ist, ihre praktische Wirksamkeit zu sichern. Die Auslegung von *Hirte*, Art. 29 Abs. 5 KapRL so zu lesen, dass im Falle der Ausschlussermächtigung eine europarechtliche Berichtspflicht im Zeitpunkt der Ausnutzung der Ermächtigung gegeben sei, hat in ihrer Wertung viel für sich. Dass die Aktionärsrechte ohne eine umfassende Berichtspflicht über die Ausnutzung der Ermächtigung leer zu laufen drohen, wurde ausgeführt.[150] Eine Berichtspflicht des Vorstands vor Ausübung der Ausschlussermächtigung wäre auch dogmatisch überzeugend. So schreibt Art. 65 Abs. 2 Satz 1 der jüngst in Kraft getretenen Börsenzulassungsrichtlinie[151] vor, dass Gesellschaften alle erforderlichen Informationen erteilen müssen, damit die Aktionäre ihre Rechte ausüben können.[152] Die Möglichkeit der Aktionäre, beim Bezugsrecht ihre Rechte ausüben zu können, hängt auch vom Zugang zu (einstweiligem)[153] Rechtsschutz ab. (Einstweiligen) Rechtsschutz können die Aktionäre faktisch nur bei ausreichender und rechtzeitiger Information in Anspruch nehmen. Der Vorschlag *Hirtes* wäre also als Teil einer systematischen Konsolidierung der Kapitalrichtlinie *de lege ferenda* prinzipiell zu begrüßen. Der Wortlaut des Art. 29 KapRL ist aber eindeutig, die Regelung ist in sich konsistent und nicht praktisch unwirksam. Eine Korrektur der mit Art. 29 KapRL getroffenen, bewussten und gewollten Entscheidung des europäischen Gesetzgebers ist diesem selbst vorbehalten.

(5) Mindestnormcharakter des Art. 29 KapRL

Art. 29 KapRL hat keinen abschließenden Charakter. Die nationalen Gesetzgeber sind frei darin, zum Schutz der Aktionäre Berichtspflichten des Vorstands im Zusammenhang mit dem genehmigten Kapital vorzuschreiben.[154]

---

150 Siehe S. 221.
151 Börsenzulassungsrichtlinie (2001/34/EG) vom 28.5.2001, ABlEG Nr. L 184 vom 6.7.2001, S. 1, 26. Zum europarechtlichen Aktionärsschutz durch Information bereits S. 33.
152 Ähnlich *Hirte*, in: Großkommentar zum AktG, § 202 Rn. 47.
153 Hierauf weisen *Sethe*, AG 1994, 342, 354, und *Meilicke/Heidel*, DB 2000, 2358, 2360 zu Recht hin. Aktuelles Beispiel aus der Rechtsprechung: LG Frankfurt am Main, WM 2000, 2159 (Commerzbank) und OLG Frankfurt am Main, AG 2001, 268 (Commerzbank).
154 Vgl. EuGHE 1996, I-6017, 6035 f. (Siemens). Siehe dazu bereits die Ausführungen auf S. 211 f. Wie hier LG München I, BB 2001, 748, 749 (MHM); *Kimpler*, DB 1994, 767, 770; *Drinkuth*, KapRL, S. 251; *Kley*, S. 65; *Bagel*, S. 355; *Habersack*, Europäisches Gesellschaftsrecht, S. 105; *Schwarz*, Europäisches Gesellschaftsrecht, S. 396; *Bosse*,

Solche Berichtspflichten können im Recht der Mitgliedstaaten sowohl in Bezug auf die Entscheidung der Hauptversammlung vorgesehen werden als auch im Zusammenhang mit der Ausnutzung des genehmigten Kapitals.

d) Vereinbarkeit des so genannten vereinfachten Bezugsrechtsausschlusses mit Art. 29 KapRL

Der deutsche Gesetzgeber stellte im Entwurf des 1994 in das Aktiengesetz eingefügten § 186 Abs. 3 Satz 4 AktG knapp fest: »Die vorgesehene Regelung entspricht Art. 29 der Zweiten gesellschaftsrechtlichen Richtlinie der EG (77/91/EWG).«[155] Anderer Auffassung ist *Hirte*, der vermutet, dass § 186 Abs. 3 Satz 4 AktG gegen Art. 29 KapRL verstößt, weil die deutsche Regelung deutlich hinter dem in anderen europäischen Ländern bestehenden Standard zurückbleibe.[156] Nach *Habersack* ist der vereinfachte Bezugsrechtsausschluss nach § 186 Abs. 3 Satz 4 AktG nur dann richtlinienkonform, wenn die übergangenen Aktionäre die realistische Möglichkeit eines Zukaufs über die Börse haben.[157]

Nach der hier vertretenen Auffassung von Art. 29 Abs. 4 KapRL ist ein Bezugsrechtsausschluss nach der Kapitalrichtlinie nur im Interesse des Unternehmens und nur bei Wahrung des Gleichbehandlungsgrundsatzes zuläs-

---

ZIP 2001, 104, 105; *Hirte*, in: Großkommentar zum AktG, § 202 Rn. 47. *Kindler*, ZHR 158 (1994), 339, 363 f.; *ders.*, ZGR 1998, 35, 63, hält im Falle einer Kapitalerhöhung gemäß § 203 Abs. 2 AktG einen Vorstandsbericht wegen Art. 29 Abs. 5 KapRL für entbehrlich. *Kindler*, a. a. O., erachtet die materielle Beschlusskontrolle des Bezugsrechtsausschlusses nach der Rechtsprechung des BGH für unvereinbar mit der Kapitalrichtlinie. Die Kapitalrichtlinie bezwecke neben dem Aktionärsschutz auch den Gläubigerschutz. Die Gläubigerinteressen und die Aktionärsinteressen seien im Falle von Kapitalerhöhungen widerstreitend, weshalb die Kapitalrichtlinie aus Gründen des Gläubigerschutzes hinsichtlich des Aktionärsschutzes Mindestnorm und Höchstnorm zugleich sei. Der EuGHE 1996, I-6017, 6036 (Siemens) hat diese These der Sache nach ausdrücklich zurückgewiesen (siehe schon S. 211 f.). *Kindler*, a. a. O., ist allerdings nicht so zu verstehen, dass er nationale Berichtspflichten, die über die Mindestanforderungen der Kapitalrichtlinie hinausgehen, für richtlinienwidrig hält.

155 Entwurf der Fraktionen CDU/CSU und F. D. P. eines Gesetzes für kleine Aktiengesellschaften und zur Deregulierung des Aktienrechts, BTDrucks 12/6721, S. 11. So auch *Groß*, EuZW 1994, 395, 400; *Aubel*, S. 44 und (ohne Begründung) *Trapp*, AG 1997, 115.
156 *Hirte*, ZIP 1994, 356, 362. Siehe bereits die Einwände gegen die rechtsvergleichende Argumentation oben auf S. 212, 218.
157 *Habersack*, Europäisches Gesellschaftsrecht, S. 105, begründet seine Aussage nicht. Die von ihm in Fn. 101 Zitierten (*Wiedemann*, in: Großkommentar zum AktG, § 186 Rn. 150; *Lutter*, AG 1994, 429, 443; *Zöllner*, AG 1994, 336, 340) stützen sämtlich das Erfordernis der realen Zukaufsmöglichkeit bei § 186 Abs. 3 Satz 4 AktG auf nationales Recht, aber nicht auf die Kapitalrichtlinie.

sig.[158] Werden bei einer genehmigten Kapitalerhöhung die neuen Aktien zu Börsenkursen breit gestreut und besteht für die Aktionäre eine reale Zukaufmöglichkeit am Kapitalmarkt, so kommt dem Finanzierungsinteresse des Unternehmens nach der gesetzlichen Abwägung des § 186 Abs. 3 Satz 4 AktG ex lege der Vorrang vor dem Schutz des Bezugsrechts zu. In diesem Falle ist der Bezugsrechtsausschluss lediglich formaler, nicht aber materieller Qualität[159] und der Bezugsrechtsausschluss ist auch nach Art. 29 Abs. 4 KapRL zulässig. Eine Auslegung des § 186 Abs. 3 Satz 4 AktG, die allein auf den Wortlaut der Norm abstellen würde, wäre mit Art. 29 Abs. 4 KapRL unvereinbar, sofern § 186 Abs.3 Satz 4 AktG als unwiderlegliche Vermutung angesehen würde. Denn Art. 29 Abs. 4 KapRL gebietet, dass auch der Bezugsrechtsausschluss bei einer Barkapitalerhöhung, die 10 % des Grundkapitals nicht übersteigt und bei der der Ausgabebetrag den Börsenpreis nicht wesentlich unterschreitet, im Interesse des Unternehmens liegt und den Gleichbehandlungsgrundsatz wahrt.[160]

Der sechste SLIM-Vorschlag bezieht sich auf genehmigte Barkapitalerhöhungen zu Börsenkursen oder leicht darunter. Der Bezugsrechtsausschluss wird in solchen Fällen, sofern keine Paketzuteilungen vorgenommen werden, meist dem Gleichheitsgebot genügen und im Gesellschaftsinteresse zu rechtfertigen sein. Wird der Vorstand im Rahmen eines genehmigten Kapitals auch zum Ausschluss des Bezugsrechts ermächtigt, so fordert Art. 29 Abs. 5 KapRL gegenwärtig keinen Vorstandsbericht über die Gründe des Bezugsrechtsausschlusses. Der Finanzierungsweg, den die SLIM-Arbeitsgruppe mit ihrem sechsten SLIM-Vorschlag den Unternehmen bahnen will, ist nach dem geltenden Europarecht also in aller Regel gangbar. Einer Änderung der Kapitalrichtlinie bedarf es hierzu nicht.

---

158 Siehe S. 214.
159 Eingehend dazu *Bayer*, ZHR 163 (1999) 505, 530 ff., 542. Siehe außerdem die Ausführungen auf S. 205 f.
160 Wie hier *Wiedemann*, in: Großkommentar zum AktG, § 186 Rn. 150; *Drinkuth*, KapRL, S. 251. Zumindest nicht eindeutig genug ist daher der Entwurf der Fraktionen CDU/CSU und F. D. P. eines Gesetzes für kleine Aktiengesellschaften und zur Deregulierung des Aktienrechts, BTDrucks 12/6721, S. 10, nach dem § 186 Abs. 3 Satz 4 AktG als *unwiderlegliche* Vermutung verstanden werden kann und wird, so etwa von *Hoffmann-Becking*, ZIP 1995, 1, 10.

5. Kodifizierung der Voraussetzung des Bezugsrechtsausschlusses für börsennotierte Gesellschaften in der Kapitalrichtlinie

a) Kodifizierungsbedarf

Wenn der Bezugsrechtsausschluss nach den Vorstellungen der SLIM-Arbeitsgruppe grundsätzlich mit der Kapitalrichtlinie vereinbar ist, ist fraglich, ob er überhaupt explizit in Art. 29 KapRL normiert werden sollte. Würde der sechste SLIM-Vorschlag umgesetzt, so würde damit in der Kapitalrichtlinie ausdrücklich anerkannt, dass der Bezugsrechtsausschluss neben der Einhaltung bestimmter, bislang schon in Art. 29 Abs. 4 Satz 3 KapRL festgeschriebener formeller Voraussetzungen auch der sachlichen Rechtfertigung bedarf.[161] Das wäre der erste Schritt hin zu einer legislativen Konkretisierung der materiellen Voraussetzungen des Bezugsrechtsausschlusses durch den europäischen Gesetzgeber. Methodisch wäre ein solcher Schritt nicht ohne Vorbild: In der Schweiz etwa sind die materiellen Voraussetzungen des Bezugsrechtsausschlusses gesetzlich umschrieben.[162] Es ist aber fraglich, ob eine derartige europarechtliche Kodifikation erforderlich ist. Derzeit gehen in allen Mitgliedstaaten der Europäischen Union die Voraussetzungen des Bezugsrechtsausschlusses erheblich über die Anforderungen des Art. 29 Abs. 4 Satz 3 KapRL hinaus, wobei sich die einzelnen Regelungen wesentlich unterscheiden.[163] *Bagel* hat herausgearbeitet, dass die nationalstaatlichen Vorschriften trotz ihrer unterschiedlichen Ansätze zu vergleichbaren Ergebnissen führen und dass beim Bezugsrechtsausschluss in der Europäischen Union in der Summe von einem einheitlichen Schutzni-

---

161 Für das deutsche Recht (§ 186 Abs. 3 Satz 4 AktG) entsprechend *Lutter*, AG 1994, 429, 441; *Aubel*, S. 19; *Bayer*, ZHR 163 (1999), 505, 511; *Schüppen*, in: Seibert/Kiem (Hrsg.), S. 325.

162 In Art. 652 b Satz 2 schweiz. OR heißt es: »Der Beschluss der Generalversammlung über die Erhöhung des Aktienkapitals darf das Bezugsrecht nur aus wichtigen Gründen aufheben. Als wichtige Gründe gelten insbesondere die Übernahme von Unternehmen, Unternehmensteilen oder Beteiligungen sowie die Beteiligung der Arbeitnehmer. Durch die Aufhebung des Bezugsrechts darf niemand in unsachlicher Weise begünstigt oder benachteiligt werden.« Es ist streitig, ob diese Kodifikation geglückt ist. *Böckli*, S. 159 ff., sieht darin lediglich eine Bestätigung der seit BGE 91, 298 (Wyss-Fux AG) gefestigten Rechtsprechung des Schweizerischen Bundesgerichts ohne zusätzliche inhaltliche Konkretisierung, *Guhl*, S. 730, kritisiert die mit der Formulierung verbundene Rechtsunsicherheit.

163 Dazu *Hirte*, WM 1994, 321, 324; *Wiedemann*, in: Großkommentar zum AktG, § 186 Rn. 23 ff.; *Wymeersch*, AG 1998, 382, 383; sowie die eingehende Darstellung von *Bagel*, S. 36 ff. Speziell für das genehmigte Kapital *Butters*, ZBB 2001, 44, 45; *Tevini*, ZBB 2001, 206; *Hirte*, in: Großkommentar zum AktG, § 202 Rn. 66 ff.

veau ausgegangen werden kann.[164] Eine umfassende Harmonisierung der materiellen Voraussetzungen des Bezugsrechtsausschlusses drängt daher nicht. Eine solche umfassende Harmonisierung hat die SLIM-Arbeitsgruppe freilich auch nicht gefordert, sondern sie hat sich auf einen in der Praxis sehr bedeutenden Fall beschränkt: die genehmigte Barkapitalerhöhung zu Börsenkursen. Es mag systematisch als Stückwerk erscheinen, die materiellen Anforderungen an den Bezugsrechtsausschluss auf europäischer Ebene nur für diesen Fall zu kodifizieren. Wie die Ausführungen zu den materiellen Voraussetzungen des Bezugsrechtsausschlusses nach Art. 29 Abs. 4 KapRL und zur Frage der Berichtspflicht gezeigt haben,[165] besteht aber in der Praxis Rechtsunsicherheit. Es ist nicht abzusehen ist, ob und wann die Spruchpraxis des Europäischen Gerichtshofes künftig zu mehr Klarheit führen wird. Daher spricht einiges dafür, die Voraussetzungen des Bezugsrechtsausschlusses für den praktisch wichtigen Fall der genehmigten Barkapitalerhöhung zu Börsenkursen in der Kapitalrichtlinie zu konkretisieren.[166]

b) Ordnungspolitische Aspekte

Im zweiten Teil der Arbeit wurde begründet, dass die Fortentwicklung des Europäischen Aktienrechtes besonders der Steigerung der Effizienz des europäischen Kapitalmarktes verpflichtet sein sollte.[167] Für die weitere Integration des Europäischen Kapitalmarktes ist es wünschenswert, dass die Aktionäre und die Anleger überall in der Europäischen Union darauf vertrauen können, dass ihre relative Stellung innerhalb ihrer Gesellschaft geschützt und ihr Anteilswert bei Kapitalerhöhungen nicht verwässert wird.

---

164 *Bagel*, S. 353. So auch *Drinkuth*, KapRL, S. 249 und *Hirte*, WM 1994, 321, 324; *ders.*, in: Großkommentar zum AktG, § 203, Rn. 63. Nicht eindeutig aber vermutlich ähnlich *Wymeersch*, AG 1998, 382, 390 f.
165 Siehe S. 211 ff. bzw. S. 214 ff.
166 In diesem Sinne wohl auch *Hirte*, in: Grundmann (Hrsg.), Systembildung, S. 211, 227; *ders.*, in: Großkommentar zum AktG, § 202 Rn. 41: »Denn jetzt wird gerade in diesem zentralen Punkt die angestrebte Angleichung durch die Richtlinie nicht erreicht.«
Der Vorstandsbericht ist nicht nur beim Bezugsrechtsausschluss (Art. 24 Abs. 4 Satz 3 KapRL) europarechtlich problematisch, sondern gleichermaßen beim Verschmelzungsbericht nach Art. 9 Verschmelzungsrichtlinie (a. a. O., S. 7, Fn. 14). Für diesen parallel gelagerten Fall forderte kürzlich *Henze*, in: Grundmann (Hrsg.), Systembildung, S. 235, 256, den Richtliniengeber zu einer dogmatisch fundierten Konkretisierung durch die Aufnahme wichtiger Regelbeispiele auf. Für das deutsche Recht grundlegend zu Art. 9 Verschmelzungsrichtlinie: BGHZ 107, 296, 302 (Kochs Adler).
167 Siehe S. 59 ff. und S. 71 ff.

Dritter Teil: Die Vorschläge der SLIM-Arbeitsgruppe

Ein solcher Schutz fördert das Vertrauen von Kleinanlegern und ist für institutionelle Anleger häufig Bedingung für ein Investment. Hierfür und für die rechtliche Transparenz und Rechtssicherheit im europäischen Kapitalmarkt sind daher gemeinschaftsweite *Mindest*standards[168] des Aktionärsschutzes durch ein Bezugsrecht geboten.[169] Aus unternehmerischer Perspektive kommt der Flexibilität der Unternehmensfinanzierung und der Rechtssicherheit große Bedeutung zu. Sowohl aus der Sicht der Unternehmen als auch aus der Sicht der Aktionäre sollte der Verwaltungsaufwand bei Kapitalerhöhungen möglichst gering sein. Zu den niedrig zu haltenden Transaktionskosten gehören auch etwaige Prozesskosten.

Ein Ausschluss des Bezugsrechts sollte dann einfach möglich sein, wenn die Aktionäre ihr Stimmgewicht statt durch ein Bezugsrecht gleichermaßen durch Zukäufe am Markt erhalten können und wenn sie außerdem vor Vermögensverwässerungen durch einen dem Wert der Aktien entsprechenden Ausgabekurs geschützt werden.

c)   Eckpunkte einer möglichen Regelung

(1)   Bestandsschutz

In ihren Bestandsinteressen sind die Aktionäre nicht betroffen, wenn sie bei der Kapitalerhöhung mit Bezugsrechtsausschluss Aktien am Markt nachkaufen können, ohne zusätzliches Vermögen einsetzen zu müssen, dass sie nicht auch bei Ausübung eines Bezugsrechts investiert hätten. Eine reale Zukaufsmöglichkeit setzt voraus, dass die Aktien überhaupt an einer Börse gehandelt werden. Insofern ist entsprechend dem ersten SLIM-Vorschlag[170] zu fordern, dass die Aktien an einem »geregelten Markt« im Sinne des

---

168   Vgl. Art. 44 Abs. 2 lit. g EGV (ex Art. 54 Abs. 3 lit. g EGV) sowie den zweiten Erwägungsgrund für die Kapitalrichtlinie (ABlEG Nr. L 26 vom 31.1.1977, S. 1), wonach es deren Ziel ist, »beim Schutz der Aktionäre einerseits und der Gläubiger der Gesellschaft andererseits ein *Mindest*maß an Gleichwertigkeit zu sichern.« Ein substantieller Konflikt zwischen Aktionärsinteressen und Gläubigerinteressen, der aus Gesichtspunkten des Gläubigerschutzes Höchststandards des Aktionärsschutzes erforderlich machen würde, ist bei der Barkapitalerhöhung börsennotierter Gesellschaften (entgegen *Kindler*, ZHR 158 (1994), 339, 352 f.; *ders*, ZGR 1998, 35, 48, dazu schon S. 223, Fn. 154) nicht anzunehmen. Der zu regelnde Konflikt besteht hier zwischen dem Vorstand und der Aktionärsmehrheit einerseits und der Aktionärsminderheit andererseits.
169   In diesem Sinne auch *La Porta/Lopez de Silanes/Shleifer/Vishny*, JPE 106 (1998), 1113, 1128, 1151; *dies.*, JoFE 58 (2000), 3, 6, 11, 20; und nachdrücklich aus Sicht der wirtschaftsberatenden Praxis *Hellwig*, EWS 2001, 580, 582.
170   SLIM-Vorschläge, S. 4. Siehe dazu oben S. 91 ff.

Art. 1 Nr. 13 Wertpapierdienstleistungsrichtlinie[171] gehandelt werden. Eine reale Zukaufsmöglichkeit besteht aber auch auf einem solchen Markt nur, wenn dort die Aktien des Unternehmens regelmäßig und in ausreichenden Volumina gehandelt werden. Um das sicherzustellen könnte eine Mindesthandelsklausel[172] aufgenommen werden. Ferner ist dem Umstand Rechnung zu tragen, dass die Kapitalerhöhung selbst Einfluss auf die Preisbildung hat. Werden die neuen Aktien am Kapitalmarkt emittiert, so ist das weniger problematisch. Die Altaktionäre, die zum Erhalt ihrer Anteilsquote Aktien am Markt nachkaufen, steigern die Nachfrage nach den Papieren. Da gleichzeitig aber die neuen Aktien auf den Markt kommen, wird auch das Angebot steigen und der Preismechanismus wird Angebot und Nachfrage ausgleichen.[173] Problematisch ist aber, wenn die neuen Aktien nicht in den Streubesitz übergehen, sondern (wenn auch zu Börsenkursen) als Aktienpaket an einen bestimmten Zeichner ausgegeben werden.[174] Dann ist nämlich damit zu rechnen, dass zwar die Nachfrage nach Aktien durch Nachkäufe von Altaktionären steigt, dass aber das Angebot konstant bleibt und somit der Börsenpreis der Aktien steigt. Die Altaktionäre können dann ihre Stellung in der Gesellschaft nur sichern, wenn sie ein zusätzliches Vermögensopfer aufbringen, das sie im Falle eines Bezugsrechts nicht hätten aufbringen müssen. Dem könnte durch eine Volumengrenze entgegnet werden, wie sie in § 186 Abs. 3 Satz 4 AktG verankert ist. Im Falle einer freien Emission ist auch an ein so genanntes Vorab-Bezugsrecht der Altaktionäre zu denken. Ein solches Vorab-Bezugsrecht, bei dem die Altaktionäre bei der Emission von den Konsortialbanken bevorzugt werden, ist in Belgien gesetzlich festgeschrieben und in Frankreich ständig geübte

---

[171] Richtlinie 93/22/EWG des Rates vom 10.5.1993, ABlEG Nr. L 141 vom 11.6.1993, S. 27.

[172] Eine solche Mindesthandelsklausel könnte als widerlegliche Vermutung formuliert werden und beispielsweise lauten: »Ein liquider Handel setzt voraus, dass die Aktien innerhalb eines Jahres vor der Kapitalerhöhung an mindestens 200 Börsentagen gehandelt wurden und dass dabei der Umsatz an mindestens 150 Börsentagen mehr als jeweils vier Tausendstel der außenstehenden Aktien der Gesellschaft betragen hat.« Siehe als Vergleichsmaßstab die tatsächlichen Börsenumsätzen der DAX-Aktien im Jahr 1999 im *DAI-Factbook 2000*, S. 06-2, sowie die Umschlagshäufigkeit im europäischen Vergleich im *DAI-Factbook 2000*, S. 06-6.

[173] Der Angebotszuwachs und der Nachfragezuwachs werden nicht identisch, die Preiselastizitäten von Angebot und Nachfrage nicht vollkommen sein. Daher wird der Preis, bei dem sich Angebot und Nachfrage treffen, regelmäßig von dem Preis abweichen, der sich ohne die Kapitalerhöhung gebildet hätte, doch scheint es zulässig, diese Differenz hier zu vernachlässigen.

[174] Die Frage der Rechtfertigung des Abweichens vom Gleichbehandlungsgrundsatz (Art. 42 KapRL) in diesem Falle sei an dieser Stelle ausgeklammert.

Praxis.[175] Die Auswirkung der Kapitalerhöhung auf die Preisbildung für die Aktie an der Börse wird stark vom Einzelfall abhängen und zwar besonders von der Größe des kapitalerhöhenden Unternehmens. Daher könnte die Höhe einer Volumengrenze oder ein Vorab-Bezugsrecht von der Unternehmensgröße abhängig gemacht werden. Aus dem Europäischen Bilanzrecht sind Rechtsnormen, die an die Unternehmensgröße anknüpfen geläufig, sie könnten als Vorbild dienen.[176]

(2) Vermögensschutz

Die Verwässerung des Vermögens der Altaktionäre wird nur dann verhindert, wenn die neuen Aktien zu Börsenkursen ausgegeben werden.[177] Die Börsenkurse können vom Vorstand beeinflusst werden. Allerdings ist dies auch bei einer Bezugsrechtsemission möglich, so dass der Börsenkurs der richtige Maßstab für die Frage der Vermögensverwässerung ist. Sollen die neuen Aktien am freien Markt platziert werden, so wird aus praktischen Gründen die Kapitalerhöhung oft nicht ganz ohne Vermögensverwässerung für die Altaktionäre abzuwickeln sein. Ohne ein Disagio werden sich die neuen Aktien am Markt meist nicht oder jedenfalls nicht vollständig platzieren lassen. Allerdings sollte die drohende Vermögensverwässerung auf ein vertretbar geringes Maß begrenzt werden. Das könnte durch eine in der Kapitalrichtlinie festgelegte Untergrenze für den Ausgabepreis erreicht werden. Eine solche Regel könnte etwa lauten: Der Ausgabepreis muss mindest 95 % des durchschnittlichen Kassakurses der Aktie an zwanzig Handelstagen vor der Bekanntmachung der Kapitalerhöhung betragen.[178] Besonderheiten bei der zugrunde liegenden Kursbildung müssten im Einzelfall allerdings berücksichtigt werden können.

(3) Verfahrensschutz

Aufgrund der großen Gefahren, die den Aktionären bei der Kapitalerhöhung drohen, insbesondere bei der Ausnutzung eines genehmigten Kapitals,[179] muss der Aktionärsschutz verfahrensmäßig ausreichend abgesichert sein.

---

175 *Bagel*, S. 312. Siehe zum Vorab-Bezugsrecht *Frey/Hirte*, ZIP 1991, 697, 702. Kritisch aber (»halbherzig«) *Seibert/Köster/Kiem*, S. 112.
176 Siehe etwa Artt. 11, 27 Bilanzrichtlinie (a. a. O., S. 7, Fn. 14) oder § 267 HGB.
177 *Wymeersch*, AG 1998, 382, 391.
178 In Großbritannien darf das Disagio beispielsweise maximal 5 % betragen. Siehe *Bagel*, S. 312.
179 Siehe S. 202 f., 206.

VI. Sechster SLIM-Vorschlag: Bezugsrecht

Gleichzeitig sollte der Rechtsschutz schon präventiv wirken, um einerseits das Anlegervertrauen zu stärken und andererseits Rechtsstreitigkeiten zu vermeiden und so die Transaktionskosten sowohl der Unternehmen als auch der Aktionäre zu senken.

In Großbritannien wird bei börsennotierten Gesellschaften die Ermächtigungsdauer für ein genehmigten Kapital unter Ausschluss des Bezugsrechts wegen der damit verbundenen Gefahren für die Aktionäre auf ein Jahr beschränkt.[180] Eine Regel, wonach *jede* ordentliche Hauptversammlung einer börsennotierten Gesellschaft erneut darüber entscheiden muss, ob der Vorstand weiterhin ermächtigt sein soll, das Kapital ohne ein Bezugsrecht der Altaktionäre zu erhöhen, würde die Mitentscheidung der Aktionäre stärken. Das entspricht dem Bild des Aktionärs im Europäischen Aktienrecht[181] und ist angesichts der den Aktionären drohenden Gefahren interessengerecht. Weil es sich um einen Standardbeschluss handeln wird, sind die verbundenen Mehrkosten für die Gesellschaft gering. Allerdings sollte die Gesellschaft bei der Terminierung der Hauptversammlung ausreichende Flexibilität haben.[182] Der Ermächtigungszeitraum sollte deshalb 18 Monate betragen, der Zeitraum, der nach Art. 19 Abs. 1 lit. a KapRL auch die Ermächtigung des Vorstands für den Erwerb eigener Aktien beschränkt.

Bei den wünschenswerten europäischen Mindeststandards für die Berichtspflichten des Vorstands ist danach zu differenzieren, ob das Bezugsrecht von der Hauptversammlung selbst ausgeschlossen wird oder ob die Hauptversammlung den Vorstand hierzu ermächtigt. Beim Direktausschluss muss der Vorstandsbericht alle für die Entscheidung der Hauptversammlung relevanten Informationen enthalten, insbesondere also Angaben zum Verfahren, anhand dessen der genaue Ausgabekurs ermittelt werden soll. Der Vorstandsbericht muss den Aktionären rechtzeitig vor ihrer Entscheidung in der Hauptversammlung zugänglich gemacht werden. Nach hier vertretener Auffassung[183] schreibt Art. 29 Abs. 4 Satz 3 KapRL diese Standards bereits vor, es bedarf also keiner legislativen Änderung. Bei der Ausschlussermächtigung ist es unter Umständen entbehrlich, eine Berichtspflicht vor der Entscheidung der Hauptversammlung als europäischen Mindeststandard festzulegen. Sofern die Bedingungen des Bezugsrechtsausschlusses bei einer genehmigten Kapitalerhöhung zu Börsenkursen hinreichend konkretisiert sind (Börsenkursklausel, Marktdefinition, Volumengrenze, Mindesthandelsklau-

---

180 *Bagel*, S. 312.
181 Dazu allgemein schon S. 29 ff. und für die Ermächtigung zum Erwerb eigener Aktien S. 173 ff.
182 Siehe so auch schon für die Ermächtigung zum Erwerb eigener Aktien S. 173.
183 Siehe S. 214 ff.

sel), kann das als *a priori*-Schutz für die Aktionäre genügen. Die Anleger im europäischen Kapitalmarkt sollten in jedem Fall gemeinschaftsweit darauf vertrauen können, dass der Vorstand vor Ausnutzung der Ermächtigung zum Bezugsrechtsausschluss über die Konditionen der geplanten Kapitalerhöhung berichtet. Nur wenn die Aktionäre über die genauen Bedingungen, zu denen die Kapitalerhöhung tatsächlich erfolgt, ausreichend und rechtzeitig informiert werden, kann das gewünschte Anlegervertrauen entstehen. Faktisch können die Aktionäre auch nur aufgrund solcher Informationen (einstweiligen) Rechtsschutz in Anspruch nehmen.

Hirte hat vorgeschlagen, beim Bezugsrechtsausschluss börsennotierter Gesellschaften in Europa die Kapitalmarktaufsichtsbehörden einzuschalten und/oder die Kontrolle des Ausgabekurses durch externe Prüfer zu verlangen.[184] Dem ist nachdrücklich zuzustimmen.[185] Das Europäische Aktienrecht schützt die Aktionäre in vielen Bereichen präventiv vor der Verwässerung ihres Stimmanteils und ihres Vermögens, indem unabhängige Sachverständige eingeschaltet werden.[186] Eine entsprechende unabhängige Kontrolle könnte auch hier den Aktionärsschutz und damit das Anlegervertrauen im europäischen Kapitalmarkt merklich stärken. Ein behördliches Verfahren kann die entscheidende Unabhängigkeit des Sachverständigen garantieren. Eine zentrale europäische Anlaufstelle würde für die Unternehmen einfache Zuständigkeiten schaffen und im europäischen Kapitalmarkt eine einheitliche Praxis garantieren.[187] Der Vorstandsbericht an die Aktionäre sollte, ähnlich wie im Verschmelzungsrecht,[188] Grundlage auch für das sachverständige Kontrollverfahren sein, um zusätzlichen Aufwand und Kosten zu vermeiden.

---

184 *Hirte*, in: Großkommentar zum AktG, § 202 Rn. 41.
185 Siehe bereits die entsprechenden Empfehlungen zum ersten SLIM-Vorschlag (sachverständige Wertprüfung von Sacheinlagen) auf S. 103, zum dritten SLIM-Vorschlag (Einschaltung unabhängiger Sachverständiger beim Squeeze Out) auf S. 127, 129 sowie zum vierten SLIM-Vorschlag (Empfehlung börsenaufsichtsbehördlich überwachter Verfahrensvorschriften zum Erwerb eigener Aktien) auf S. 182. Für die Frage der Abfindungshöhe beim Squeeze Out siehe auch *Forum Europaeum Konzernrecht*, ZGR 1998, 672, 739; *Winter-Bericht I*, S. 66.
186 Siehe Art. 10 Verschmelzungsrichtlinie (a. a. O., S. 7, Fn. 14) und Artt. 17, 22 SE-VO (a. a. O., S. 7, Fn. 17): sachverständige Prüfung des Verschmelzungsberichts; Art. 8 Spaltungsrichtlinie (a. a. O., S. 7, Fn. 14): sachverständige Prüfung des Spaltungsberichts; Artt. 10, 11, 27 KapRL: sachverständige Wertprüfung von Sacheinlagen.
187 Eine Konvergenz der Aufsichtsbehörden in der Europäischen Union fordert der *Lamfalussy-Bericht*, S. 22.
188 Siehe wiederum Art. 10 Verschmelzungsrichtlinie (a. a. O., S. 7, Fn. 14) und Artt. 17, 22 SE-VO (a. a. O., S. 7, Fn. 17).

6. Fazit

Die Kapitalrichtlinie enthält gegenwärtig zwei materielle Voraussetzungen für den Bezugsrechtsausschluss: das Gesellschaftsinteresse und die Wahrung des Gleichheitsgrundsatzes. Darüber hinaus macht die Kapitalrichtlinie keine Vorgaben für die materielle Rechtfertigung des Bezugsrechtsausschlusses. Für den Bezugsrechtsausschluss durch die Hauptversammlung sieht die Kapitalrichtlinie einen Vorstandsbericht über die Gründe des Bezugsrechtsausschlusses und den vorgeschlagenen Ausgabekurs vor, und zwar sowohl für die reguläre Kapitalerhöhung als auch für das genehmigte Kapital (Direktausschluss). Wird der Vorstand im Rahmen eines genehmigten Kapitals auch dazu ermächtigt, das Bezugsrecht auszuschließen (Ausschlussermächtigung), so ist nach der Kapitalrichtlinie kein Vorstandsbericht erforderlich. Die Finanzierungsentscheidungen, die die SLIM-Arbeitsgruppe in der Kapitalrichtlinie regeln will, können die Unternehmen nach dem geltenden Europarecht also umsetzen. Einer Änderung der Kapitalrichtlinie bedarf es hierfür nicht. Folgt man dem sechsten SLIM-Vorschlag, führt das zu einer ersten expliziten Regelung der materiellen Voraussetzungen des Bezugsrechtsausschlusses in der Kapitalrichtlinie. Zwar unterscheiden sich die Voraussetzungen des Bezugsrechtsausschlusses in den Mitgliedstaaten wesentlich, gleichwohl kann man in der Summe von einem vergleichbaren Schutzniveau ausgehen. Daher ist eine allgemeine Harmonisierung der materiellen Voraussetzungen des Bezugsrechts nicht dringlich. Um größere Rechtssicherheit zu schaffen und um das Vertrauen der Anleger im europäischen Kapitalmarkt zu stärken, sollten aber die europäischen Mindeststandards für den praktisch bedeutenden Fall des Bezugsrechtsausschlusses bei der genehmigten Barkapitalerhöhung zu Börsenkursen konkretisiert werden. Diese Mindeststandards müssen die Altaktionäre vor der Verwässerung ihres Stimmanteils und ihres Vermögens ausreichend schützen. Dazu sind hinreichend konkrete Vorgaben für die Voraussetzungen des Bezugsrechtsausschlusses (Vermutung tatsächlicher Erwerbsmöglichkeit durch Marktdefinition, Volumengrenze und Mindesthandelsklausel) in die Kapitalrichtlinie aufzunehmen, wie auch Maßstäbe für die Ermittlung des Ausgabebetrages (Börsenkursklausel). Nach geltendem Recht muss der Vorstand im Falle des Direktausschlusses des Bezugsrechts über die Details der geplanten Kapitalerhöhung berichten. Daran ist festzuhalten. Die Anleger im europäischen Kapitalmarkt sollten auch im Falle der Ausschlussermächtigung gemeinschaftsweit darauf vertrauen können, rechtzeitig über die Einzelheiten der Kapitalerhöhung informiert zu werden. Daher sollte der Vorstand durch die

Kapitalrichtlinie verpflichtet werden, in diesem Fall vor Ausnutzung der Ermächtigung entsprechend zu berichten. Auf der Grundlage des Vorstandsberichts sollte die genehmigte Barkapitalerhöhung zu Börsenkursen von einer (eventuell zentralen europäischen) Börsenaufsichtsbehörde überwacht werden.

Zusammenfassung der Ergebnisse

I. Ergebnisse zu den Grundlagen

1. Das Europäische Aktienrecht

Das Aktienrecht in den Mitgliedstaaten der Europäischen Union wird in weiten Teilen durch europäisches Sekundärrecht harmonisiert. Der bedeutendste Rechtsakt hierbei ist die Kapitalrichtlinie. Sie bezweckt den Schutz von Gläubigern und Aktionären und schafft gemeinschaftsweite Standards für die Gründung von Aktiengesellschaften sowie die Aufbringung und Erhaltung von deren Mindestkapital. Die Kapitalrichtlinie ist in ihrem Zusammenspiel mit den anderen gesellschaftsrechtlichen Richtlinien, die das Recht der Aktiengesellschaften angleichen, und mit dem Statut über die Europäische Aktiengesellschaft schon jetzt als System zu begreifen, allerdings als eine Ordnung, die es noch zu konsolidieren gilt.

Das jüngst in Kraft getretene Statut für die Europäische Aktiengesellschaft verzichtet (anders als noch der Statuten-Entwurf von 1991) auf eigene Regeln für die Aufbringung und Erhaltung des Mindestkapitals der Societas Europaea. Der europäische Gesetzgeber konnte hier deshalb auf das nationale Recht verweisen, weil die Kapitalrichtlinie bei der Aufbringung und Erhaltung des Mindestkapitals für gemeinschaftsweite Mindeststandards des Gläubiger- und des Aktionärsschutzes sorgt. Änderungen der Kapitalrichtlinie betreffen fortan nicht mehr nur noch die nationalen Aktienrechte, sondern mittelbar auch die Europäische Aktiengesellschaft.

Eine Dogmatik des Aktionärsschutzes wurde für das Europäische Aktienrecht bislang kaum entwickelt. Das europäische Sekundärrecht bietet hierfür aber Anhaltspunkte. Der Aktionär wird im Europäischen Aktienrecht nicht als bloßer Geldgeber gesehen, sondern als (Mit-) Eigentümer der Gesellschaft, der an wichtigen Entscheidungen seiner Gesellschaft teilhat. Den Aktionären sind in der Hauptversammlung neben den bedeutenden Kapitalmaßnahmen die grundlegenden Strukturentscheidungen zugewiesen. Die Aktionäre sollen ihre Mitwirkungsrechte qualifiziert ausüben können. Daher werden Mitentscheidungsrechte der Aktionäre im Europäischen Aktienrecht durchweg durch Pflichten des Vorstands zu umfassender und rechtzeitiger

Zusammenfassung der Ergebnisse

Information über die Entscheidungsgrundlagen flankiert. Die Aktionäre werden bei Barkapitalerhöhungen in ihrer mitgliedschaftlichen Stellung und vor der Verwässerung ihres Vermögens durch ein Bezugsrecht geschützt. Bei Sachkapitalerhöhungen schützt sie die sachverständige Wertprüfung der Einlagen vor Vermögensverwässerungen. Der Grundsatz der Gleichbehandlung der Aktionäre ist im Europäischen Aktienrecht ausdrücklich festgeschrieben.

2. Die Reform der Kapitalrichtlinie

SLIM: »Simpler Legislation for the Internal Market« ist eine Initiative der Europäischen Kommission, die darauf gerichtet ist, das Binnenmarktrecht schlanker zu machen. Regelungen, die vermeidbare Kosten und Belastungen verursachen, sollen hierzu überprüft werden. Eine von der Europäischen Kommission eingesetzte SLIM-Arbeitsgruppe hat 1999 auch die Kapitalrichtlinie überprüft und noch im gleichen Jahr Änderungsvorschläge gemacht. Diese SLIM-Vorschläge sind eine Empfehlung an die Europäische Kommission, sie haben keinen verbindlichen Charakter. Bislang hat die Europäische Kommission die SLIM-Vorschläge nicht in eigene Legislativvorschläge umgesetzt. Sie hat vielmehr im Herbst 2001 die *Winter*-Kommission einberufen, eine hochrangige Expertengruppe, die sie bei der Fortentwicklung des Europäischen Gesellschaftsrechts umfassend beraten soll. Die *Winter*-Kommission nimmt sich auch der Kapitalrichtlinie und der SLIM-Vorschläge dazu an.

Die SLIM-Vorschläge zur Kapitalrichtlinie wurden in Deutschland zunächst nicht entsprechend der Bedeutung des Themas wahrgenommen. Eine Ursache hierfür ist, dass die Fachöffentlichkeit nur beiläufig und knapp informiert wurde. Ziel der Arbeit ist es deshalb auch, den SLIM-Prozess und den politischen Hintergrund der einzelnen SLIM-Vorschläge zur Kapitalrichtlinie zu dokumentieren.

Kernaufgabe der Europäischen Gemeinschaft ist die Errichtung eines gemeinsamen Marktes. Die Angleichung des Gesellschaftsrechts durch den europäischen Gesetzgeber dient dieser Verpflichtung. Die wichtigste Rechtsgrundlage für die Harmonisierung des europäischen Gesellschaftsrechts ist Art. 44 Abs. 2 lit. g EGV (ex Art. 54 Abs. 3 lit. g EGV), der systematisch Teil derjenigen Vorschriften des EG-Vertrages ist, welche die Niederlassungsfreiheit im Binnenmarkt garantieren sollen. Daraus wird vielfach abgeleitet, dass die Harmonisierung des Aktienrechts primär dazu

I. Ergebnisse zu den Grundlagen

dient, Wettbewerbsverzerrungen im Binnenmarkt zu verhindern, indem sie gesellschaftsrechtlich veranlasste Kosten jurisdiktionsübergreifend nivelliert. Der europäische Gesetzgeber hat den gesellschaftsrechtlichen Harmonisierungsauftrag des EG-Vertrages stets weiter ausgelegt und auf Art. 44 Abs. 2 lit. g EGV (ex Art. 54 Abs. 3 lit. g EGV) auch Harmonisierungsvorhaben gestützt, die über die Niederlassungsfreiheit hinausgehen. Der Europäische Gerichtshof hat diese weite Auslegung bestätigt. Im Rahmen des Binnenmarktauftrags hat der europäische Gesetzgeber einen großen politischen Handlungsspielraum bei der Fortentwicklung des Europäischen Aktienrechts.

Für die Ausgestaltung dieses politischen Handlungsspielraums können unterschiedliche ordnungspolitische Konzepte zu Rate gezogen werden. Der Institutionenökonomik entstammt das Modell des Wettbewerbs der Rechtsordnungen. Dieses kann für die zur Diskussion stehenden Änderungen der Kapitalrichtlinie nicht fruchtbar gemacht werden, denn im europäischen Aktienrecht fehlt schon die grundlegende Bedingung des Wettbewerbs der Rechtordnungen: die Möglichkeit der Marktteilnehmer, eine Rechtsordnung frei wählen zu können. Ein wirksamer Wettbewerb der europäischen Aktienrechte würde zum einen voraussetzen, dass Aktiengesellschaften ihren Sitz identitätswahrend und weitgehend kostenneutral über die europäischen Jurisdiktionsgrenzen hinweg verlegen können und zum anderen müsste nach der Sitzverlegung das Gründungsaktienrecht weiterhin Anwendung finden (Gründungstheorie). Beide Voraussetzungen sind in der Europäischen Union gegenwärtig nicht gegeben. Die SLIM-Vorschläge würden im Falle ihrer Umsetzung hieran nichts ändern.

Für die Fortentwicklung der Kapitalrichtlinie bietet sich ein Vergleich mit der Rechtslage in den USA aus zwei Gründen an: Erstens stellt sich in den USA die Frage der richtigen Regelungsebene (Bundesrecht oder Bundesstaatenrecht?) ganz ähnlich wie in der Europäischen Union. Und zweitens waren die Regeln, die in der Kapitalrichtlinie festgeschrieben sind, früher überwiegend auch in den USA in dieser oder ähnlicher Form Gesetz. Beispiele hierfür sind das gesetzliche Mindestkapital, das Bezugsrecht und auch das Verbot eigene Aktien zu erwerben. Heute sind diese Institute in den USA abgeschafft oder der Satzungsfreiheit überlassen. Im Gegenzug wurden im US-amerikanischen Recht andere Schutzmechanismen aufgebaut, zum einen das Kapitalmarktrecht, das US-Bundesrecht ist, und zum anderen eine scharfe Haftung der Gesellschaftsorgane bei (treuwidrigen) Schädigungen. Bei der Übernahme einzelner US-amerikanischer Regelungskonzepte ist darauf zu achten, dass sich das Europäische Aktienrecht systemkonform weiterentwickelt.

Der europäische Gesetzgeber sollte die Fortentwicklung des Europäischen Aktienrechts – das ist die Kernaussage des zweiten Teils der Arbeit – primär an der Effizienz des Gemeinsamen Marktes ausrichten. Der Binnenmarktauftrag des EG-Vertrages wird hier für das Aktienrecht so verstanden, dass der europäische Gesetzgeber den Marktteilnehmern eine Rechtsordnung als Infrastruktur zur Verfügung stellen muss, die der Effizienz des Binnenmarktes dient und so zu dessen weiterer Integration und Vollendung beiträgt. Die Effizienz des Binnenmarktes kann die Aktienrechtsordnung beeinflussen, indem sie den Transaktionskostenpegel senkt und ein anreizkonformes System von Verhaltensregeln und Sanktionen aufstellt. Aktienrechtsspezifische Transaktionskosten sind namentlich Informationskosten, Verhandlungskosten und Prozesskosten, die im Rechtsverkehr von und mit Aktiengesellschaften entstehen. Für das Aktienverbandsrecht sind zwei Akteurgruppen besonders bedeutend: Die (gegenwärtigen und zukünftigen) Aktionäre einerseits und die (vertraglichen und außervertraglichen) Gläubiger andererseits. Senkt das Aktienrecht die Transaktionskosten zwischen Aktiengesellschaften und diesen Akteurgruppen, so steigert das die gesamtwirtschaftliche Wohlfahrt. Diese Transaktionskosten hängen von der Universalisierung des Aktienrechts und von seiner Qualität ab. Universal (oder allgemeingültig) ist das Aktienrecht nur, wenn es zwingend für alle Marktteilnehmer gilt. Zwingende Regeln können Marktteilnehmer einmal lernen, um bei wiederholten Transaktionen auf das ihnen bereits Bekannte zu vertrauen. Je weiter der territoriale Anwendungsbereich von Verhaltensregeln ist, desto größer ist die Zahl der Transaktionen, die von diesen Verhaltensregeln erfasst wird und um so größer sind die Transaktionskostenersparnisse. Dieses Argument spricht tendenziell für die Harmonisierung des europäischen Aktienrechts. Marktteilnehmer können nur dann auf das zwingende Aktienrecht vertrauen, wenn es sich durch materielle Qualität auszeichnet, sprich konfligierende Interessen fair und sachgerecht ausgleicht und wenn es für die Beteiligten real durchsetzbar ist und dadurch Rechtssicherheit schafft.

Die Harmonisierung des Europäischen Aktienrechts kann besonders bei grenzüberschreitenden Sachverhalten wichtig sein, weil hier die Informations-, Verhandlungs- und Rechtsdurchsetzungskosten der Marktteilnehmer typischerweise besonders groß sind. Ein Beispiel ist die grenzüberschreitende Stimmrechtsausübung der Aktionäre in der Europäischen Union. Die Harmonisierung kann sich aber nicht auf grenzüberschreitende Sachverhalte beschränken, weil dies zu einer Zweiteilung des Aktienrechts (etwa der Stimmrechtsausübung) führen würde.

I. Ergebnisse zu den Grundlagen

Bei börsennotierten Gesellschaften ist die Harmonisierung des europäischen Aktienrechts dringlicher als bei geschlossenen Gesellschaften, schon weil die Anzahl der Rechtsverhältnisse von und zur Aktiengesellschaft bei den börsennotierten Aktiengesellschaften typischerweise groß ist und damit auch die Transaktionskosten. Das Europäische Kapitalmarktrecht trägt diesem Umstand Rechnung. Die Harmonisierung des europäischen Aktienrechts kann sich (schon aus Transaktionskostengründen) auch für geschlossene Gesellschaften empfehlen, weil die Rechtsbeziehungen der Gläubiger zur Gesellschaft weitgehend unabhängig von der Börsennotierung sind.

Die Integration des europäischen Kapitalmarktes zu einem wirklichen Kapitalbinnenmarkt wird nur gelingen, wenn der Anlegerschutz in der Europäischen Union ausgebaut wird. Dem Aktienrecht kommt dabei große Bedeutung zu. Es muss die Risiken für die Anleger so mindern, dass Finanzierungsbeziehungen überhaupt zustande kommen und vertragsgemäß durchgeführt werden. Für einen einheitlichen europäischen Kapitalmarkt ist es notwendig, dass sich die Anleger gemeinschaftsweit auf ausreichende aktienrechtliche Schutzstandards verlassen können.

Nicht nur der Kapitalmarkt, sondern auch die Waren-, Dienstleistungs- und Arbeitsmärkte sollen nach dem EG-Vertrag zu einem integrierten Binnenmarkt zusammenwachsen. Dem Aktienrecht kommt auch hier eine bedeutende Rolle zu. Sorgt das zwingende Aktienrecht für die Solidität der Finanzierung der Aktiengesellschaft so wird dieser Rechtsform im Geschäftsverkehr typisiert Vertrauen entgegengebracht. Dadurch können die Informations-, Verhandlungs- und Prozesskosten der (potentiellen) Gläubiger im Rechtsverkehr mit den Aktiengesellschaften gesenkt werden. Dies ist vor allem für grenzüberscheitende Rechtsverhältnisse im Binnenmarkt wünschenswert, weil dort die Transaktionskosten besonders hoch sind.

Zusammenfassung der Ergebnisse

3. Das gesetzliche Mindestkapital

Durch die Kapitalrichtlinie ist das gesetzliche Mindestkapitalkonzept für Aktiengesellschaften in der gesamten Europäischen Union festgeschrieben. In jüngerer Zeit wurde (angelehnt an US-amerikanische Erfahrungen) verschiedentlich gefordert, das gesetzliche Mindestkapitalkonzept völlig aufzugeben. Die SLIM-Arbeitsgruppe hat sich mit dieser Forderung nicht auseinandergesetzt, obgleich die SLIM-Vorschläge teilweise direkt an das gesetzliche Mindestkapitalkonzept anknüpfen. Die *Winter*-Kommission befasst sich hingegen mit der Frage, ob an dem gesetzlichen Mindestkapital auf europäischer Ebene festgehalten werden sollte. Daher wird in der Arbeit auf diese Deregulierungsforderung eingegangen. Das gesetzliche Mindestkapital hat besonders zu Beginn der Existenz einer Aktiengesellschaft eine wichtige Funktion. Dort ist es zum einen eine Seriositätsschwelle, die unredliche oder fahrlässige Gesellschaftsgründungen verhindert. Zum anderen ist es ein Puffer, der typischerweise nach Geschäftsaufnahme eintretende Anfangsverluste auffangen kann. Das gesetzliche Mindestkapitalkonzept auf europäischer Ebene beizubehalten stärkt gemeinschaftsweit den rechtsformspezifischen Goodwill der Aktiengesellschaft. Gerade bei grenzüberscheitenden Rechtsbeziehungen kann das durch das gesetzliche Mindestkapitalerfordernis gestärkte Vertrauen des Rechtsverkehrs auf ein Mindestmaß an finanzieller Solidität bei der Ausstattung von Aktiengesellschaften die Transaktionskosten der (potentiellen) Gläubiger senken. Für das gesetzliche Mindestkapital schreibt die Kapitalrichtlinie den nationalen Gesetzgebern derzeit € 25.000 als Mindestwert vor. Dieser Betrag ist zu gering und sollte auf € 120.000 erhöht werden, den Betrag, der jüngst auch für die Europäische Aktiengesellschaft festgeschrieben wurde.

II. Ergebnisse zu den SLIM-Vorschlägen

1. Erster SLIM-Vorschlag: Sacheinlagen

Die Kapitalrichtlinie schreibt zum Schutz der Gläubiger und Aktionäre eine Prüfung des Wertes von Sacheinlagen durch Sachverständige vor. Werden bei einer Kapitalerhöhung die jungen Aktien über pari ausgegeben, so muss sich die sachverständige Wertprüfung nach der Kapitalrichtlinie auch darauf erstrecken, ob der Wert der Sacheinlage das Agio deckt. Es wird also nicht nur zum Schutz der Gläubiger geprüft, ob das Grundkapital real aufgebracht wird, sondern es wird zum Schutz der Altaktionäre vor der Verwässerung ihres Vermögens geprüft, ob die Sacheinlage den vereinbarten Wert voll erreicht. Nach dem Aktiengesetz beschränkt sich die sachverständige Wertprüfung hingegen darauf, ob die eingelegte Sache das neu gezeichnete Kapital deckt. Im Falle einer Überpariemission muss ein Sachverständiger nach dem Wortlaut des Aktiengesetzes nicht prüfen, ob der Wert der Sacheinlage auch das Agio umfasst. Die Wertprüfung durch einen Sachverständigen wird in Deutschland demnach überwiegend als ein Institut aufgefasst, das ausschließlich die Gläubiger schützt, nicht aber auch die Aktionäre. Der deutsche Gesetzgeber hat die Kapitalrichtlinie nicht richtig umgesetzt. Er ist daher aufgefordert, die sachverständige Wertprüfung von Sacheinlagen bei Aktiengesellschaften auch auf das Agio zu erstrecken und zwar sowohl bei der Sachgründung als auch bei der Nachgründung und bei der Sachkapitalerhöhung. Schon jetzt muss das deutsche Recht richtlinienkonform ausgelegt werden.

Die SLIM-Arbeitsgruppe schlägt vor, dass der Bericht eines unabhängigen Sachverständigen über den Wert einer Einlage, der in einem anderen Kontext entstanden ist, dann befreiende Wirkung haben soll, wenn er hinreichend aktuell ist, qualitativ vergleichbar und aus derselben Bewertungsperspektive erstellt wurde. Dem Vorschlag ist zuzustimmen.

Die SLIM-Arbeitsgruppe hält eine sachverständige Wertprüfung außerdem für entbehrlich, wenn Anteile börsennotierter Gesellschaften zu Börsenkursen eingebracht werden. Dem ist nicht zu folgen. Der Börsenkurs ist ein wichtiger Wertindikator. Zur Bewertung von Unternehmen ist er aber nicht hinreichend verlässlich und wird von Wirtschaftsprüfern nur als Orientierungsgröße und Korrektiv für die Unternehmensbewertung (etwa nach der Ertragswertmethode) herangezogen. Allenfalls bei Kleinstbeteiligungen könnte die Differenz zwischen so genanntem objektiven Wert und Börsen-

Zusammenfassung der Ergebnisse

kurs aus Kostengründen vernachlässigt werden. Die Sacheinlage von Kleinstbeteiligungen an börsennotierten Gesellschaften spielt aber in der Wirklichkeit keine Rolle. In der Praxis werden Anteile börsennotierter Gesellschaften fast ausschließlich im Rahmen wirtschaftlich bedeutender Unternehmenstransaktionen eingelegt. Gerade bei der Einlage von Unternehmensanteilen auf eine sachverständige Wertprüfung zu verzichten wäre widersinnig, weil dort die Gefahr der Vermögensverwässerung für die Aktionäre (und gegebenenfalls auch für die Anteilseigner des einlegenden Unternehmens) besonders groß ist.

2. Zweiter SLIM-Vorschlag: Nennwert

Die SLIM-Arbeitsgruppe empfiehlt zu prüfen, ob echte nennwertlose Aktien in der Kapitalrichtlinie zugelassen sind oder zugelassen werden sollten. Auch die *Winter*-Kommission befasst sich mit dem Nennwertkonzept. Derzeit sieht die Kapitalrichtlinie nur Nennwertaktien und unechte nennwertlose Aktien vor, nicht aber echte nennwertlose Aktien. Der Vorteil echter nennwertloser Aktien ist, dass sie die Kapitalaufnahme erleichtern, wenn neue Aktien am Markt nur unter dem anteiligen Betrag von Altaktien am Grundkapital ausgegeben werden können. Wegen des Verbots der Unterpariemission ist bei Nennwertaktien und unechten nennwertlosen Aktien in dieser Lage eine Kapitalerhöhung erst nach einer vorhergehenden (vereinfachten) Kapitalherabsetzung möglich. Gegenwärtig ist die Rechtsstellung des Aktionärs weitgehend an seinem relativen Kapitalanteil festgemacht und zwar sowohl im deutschen Rechts als auch im Europarecht. Eine rechtstechnische Anknüpfung an die Anzahl der Aktien, statt an den durch die Aktien vermittelten Anteil am Grundkapital, ist grundsätzlich möglich und verlangt auch keine Abkehr vom gegenwärtigen Gläubiger- und Aktionärsschutz. Ein solcher rechtstechnischer Systemwechsel würde gesetzestechnisch außerordentlich komplexe Änderungen erforderlich machen und zwar weit über das Aktiengesetz und die Kapitalrichtlinie hinaus. Dieser Aufwand erscheint unverhältnismäßig, weil das skizzierte Problem des Verbots der Unterpariemission praktisch handhabbar ist. Außerdem würde ein Systemwechsel zu einer Reihe von Folgeproblemen führen, zum Beispiel bei der Europäischen Aktiengesellschaft.

II. Ergebnisse zu den SLIM-Vorschlägen

3. Dritter SLIM-Vorschlag: Zwangseinziehung

Der dritte SLIM-Vorschlag fordert die Zwangseinziehung in der Kapitalrichtlinie auch dann zuzulassen, wenn sie noch nicht bereits vor Zeichnung der Aktien in der Satzung vorgesehen oder zugelassen war. Damit soll (insbesondere) Deutschland, wo 1999 eine Squeeze Out-Regelung noch nicht konkret absehbar war, ermöglicht werden, die Zwangseinziehung als Squeeze Out-Verfahren auszugestalten. Durch die Einführung der Squeeze Out-Vorschriften (§§ 327 a ff. AktG) in das Aktiengesetz zum 1.1.2002 hat sich der dritte SLIM-Vorschlag weitgehend erledigt.

Bislang fehlen gemeinschaftsweite Mindeststandards beim Squeeze Out. Um die Transaktionskosten im Binnenmarkt zu senken und das Anlegervertrauen zu erhöhen, sind gemeineuropäische Schutzstandards wünschenswert. Die Europäische Kommission bereitet derzeit Vorschläge für die Harmonisierung des Rechts des Squeeze Out vor und wird dabei die Empfehlungen der *Winter*-Kommission maßgeblich berücksichtigen. Bei der Harmonisierung des Rechts des Squeeze Out sind die Wertungen des Europäischen Aktienrechts, namentlich der Verschmelzungsrichtlinie und der SE-VO, zu beachten. Der dritte SLIM-Vorschlag steht im Widerspruch zu diesen Wertungen und ist auch aus diesem Grunde abzulehnen.

4. Vierter SLIM-Vorschlag: Erwerb eigener Aktien

Die Kapitalrichtlinie unterwirft den Erwerb eigener Aktien Bedingungen, die von der SLIM-Arbeitsgruppe als zu rigide erachtet werden. Die Ermächtigung des Vorstandes zum Eigenerwerb durch die Hauptversammlung ist auf eine Höchstdauer von 18 Monaten beschränkt (vgl. § 71 Abs. 1 Satz 1 Nr. 8 AktG). Die SLIM-Arbeitsgruppe schlägt vor, die Höchstdauer auf fünf Jahre auszuweiten. Der Bestand eigener Aktien darf außerdem nach der Kapitalrichtlinie maximal 10 % des Grundkapitals betragen. Diese so genannte Volumengrenze ist im Aktiengesetz in § 71 Abs. 2 Satz 1 AktG umgesetzt. Die 10 %-Bestandsgrenze nach § 71 Abs. 2 Satz 1 AktG ist nicht mit der 10%igen Erwerbsgrenze des § 71 Abs. 1 Satz 1 Nr. 8 AktG zu verwechseln, die ihrerseits zwar mit der Kapitalrichtlinie vereinbar, aber nicht von ihr gefordert ist. Die SLIM-Arbeitsgruppe empfiehlt, die Volumengrenze auf europäischer Ebene zu streichen.

Festhalten will die SLIM-Arbeitsgruppe an dem europarechtlichen Gebot, dass eigene Aktien nur aus freien Mitteln erworben werden dürfen, die von der Gesellschaft auch als Dividenden ausgeschüttet werden könnten (so genannte Kapitalschranke). Ebenfalls erachtet sie die in der Kapitalrichtlinie verankerte Pflicht für sinnvoll, wonach eigene Aktien im Falle ihrer Aktivierung bilanziell durch eine dafür zu bildende nicht verfügbare Rücklage neutralisiert werden müssen (vgl. § 71 Abs. 2 Satz 2 AktG, § 272 Abs. 4 HGB).

Die Volumengrenze wurde aus dem deutschen Recht in die Kapitalrichtlinie übernommen. In Deutschland wurde sie 1931 durch eine Notverordnung eingeführt, die den Zweck hatte, in der Weltwirtschaftskrise akute Missstände schnell zu beheben. Unternehmen kauften damals in großem Umfang eigene Aktien, um die Kurse zu stützen. Die eigenen Aktien waren bilanziell zu aktivieren und im Falle weiterer Kursverluste abzuschreiben. Die Kombination von Mittelabfluss und zusätzlichen Abschreibungen führte zu einer Verlustspirale und zu spektakulären Unternehmenszusammenbrüchen. Die Kapitalschranke und das Gebot der bilanziellen Neutralisierung entstammen dem romanischen Rechtskreis. Weil sich die Mitgliedstaaten bei Verabschiedung der Kapitalrichtlinie nicht auf ein Schutzsystem einigen konnten, kumulierten sie einfach beide Systeme.

Der Erwerb eigener Aktien ist ein flexibles Instrument der Unternehmensfinanzierung, das in Deutschland erst mit Einführung des § 71 Abs. 1 Satz 1 Nr. 8 AktG im Jahr 1998 praktische Bedeutung erlangt hat. Viele Vorstände deutscher Aktiengesellschaften lassen sich heute von der Hauptversammlung zum Eigenerwerb ermächtigen und zwar auch dann, wenn sie im Zeitpunkt der Hauptversammlung noch keine konkreten Pläne haben, ob und wie sie von der Ermächtigung Gebrauch machen wollen. Zahlreiche deutsche Aktiengesellschaften erwerben auch bereits eigene Aktien. Weder bei den Erwerbsmotiven noch bei den Erwerbsmethoden lassen sich in Deutschland zur Zeit eindeutige Entwicklungen oder Schwerpunkte ausmachen. Nur vereinzelt haben Unternehmen bisher so viele eigene Aktien erworben, dass sie in die Nähe der 10%igen Volumengrenze nach § 71 Abs. 2 Satz 1 AktG gelangen. Diese Volumengrenze, die nach dem vierten SLIM-Vorschlag auf europäischer Ebenen aufgehoben werden soll, stellt gegenwärtig aus Sicht der deutschen Unternehmen keine sonderlich einengende Beschränkung dar. Das kann sich allerdings ändern, wenn die deutschen Unternehmen das junge Finanzierungsinstrument des Eigenerwerbs künftig stärker nutzen sollten als bislang.

Aus Gründen des Gläubigerschutzes bedarf es der Volumengrenze nicht. Die in der Kapitalrichtlinie vorgesehene Kapitalgrenze in Verbindung mit der Pflicht zur bilanziellen Neutralisierung reicht aus, um die Gefahr der beschriebenen Verlustspirale zu verhindern. Ob die freien Mittel als Divi-

II. Ergebnisse zu den SLIM-Vorschlägen

dende ausgeschüttet, oder über den Erwerb eigener Aktien an die Aktionäre gereicht werden, ist aus Gläubigersicht gleich.

Für die Aktionäre ist der Erwerb und die Veräußerung eigener Aktien durch die Gesellschaft gefährlich, weil in beiden Fällen die Verwässerung ihres Aktienvermögens droht und sie außerdem Gefahr laufen, ungleich behandelt zu werden. Ferner ändert sich beim Erwerb und bei der Veräußerung der Aktionärskreis. Der Aktionär, der beim Eigenerwerb des Unternehmens keine Aktien abgibt und bei der Wiederveräußerung der Anteile seitens der Gesellschaft keine Aktien erwirbt, erlangt nach der zweiten Transaktion zwar sein altes Stimmgewicht zurück, gleichwohl ist nicht der Status quo ante hergestellt. Die Eigentümerstruktur der Gesellschaft ist dann nämlich eine andere, was sich negativ auf die tatsächliche Stellung des einzelnen Aktionärs auswirken kann.

Aufgrund der für die Aktionäre mit dem Eigenerwerb verbundenen Gefahren hat der europäische Gesetzgeber den Aktionären in der Hauptversammlung die Entscheidung über den Eigenerwerb und seine Konditionen grundsätzlich selbst zugewiesen. Um das unternehmerische Flexibilitätsinteresse zu befriedigen, wurde statt einer Direktentscheidung der Aktionäre die Ermächtigung des Vorstands vorgesehen. Der europäische Gesetzgeber hielt die Schutzinteressen der Aktionäre und das Flexibilitätsinteresse der Unternehmensfinanzierung dann für angemessen ausgeglichen, wenn jede ordentliche Hauptversammlung erneut über die weitere Ermächtigung des Vorstands zum Eigenerwerb entschließen muss. Diese Abwägung des europäischen Gesetzgebers ist nach wie vor sachgerecht. Die Ermächtigungsbeschlüsse zum Eigenerwerb verursachen in der Praxis regelmäßig wenig Aufwand und Kosten, weil es sich um Standardbeschlüsse handelt. Die deutsche Unternehmenspraxis, in der sich Vorstände oft ohne jede konkrete Erwerbsabsicht Vorratsermächtigungen erteilen lassen, dokumentiert das. Hintergrund des Vorschlags, die Ermächtigungsdauer von 18 Monaten auf fünf Jahre auszuweiten ist ein aktuelles Problem der deutschen Hauptversammlungspraxis. Sollen Aktienoptionspläne mit Aktien bedient werden, die die Gesellschaft nach § 71 Abs. 1 Satz 1 Nr. 8 AktG selbst erwirbt, so muss die Ermächtigung des Vorstands zu einem solchen Erwerb gemäß § 71 Abs. 1 Satz 1 Nr. 8 Satz 5, § 193 Abs. 2 Nr. 4 AktG auch die Eckpunkte des Aktienoptionsplanes selbst beinhalten. Aktienoptionspläne sind typischerweise auf mehrere Jahre ausgelegt. Will die Gesellschaft die Aktien für den Optionsplan nicht sämtlich zu Beginn des Optionsplans erwerben, so muss die Hauptversammlung ein und denselben Optionsplan im Rahmen einer erneuten Erwerbermächtigung nochmals beschließen, was dazu führen kann, dass der Optionsplan in jeder Hauptversammlung aufs Neue Beschlussge-

Zusammenfassung der Ergebnisse

genstand wird. Für die Unternehmen ist das allerdings praktisch handhabbar und erfordert keine Änderung des Aktienrechts und schon gar nicht der Kapitalrichtlinie. An der Höchstdauer der Erwerbsermächtigung von 18 Monaten ist festzuhalten.

Die Volumengrenze kann dem Grunde nach weder die Ungleichbehandlung von Aktionären verhindern, noch die Verwässerung ihres Vermögens. Daher ist sie für den Aktionärsschutz konzeptionell unbefriedigend. Gleichwohl stellt die Volumengrenze für die Aktionäre eine gewisse Sicherung dar, weil sie die den Aktionären drohenden Beeinträchtigungen der Höhe nach (wenn auch wenig wirksam) beschränkt. Die Volumengrenze sollte daher nicht ersatzlos gestrichen, sondern durch eine bessere Regelung zum Schutz der Aktionäre ersetzt werden. Hierzu sollten für den Erwerb und für die Veräußerung eigener Aktien durch die Gesellschaft konkrete Vorgaben in das Europäische Aktienrecht aufgenommen werden. Für den Erwerb empfehlen sich umfassende, unter Umständen an das US-amerikanische Recht angelehnte, Verfahrensvorschriften. Eine (eventuell zentrale europäische) Börsenaufsichtsbehörde sollte deren Einhaltung überwachen. Für die Wiederveräußerung sollte die Zuständigkeit der Hauptversammlung und ein Bezugsrecht der Altaktionäre europarechtlich festgeschrieben werden.

5. Fünfter SLIM-Vorschlag: Finanzielle Unterstützung des Aktienerwerbs

Das Verbot der Anteilsfinanzierung, auf das sich der fünfte SLIM-Vorschlag bezieht, wurde auf britische Initiative hin in die Kapitalrichtlinie aufgenommen. Nun ist es wiederum Großbritannien, das seine Abschaffung fordert. Mit dieser Forderung beschäftigte sich nicht nur die SLIM-Arbeitsgruppe, sondern dann auch die *Winter*-Kommission. Das Verbot der Anteilsfinanzierung hat in mehreren Mitgliedstaaten große praktische Bedeutung, nicht aber in Deutschland. Daher wird dem SLIM-Vorschlag keine eigene Empfehlung entgegengestellt. Das Verbot der Anteilsfinanzierung muss sich auch auf die Zeichnung neuer Aktien beziehen, da sonst nicht sichergestellt wäre, dass das Kapital real aufgebracht wird. Eine Beschränkung der finanziellen Unterstützung des Anteilserwerbs auf das ausschüttungsfähige Nettovermögen würde die Umgehungsproblematik nicht lösen. Ein derartiger Rückbau des Schutzes von Aktionären und Gläubigern wäre darüber hinaus, jedenfalls aus deutscher Perspektive, nicht notwendig und daher abzulehnen.

II. Ergebnisse zu den SLIM-Vorschlägen

6. Sechster SLIM-Vorschlag: Bezugsrecht

Die SLIM-Arbeitsgruppe schlägt vor, für börsennotierte Gesellschaften eine Vorschrift in die Kapitalrichtlinie aufzunehmen, wonach das Bezugsrecht bei einer Barkapitalerhöhung im Rahmen eines genehmigten Kapitals ausgeschlossen werden kann, sofern die jungen Aktien zu Börsenkursen oder leicht darunter ausgegeben werden. Eine Berichtspflicht des Vorstands hält die SLIM-Arbeitsgruppe in diesem Falle für entbehrlich.

Wird das Bezugsrecht bei einer Barkapitalerhöhung durch die Hauptversammlung ausgeschlossen, so trifft den Vorstand nach der Kapitalrichtlinie die Pflicht, über die Gründe für den Bezugsrechtsausschluss zu berichten und den vorgeschlagenen Ausgabekurs zu begründen. Explizite materielle Vorgaben für den Bezugsrechtsausschluss sind in der Kapitalrichtlinie nicht genannt. In der Literatur streitig und vom Europäischen Gerichtshof nicht entschieden ist zum einen, ob der Bezugsrechtsausschluss nach der Kapitalrichtlinie über die Berichtspflicht des Vorstands hinaus vom Vorliegen materieller Voraussetzungen abhängt, und zum anderen, ob und wann Berichtspflichten des Vorstands im Falle eines genehmigten Kapitals bestehen.

Aus der bestehenden Pflicht des Vorstands, über die Gründe für den Bezugsrechtsausschluss zu berichten, sind keine materiellen Vorgaben für den Bezugsrechtsausschluss abzuleiten. Die Berichtspflicht dient ausschließlich dem informierten Zustandekommen einer Mehrheitsentscheidung in der Hauptversammlung ohne diese Mehrheitsentscheidung aber an inhaltliche Vorgaben zu binden. In historischer Auslegung der Kapitalrichtlinie ist dieser allerdings zu entnehmen, dass ein Bezugsrechtsausschluss nur im Interesse der Gesellschaft zulässig ist. Außerdem muss der Bezugsrechtsausschluss dem in der Kapitalrichtlinie ausdrücklich verankerten Gleichheitsgrundsatz genügen. Die Kapitalrichtlinie stellt für den Bezugsrechtsausschluss gegenwärtig keine weiteren materiellen Voraussetzungen auf, doch ist es den Mitgliedstaaten nach dem Siemens-Urteil des Europäischen Gerichtshofs freigestellt, strengere nationale Regeln vorzusehen.

Nach dem Wortlaut der Kapitalrichtlinie ist bei einer genehmigten Kapitalerhöhung ein Vorstandsbericht erforderlich, wenn die Hauptversammlung über den Bezugsrechtsausschluss entscheidet (Direktausschluss). Der Vorstandsbericht ist jedoch entbehrlich, wenn die Hauptversammlung den Vorstand zum Bezugsrechtsausschluss ermächtigt (Ausschlussermächtigung). Diese Differenzierung der Berichtspflichten beim genehmigten Kapital ist vom europäischen Gesetzgeber gewollt. Es spricht viel dafür, auch im Falle der Ausschlussermächtigung Berichtspflichten (jedenfalls vor Ausnutzung

Zusammenfassung der Ergebnisse

der Ermächtigung) vorzuschreiben. Eine solche Korrektur kann nicht im Rahmen der Auslegung erfolgen, sie ist dem europäischen Gesetzgeber vorbehalten.

Nach dem geltenden Europarecht steht den Unternehmen der von der SLIM-Arbeitsgruppe angedachte Weg der Barkapitalerhöhung aus genehmigtem Kapital unter Ausschluss des Bezugsrechts bei einem Ausgabepreis in Höhe des Börsenkurses (oder leicht darunter) grundsätzlich offen. Eine Änderung der Kapitalrichtlinie ist dazu nicht erforderlich. Das Recht des Bezugsrechtsausschlusses unterscheidet sich in den einzelnen Mitgliedstaaten im Detail erheblich. Gleichwohl kann man in der Summe von einem einheitlichen Schutzniveau ausgehen. Eine umfassende Harmonisierung der materiellen Voraussetzungen des Bezugsrechtsausschlusses drängt daher nicht. Aufgrund der großen praktischen Bedeutung und der bestehenden Rechtsunsicherheit ist es aber sinnvoll, gemeinschaftsweite Mindeststandards für den Bezugsrechtsausschluss bei der genehmigten Barkapitalerhöhung zu Börsenkursen zu schaffen.

Die Aktionäre sollten im gesamten europäischen Kapitalmarkt darauf vertrauen können, dass sie bei Kapitalerhöhungen vor der Verwässerung ihres Stimmgewichts und Vermögens wirksam geschützt werden. Das für die Entwicklung eines integrierten europäischen Kapitalmarkts gewünschte Anlegervertrauen kann der Vorschlag der SLIM-Arbeitsgruppe nicht fördern. Erforderlich ist hierfür, das die Aktionäre darauf vertrauen können, dass das Bezugsrecht nur dann ausgeschlossen werden kann, wenn sie am Kapitalmarkt die reale Möglichkeit haben, Aktien zu dem Preis nachzukaufen, den sie auch bei Ausübung des Bezugsrechtes aufbringen müssten. Regelvoraussetzungen für das Bestehen einer realen Nachkaufmöglichkeit können in die Kapitalrichtlinie aufgenommen werden. Zum Schutz des Aktionärsvermögens ist weiter erforderlich, dass die jungen Aktien zu Börsenkursen ausgegeben werden, allenfalls mit einem minimalen Abschlag. Auch die Methode für die Ermittlung des Ausgabekurses kann in die Kapitalrichtlinie aufgenommen werden. Eine Berichtspflicht des Vorstands über die Kapitalerhöhung und den Bezugsrechtsausschluss ist auch im Falle der Ausschlussermächtigung (Bericht vor Ausnutzung der Ermächtigung) unabdingbar. Sie ist faktisch Voraussetzung für die Justiziabilität des Vorstandshandelns und damit auch für das Anlegervertrauen. Eine (eventuell zentrale europäische) Börsenaufsichtsbehörde sollte prüfen, ob eine reale Zukaufmöglichkeit für die Altaktionäre als Voraussetzung des Bezugsrechtsausschlusses besteht und sie sollte auch den Ausgabekurs festsetzen beziehungsweise kontrollieren. Dem börsenaufsichtsbehördlichen Verfahren soll-

II. Ergebnisse zu den SLIM-Vorschlägen

te, schon aus Kostengründen, der Vorstandsbericht an die Hauptversammlung zugrunde gelegt werden.

Anhang

Die im Folgenden abgedruckten SLIM-Vorschläge zur Kapitalrichtlinie entsprechen der Originalfassung. Die vollständige Originalfassung, die auch die SLIM-Vorschläge zur Publizitätsrichtlinie enthält, ist abrufbar unter: http://europa.eu.int./comm/internal_market/

**RECOMMENDATIONS
by
THE COMPANY LAW SLIM WORKING GROUP
on
THE SIMPLIFICATION OF THE FIRST AND THE SECOND
COMPANY LAW DIRECTIVES**

Conclusions submitted by the Company Law Slim Working Group

I. **FIRST COUNCIL DIRECTIVE OF 9 MARCH 1968 (68/151/EEC)**

[...]

Anhang

II. SECOND COUNCIL DIRECTIVE OF 13 DECEMBER 1976 (77/91/EEC)

PROPOSAL 1. Contribution in kind – art. 10, 11 and 27

For the application of article 10, 11 and 27 of the Second directive, no expert opinion is necessary in respect of the formation of the company or decisions to increase capital, either:
a) if the assets contributed have been subject of an independent expert valuation provided that:
– these valuation reports are sufficiently recent and reliable (e.g. not older than 3 months);
– these reports have been established in the same perspective of valuation;
– there have occurred no major changes with respect to the assets contributed;

or

b) if transferable securities are contributed, these securities being valued at the price at which they are traded on a „regulated market" (in the sense of the Investment Services Directive, art. 1, 13).

There is a case for harmonisation as to the rules to be followed for the conversion of debts in capital.

PROPOSAL 2. Nominal value, accountable par – art. 8

There is a subject for further investigation and research whether the present notions of nominal value and accountable par shoud be maintained, or whether a simplification would result from the use of shares that merely represent a fraction of the company.

PROPOSAL 3. Withdrawal of shares – art. 36

Member States that have not introduced squeeze-out remedies, may declare shares compulsorily withdrawable, if this withdrawal has been provided for with respect to these securities, not only if this ist authorised by the articles of association at their issue, but also after their issue, by a later decision of the general meeting. The decision to withdraw should be taken by shareholders owning not less than 90 % of the shares. This would ensure that the shares of these remaining minority shareholders can be withdrawn.

Page 4

PROPOSAL 4. *Acquisition of own shares – art. 19*

At the level of the European directive, the rule limiting the acquisition of own shares to 10 % of the outstanding shares should be replaced by a limitation of the acquisition to the amount of the distributable net assets. It is up to the Member States to decide whether they want to restrict the acquisition of own shares to a certain quota of outstanding shares.

In cases of both listed and unlisted companies, equal treatment should be safeguarded. Purchases at market price are deemed to respect this rule.

With respect to stock exchange listed companies, the articles may provide the general meeting to authorise, upon a simple majority and within the limits of the distributable net assets, the board of directors to acquire own shares at the market price, provided that there ist sufficient continuous or periodic disclosure. No further formalities would apply.

Both with respect to listed and unlisted companies, the time period for the general meeting's authorisation to acquire own shares (at present 18 months) should be extended to 5 years, the same period as for the issue of shares under the authorised capital.

PROPOSAL 5. *Financial assistance – art. 23*

The prohibition on financial assistance should be reduced to a practial minimum.
Two avenues may thereby be followed:
- to limit financial assistance to the amount of distributable net assets; or
- to limit the prohibition to the assistance for the subscription of newly issued shares.

PROPOSAL 6. *Pre-emptive rights – art. 29, § 4*

In derogation to art. 29, § 4, unless the articles state otherwise, the general meeting of listed companies may empower the board, for a period not exceeding five years, to issue additional shares against a contribution in cash without pre-emptive rights, provided that these additional shares are issued at least at market price, or slightly below. No expert report is necessary, nor any specific report of the board of directors.

Page 5

Anhang

EXPLANATORY MEMORANDUM WITH REGARD TO THE RECOMMENDATIONS
by
THE COMPANY LAW SLIM WORKING GROUP
on
THE SIMPLIFICATION OF THE FIRST AND THE SECOND COMPANY LAW DIRECTIVES

INTRODUCTION

The simplification of the First and the Second Company Law Directives is part of the fourth phase of the Simpler Legislation for the Single Market (SLIM) initiative. It is important to note that the purpose of SLIM is not to further harmonise, but to slim regulation.

A small working group, called the Company Law SLIM-Working Group (hereinafter: the „Working Group"), was created with a view to identify where simpler legislation could replace the existing legislation in the field of the First and Second Company Law Directive.

The Working Group was composed of Member State representatives (namely from Austria, Finland, Italy, Luxembourg and Spain) and experts in and users of company law. It was chaired by Eddy Wymeersch, professor at the University of Ghent. [...]

The Company Law Slim Exercise was defined as a „deregulation exercise" aimed at indicating certain matters within the scope of the First and the Second Company Law Directives with respect to which the Single Market legislation could be simplified and to make appropriate proposals with respect to the same. Certain links to the Eleventh Company Law Directive where thereby considered indispensable.

The working group worked out its proposals during three meetings, held on 12 February 1999, 26 March 1999 and 17 July 1999.

Given the limited working time table of exercise, the Working Group did not aim to cover all possible areas susceptible to the simplification in an comprehensive manner. It could only focus on certain selected substantial matters which could be subject of simplification. It recognises, however, that a more in-depth review of the two directives would certainly reveal additional areas of simplification.

With respect to the subject matters it examined, the Working Group worked out a number of proposals for simplification. The implementation of these proposals into coherent legislation is left to the competency of the European Commission.

Page 7

[...]

II. SECOND COUNCIL DIRECTIVE OF 13 DECEMBER 1976 (77/91/EEC)

PROPOSAL 1. *Contribution in kind – art. 10, 11 and 27*

The Working Group agreed that the expert opinions with regard to the valuation of contributions in kind were not always useful or necessary, and that the number of cases in which they are not required, should be increased.

There was a general feeling that an expert opinion is not necessary in case of stock exchange acquisitions or acquisitions on the market.

The requirement of a new additional expert opinion in cases where the assets had already been valued by another expert or in another procedure in the near past was deemed usefulness both in terms of cost and time, provided that the assets had not suffered any substantial changes since the first valuation.

Finally it was discussed whether it would be appropriate to define the concept of „contribution in kind" in the directive, since it is differently construed in different Member States, e.g. with respect to the contribution of a claim. It was felt, however, that defining the concept of contribution in kind would perhaps run contrary to the purpose of SLIM, which is not to harmonise further, but to slim regulation. In conclusion, it was decided to draw the attention of the Commission to some problems regarding the definition of contributions in kind, in particular the valuation of claims against the company itself.

PROPOSAL 2. *Nominal value, accountable par – art. 8*

In many or most Member States, companies can only issue shares with nominal value. This value in fact reflects no particular value at all. The nominal value expresses a relation to the capital of the company. The number of shares times their nominal value equals the statutory capital of the company. In most States, shares cannot be issued for less than their nominal value. Issues above nominal value entail the payment of a premium.

Page 11

Anhang

A second class of shares are the no-par-value shares, which represent a percentage of statutory capital (which is still expressed in a nominal way, i.e. as a number). Their value is the so-called accountable par. Issues under par are only possible in accordance with a special procedure.

The only difference between nominal value an no-par-value-shares is that, for the latter category, the nominal value is not expressed, in printed form, on the shares. In fact the „potential nominal value" of such a share can be calculated by dividing the capital by the denominator mentioned on the share (e.g., no par value of 1/1000 of capital; divide capital by 1000). This is the „accountable par".

In a third system, there either is no statutory capital (*c.f.* U.S.) or if there is, it is not divided into shares with a defined value. The shares do not represent any precise value, but only a percentage of the overall company. Upon issue of additional shares, at whatever price, this percentage merely changes.

The main differences between the systems could be summarised as follows:

(A) Issue of additional shares:
1. nominal value: issues under nominal value are impossible, issues above nominal value entail a premium or if necessary a reduction of capital
2. accountable par: issues under accountable par are possible, but require a special procedure
3. shares without expressed value: can be issued at any price; this only leads to an increase in the denominator

(B) Voting rights
If voting rights are proportional to capital:
1. nominal value: only one class of shares can be issued; significant premiums may result, or very complicated structures have to be called upon
2. accountable par: here several theories are defended:
   2.1. present accountable par is the basis for voting rights
   2.2. historical accountable par ist the basis for voting rights; this is extremely complicated in practice
3. shares withoud expressed value: issue price is irrelevant for determining voting rights

The question was raised whether article 8 applies, and if it does, if it is applicable only to new issues of shares or only applies at the moment of incorporation of the company. It seems that most Member States apply article 8 to both situations.

Page 12

It was remarked that, if article 8 were not applicable to new share issues, it might be worth considering the third system (no par value shares in the real sense of the word).

In conclusion, it was deemed that there is subject for further investigation and research whether the present notions of nominal value and accountable par should be maintained, or whether a simplication would result from the use of shares that merely represent a fraction of the company.

PROPOSAL 3. *Withdrawal of shares – art. 36*

Under the present wording of article 36, a compulsory withdrawal is only possible if authorised by the statutes or the articles of incorporation at the moment the shares are to be withdrawn are subscribed for.

It was proposed to allow the withdrawal of share issues by the company. Withdrawal could be stipulated, whether upon the issue of the shares, or later on, by decision of the general meeting with respect to previously issued shares. This would only be allowed if one shareholder owns at least 90% of all shares. This possibility should be reserved for Member States that have not introduced any squeeze-out procedure.

PROPOSAL 4. *Acquisition of own shares – art. 19*

The present rules concerning buy-backs were considered too rigid. Especially the limitation to 10% of subscribed capital and the 18-month time-limit on the authorisation of the general meeting were deemed unnecessarily restrictive.

The 18 month-rule is easily „evaded" by successive authorisations, which are a mere formality, but a cumbersome and costly one, that can, however, hinder useful transactions (e.g. stock-option programmes financed by own funds). It was therefore proposed to extend the period of authorisation to five years (*cf.* authorised capital). The 10%-rule can be evaded as well, through successive buybacks. It was thought that the 10%-rule was redundant if the company disposed of distributable net assets. On the level of the Directive, the rule should therefore be replaced by one which limits the acquisition of own shares to cases where this is possible with distributable assets, thus at least safeguarding the capital as mentioned in the articles. Member States would, however, remain free to restrict the acquisition of own shares to a certain quota of outstanding shares.

There was general agreement that, in any case, equal treatment of shareholders should be safeguarded.

Page 13

Anhang

PROPOSAL 5. *Financial assistance – art. 23*

It was agreed that the pohibition on financial assistance should be reduced to a practical minimum.

Two avenues may thereby be followed:

- to limit financial assistance to the amount of distributable net assets; or
- to limit the prohibition to the assistance for the subscription of newly issued shares.

PROPOSAL 6. *Pre-emptive rights – art. 29, § 4*

In its present wording, article 19 prohibits any restriction or withdrawal of the right of pre-emption by the statutes or the instrument of incorporation. Such restriction or withdrawal may only be decided by general meeting upon a special justifying report by the board of directors. The decision is subject to a two-thirds majority.

In derogation to art. 29, § 4, unless the articles state otherwise, it was proposed that the general meeting may empower the board, for a period not exceeding five years, to issue additional shares without pre-emptive rights, provided that these additional shares are issued at least at marked price, or slightly below. No special report by the board of directors would be necessary. Indeed, in these cases, no dilution of the financial rights of the shareholders will occur. Since there exists no market price for shares of unlisted companies, this proposed change to art. 29 would only apply to listed companies.

Page 14

Abkürzungen

AER	The American Economic Review
Camb. L. Rev.	Cambridge Law Review
CML Rev.	Common Market Law Review
Colum. L. Rev.	Columbia Law Review
Cornell L. Rev.	Cornell Law Review
DAI	Deutsches Aktieninstitut e. V., Frankfurt am Main
ECB/EZB	Europäische Zentralbank
ELJ	European Law Journal
E. L. Rev.	European Law Review
E. Rev. Priv. L.	European Review of Private Law
Harv. L. Rev.	Harvard Law Review
IL	The International Lawyer
IStR	Internationales Steuerrecht
JoEL	Journal of Economic Literature
JoF	The Journal of Finance
JoFE	Journal of Financial Economics
J. L. & Econ.	The Journal of Law and Economics
JPE	The Journal of Political Economy
KOM (endg.)	Dokument der Europäischen Kommission (endgültig)
KapRL	Kapitalrichtlinie
NZG	Neue Zeitschrift für Gesellschaftsrecht
ORDO	Jahrbuch für die Ordnung von Wirtschaft und Gesellschaft
(R)MBCA	(Revised) Model Business Corporation Act
SE	Societas Europaea, Europäische Aktiengesellschaft
SEC/SEK	Arbeitsdokument der Europäischen Kommission
SEC	Securities and Exchange Commission, US-Börsenaufsichtsbehörde
SE-VO	Verordnung über das Statut der Europäischen Gesellschaft (SE)
VGR	Gesellschaftsrechtliche Vereinigung
Yale L. J.	The Yale Law Journal
ZEuP	Zeitschrift für Europäisches Privatrecht
ZfB	Zeitschrift für Betriebswirtschaft
ZfbF	Schmalenbachs Zeitschrift für betriebswirtschaftliche Forschung

Hinsichtlich der weiteren Abkürzungen wird verwiesen auf *Hildebert Kirchner*, Abkürzungsverzeichnis der Rechtssprache, 4. Aufl. 1993

Literatur

Abeltshauser, Thomas: Strukturalternativen für eine europäische Unternehmensverfassung. Eine rechtsvergleichende Untersuchung zum 5. gesellschaftsrechtlichen EG-Richtlinienvorschlag, 1990

Adams, Michael: Eigentum, Kontrolle und Beschränkte Haftung, 1991

Adams, Michael: Die Usurpation von Aktionärsbefugnissen mittels Ringverflechtungen in der »Deutschland AG«. Vorschläge für Reformen im Wettbewerbs-, Steuer- und Unternehmensrecht, AG 1994, 148

Aerssen, Rick van: Erwerb eigener Aktien und Wertpapierhandelsgesetz: Neues von der Schnittstelle Gesellschaftsrecht/Kapitalmarktrecht – Zugleich Anmerkung zum Schreiben »Erwerb eigener Aktien nach § 71 Abs. 1 Satz Nr. 8 AktG« des Bundesaufsichtsamts für den Wertpapierhandel vom 28. Juni 1999, WM 2000, 391

Aha, Christof: Aktuelle Aspekte der Unternehmensbewertung im Spruchstellenverfahren. Zugleich Anmerkung zu der Paulaner-Entscheidung des BayObLG, AG 1997, 26

Albach, Horst: Welche Maßnahmen empfehlen sich im Gesellschafts- und Kapitalmarktrecht, um die Eigenkapitalausstattung der Unternehmen langfristig zu verbessern? Verhandlungen des 55. Deutschen Juristentags, Hamburg 1984, Band II (Sitzungsberichte) Teil K, S. 9

Albach, Horst, u. a.: Deregulierung des Aktienrechts: Das Drei-Stufen-Modell. Ein Entwurf zur Modernisierung des Aktienrechts im Hinblick auf personalistische Gesellschaftsstrukturen und einen erleichterten Börsenzugang – gefördert von der Bertelsmann Stiftung, 1988

Albach, Horst: Governance Structures, ZfB Ergänzungsheft 3/96

Albach, Horst: Globalisierung und Organisationsstruktur mittelständischer Unternehmen – Eine Analyse aus europäischer Sicht, in: Deutsches und europäisches Gesellschafts-, Konzern- und Kapitalmarktrecht, Festschrift für Marcus Lutter zum 70. Geburtstag, 2000, S. 3

Alberth, Markus: USA: Vertraglicher Gläubigerschutz und Ausschüttungsbemessung durch Covenants als Vorbild zur Änderung des deutschen Bilanzrechts? WPg 1997, 744

Alchian, Armen/Demsetz, Harold: Production, Information Costs, and Economic Organization, AER 62 (1972), 777

Altmeppen, Holger: Neutralitätspflicht und Pflichtangebot nach dem neuen Übernahmerecht, ZIP 2001, 1073

Angermayer, Birgit: Die aktienrechtliche Prüfung von Sacheinlagen, 1994

Ankele, Jörg: Zum Vorschlag der Kommission der Europäischen Gemeinschaften für eine Zweite gesellschaftsrechtliche Richtlinie, BB 1970, 988

Arbeitskreis »Externe Unternehmensrechnung« der Schmalenbach-Gesellschaft: Behandlung »eigener Aktien« nach deutschem Recht und US-GAAP unter besonderer Berücksichtigung der Änderung des KonTraG, DB 1998, 1673

Armour, John: Capital Maintenance, in: Literature Survey on Factual, Empirical and Legal Issues – The ERSC Centre for Business Research, University of Cambridge, 6. Kapitel der

Literatur

Studie der Company Law Review des Department of Trade and Industry, London, abrufbar unter: http://www.dti.gov.uk/cld/review.htm

Arrow, Kenneth: Limited Knowledge and Economic Analysis, AER 64 (1974), 1

Assmann, Heinz-Dieter: Konzeptionelle Grundlagen des Anlegerschutzes, ZBB 1989, 49

Assmann, Heinz-Dieter/Bozenhardt, Friedrich: Übernahmeangebote als Regelungsproblem zwischen gesellschaftsrechtlichen Normen und zivilrechtlich begründeten Verhaltensgeboten, in: Assmann, Heinz-Dieter (Hrsg.): Übernahmeangebote, ZGR Sonderheft 9, 1990, S. 61

Assmann, Heinz-Dieter/Buck, Petra: Europäisches Kapitalmarktrecht, EWS 1990, 110 (Teil I), 190 (Teil II) und 220 (Teil III)

Assmann, Heinz-Dieter: Die rechtliche Ordnung des europäischen Kapitalmarkts. Defizite des EG-Konzepts einer Kapitalmarktintegration durch Rechtsvereinheitlichung, ORDO 1993, 87

Assmann, Heinz-Dieter: Kapitalmarkt in Europa, Schriftenreihe des Zentrums für Europäisches Wirtschaftsrecht der Rheinischen Friedrich-Wilhelms-Universität Bonn, Nr. 52, 1994

Assmann, Heinz-Dieter/Schneider, Uwe (Hrsg.): Wertpapierhandelsgesetz, Kommentar, 2. Aufl. 1999 (zitiert: *Bearbeiter*, in: Assmann/Schneider, WpHG)

Aubel, Stephan: Der vereinfachte Bezugsrechtsausschluss, 1998

Auria, Laura: Ist Europa ein optimaler Währungsraum? 1997

Avgouleas, Emilios: The Harmonisation of Rules of Conduct in EU Financial Markets: Economic Analysis, Subsidiarity and Investor Protection, ELJ 6 (2000), 72

Bachmann, Gregor: Grundtendenzen der Reform geschlossener Gesellschaften in Europa. Dargestellt am Beispiel des britischen Reformprozesses und der Europäischen Privatgesellschaft, ZGR 2001, 351

Bärmann, Johannes: Europäische Integration im Gesellschaftsrecht, 1970

Bagel, Friderike: Der Ausschluß des Bezugsrechts in Europa, 1999

Bagwell, Laurie Simon: Dutch Auction Repurchases: An Analysis of Shareholder Heterogeneity, JoF 47 (1992), 71

Ballweg, Volker: Der Gläubigerschutz beim Management Buyout einer GmbH unter Verwendung von Gesellschaftsmitteln, 1993

Barnard, Catherine: Social dumping and the race to the bottom: some lessons for the European Union from Delaware? E. L. Rev. 25 (2000), 57

Basedow, Jürgen: Europäisches Vertragsrecht für Europäische Märkte, Schriftenreihe des Zentrums für Europäisches Wirtschaftsrecht der Rheinischen Friedrich-Wilhelms-Universität Bonn, Nr. 62, 1995

Basedow, Jürgen: Europäische Wirtschaftsverfassung und europäisches Privatrecht, in: Corporations, Capital Markets and Business in the Law, Liber Amicorum Richard M. Buxbaum, 2000, S. 13

Bassen, Alexander/Behnam, Michael/Gilbert, Dirk Ulrich: Internationalisierung des Mittelstands. Ergebnisse einer empirischen Studie zum Internationalisierungsverhalten deutscher mittelständischer Unternehmen, ZfB 2001, 413

Bauer, Marcus: Gläubigerschutz durch formelle Nennkapitalziffer – Kapitalgesellschaftsrechtliche Notwendigkeit oder überholtes Konzept? Eine rechtsvergleichende Untersuchung der Gläubigerschutzkonzepte des amerikanischen und deutschen Kapitalgesellschaftsrechts, 1995

Baums, Philipp: Der Ausschluss von Minderheitsaktionären nach §§ 327 a ff. AktG n. F. – Einzelfragen, WM 2001, 1843

Baums, Theodor: Zur Harmonisierung des Rechts der Unternehmensübernahmen in der EG, Arbeitspapier 3/95 des Instituts für Handels- und Wirtschaftsrecht der Universität Osnabrück, 1995

Baums, Theodor/Fraune, Christian: Institutionelle Anleger und Publikumsgesellschaft: Eine empirische Untersuchung, AG 1995, 97

Baums, Theodor/Frick, Bernd: Co-determination in Germany: The Impact on the Market Value of the Firm, Arbeitspapier 1/97 des Instituts für Handels- und Wirtschaftsrecht der Universität Osnabrück, 1997

Baums, Theodor: Stellungnahme zur Aktienrechtsreform 1997, AG Sonderheft August 1997, S. 26

Baums, Theodor: Aktienoptionen für Vorstandsmitglieder, in: Festschrift für Claus Peter Claussen zum 70. Geburtstag, 1997, S. 3

Baums, Theodor: Shareholder Representation and Proxy Voting in the European Union: A Comparative Study, in: Hopt, Klaus J./Kanda, Hideki/Roe, Mark/Wymeersch, Eddy/Prigge, Stefan (Hrsg.): Comparative Corporate Governance – The State of the Art and Emerging Research, 1998, S. 545.

Baums, Theodor/Wymeersch, Eddy (Hrsg.): Shareholder Voting Rights and Practices in Europe and the United States, 1999

Baums, Theodor: Empfiehlt sich eine Neuregelung des aktienrechtlichen Anfechtungs- und Organhaftungsrechts, insbesondere der Klagemöglichkeiten von Aktionären? Gutachten F für den 63. Deutschen Juristentag, Leipzig, 2000

Baums, Theodor (Hrsg.): Bericht der Regierungskommission Corporate Governance: Unternehmensführung, Unternehmenskontrolle, Modernisierung des Aktienrechts, 2001 (zitiert: *Regierungskommission Corporate Governance*)

Bayer, Walter: Informationsrechte bei der Verschmelzung von Aktiengesellschaften, AG 1988, 323

Bayer, Walter: Anmerkung zu LG Stuttgart vom 8.11.1991 (ASS), WuB II A. § 241 AktG 1.92

Bayer, Walter: Herrschaftsveränderungen im Vertragskonzern – Besprechung der Entscheidung BGHZ 119, 1, ZGR 1993, 599

Bayer, Walter: Kein Abschied vom Minderheitenschutz durch Information – Plädoyer für eine restriktive Anwendung des § 16 Abs. 3 UmwG, ZGR 1995, 613

Bayer, Walter: Anmerkung zu BayObLG vom 19.11.1995 (Paulaner), WuB II A. § 305 AktG 2.96

Bayer, Walter: 1000 Tage neues Umwandlungsrecht – eine Zwischenbilanz, ZIP 1997, 1613

Bayer, Walter: Umwandlungsrecht – Rückschau und Entwicklungstendenzen nach drei Jahren Praxis, in: Hommelhoff, Peter/Röhricht, Volker (Hrsg.): Gesellschaftsrecht 1997, RWS-Forum 10, 1998, S. 133

Literatur

Bayer, Walter: Neue und neueste Entwicklungen zur verdeckten GmbH-Sacheinlage, ZIP 1998, 1985

Bayer, Walter: Kapitalerhöhung mit Bezugsrechtsausschluss und Vermögensschutz der Aktionäre nach § 255 Abs. 2 AktG, ZHR 163 (1999), 505

Bayer, Walter: Die Anwendung aktienrechtlicher Regelungen auf die eingetragene Genossenschaft – unter besonderer Berücksichtigung der Rechtsprechung des BGH, DStR 1999, 1815

Bayer, Walter: Die Kontrollfunktion der aktienrechtlichen Anfechtungsklage – Rechtsdogmatische Grundlegung, in: VGR (Hrsg.): Gesellschaftsrecht in der Diskussion 1999, Schriftenreihe der VGR, Band 2, 2000, S. 35

Bayer, Walter: Aktionärsklagen de lege lata und de lege ferenda, NJW 2000, 2609

Bayer, Walter: Zentrale Konzernfinanzierung, Cash Management und Kapitalerhaltung, in: Deutsches und europäisches Gesellschafts-, Konzern- und Kapitalmarktrecht, Festschrift für Marcus Lutter zum 70. Geburtstag, 2000, S. 1011

Bebchuk, Lucian Arye: The Debate on Contractual Freedom in Corporate Law, Colum. L. Rev. 89 (1989), 1395

Bebchuk, Lucian Arye: Federalism and the Corporation: The Desirable Limits on State Competition in Corporate Law, Harv. L. Rev.105 (1992), 1435

Bebchuk, Lucian Arye/Roe, Mark: A Theory of Path Dependence in Corporate Ownership and Governance, Stanford Law Review 52 (1999), 127

Becker, Bernd Christian: Die institutionelle Stimmrechtsvertretung der Aktionäre in Europa: Vorschläge für europäische Mindeststandards auf der Grundlage einer rechtsvergleichenden Analyse der Stimmrechtsvertretung, 2001

Becker, Dietrich: Verhaltenspflichten des Vorstands der Zielgesellschaft bei feindlichen Übernahmen, ZHR 165 (2001), 280

Becker, Helmut: Bezugsrechtsausschluss gemäß § 186 Absatz 4 Satz 2 des Aktiengesetzes in der Fassung der 2. EG-Richtlinie, BB 1981, 394

Becker, Michael: Verwaltungskontrolle durch Gesellschafterrechte: eine vergleichende Studie nach deutschem Verbandsrecht und dem amerikanischen Recht der Corporation, 1997

Beck'scher Bilanz-Kommentar: Handels- und Steuerrecht - §§ 238 bis 339 HGB, Hrsg.: Wolfgang Dieter Budde u. a., 4. Aufl. 1999 (zitiert: *Bearbeiter*, in: Beck'scher Bilanz-Kommentar)

Beeser, Julius: Inpfandnahme von Eigenaktien, AcP 159 (1960), 56

Behrens, Peter: Voraussetzung und Grenzen der Rechtsfortbildung durch Gesellschaftsrechtsvereinheitlichung, RabelsZ 50 (1986), 19

Behrens, Peter: Das Gesellschaftsrecht im Europäischen Binnenmarkt, EuZW 1990, 13

Behrens, Peter: Die Europäisierung des Gesellschaftsrechts, GmbHR 1993, 129

Behrens, Peter: Krisensymptome in der Gesellschaftsrechtsangleichung, in: Festschrift für Ernst-Joachim Mestmäcker zum siebzigsten Geburtstag, 1996, S. 831

Behrens, Peter: Krisensymptome in der Gesellschaftsrechtsangleichung, EuZW 1996, 193

Behrens, Peter: Das Internationale Gesellschaftsrecht nach dem Centros-Urteil des EuGH, IPRax 1999, 323

Behrens, Peter: Die internationale Sitzverlegung von Gesellschaften vor dem EuGH, EuZW 2002, 129

Bellinger, Bernhard/Vahl, Günter: Unternehmensbewertung in Theorie und Praxis, 2. Aufl. 1992

Benckendorff, Andreas: Erwerb eigener Aktien im deutschen und US-amerikanischen Recht, 1998

Bendfeld, Heiner: Die Satzungsstrenge im Aktienrecht und ihre Bedeutung für die Rechtssicherheit, 1999

Benner-Heinacher, Jella: Stock-option-Pläne und Erwerb eigener Aktien aus Sicht der Praxis, in: Schmidt, Karsten/Riegger, Bodo (Hrsg.): Gesellschaftsrecht 1999, RWS-Forum 15, 2000, S. 251

Bermann, George: Taking Subsidiary Seriously: Federalism in the European Community and the United States, Colum. L. Rev. 94 (1994), 331

Bernholz, Peter/Faber, Malte: Überlegungen zu einer normativen ökonomischen Theorie der Rechtsvereinheitlichung, RabelsZ 50 (1986), 35

Bernstorff, Christoph Graf von: Das Unternehmensrecht in Europa, EWS 1998, 397 (Teil I) und 433 (Teil II)

Beutler, Bengt/Bieber, Roland/Pipkorn, Jörn/Streil, Jochen: Die Europäische Union. Rechtsordnung und Politik, 4. Auf. 1993

Bezzenberger, Gerold/Bezzenberger, Tilman: Rechtsschutzmittel der Aktionäre gegen Kapitalverwässerungen – Anfechtungsklage oder Spruchverfahren bei Verschmelzungen und Kapitalerhöhungen mit Bezugsrechtsausschluss, in: Gesellschaftsrecht, Rechnungslegung, Steuerrecht, Festschrift für Welf Müller zum 65. Geburtstag, 2001, S. 1

Bezzenberger, Tilman: Erwerb eigener Aktien durch die AG, 2002 (zitiert: *Tilman Bezzenberger*, Eigenerwerb)

Bhagat, Sanjai: The Effect of Pre-Emptive Right Amendments on Shareholder Wealth, JoFE 12 (1983), 289

Black, Bernhard/Kraakman, Reinier: A Self-Enforcing Model of Corporate Law, Harv. L. Rev. 109 (1996), 1912

Black, Bernhard: Shareholder Activism and Corporate Governance in the United States, in: The New Palgrave Dictionary of Economics and the Law, 1998

Blanquet, Françoise: Das Statut der Europäischen Aktiengesellschaft (Societas Europaea »SE«), ZGR 2002, 20

Blaurock, Uwe: Europäisches Privatrecht, JZ 1994, 270

Blaurock, Uwe: Europäisches und deutsches Gesellschaftsrecht – Bilanz und Perspektiven eines Anpassungsprozesses, ZEuP 1998, 460

Blaurock, Uwe: Bemerkungen zu einem Europäischen Recht der Unternehmensgruppe, in: Festschrift für Otto Sandrock zum 70. Geburtstag, 2000, S. 79

Blomeyer, Wolfgang: Auf dem Weg zur (E)europäischen Genossenschaft, BB 2000, 1741

Böckli, Peter: Schweizer Aktienrecht, 1996

Bödecker, Carsten: Die Kapitalerhaltung im englischen Gesellschaftsrecht, 1993

Literatur

Börsensachverständigenkommission beim Bundesministerium der Finanzen: Standpunkte der Börsensachverständigenkommission zur künftigen Regelung von Unternehmensübernahmen, Frankfurt am Main, Februar 1999 (zitiert: *Börsensachverständigenkommission*). Die Standpunkte und eine einführende Presseerklärung des Vorsitzenden der Börsensachverständigenkommission, *Karl-Hermann Baumann*, vom 2.2.1999 sind abrufbar unter: http://www.kodex.de

Borries, Reimer von: Gedanken zur Tragweite des Subsidiaritätsprinzips im Europäischen Gemeinschaftsrecht, in: Europarecht, Kartellrecht, Wirtschaftsrecht. Festschrift für Arved Deringer, 1993, S. 23

Bosse, Christian: Informationspflichten des Vorstands beim Bezugsrechtsausschluss im Rahmen des Beschlusses und der Ausnutzung eines genehmigten Kapitals, ZIP 2001, 104

Bosse, Christian: Mitarbeiterbeteiligung und Erwerb eigener Aktien, NZG 2001, 494

Boucourechliev, Jeanne: Die Harmonisierung des Gesellschaftsrechts in der Europäischen Union: Erreichtes und Perspektiven, RIW 1999, 1

Boucourechliev, Jeanne/Hommelhoff, Peter: Vorschläge für eine Europäische Privatgesellschaft. Strukturelemente einer kapitalmarktfernen europäischen Gesellschaftsform nebst Entwurf für einen EPG-Verordnung der Europäischen Gemeinschaft. Eine Studie des Centre de recherche sur le droit des affairs der Industrie- und Handelskammer Paris unter Leitung von Jeanne Boucourechliev. Deutsche Ausgabe herausgegeben von Peter Hommelhoff, 1999

Bovenberg A. L./de Jong, A. H. M.: The Road to Economic and Monetary Union, Kyklos 50 (1997), 83

Brandner, Hans Erich: Minderheitenrechte bei der Geltendmachung von Ersatzansprüchen aus der Geschäftsführung, in: Deutsches und europäisches Gesellschafts-, Konzern- und Kapitalmarktrecht, Festschrift für Marcus Lutter zum 70. Geburtstag, 2000, S. 3

Brealey, Richard/Myers, Steward: Principles of Corporate Finance, 6. Aufl. 2000

Buchanan, James: Rights, Efficiency, and Exchange: The Irrelevance of Transactions Cost, in: Neumann, Manfred (Hrsg.): Ansprüche, Eigentums- und Verfügungsrechte, 1983

Buchheim, Regine: Europäische Aktiengesellschaft und grenzüberschreitende Konzernverschmelzung. Der aktuelle Entwurf der Rechtsform aus betriebswirtschaftlicher Sicht, 2001

Buck, Petra: Subsidiaritätsprinzip und Europäisierung des Gesellschaftsrechts, in: Hrbek, Rudolf (Hrsg.): Das Subsidiaritätsprinzip in der Europäischen Union – Bedeutung und Wirkung für ausgewählte Politikbereiche, 1994

Bühner, Rolf: Reaktionen des Aktienmarktes auf Unternehmenszusammenschlüsse. Eine empirische Untersuchung, ZfbF 42 (1990), 295

Bungert, Hartwin: Bezugsrechtsausschluss zur Platzierung neuer Aktien im Ausland – Zum Deutsche Bank-Urteil des BGH vom 7. März 1994, WM 1995, 1

Bungert, Hartwin: Entwicklungen im internationalen Gesellschaftsrecht Deutschlands, AG 1995, 489

Bungert, Hartwin: Besprechung der Dissertation von Ulrich Schroeder, Finanzielle Unterstützung des Aktienerwerbs, 1995, ZHR 160 (1996), 401

Bungert, Hartwin: Die Liberalisierung des Bezugsrechtsausschlusses im Aktienrecht. Zum Siemens/Nold-Urteil des BGH, NJW 1998, 488

Literatur

Bungert, Hartwin: Gesellschaftsrecht in den USA, 2. Aufl. 1999

Bungert, Hartwin: Vorstandsbericht bei Bezugsrechtsausschluss bei Genehmigtem Kapital – Siemens/Nold in der Praxis, BB 2001, 742

Bungert, Hartwin/Beier, Constantin: Die Europäische Aktiengesellschaft. Das Statut und seine Umsetzung in die Praxis, EWS 2002, 1

Busch, Torsten: Bezugsrecht und Bezugsrechtsausschluss bei Wandel- und Optionsanleihen, AG 1999, 58

Busse von Colbe, Walther: Der Vernunft eine Gasse: Abfindung von Minderheitsaktionären nicht unter dem Börsenkurs ihrer Aktien, in: Deutsches und europäisches Gesellschafts-, Konzern- und Kapitalmarktrecht, Festschrift für Marcus Lutter zum 70. Geburtstag, 2000, S. 1053

Butters, Beate: Genehmigte Kapitalerhöhung im romanischen Rechtskreis, ZBB 2001, 44

Buxbaum, Richard/Hopt, Klaus J.: Legal Harmonization and the Business Enterprise. Corporate and Capital Market Law Harmonization Policy in Europe and the U.S.A., in: European University Institute: Integration Through Law. Europe and the American Federal Experience, Vol. 4, 1988 (zitiert: *Buxbaum/Hopt*, Harmonization, 1988)

Buxbaum, Richard/Hertig, Gérard/Hirsch, Alain/Hopt, Klaus J. (Hrsg.): European Business Law. Legal and Economic Analyses on Integration and Harmonization, 1991 (zitiert: *Bearbeiter*, in: Buxbaum u. a. (Hrsg.), European Business Law, 1991)

Buxbaum, Richard/Hertig, Gérard/Hirsch, Alain/Hopt, Klaus J. (Hrsg.): European Economic and Business Law. Legal and Economic Analyses on Integration and Harmonization, 1996 (zitiert: *Bearbeiter*, in: Buxbaum u. a. (Hrsg.), Integration, 1996)

Cahn, Andreas: Ansprüche und Klagemöglichkeiten der Aktionäre wegen Pflichtverletzungen der Verwaltung beim genehmigten Kapital, ZHR 164 (2000), 113

Calabresi, Guido: Transaction Costs, Resource Allocation and Liability Rules – A Comment, J. L. & Econ. 11 (1968), 67

Calabresi, Guido/Melamed, Douglas: Property Rules, Liability Rules, and Inalienability: One View of the Cathedral, Harv. L. Rev. 85 (1972), 1089

Callies, Christian/Ruffert, Matthias (Hrsg.): Kommentar des Vertrages über die Europäische Union und des Vertrages zur Gründung der Europäischen Gemeinschaft – EUV/EGV, 1999

Canaris, Claus-Wilhelm: Systemdenken und Systembegriff in der Jurisprudenz, 2. Aufl. 1983

Carlton, Dennis/Perloff, Jeffrey: Modern Industrial Organization, 2. Aufl. 1994

Cary, William: Federalism and Corporate Law: Reflections Upon Delaware, Yale L. J. 83 (1974), 663

Charny, David: Competition among Jurisdictions in Formulating Corporate Law Rules: An American Perspective on the »Race to the Bottom« in the European Community, Harvard International Law Journal 32 (1991), 423

Chmielewicz, Klaus/Forster, Karl-Heinz (Hrsg.): Unternehmensverfassung und Rechnungslegung in der EG, ZfbF Sonderheft 29, 1991

Choper, Jesse/Coffee, John/Gilson, Ronald: Cases and Materials on Corporations, 4. Aufl., 1995

Claussen, Carsten Peter: Aktienrechtsreform 1997, AG 1996, 481

Literatur

Claussen, Carsten Peter: Anstöße für die nächste Aktienrechtsreform, in: Die Aktienrechtsreform 1997, AG Sonderheft August 1997, S. 108

Claussen, Carsten Peter: Wie ändert das KonTraG das Aktiengesetz? DB 1998, 177

Coase, Ronald: The Nature of the Firm, Economica 4 (1937), 386

Coase, Ronald: The Problem of Social Cost, J. L. & Econ. 3 (1960), 1

Coffee, John: The Mandatory/Enabling Balance in Corporate Law: An Essay on the Judicial Role, Colum. L. Rev. 89 (1989), 1618

Coing, Helmut/Kronstein, Heinrich: Die nennwertlose Aktie als Rechtsproblem. Rechtsvergleichende Untersuchung unter besonderer Berücksichtigung des amerikanischen Rechts, 1959

Comment, Robert/Jarell, Gregg: The Relative Signalling Power of Dutch-Auction and Fixed-Price Self-Tender Offers and Open-Market Share Repurchases, JoF 46 (1991), 1243

Cooter, Robert: The Structural Approach to Decentralizing Law: A Theory of Games and Norms, in: Buxbaum, Richard/Hertig, Gérard/Hirsch, Alain/Hopt, Klaus J. (Hrsg.): European Economic and Business Law, 1996, S. 341

Cooter, Robert/Ulen, Thomas: Law and Economics, 3. Aufl. 1998

Dann, Larry: Common Stock Repurchases. An Analysis of Returns to Bondholders and Stockholders, JoFE 9 (1981), 113

Dauses, Manfred (Hrsg.): Handbuch des EU-Wirtschaftsrechts, Loseblatt, Stand: August 2000 (zitiert: *Bearbeiter*, in: Dauses (Hrsg.))

Davies, Paul: Institutional Investors in the United Kingdom, in: Baums, Theodor/Buxbaum, Richard M./Hopt Klaus J. (Hrsg.): Institutional Investors and Corporate Governance, 1994, S. 273

Davies, Paul: Gower's Principles of Modern Company Law, 6. Aufl. 1997 (zitiert: *Gower's Principles*)

Davies, Paul: Legal Capital in Private Companies in Great Britain, AG 1998, 346

Deckert, Martina: Europäisches Unternehmensrecht. Stand und Probleme, EWS 1996, 265

Deckert, Martina: Zu Harmonisierungsbedarf und Harmonisierungsgrenzen im Europäischen Gesellschaftsrecht, RabelsZ 64 (2000), 478

De Grauwe, Paul: The Economics of Convergence: Towards Monetary Union in Europe, Weltwirtschaftliches Archiv 132 (1996), 1

De Grauwe, Paul: Economics of Monetary Union, 4. Aufl. 2000

De Kluiver, Harm-Jan/Van Gerven, Walter (Hrsg.): The European Private Company? 1995

Dellmann, Klaus/Dellmann, Marc: Jahresabschlussbasierte DCF-Valuation ganzer Unternehmen und Risikoanalyse, in: Der Wirtschaftsprüfer und sein Umfeld zwischen Tradition und Wandel zu Beginn des 21. Jahrhunderts, Festschrift zum 75. Geburtstag von Hans-Heinrich Otte, 2001, S. 67

Demaret, Paul: A Short Walk in the Realm of Subsidiarity, in: Buxbaum, Richard/Hertig, Gérard/Hirsch, Alain/Hopt, Klaus J. (Hrsg.): European Economic and Business Law, 1996, S.13

Dejmek, Paulina: Das künftige Europa und die Europäische Privatgesellschaft, NZG 2001, 878

Literatur

Deutscher Anwaltverein e. V.: Vorschlag des Handelsrechtsausschusses des Deutschen Anwaltvereins e. V. zur Ergänzung des Aktiengesetzes durch einen Titel »Aktienerwerb durch den Hauptaktionär«, Bonn, März 1999. Der Vorschlag ist gekürzt abgedruckt in NZG 1999, 850 (zitiert: *DAV*, Squeeze Out-Vorschlag)

Deutscher Anwaltverein e. V.: Stellungnahme des Handelsrechtsausschusses des Deutschen Anwaltvereins e. V. Nr. 33/00 vom 7. 11. 2000 zum Fragenkatalog der Regierungskommission »Corporate Governance – Unternehmensführung – Unternehmenskontrolle – Modernisierung des Aktienrechts«, abrufbar unter: http://www.anwaltverein.de/03/05/00/33_00 html (zitiert: *DAV*, Corporate Governance)

Deutsches Aktieninstitut e. V.: Der Erwerb eigener Aktien durch die Gesellschaft. Stellungnahme für das Bundesministerium der Finanzen, Frankfurt am Main, Dezember 1995

Deutsches Aktieninstitut e. V.: Ja zur nennwertlosen Aktie. Stellungnahme für das Bundesministerium der Finanzen, Frankfurt am Main, 1996

Deutsches Aktieninstitut e. V.: Der Erwerb eigener Aktien in Deutschland. Ergebnisse einer Untersuchung des Deutschen Aktieninstituts zum Rückkauf eigener Aktien durch die Gesellschaft, Frankfurt am Main, Juni 1999

Deutsches Aktieninstitut e. V.: DAI-Factbook 2000 (zitiert: DAI-Factbook 2000)

Deutsches Aktieninstitut e. V.: Stellungnahme zum Entwurf eines Gesetzes zur weiteren Fortentwicklung des Finanzplatzes Deutschland (Viertes Finanzmarktförderungsgesetz), Frankfurt am Main, September 2001, abrufbar unter: http://www.dai.de

Deutsches Aktieninstitut e.V.: Moderne gesellschaftsrechtliche Rahmenbedingungen in Europa: Konsultationspapier der Hochrangigen Expertengruppe auf dem Gebiet des Gesellschaftsrechts, Frankfurt am Main, 21.6.2002. Die Stellungnahme ist abrufbar unter: http://www.dai.de (zitiert: *DAI*, Winter-Konsultation)

Deutsche Schutzvereinigung für Wertpapierbesitz e. V.: DSW-Europastudie. 15 europäische Länder im Vergleich, DSW, Düsseldorf 1999

De Vos, Caroline: Het SLIM IV project van de Europese Commissie: harmonisatie door dereguling van het Europees Venootschappenrecht, Universiteit Gent Financial Law Institute Working Paper Series, WP 1999-16, 1999, abrufbar unter: http://system04.rug.ac.be/fli/

Dietz, Steffen: Die Ausgliederung nach dem UmwG und nach Holzmüller: zugleich eine Untersuchung zur Rechtsstellung des Aktionärs, 2000

Di Marco, Guiseppe: Zum Stand des europäischen Gesellschaftsrechts – Angleichung des nationalen Rechts und Schaffung neuer europäischer Rechtsformen, in: Chmielewicz, Klaus/Forster, Karl-Heinz (Hrsg.): Unternehmensverfassung und Rechnungslegung in der EG, ZfbF-Sonderheft 29, 1991, S. 1

Dörfler, Wolfgang, u. a.: Probleme bei der Wertermittlung von Abfindungsangeboten, BB 1994, 156

Dougan, Michael: Minimum Harmonization and the Internal Market, CML Rev. 37 (2000), 853

Dreher, Meinrad: Wettbewerb oder Vereinheitlichung der Rechtsordnungen in Europa? JZ 1999, 105

Drinkuth, Henrik: AG: Bezugsrechtsausschluss bei Kapitalerhöhungen gegen Sacheinlagen, IStR 1996, 549

Literatur

Drinkuth, Henrik: Die Vereinbarkeit der deutschen Rechtsprechung zum Bezugsrecht und Bezugsrechtsausschluss bei Kapitalerhöhungen von Aktiengesellschaften mit der Zweiten Richtlinie im Europäischen Gesellschaftsrecht, IStR 1997, 312

Drinkuth, Henrik: Die Kapitalrichtlinie – Mindest- oder Höchstnorm? 1998 (zitiert: *Drinkuth*, KapRL)

Drury, Robert/Xuereb, Peter (Hrsg.): European Company Laws, 1990

Drygala, Tim: Die Vorschläge der SLIM-Arbeitsgruppe zur Vereinfachung des Europäischen Gesellschaftsrechts, AG 2001, 291

Drygala, Tim: Die neue Übernahmeskepsis und ihre Auswirkungen auf die Vorstandspflichten nach § 33 WpÜG, ZIP 2001, 1861

Easterbrook, Frank/Fischel, Daniel: The Corporate Contract, Colum. L. Rev. 89 (1989), 1416

Easterbrook, Frank/Fischel, Daniel: The Economic Structure of Corporate Law, 1991

Easterbrook, Frank: Federalism and European Business Law, in: Buxbaum, Richard/Hertig, Gérard/Hirsch, Alain/Hopt, Klaus J. (Hrsg.): European Economic and Business Law, 1996, S.1

Ebenroth, Carsten Thomas/Eyles, Uwe: Die Beschränkung von Hostile Takeovers in Delaware, RiW 1988, 413

Ebenroth, Carsten Thomas/Daum, Thomas: Die Kompetenzen des Vorstands einer Aktiengesellschaft bei der Durchführung und Abwehr unkoordinierter Übernahmen, DB 1991, 1105 (Teil I) und 1157 (Teil II)

Ebenroth, Carsten Thomas/Neiß, Ellen: Zur Vereinbarkeit der Lehre von der verdeckten Sacheinlage mit EG-Recht, BB 1992, 2085

Eberstadt, Gerhard: Auf dem Weg zur nennwertlosen Aktie, WM 1995, 1797

Eberstadt, Gerhard: Rückkauf eigener Aktien – Ein wichtiges Element zur Stärkung des Finanzplatzes Deutschland, WM 1996, 1809

Ebke, Werner: Management Buy-Outs, ZHR 155 (1991), 132

Ebke, Werner: Company Law and the European Union: Centralized versus Decentralized Lawmaking, IL 31 (1997), 961

Ebke, Werner: Unternehmensrecht und Binnenmarkt – E pluribus unum? RabelsZ 62 (1998), 195

Ebke, Werner: Unternehmensrechtsangleichung in der Europäischen Union: Brauchen wir ein European Law Institute? In: Festschrift für Bernhard Großfeld zum 65. Geburtstag, 1999, S. 189

Ebke, Werner: Märkte machen Recht – auch Gesellschafts- und Unternehmensrecht! In: Deutsches und europäisches Gesellschafts-, Konzern- und Kapitalmarktrecht, Festschrift für Marcus Lutter zum 70. Geburtstag, 2000, S. 17

Ebke, Werner: Die Europäische Aktiengesellschaft ist da – und jetzt? EWS 2002, 1

Edwards, Vanessa: EC Company Law, 1999

Ehricke, Ulrich: Die Überwindung von Akzeptanzdefiziten als Grundlage zur Schaffung neuer supranationaler Gesellschaftsformen in der EU. Ein Beitrag zur Entwicklung einer sog. Société Fermée Européenne (Europäische Privatgesellschaft), RabelsZ 64 (2000), 497

Literatur

Eidenmüller, Horst: Effizienz als Rechtsprinzip. Möglichkeiten und Grenzen der ökonomischen Analyse des Rechts, 1995

Eidenmüller, Horst: Anmerkung zu den Schlussanträgen des Generalanwalts *Colomer* vom 4.12.2001 (Rs C-208/00 »Überseering BV/NCC Baumanagement GmbH«), ZIP 2002, 82

Einsele, Dorothee: Verdeckte Sacheinlage, Grundsatz der Kapitalaufbringung und Kapitalerhaltung, NJW 1996, 2681

Eisenberg, Melvin Aron: The Structure of Corporation Law, Colum. L. Rev. 89 (1989), 1461

Ekkenga, Jens: Kapitalmarktrechtliche Aspekte des Bezugsrechts und Bezugsrechtsausschlusses, AG 1994, 59

Ekkenga, Jens: Vorzüge und Nachteile der nennwertlosen Aktie, WM 1997, 1645

Ekkenga, Jens: Anlegerschutz, Rechnungslegung und Kapitalmarkt. Eine vergleichende Studie zum europäischen, deutschen und britischen Bilanz-, Gesellschafts- und Kapitalmarktrecht, 1998 (zitiert: *Ekkenga*, Anlegerschutz)

Ekkenga, Jens: Börsengang und Bezugsrechtsausschluss, in: VGR (Hrsg.): Gesellschaftsrecht in der Diskussion 2000, Schriftenreihe der VGR, Band 3, 2001, S. 77

Ekkenga, Jens: Neuordnung des Europäischen Bilanzrechts für börsennotierte Unternehmen: Bedenken gegen die Strategie der EG-Kommission, BB 2001, 2362

Ekkenga, Jens: Das Organisationsrecht des genehmigten Kapitals, AG 2001, 567 (Teil I) und 615 (Teil II)

Enriques, Luca/Macey, Jonathan: Creditors Versus Capital Formation: The Case Against the European Legal Capital Rules, Cornell L. Rev. 86 (2001), 1165

Ernst & Young-Bericht: Siehe Europäische Kommission, 1996

Escher-Weingart, Christina/Kübler, Friedrich: Erwerb eigener Aktien. Deutsche Reformbedürfnisse und europäische Fesseln? ZHR 162 (1998), 537

Escher-Weingart, Christina: Corporate Governance Strukturen – ein deutsch-U.S.-amerikanischer Rechtsvergleich, ZVglRWiss 99 (2000), 387

Escher-Weingart, Christina: Reform durch Deregulierung im Kapitalgesellschaftsrecht. Eine Analyse der Reformmöglichkeiten unter besonderer Berücksichtigung des Gläubiger- und des Anlegerschutzes, 2001 (zitiert: *Escher-Weingart*, Deregulierung)

Europäische Kommission: Studie über die Erweiterung des Anwendungsbereichs der Zweiten Richtlinie auf Gesellschaften anderer Rechtsform, 1993 (zitiert: *Europäische Kommission*, KapRL-Studie)

Europäische Kommission: The Simplification of the Operating Regulations for Public Limited Companies in the European Union, 1996 (zitiert: *Ernst & Young-Bericht*)

Europäische Kommission: Konferenz zu Binnenmarkt und Gesellschaftsrecht, 15 und 16. Dezember 1997, 1998

Europäischer Juristentag: 1. Europäischer Juristentag, Nürnberg 2001, Band I: Referate, 2001; Band II: Sitzungsberichte, 2002

Europäische Zentralbank: Monatsbericht Februar 2001, abrufbar auch unter: http://www.ecb.de

Evans, Lewis/Quigley, Neil: Shareholder Liability Regimes, Principal-Agent Relationships, and Banking Industry Performance, J. L. & Econ. 38 (1995), 497

Literatur

Everling, Ulrich: Das europäische Gemeinschaftsrecht im Spannungsfeld von Politik und Wirtschaft, in: Das europäische Gemeinschaftsrecht im Spannungsfeld von Politik und Wirtschaft. Ausgewählte Aufsätze 1964-1984, 1985, S. 53 (zitiert: *Everling*, Aufsätze)

Everling, Ulrich: Möglichkeiten und Grenzen der Rechtsangleichung in der Europäischen Gemeinschaft, in: Das europäische Gemeinschaftsrecht im Spannungsfeld von Politik und Wirtschaft. Ausgewählte Aufsätze 1964-1984, 1985, S. 318 (zitiert: *Everling*, Aufsätze)

Everling, Ulrich: Probleme der Rechtsangleichung zur Verwirklichung des europäischen Binnenmarktes, in: Festschrift für Ernst Steindorff zum 70. Geburtstag am 13. März 1990, S. 1155

Everling, Ulrich/Roth, Wulf-Henning (Hrsg.): Mindestharmonisierung im Europäischen Binnenmarkt, Referate des 7. Bonner Europa-Symposions vom 27. April 1996, 1997

Everling, Ulrich: Das Europäische Gesellschaftsrecht vor dem Gerichtshof der Europäischen Gemeinschaften, in: Deutsches und europäisches Gesellschafts-, Konzern- und Kapitalmarktrecht, Festschrift für Marcus Lutter zum 70. Geburtstag, 2000, S. 3

Eymann, Angelika/Menichetti, Marco: Die Regulierung des Marktes für Unternehmen in den Europäischen Gemeinschaften, ZfbF 43 (1991), 1070

Fama, Eugene: Efficient Capital Markets: A Review of Theory and Empirical Work, JoF 25 (1970), 383

Fama, Eugene/Jensen, Michael: Separation of Ownership and Control, J. L. & Econ. 26 (1983), 301

Fama, Eugene: Efficient Capital Markets: II, JoF 46 (1991), 1575

Fama, Eugene/French, Kenneth: Disappearing dividends: changing firm characteristics or lower propensity to pay? JoFE 60 (2001), 3

Feddersen, Dieter/Pohl, Marcus: Die Praxis der Mitarbeiterbeteiligung seit Einführung des KonTraG, AG 2001, 26

Feld, Klaus-Peter: IAS und US-GAAP: Aktuelle Unterschiede und Möglichkeiten zur Konvergenz, WPg 2001, 1025

Ferran, Eilis: Company Law and Corporate Finance, 1999

Fischer-Zernin, Cornelius: Der Rechtsangleichungserfolg der Ersten gesellschaftsrechtlichen Richtlinie der EWG, 1986

Fleischer, Holger: Finanzielle Unterstützung des Aktienerwerbs und Leveraged Buyout. § 71a AktG im Lichte italienischer Erfahrungen, AG 1996, 494

Fleischer, Holger: Neue Entwicklungen im englischen Konzernrecht. Vergleichende Notizen im Lichte der Empfehlungen des Forum Europaeum Konzernrecht, AG 1999, 350

Fleischer, Holger: Gläubigerschutz in der kleinen Kapitalgesellschaft: Deutsche GmbH versus englische private limited company, DStR 2000, 1015

Fleischer, Holger: Anmerkung zu BVerfG vom 23.8.2000 (Moto Meter AG), DNotZ 2000, 876

Fleischer, Holger: Grundfragen der ökonomischen Theorie im Gesellschafts- und Kapitalmarktrecht, ZGR 2001, 1

Fleischer, Holger: Informationsasymmetrie im Vertragsrecht, 2001

Fleischer, Holger/Körber, Torsten: Der Rückerwerb eigener Aktien und das Wertpapiererwerbs- und Übernahmegesetz, BB 2001, 2589

Fleischer, Holger: Empfiehlt es sich, im Interesse des Anlegerschutzes und zur Förderung des Finanzplatzes Deutschland das Kapitalmarkt- und Börsenrecht neu zu regeln? Kapitalmarktrechtliches Teilgutachten. Gutachten F für den 64. DJT 2002 in Berlin

Forsthoff, Ulrich: Abschied von der Sitztheorie. Anmerkungen zu den Schlussanträgen des GA Dámaso Ruiz-Jarabo Colomer in der Rs. Überseering, BB 2002, 318

Forum Europaeum Konzernrecht: Konzernrecht für Europa, ZGR 1998, 672

Franzen, Martin: Privatrechtsangleichung durch die Europäische Gemeinschaft, 1999

Franzmann, Georg: Kapitalaufbringung im spanischen Kapitalgesellschaftsrecht. Studie und Vergleich mit der Kapitalaufbringung nach europäischem und deutschem Recht unter besonderer Berücksichtigung verdeckter Sacheinlagen, 1994

Fratzscher, Marcel: Financial Market Integration in Europe: On the Effects of EMU on Stock Markets, European Central Bank Working Paper Series, Working Paper No. 48, March 2001, abrufbar auch unter: http://www.ecb.de

Freitag, Robert: Der Wettbewerb der Rechtsordnungen im Internationalen Gesellschaftsrecht, EuZW 1999, 267

Frey, Kaspar: Das IBH-Urteil. Zur Umwandlung von Altforderungen in Beteiligungen, ZIP 1990, 288

Frey, Kaspar/Hirte, Heribert: Das Vorab-Bezugsrecht auf Aktien und Optionsanleihen, ZIP 1991, 697

Frowein, Georg Abraham: Grenzüberschreitende Sitzverlegung von Kapitalgesellschaften: Sachrecht, Kollisionsrecht, Reform, 2001

Fuhrmann, Lambertus/Simon, Stefan: Der Ausschluss von Minderheitsaktionären – Gestaltungsüberlegungen zur neuen Squeeze-out-Gesetzgebung, WM 2002, 1211

Funke, Rainer: Wert ohne Nennwert – Zum Entwurf einer gesetzlichen Regelung über die Zulassung nennwertloser Aktien, AG 1997, 385

Furubotn, Eirik/Pejovich, Svetozar: Property Rights and Economic Theory: A Survey of Recent Literature, JoEL 10 (1972), 1137

Gäfgen, Gérard: Entwicklung und Stand der Theorie der Property Rights: Eine kritische Bestandsaufnahme, in: Neumann, Manfred (Hrsg.): Ansprüche, Eigentums- und Verfügungsrechte, 1983

Gansen, Georg: Harmonisierung der Kapitalaufbringung im englischen und deutschen Kapitalgesellschaftsrecht, 1992

Ganske, Joachim: Das Zweite gesellschaftsrechtliche Koordinierungsgesetz vom 13. Dezember 1978, WM 1978, 2461

Geiger, Hansjörg: Perspektiven europäischer Rechtspolitik, in: Scheuing, Dieter/Schwarz, Günter/Wollenschläger, Michael (Hrsg.): Europäisches Unternehmensrecht, 2001, S. 9

Gerkan, Hartwin von: Die Gesellschafterklage, ZGR 1988, 441

Gerkan, Hartwin von/Hommelhoff, Peter (Hrsg.): Handbuch des Kapitalersatzrechts, 2000

Gesmann-Nuissl, Dagmar: Die neuen Squeeze-out-Regeln im Aktiengesetz, WM 2002, 1025

Gessner, Volkmar, u. a.: Die Praxis der Konkursabwicklung in der Bundesrepublik Deutschland – eine rechtssoziologische Untersuchung, Max-Planck-Institut für ausländisches und internationales Privatrecht Hamburg, Bundesanzeiger, 1978

Literatur

Geßler, Ernst: Europäisches Gesellschaftsrecht am Scheideweg? DB 1969, 1001

Geßler, Ernst/Hefermehl, Wolfgang/Eckardt, Ulrich/Kropff, Bruno: Aktiengesetz, Kommentar, Band I (§§ 1-75 AktG) 1984, Band II: 12. Lieferung (§§ 179-191 AktG) 1989, (zitiert: *Bearbeiter*, in: Geßler/Hefermehl, AktG)

Geßler, Ernst: Einberufung und ungeschriebene Hauptversammlungszuständigkeiten, in: Festschrift für Walter Stimpel zum 68. Geburtstag am 29. November 1985, S. 771

Gleichmann, Karl: Überblick über neue Kooperationsformen und über Entwicklungen im Gesellschaftsrecht der Europäischen Wirtschaftsgemeinschaft, AG 1988, 159

Gleske, Leonhard: Europa auf dem Wege zur Währungsunion. Zur Vorgeschichte des Euro, in: Der Wirtschaftsprüfer und sein Umfeld zwischen Tradition und Wandel zu Beginn des 21. Jahrhunderts, Festschrift zum 75. Geburtstag von Hans-Heinrich Otte, 2001, S. 143

Goerdeler, Reinhard: Überlegungen zum künftigen Gesellschaftsrecht in der EG, in: Festschrift für Ernst Steindorff zum 70. Geburtstag am 13. März 1990, S. 1211

Göke, Christian: Die Europäische Aktiengesellschaft im Verhältnis zum deutschen und italienischen Recht, 1995

Goette, Wulf: Anmerkung zu BGH vom 23.6.1997 (Siemens/Nold), DStR 1997, 1463

Götz, Volkmar: Auf dem Weg zur Rechtseinheit in Europa? Drei Thesen zur europäischen Rechtsordnung, JZ 1994, 265

Goodhart, Charles: Money, Information and Uncertainty, 2. Aufl. 1989

Gordon, Jeffrey: The Mandatory Structure of Corporate Law, Colum. L. Rev. 89 (1989), 1549

Gorton, Gary/Schmid, Frank: Universal banking and the performance of German firms, JoFE 58 (2000), 29

Gower's Principles: Siehe Davies, Paul, 1997

Grabitz, Eberhard/Hilf, Meinhard: Das Recht der Europäischen Union. Kommentar, Loseblatt, Stand: 17. ErgLfg. Januar 2001 (zitiert: *Bearbeiter*, in: Grabitz/Hilf, EUV/EGV)

Grasmann, Günther: System des internationalen Gesellschaftsrechts, 1970

Groeben, Hans von der/Thiesing, Jochen/Ehlermann, Claus-Dieter: Kommentar zum EU-/EG-Vertrag, 5. Aufl. 1997 (zitiert: *Bearbeiter*, in: von der Groeben/Thiesing/Ehlermann, EUV/EGV)

Groß, Daniel/Thygesen, Niels: European Monetary Integration, 1992

Groß, Daniel/Thygesen, Niels: Towards Monetary Union in the European Community: Why and How? In: Welfens, Paul (Hrsg.), European Monetary Integration, 2. Aufl. 1994, S. 95

Groß, Wolfgang: Nationales Gesellschaftsrecht im Binnenmarkt, in: Henssler, Martin, u. a. (Hrsg.): Europäische Integration und globaler Wettbewerb, 1993

Groß, Wolfgang: Deutsches Gesellschaftsrecht in Europa, EuZW 1994, 395

Groß, Wolfgang: Bezugsrechtsausschluss bei Barkapitalerhöhungen: Offene Fragen bei der Anwendung des neuen § 186 Abs. 3 Satz 4 AktG, DB 1994, 2431

Großfeld, Bernhard: Vom Deutschen zum Europäischen Gesellschaftsrecht, AG 1987, 261

Großfeld, Bernhard: Europäisches Gesellschaftsrecht, WM 1992, 2121

Großfeld, Bernhard/König, Thomas: Das Internationale Gesellschaftsrecht in der Europäischen Gemeinschaft, RIW 1992, 433

Großfeld, Bernhard: Unternehmens- und Anteilsbewertung im Gesellschaftsrecht, 3. Aufl. 1994 (zitiert: *Großfeld*, Unternehmensbewertung)

Großfeld, Bernhard: Börsenkurs und Unternehmenswert, BB 2000, 261

Großkommentar zum Aktiengesetz, 4. Auflage: 1. Lieferung (Einleitung A-D) 1992; 2. Lieferung (§§ 1-14 AktG) 1992; 7. Lieferung (§§ 23-40 AktG) 1997; 5. Lieferung (§§ 179-191 AktG) 1995; 18. Lieferung (§§ 192-206 AktG) 2001 (zitiert: *Bearbeiter*, in: Großkommentar zum AktG)

Großmann, Sanford/Hart, Oliver: The Costs and Benefits of Ownership: A Theory of Vertical and Lateral Integration, JPE 94 (1986), 691

Grote, Ralf: Das neue Statut der Europäischen Aktiengesellschaft zwischen europäischem und nationalem Recht, Diss. Göttingen 1990

Grundmann, Stefan: EG-Richtlinie und nationales Privatrecht. Umsetzung und Bedeutung der umgesetzten Richtlinie im nationalen Privatrecht, JZ 1996, 274

Grundmann, Stefan: Der Treuhandvertrag, 1997

Grundmann, Stefan (Hrsg.): Systembildung und Systemlücken in Kerngebieten des Europäischen Privatrechts, 2000 (zitiert: *Bearbeiter*, in: Grundmann (Hrsg.), Systembildung)

Grundmann, Stefan: Information und ihre Grenzen im Europäischen und neuen englischen Gesellschaftsrecht, in: Deutsches und europäisches Gesellschafts-, Konzern- und Kapitalmarktrecht, Festschrift für Marcus Lutter zum 70. Geburtstag, 2000, S. 61

Grundmann, Stefan/Mülbert, Peter: Corporate Governance – Europäische Perspektiven. Symposium zum 60. Geburtstag von Klaus J. Hopt am 1./2. September 2000 in Mainz, ZGR 2001, 215

Grundmann, Stefan: Wettbewerb der Regelgeber im Europäischen Gesellschaftsrecht – jedes Marktsegment hat seine Struktur, ZGR 2001, 783

Grunewald, Barbara: Der Ausschluß aus Gesellschaft und Verein, 1987

Grunewald, Barbara: Das Recht zum Austritt aus der Aktiengesellschaft, in: Festschrift für Carsten Peter Claussen zum 70. Geburtstag, 1997, S. 103

Grunewald, Barbara: Europäisierung des Übernahmerechts, AG 2001, 288

Grunewald, Barbara: Die neue Squeeze-out-Regelung, ZIP 2002, 18

Günther, Thomas/Muche, Thomas/White, Mark: Zulässigkeit des Rückkaufs eigener Aktien in den USA und Deutschland – vor und nach dem KonTraG, RIW 1998, 337

Günther, Thomas/Muche, Thomas/White, Mark: Bilanzielle und steuerrechtliche Behandlung des Rückkaufs eigener Anteile in den U.S.A. und in Deutschland, WPg 1998, 574

Guhl, Theo: Das Schweizerische Obligationenrecht, 9. Aufl. 2000

Gutsche, Robert: Die Eignung der Europäischen Aktiengesellschaft für kleine und mittlere Unternehmen in Deutschland, 1994

Habersack, Mathias: Die Mitgliedschaft – subjektives und »sonstiges« Recht, 1996

Habersack, Mathias: Die Aktionärsklage – Grundlagen, Grenzen und Anwendungsfälle, DStR 1998, 533

Literatur

Habersack, Mathias: Europäisches Gesellschaftsrecht, 1999

Habersack, Mathias: Grundfragen der freiwilligen oder erzwungenen Subordination von Gesellschafterkrediten, ZGR 2000, 384

Habersack, Mathias: Rückerwerbbare Aktien auch für deutsche Gesellschaften! In: Deutsches und europäisches Gesellschafts-, Konzern- und Kapitalmarktrecht, Festschrift für Marcus Lutter zum 70. Geburtstag, 2000, S. 1329

Habersack, Mathias: Der Finanzplatz Deutschland und die Rechte der Aktionäre. Bemerkungen zur bevorstehenden Einführung des »Squeeze Out«, ZIP 2001, 1230

Halasz, Christian /Kloster, Lars: Nochmals: Squeeze-out – Eröffnung neuer Umgehungstatbestände durch die §§ 327 a ff. AktG, DB 2002, 1253

Halbhuber, Harald: National Doctrinal Structures and European Company Law, CML Rev. 38 (2001), 1385

Halen, Curt Christian von: Der Streit um die Sitztheorie vor der Entscheidung? Besprechung der Schlussanträge des Generalanwalts vom 4.12.2001 zum Vorabentscheidungsersuchen des BGH vom 30.3.2000, EWS 2002, 107

Hallstein, Walter: Angleichung des Privat- und Prozessrechts in der Europäischen Wirtschaftsgemeinschaft, RabelsZ 28 (1964), 211

Halm, Dirk: »Squeeze-Out« heute und morgen: Eine Bestandsaufnahme nach dem künftigen Übernahmerecht, NZG 2000, 1162

Hamilton, Robert: Corporations, 4. Aufl. 1997

Handkommentar zum Vertrag über die Europäische Union (EUV/EGV), Loseblatt, Stand: November 1998 (zitiert: *Bearbeiter*, in: Handkommentar EUV/EGV)

Hansen, Ulrike: Die verdeckten Sacheinlagen in Frankreich, Belgien und Deutschland und ihre Behandlung durch die zweite EU-Gesellschaftsrechtsrichtlinie, 1996

Harbarth, Stephan: Abwehr feindlicher Übernahmen in den USA, ZVglRWiss 100 (2001), 275

Harbers, Nicolas: Zivilrechtliche Probleme beim Management Buy-Out, 1992

Hasselbach, Kai: Aktuelle Entwicklungen im Europäischen Gesellschaftsrecht, NZG 1999, 291

Hayder, Roberto: Neue Wege der europäischen Rechtsangleichung? Die Auswirkungen der Einheitlichen Europäischen Akte von 1986, RabelsZ 53 (1989), 622

Hayek, Friedrich August von: Die Anmaßung von Wissen, ORDO 1975, 12

Hayek, Friedrich August von: Die Verfassung der Freiheit, 3. Aufl. 1991

Heermann, Peter: Unternehmerisches Ermessen, Organhaftung und Beweislastverteilung, ZIP 1998, 761

Heidel, Thomas/Lochner, Daniel: Squeeze-out ohne hinreichenden Eigentumsschutz, DB 2001, 2031

Heider, Karsten: Einführung der nennwertlosen Aktie in Deutschland anlässlich der Umstellung des Gesellschaftsrechts auf den Euro, AG 1998, 1

Heinsius, Theodor: Bezugsrechtsausschluss bei der Schaffung von Genehmigtem Kapital. Genehmigtes Kapital II. In: Festschrift für Alfred Kellermann zum 70. Geburtstag am 29. November 1990, 1991, S. 115

Heinze, Meinhard: Ein neuer Lösungsweg für die Europäische Aktiengesellschaft, AG 1997, 289

Heinze, Meinhard: Die Europäische Aktiengesellschaft, ZGR 2002, 66

Heinze, Stephan: Europäisches Kapitalmarktrecht, 1999

Hellwig, Hans-Jürgen: Angleichung des Gesellschaftsrechts in Europa – Notwendigkeit, Schwerpunkte und Wege aus Sicht des Kapitalmarkts, EWS 2001, 580

Henze, Hartwig: Materielle Grenzen für Mehrheitsentscheidungen im Aktienrecht, DStR 1993, 1823 (Teil I) und 1863 (Teil II)

Henze, Hartwig: Auflösung einer Aktiengesellschaft und Erwerb ihres Vermögens durch den Mehrheitsgesellschafter, ZIP 1995, 1473

Henze, Hartwig: Die Treupflicht im Aktienrecht, BB 1996, 489

Henze, Hartwig: Treupflichten der Gesellschafter im Kapitalgesellschaftsrecht, ZHR 162 (1998), 186

Henze, Hartwig: Leitungsverantwortung des Vorstands – Überwachungspflicht des Aufsichtsrats, BB 2000, 209

Henze, Hartwig: Die Berücksichtigung des Börsenkurses bei der Bemessung von Abfindung und variablem Ausgleich im Unternehmensvertragsrecht, in: Deutsches und europäisches Gesellschafts-, Konzern- und Kapitalmarktrecht, Festschrift für Marcus Lutter zum 70. Geburtstag, 2000, S. 1101

Hillebrandt, Franca/Schremper, Ralf: Analyse des Gleichbehandlungsgrundsatzes beim Rückkauf von Vorzugsaktien, BB 2001, 533

Hirte, Heribert: Bezugsrechtsausschluss und Konzernbildung, 1986

Hirte, Heribert: Einige Gedanken zur Entwicklung des Bezugsrechts in den Vereinigten Staaten, AG 1991, 166

Hirte, Heribert: Der Nennwert der Aktie – EG-Vorgaben und Situation in anderen Ländern, WM 1991, 753

Hirte, Heribert: Bezugsrechtsfragen bei Optionsanleihen, WM 1994, 321

Hirte, Heribert: Anmerkungen und Anregungen zur geplanten gesetzlichen Neuregelung des Bezugsrechts, ZIP 1994, 356

Hirte, Heribert: The European Private Company: A German Perspective, in: de Kluiver, Harm-Jan/van Gerven, Walter (Hrsg.): The European Private Company? 1995, S. 95

Hirte, Heribert: Vereinbarkeit der Inhaltskontrolle des Bezugsrechtsausschlusses bei Sacheinlagen mit europäischem Recht? Anmerkung zum Beschluss des BGH vom 30.1.1995 – II ZR 132/93 (Siemens AG), DB 1995, 1113

Hirte, Heribert: Wege zu einem europäischen Zivilrecht, Jenaer Schriften zum Recht, Band 10, 1996

Hirte, Heribert: Geldausgleich statt Inhaltskontrolle – Vermögensbezogener Aktionärsschutz in der börsennotierten Aktiengesellschaft, WM 1997, 1001

Hirte, Heribert: Die aktienrechtliche Satzungsstrenge: Kapitalmarkt und sonstige Legitimationen versus Gestaltungsfreiheit, ZGR Sonderheft 13, 1998, S. 61

Literatur

Hirte, Heribert/Butters, Beate: Die Kapitalerhöhung aus Gesellschaftsmitteln in den europäischen Aktienrechten: Anregungen für Auslegung und Reform des deutschen Rechts, ZBB 1998, 286

Hirte, Heribert: Ausgewählte Fragen zu Stock-option-Plänen und zum Erwerb eigener Aktien, in: Schmidt, Karsten/Riegger, Bodo (Hrsg.): Gesellschaftsrecht 1999, RWS-Forum 15, 2000, S. 211

Hirte, Heribert: Wandel- und Optionsanleihen in Europa, DB 2000, 1949

Hirte, Heribert: Kapitalgesellschaftsrecht, 3. Aufl. 2001

Hirte, Heribert: Bezugsrecht, Berichtspflicht, genehmigtes Kapital und europäisches Recht, DStR 2001, 577

Hirte, Heribert: Anmerkung zu LG München I vom 25.1.2000 (MHM), EWiR § 203 AktG 1/01, 507

Hirte, Heribert: Die Europäische Aktiengesellschaft, NZG 2002, 1

Hocker, Ulrich: Minderheitenschutz und Rechte der Aktionäre in Europa, in: Festschrift für Gerold Bezzenberger zum 70. Geburtstag am 13. März 2000, S. 147

Hölters, Wolfgang (Hrsg.): Handbuch des Unternehmens- und Beteiligungskaufs, 4. Aufl. 1996

Hohn Abad, Marion: Das Institut der Stimmrechtsvertretung im Aktienrecht – Ein europäischer Vergleich, Diss. Münster 1995

Hoffmann-Becking, Michael: Gesetz zur »kleinen AG« – unwesentliche Randkorrekturen oder grundlegende Reform? ZIP 1995, 1

Hofmeister, Holger: Der Ausschluss des aktiengesetzlichen Bezugsrechts bei börsennotierten AG, NZG 2000, 713

Hommelhoff, Peter: Machtbalancen im Aktienrecht – rechtdogmatische Einführung in die Verhandlungen des Aktienrechtsausschusses, in: Schubert, Werner/Hommelhoff, Peter (Hrsg.): Die Aktienrechtsreform am Ende der Weimarer Republik, 1987, S. 71

Hommelhoff, Peter: Börsenhandel von GmbH- und KG-Anteilen? Zu den Vorschlägen der Kommission »Zweiter Börsenmarkt«, ZHR 153 (1989), 181

Hommelhoff, Peter: Gesellschaftsrechtliche Fragen im Entwurf eines SE-Statuts, AG 1990, 422

Hommelhoff, Peter: Konturen eines gemeinschaftsrechtlichen Unternehmensrechts, in: Müller-Graff, Peter-Christian (Hrsg.): Gemeinsames Privatrecht in der Europäischen Gemeinschaft, 1993

Hommelhoff, Peter: »Kleine Aktiengesellschaften« im System des deutschen Rechts, AG 1995, 529

Hommelhoff, Peter: Stellungnahme zu Wolfgang Schön: Mindestharmonisierung im Gesellschaftsrecht, in: Everling, Ulrich/Roth, Wulf-Henning (Hrsg.): Mindestharmonisierung im Europäischen Binnenmarkt, 1997, S. 83

Hommelhoff, Peter: Die »Société fermée européenne« – eine supranationale Gesellschaftsform für kleine und mittlere Unternehmen im Europäischen Binnenmarkt, WM 1997, 2101

Hommelhoff, Peter: Europäisches Bilanzrecht im Aufbruch, RabelsZ 62 (1998), 381

Hommelhoff, Peter/Mattheus, Daniela: Corporate Governance nach dem KonTraG, AG 1998, 249

Literatur

Hommelhoff, Peter/Hopt, Klaus J./Lutter, Marcus (Hrsg.): Konzernrecht und Kapitalmarktrecht, 2001

Hommelhoff, Peter: Einige Bemerkungen zur Organisationsverfassung der Europäischen Aktiengesellschaft, AG 2001, 279

Hommelhoff, Peter: Die OECD-Principles on Corporate Governance – ihre Chancen und Risiken aus dem Blickwinkel der deutschen corporate governance-Bewegung, ZGR 2001, 238

Hommelhoff, Peter/Witt, Carl-Heinz: Bemerkungen zum deutschen Übernahmegesetz nach dem Scheitern der Richtlinie, RIW 2001, 561

Hoppmann, Carsten: Europarechtliche Entwicklungen im Börsenrecht, EWS 1999, 204

Hopt, Klaus J./Wymeersch, Eddy: European Company and Financial Law. European Community Law-Text Collection, 1991

Hopt, Klaus J.: Harmonisierung im europäischen Gesellschaftsrecht – Status quo, Probleme, Perspektiven, ZGR 1992, 265

Hopt, Klaus J.: Aktionärskreis und Vorstandsneutralität, ZGR 1993, 534

Hopt, Klaus J.: Europäisches Konzernrecht – Thesen und Vorschläge, in: Recht, Geist und Kunst, liber amicorum für Rüdiger Volhard, 1996, S. 74

Hopt, Klaus J.: Die Haftung von Vorstand und Aufsichtsrat – Zugleich ein Beitrag zur corporate governance-Debatte, in: Festschrift für Ernst-Joachim Mestmäcker zum siebzigsten Geburtstag, 1996, S. 909

Hopt, Klaus J.: Europäisches und deutsches Übernahmerecht, ZHR 161 (1997), 368

Hopt, Klaus J.: Gestaltungsfreiheit im Gesellschaftsrecht in Europa, ZGR Sonderheft 13, 1998, S. 123

Hopt, Klaus J.: Auf dem Weg zum deutschen Übernahmegesetz. Überlegungen zum Richtlinienentwurf 1997, zum Übernahmekodex (1997) und zum SPD-Entwurf 1997, in: Festschrift für Wolfgang Zöllner zum 70. Geburtstag, 1998, Band I, S. 253

Hopt, Klaus J.: Europäisches Gesellschaftsrecht – Krise und neue Anläufe, ZIP 1998, 96

Hopt, Klaus J.: Europäisches Konzernrecht? EuZW 1999, 577

Hopt, Klaus J.: Gemeinsame Grundsätze der Corporate Governance in Europa? ZGR 2000, 779

Hopt, Klaus J.: Europäisches Konzernrecht: Zu den Vorschlägen und Thesen des Forum Europaeum Konzernrecht, in: Corporations, Capital Markets and Business in the Law, Liber Amicorum Richard M. Buxbaum, 2000, S. 299

Hopt, Klaus J.: Verhaltenspflichten des Vorstands der Zielgesellschaft bei feindlichen Übernahmen – Zur aktien- und übernahmerechtlichen Rechtslage in Deutschland und Europa, in: Deutsches und europäisches Gesellschafts-, Konzern- und Kapitalmarktrecht, Festschrift für Marcus Lutter zum 70. Geburtstag, 2000, S. 1361

Hopt, Klaus J.: Modern Company Law Problems: A European Perspective, Vortrag auf der OECD-Konferenz »Company Law Reform in OECD Countries«, Stockholm, 7.-8.12.2000, abrufbar unter: http://www.oecd.org//daf/corporate-affairs/governance/company-law/ (zitiert: *Hopt*, OECD)

Hopt, Klaus J.: Europäische Aktiengesellschaft – per aspera ad astra? EuZW 2002, 1

Huber, Ulrich: Zum Aktienerwerb durch ausländische Tochtergesellschaften, in: Festschrift für Konrad Duden zum 70. Geburtstag, 1977, S. 137

Literatur

Huber, Ulrich: Rückkauf eigener Aktien, in: Aktien- und Bilanzrecht, Festschrift für Bruno Kropff, 1997, S. 101

Hübner, Ulrich: »Europäisierung des Privatrechts«, in: Festschrift für Bernhard Großfeld zum 65. Geburtstag, 1999, S. 471

Hüffer, Uwe: Harmonisierung des aktienrechtlichen Kapitalschutzes. Die Durchführung der Zweiten EG-Richtlinie zur Koordinierung des Gesellschaftsrechts, NJW 1979, 1065

Hüffer, Uwe: Die Ausgleichsklausel des § 243 Abs. 2 S. 2 AktG – misslungene Privilegierung der Mehrheitsherrschaft oder Grundlage für bloßen Vermögensschutz des Kapitalanlegers? In: Aktien- und Bilanzrecht, Festschrift für Bruno Kropff, 1997, S. 127

Hüffer, Uwe: Aktiengesetz, 5. Aufl. 2002 (zitiert: *Hüffer*, AktG)

Hüttemann, Rainer: Unternehmensbewertung als Rechtproblem, ZHR 162 (1998), 563

Hummel, Detlev: Integration und struktureller Wandel des Europäischen Kapitalmarktes, in: Hummel, Detlev/Breuer, Rolf (Hrsg.): Handbuch Europäischer Kapitalmarkt, 2001, S. 67

Hung, Shiu-Feng: Management Buy-Out bei der GmbH, 1996

Ihrig, Hans-Christoph/Streit, Georg: Aktiengesellschaft und Euro, Handlungsbedarf und Möglichkeiten der Aktiengesellschaften anlässlich der Euro-Einführung zum 1.1.1999, NZG 1998, 201

Immenga, Ulrich: Mehrheitserfordernisse bei einer Abstimmung der Hauptversammlung über die Übertragung vinkulierter Namensaktien, BB 1992, 2446

Institut der Wirtschaftsprüfer e. V. (Hrsg.): Wirtschaftsprüferhandbuch, Handbuch für Rechnungslegung, Prüfung und Beratung, Band I, 12. Aufl. 2000; Band II, 11. Aufl. 1998 (zitiert: *WP-Handbuch*)

Institut der Wirtschaftsprüfer e. V.: IDW Standard: Grundsätze zur Durchführung von Unternehmensbewertungen (IDW S 1), WPg 2000, 825

Jaeger, Carsten: Wie europäisch ist die Europäische Aktiengesellschaft? ZEuP 1994, 206

Jaeger, Carsten: Die Europäische Aktiengesellschaft – europäischen oder nationalen Rechts, 1994

Jahn, Andreas/Herfs-Röttgen, Ebba: Die Europäische Aktiengesellschaft – Societas Europaea, DB 2001, 631

Jahr, Günther/Stützel, Wolfgang: Aktien ohne Nennbetrag, 1963

Jensen, Michael: Agency Costs of Free Cash Flow, Corporate Finance, and Takeovers, AER 76 (1986), Papers and Proceedings, S. 323

Joost, Detlev: Generalanwalt beim EuGH zur verdeckten Sacheinlage, ZIP 1992, 1033

Joswig, Michael: Gründungsbilanzierung bei Kapitalgesellschaften nach Handels- und Steuerrecht, 1995

Kahan, Marcel/Kamar, Ehud: Price Discrimination in the Market for Corporate Law, Cornell L. Rev. 86 (2001), 1205

Kallmeyer, Harald: Bezugsrecht und Bezugsrechtsausschluss, Vorschlag für eine neue Bezugsrechtsdoktrin von AG und KGaA, AG 1993, 249

Kallmeyer, Harald: Die Mobilität der Gesellschaften in der Europäischen Union. Europäischer Binnenmarkt und grenzüberschreitende Fusion oder Spaltung und grenzüberschreitende rechtsfähigkeitswahrende Sitzverlegung, AG 1998, 88

Kallmeyer, Harald: Aktienoptionspläne für Führungskräfte im Konzern, AG 1999, 97

Kallmeyer, Harald: Ausschluß von Minderheitsaktionären, AG 2000, 59

Kallmeyer, Harald: Neutralitätspflicht des Vorstands und Entscheidungsbefugnis der Hauptversammlung im Übernahmerecht, AG 2000, 553

Kallmeyer, Harald: Kapitalmarktrechtliche Corporate Governance-Regeln, in: Festschrift für Martin Peltzer zum 70. Geburtstag, 2001, S. 205

Kallmeyer, Harald: Herausforderungen für das Wirtschaftsrecht durch Neue Medien (S. 47); sowie: Rechtspolitischer und internationaler Ausblick (S. 263), in: Noack, Ulrich/Spindler, Gerald (Hrsg.): Unternehmensrecht und Internet, 2001

Kallmeyer, Harald: SLIM Schlankheitskur für das EU-Gesellschaftsrecht, AG 2001, 406

Kallmeyer, Harald (Hrsg.): Umwandlungsgesetz. Kommentar, 2. Aufl. 2001 (zitiert: *Bearbeiter*, in: Kallmeyer, UmwG)

Kau, Wolfgang/Leverenz, Niklas: Mitarbeiterbeteiligung und leistungsgerechte Vergütung durch Aktien-Options-Pläne, BB 1998, 2269

Kellerhals, B. Phillipp/Rausch, Elmar: Die Liberalisierung von Aktienrückkäufen: Bundesdeutsche Erfahrungen, AG 2000, 222

Kersting, Christian: Societas Europaea: Gründung und Vorgesellschaft, DB 2001, 2079

Kessler, Manfred/Suchan Stefan Wilhelm: Erwerb eigener Aktien und dessen handelsbilanzielle Behandlung, BB 2000, 2529

Kiem, Roger: Der Erwerb eigener Aktien bei der kleinen AG, ZIP 2000, 209

Kieninger, Eva-Maria: Niederlassungsfreiheit als Rechtswahlfreiheit. Besprechung der Entscheidung EuGH EuZW 1999, 216 – Centros Ltd ./. Erhvervs – og Selskabsstyrelsen, ZGR 1999, 724

Kimpler, Frank: Probleme im Falle des Bezugsrechtsausschlusses beim genehmigten Kapital und bei Kapitalerhöhungen in Tochtergesellschaften, DB 1994, 767

Kindl, Johann: Der Erwerb eigener Aktien nach Europäischem Gemeinschaftsrecht, ZEuP 1994, 77

Kindl, Johann: Der Erwerb eigener Aktien nach dem KonTraG, DStR 1999, 1276

Kindler, Peter: Die sachliche Rechtfertigung des aktienrechtlichen Bezugsrechtsausschlusses im Lichte der Zweiten Gesellschaftsrechtlichen Richtlinie der Europäischen Gemeinschaft, ZHR 158 (1994), 339

Kindler, Peter: Kapitalschutz im italienischen Aktienrecht, RIW 1994, 821

Kindler, Peter: Verdeckte Sacheinlage und Kapitalschutzrichtlinie – Zur Umwandlung von Geldkrediten in Nennkapital der AG, in: Verantwortung und Gesellschaft, Festschrift für Karlheinz Boujong zum 65. Geburtstag, 1996, S. 299

Kindler, Peter: Bezugsrechtsausschluss und unternehmerisches Ermessen nach deutschem und europäischem Recht, ZGR 1998, 35

Literatur

Kindler, Peter: Unternehmerisches Ermessen und Pflichtenbindung. Voraussetzungen und Geltendmachung der Vorstandshaftung in der Aktiengesellschaft, ZHR 162 (1998), 101

Kirchhof, Paul (Hrsg.): EStG Kompaktkommentar Einkommensteuergesetz, 2. Aufl. 2002 (zitiert: *Bearbeiter*, in: Kirchhof, EStG)

Kirchner, Christian: Neutralitäts- und Stillhaltepflicht des Vorstands der Zielgesellschaft im Übernahmerecht, AG 1999, 481

Kirchner, Christian: Szenarien einer »feindlichen« Unternehmensübernahme: Alternative rechtliche Regelungen im Anwendungstest, BB 2000, 105

Klahold, Christoph: Aktienoptionen als Vergütungselement, 1999

Klein, Benjamin/Crawford, Robert/Alchian, Armen: Vertical Integration, Appropriable Rents, and the Competitive Contracting Process, J. L. & Econ. 21 (1978), 297

Klein, Christian/Stucki, Dominique: Öffentliche Übernahmeangebote (OPA/OPE) in Frankwreich, RIW 2001, 488

Kley, Martin: Bezugsrechtsausschluss und Deregulierungsforderungen, Diss. Köln 1998

Klingberg, Dietgard: Der Aktienrückkauf nach dem KonTraG aus bilanzieller und steuerlicher Sicht, BB 1998, 1575

Klinke, Ulrich: Europäisches Unternehmensrecht und EuGH. Die Rechtsprechung in den Jahren 1991-1992, ZGR 1993, 1

Klinke, Ulrich: Europäisches Unternehmensrecht und EuGH. Die Rechtsprechung im Jahre 1995, ZGR 1996, 567

Klinke, Ulrich: Europäisches Unternehmensrecht und der EuGH. Die Rechtsprechung in den Jahren 1998 bis 2000, ZGR 2002, 163

Klose-Mokroß, Lydia: Gläubigerschutz im Kapitalgesellschaftsrecht am Beispiel von der verdeckten Sacheinlage, 1997

Knobbe-Keuk, Brigitte: Das Klagerecht des Gesellschafters einer Kapitalgesellschaft wegen gesetz- und satzungswidrigen Maßnahmen der Geschäftsführung, in: Festschrift für Kurt Ballerstedt zum 70. Geburtstag am 24. Dezember 1975, S. 239

Knobbe-Keuk, Brigitte, Niederlassungsfreiheit: Diskriminierungs- oder Beschränkungsverbot? Zur Dogmatik des Art. 52 EWG-Vertrag – am Beispiel einiger gesellschaftsrechtlicher Beschränkungen, DB 1990, 2573

Kölner Kommentar zum Aktiengesetz, 2. Auflage: Band 1 (§§ 1-75 AktG) 1988; Band 5/1 (§§ 179-220 AktG) 1989 mit Nachtrag von Lutter zu § 186 AktG, 1994 (zitiert: *Bearbeiter*, in: Kölner Kommentar zum AktG)

Körner, Marita: Die Neuregelung der Übernahmekontrolle nach deutschem und europäischem Recht – insbesondere zur Neutralitätspflicht des Vorstands, DB 2001, 367

Kötz, Hein: Rechtsvereinheitlichung – Nutzen, Kosten, Methoden, Ziele, RabelsZ 50 (1986), 1

Kötz, Hein: Rechtsvergleichung und gemeineuropäisches Privatrecht, in: Müller-Graff, Peter-Christian (Hrsg.): Gemeinsames Privatrecht in der Europäischen Gemeinschaft, 1993, S. 95

Kolvenbach, Walter: Die Fünfte EG-Richtlinie über die Struktur der Aktiengesellschaft (Strukturrichtlinie), DB 1983, 2235

Kolvenbach, Walter: Neue Initiativen zur Weiterentwicklung des Europäischen Gesellschaftsrechts, EuZW 1996, 229

Kopp, Hans Joachim: Erwerb eigener Aktien: ökonomische Analyse vor dem Hintergrund von Unternehmensverfassung und Informationsineffizienz des Kapitalmarktes, 1995

Koppensteiner, Hans-Georg: GmbH-rechtliche Probleme des Management Buy-Out, ZHR 155 (1991), 97

Kornhauser, Lewis: The Nexus of Contracts Approach to Corporations: A Comment on Easterbrook and Fischel, Colum. L. Rev. 89 (1989), 1449

Kort, Michael: Ausgleichs- und Abfindungsrechte (§§ 304, 305 AktG) beim Eintritt eines herrschenden Unternehmens zu einem Beherrschungsvertrag. Besprechung der Entscheidung BGH NJW 1998, 1866, ZGR 1999, 402

Kort, Michael: Anmerkung zu LG Memmingen vom 31.1.2001 (Schneider Rundfunkwerke), EWiR § 221 AktG 1/01, 405

Korthals, Kerstin: Kapitalerhöhung zu höchsten Kursen. Eine Untersuchung unter Berücksichtigung des Aktionärsschutzes bei der Ausgabe von Aktien im US-amerikanischen Recht, 1995

Kossmann, Alfred: Ausschluss (»Freeze-out«) von Aktionären gegen Barabfindung, NZG 1999, 1198

Kraft, Gerhard/Altvater, Christian: Die zivilrechtliche, bilanzielle und steuerliche Behandlung des Rückkaufs eigener Aktien, NZG 1998, 448

Krause, Hartmuth: Die geplante Takeover-Richtlinie der Europäischen Union mit Ausblick auf das geplante deutsche Übernahmegesetz, NZG 2000, 905

Krekeler, Hans-Dirk: Wirtschaftliche Integration und Gesellschaftsrecht – amerikanische Erfahrungen und europäische Irrwege, Diss. München 1973

Kressin, Kurt: Die Einleitung eines Insolvenzverfahrens für Unternehmen – Ursachen, Zeitpunkt und Gründe, 1990

Krieger, Gerd: Aktionärsklage zur Kontrolle des Vorstands- und Aufsichtsratshandelns, ZHR 163 (1999), 343

Krieger, Gerd: Beschlußkontrolle bei Kapitalherabsetzungen. Besprechung der Entscheidungen BGHZ 138, 71 (Sachsenmilch) und BGH ZIP 1999, 1444 (Hilgers), ZGR 2000, 885

Krieger, Gerd: Squeeze-Out nach neuem Recht: Überblick und Zweifelsfragen, BB 2002, 53

Kübler, Friedrich: Unternehmensstruktur und Kapitalmarktfunktion – Überlegungen zur Krise der Aktiengesellschaft, AG 1981, 5

Kübler, Friedrich: Was leistet die Konzeption der Property Rights für aktuelle rechtspolitische Probleme? In: Neumann, Manfred (Hrsg.): Ansprüche, Eigentums- und Verfügungsrechte, 1984

Kübler, Friedrich: Aktie, Unternehmensführung und Kapitalmarkt. Rechtsvergleichende Untersuchung der Möglichkeiten der Eigenkapitalbeschaffung in der Bundesrepublik und in den USA, unter besonderer Berücksichtigung der mit der nennwertlosen Aktie verbundenen Vor- und Nachteile, Gesellschaft für bankwissenschaftliche Forschung e. V., Köln, 1989 (zitiert: *Kübler*, Aktie)

Kübler, Friedrich: Effizienz als Rechtsprinzip, in: Festschrift für Ernst Steindorff zum 70. Geburtstag am 13. März 1990, S. 686

Kübler, Friedrich/Mendelson, Moris/Mundheim, Robert: Die Kosten des Bezugsrechts. Eine rechtsökonomische Analyse des amerikanischen Erfahrungsmaterials, AG 1990, 461

Literatur

Kübler, Friedrich: Kapitalmarktgerechte Aktien? WM 1990, 1853

Kübler, Friedrich: Sind zwingende Bezugsrechte wirtschaftlich sinnvoll? ZBB 1993, 1

Kübler, Friedrich: Rechtsbildung durch Gesetzgebungswettbewerb? Überlegungen zur Angleichung und Entwicklung des Gesellschaftsrechts der Europäischen Gemeinschaft, KritVj 77 (1994), 79

Kübler, Friedrich: Aktienrechtsreform und Unternehmensverfassung, AG 1994, 141

Kübler, Friedrich: Institutioneller Gläubigerschutz oder Kapitalmarkttransparenz? Rechtsvergleichende Überlegungen zu den »stillen Reserven«, ZHR 159 (1995), 550

Kübler, Friedrich: Gesellschaftsrecht, 5. Aufl. 1999

Kübler, Friedrich: The Rules on Capital Under the Pressure of the Securities Markets. Position Paper for the Siena Conference on »Company Law and Capital Market Law«, Manuskript, Frankfurt am Main 2001, vorgesehen zur Veröffentlichung in der Cornell L. Rev. (zitiert: *Kübler*, Rules on Capital)

Kürsten, Wolfgang: Stock Options, Managerentscheidungen und (eigentliches) Aktionärsinteresse, ZfB 71 (2001), 249

Kunz, Klaudia: Die Insolvenz der Europäischen Aktiengesellschaft, 1994

Ladeur, Karl-Heinz: Die rechtswissenschaftliche Methodendiskussion und die Bewältigung des gesellschaftlichen Wandels. Zugleich ein Beitrag zur Bedeutung der ökonomischen Analyse des Rechts, RabelsZ 64 (2000), 60

Lambrecht, Philippe: The Capital Structure of the Company – The Regulator's Perspective, Vortrag auf der OECD-Konferenz »Company Law Reform in OECD Countries«, Stockholm, 7.-8.12.2000, abrufbar unter: http://www.oecd.org//daf/corporate-affairs/governance/company-law/

Lambsdorff, Otto Graf: Die Bedeutung der Aktie als Finanzierungsinstrument für die Wirtschaft, ZGR 1981, 1

Lamfalussy-Bericht: Schlussbericht des Ausschusses der Weisen über die Regulierung der europäischen Wertpapiermärkte, Brüssel, 15.2.2001. Der Bericht des Ausschusses unter dem Vorsitz von *Alexandre Lamfalussy* an die Europäische Kommission ist abrufbar unter: http://europa.eu.int/comm/internal_market/en/finances/general/lamfalussy.htm

Land, Volker/Hasselbach, Kai: »Going Private« und »Squeeze-out« nach deutschem Aktien-, Börsen- und Übernahmerecht, DB 2000, 557

Land, Volker: Das deutsche Wertpapiererwerbs- und Übernahmegesetz – Anmerkungen zum Regierungsentwurf, DB 2001, 1707

Lando, Ole: Why codify the European Law of contract? E. Rev. Priv. L. 5 (1997), 525

Lando, Ole: Optional or Mandatory Europeanisation of Contract Law, E. Rev. Priv. L. 8 (2000), 59

Lang, Joachim: Besteuerung in Europa zwischen Harmonisierung und Differenzierung, in: Unternehmen und Steuern, Festschrift für Hans Flick zum 70. Geburtstag, 1997, S. 873

La Porta, Rafael/Lopez de Silanes, Florencio/Shleifer, Andrei/Vishny, Robert: Legal Determinants of External Finance, JoF 52 (1997), 1131

La Porta, Rafael/Lopez de Silanes, Florencio/Shleifer, Andrei/Vishny, Robert: Law and Finance, JPE 106 (1998), 1113. Der Beitrag ist auch unverändert abgedruckt bei Schwalbach, Joachim (Hrsg.), Corporate Governance, Essays in Honor of Horst Albach, 2001, S. 26

La Porta, Rafael/Lopez de Silanes, Florencio/Shleifer, Andrei: Corporate Ownership Around the World, JoF 54 (1999), 471

La Porta, Rafael/Lopez de Silanes, Florencio/Shleifer, Andrei/Vishny, Robert: Agency Problems and Dividend Policies Around the World, JoF 55 (2000), 1

La Porta, Rafael/Lopez de Silanes, Florencio/Shleifer, Andrei/Vishny, Robert: Investor protection and corporate governance, JoFE 58 (2000), 3

Laufs, Adolf: Rechtsentwicklungen in Deutschland, 5. Aufl. 1996

Lee, Scott/Mikkelson, Wayne/Partch, Megan: Managers' Trading Around Stock Repurchases, JoF 47 (1992), 1947

Lehmann, Michael: Das Privileg der beschränkten Haftung und der Durchgriff im Gesellschafts- und Konzernrecht. Eine juristische und ökonomische Analyse, ZGR 1986, 345

Leible, Stefan: Bilanzpublizität und Effektivität des Gemeinschaftsrechts, ZHR 162 (1998), 594

Leible, Stefan: Anmerkung zu EuGH vom 9.3.1999 (Centros), NZG 1999, 298

Leible, Stefan: Die Mitteilung der Kommission zum Europäischen Vertragsrecht – Startschuss für ein Europäisches Vertragsgesetzbuch? EWS 2001, 471

Leinekugel, Magdalena: Die Sachdividende im deutschen und europäischen Aktienrecht, 2001

Leithaus, Rolf: Die Regelungen des Erwerbs eigener Aktien in Deutschland und den Niederlanden, 2000

Lenz, Tobias: Die Heilung verdeckter Sacheinlagen bei Kapitalgesellschaften, 1995

Lenzen, Ursula: Reform des Rechts der Börsenkursmanipulation, Arbeitspapier Nr. 84 des Instituts für Bankrecht der Universität Frankfurt am Main, 2000, abrufbar unter: http://www.uni-frankfurt.de/fb01/baums/

Leupold, Andreas: Die Europäische Aktiengesellschaft unter besonderer Berücksichtigung des deutschen Rechts. Chancen und Probleme auf dem Weg zu einer supranationalen Gesellschaftsform, Diss. Konstanz 1993

Liesegang, Roberto: Die Europäische Aktiengesellschaft und das Gesellschaftsrecht Portugals, 1994

Lorenz, Robert/Röder, Klaus: Kurs und rechnerischer Wert des Bezugsrechts. Eine empirische Analyse des deutschen Markts von 1989 bis 1995, ZBB 1999, 73

Lorsch, Jay: German Corporate Governance and Management: An American's Perspective, in: Werder, Axel von (Hrsg.): Grundsätze ordnungsmäßiger Unternehmensführung (GoF) für die Unternehmensleitung (GoU), Überwachung (GoÜ) und Abschlussprüfung (GoA), ZfbF-Sonderheft 36, 1996, S. 199

Lübking, Johannes: Ein einheitliches Konzernrecht für Europa, 2000

Lutter, Marcus: Kapital, Sicherung der Kapitalaufbringung und Kapitalerhaltung in den Aktien- und GmbH-Rechten der EWG. Eine Untersuchung zur Ausfüllung von Artikel 54 Absatz 3 lit. g des Vertrages über die Errichtung einer Europäischen Wirtschaftsgemeinschaft, 1964 (zitiert: *Lutter*, Kapital)

Lutter, Marcus (Hrsg.): Die Europäische Aktiengesellschaft, 2. Aufl. 1978

Literatur

Lutter, Marcus: Zur Europäisierung des deutschen Aktienrechts, in: Konflikt und Ordnung, Festschrift für Murad Ferid zum 70. Geburtstag, 1978, S. 599

Lutter, Marcus: Materielle und förmliche Erfordernisse eines Bezugsrechtsausschlusses – Besprechung der Entscheidung BGHZ 71, 40 (Kali + Salz), ZGR 1979, 401

Lutter, Marcus: Theorie der Mitgliedschaft, AcP 180 (1980), 84

Lutter, Marcus: Bezugsrechtsausschluss und genehmigtes Kapital, BB 1981, 861

Lutter, Marcus: Verdeckte Leistungen und Kapitalschutz, in: Festschrift für Ernst C. Stiefel zum 80. Geburtstag, 1987, S. 505

Lutter, Marcus/Wahlers, Henning: Der Buyout: Amerikanische Fälle und die Regeln des deutschen Rechts, AG 1989, 1

Lutter, Marcus/Gehling, Christian: Verdeckte Sacheinlagen. Zur Entwicklung der Lehre und zu den europäischen Aspekten, WM 1989, 1445

Lutter, Marcus: Genügen die vorgeschlagenen Regelungen für eine »Europäische Aktiengesellschaft«? AG 1990, 413

Lutter, Marcus: Sinn und Unsinn von Rechtsangleichungen im europäischen Raum, in: Chmielewicz, Klaus/Forster, Karl-Heinz (Hrsg.): Unternehmensverfassung und Rechnungslegung in der EG, ZfbF Sonderheft 29, 1991, S. 86

Lutter, Marcus: Die Auslegung angeglichenen Rechts, JZ 1992, 593

Lutter, Marcus: Perspektiven eines europäischen Unternehmensrechtes – Versuch einer Summe, ZGR 1992, 435

Lutter, Marcus: Die Entwicklung der GmbH in Europa und in der Welt, in: Festschrift 100 Jahre GmbH-Gesetz, 1992, S. 49

Lutter, Marcus/Gehling, Christian: Anmerkung zu OLG Frankfurt am Main vom 30.1.1992 (Hornblower Fischer), WuB II A. § 71 a AktG 1.92

Lutter, Marcus: Gefahren persönlicher Haftung für Gesellschafter und Geschäftsführer einer GmbH, DB 1994, 129

Lutter, Marcus: Die Einbindung der nationalen Gesellschaftsrechte in das europäische Recht, in: Reformbedarf im Aktienrecht, ZGR Sonderheft 12, 1994, S. 121

Lutter, Marcus: Anmerkung zu BGH vom 7.3.1994 (Deutsche Bank), JZ 1994, 910

Lutter, Marcus: Das neue »Gesetz für kleine Aktiengesellschaften und zur Deregulierung des Aktienrechts«, AG 1994, 429

Lutter, Marcus: Anmerkung zu BGH vom 30.1.1995 (Vorlagebeschluss Siemens/Nold), AG 1995, 648

Lutter, Marcus: A Mini-Directive on Capital, in: Kluiver, Harm-Jan De/Gerven, Walter Van (Hrsg.): The European Private Company? 1995, S. 201

Lutter, Marcus: Defizite für eine effiziente Aufsichtsratstätigkeit und gesetzliche Möglichkeiten der Verbesserung, ZHR 159 (1995), 287

Lutter, Marcus: Rechtspolitik in Europa, AG 1995, 309

Lutter, Marcus: Zum Umfang der Bindung durch Richtlinien, in: Festschrift für Ulrich Everling, Band I, 1995, S. 765

Lutter, Marcus: Europäisches Unternehmensrecht, ZGR Sonderheft 1, 4. Aufl. 1996

Lutter, Marcus/Drygala, Tim: Die Übertragende Auflösung: Liquidation der Aktiengesellschaft oder Liquidation des Minderheitenschutzes? In: Aktien- und Bilanzrecht, Festschrift für Bruno Kropff, 1997, S. 161

Lutter, Marcus: Stellungnahme zur Aktienrechtsreform 1997, AG Sonderheft August 1997, S. 52

Lutter, Marcus: Eine größenabhängige und zwingende Unternehmensverfassung für Kapitalgesellschaften in Europa? AG 1997, 538

Lutter, Marcus (Hrsg.): Holding-Handbuch, 3. Aufl. 1998

Lutter, Marcus/Wiedemann, Herbert (Hrsg.): Gestaltungsfreiheit im Gesellschaftsrecht, ZGR-Sonderheft 13, 1998

Lutter, Marcus: Gesetzliches Garantiekapital als Problem europäischer und deutscher Rechtspolitik, AG 1998, 375

Lutter, Marcus: Die Funktion der Gerichte im Binnenstreit von Kapitalgesellschaften – ein rechtsvergleichender Überblick, ZGR 1998, 191

Lutter, Marcus: Anmerkung zu BGH vom 23.6.1997 (Siemens/Nold), JZ 1998, 50

Lutter, Marcus: Die Harmonisierung des Rechts der Kapitalgesellschaften in Europa (Stand und Perspektiven), in: Nobel, Peter (Hrsg.): Internationales Gesellschaftsrecht, Heft 1, 1998, S. 129

Lutter, Marcus/Leinekugel, Rolf: Kompetenzen von Hauptversammlung und Gesellschafterversammlung beim Verkauf von Unternehmensteilen, ZIP 1998, 225

Lutter, Marcus/Leinekugel, Rolf: Der Ermächtigungsbeschluß der Hauptversammlung zu grundlegenden Strukturmaßnahmen – zulässige Kompetenzübertragung oder unzulässige Selbstentmachtung? ZIP 1998, 805

Lutter, Marcus: Gesellschaftsrecht und Kapitalmarkt, in: Festschrift für Wolfgang Zöllner zum 70. Geburtstag, 1998, Band I, S. 363

Lutter, Marcus/Leinekugel, Rolf: Planmäßige Unterschiede im umwandlungsrechtlichen Minderheitenschutz? ZIP 1999, 261

Lutter, Marcus: Das Europäische Unternehmensrecht im 21. Jahrhundert, ZGR 2000, 1

Lutter, Marcus: Entwicklung und Fortbildung des Rechts durch Entscheidung: Der Bundesgerichtshof und das Aktienrecht, in: 50 Jahre Bundesgerichtshof. Festgabe aus der Wissenschaft, Band II, 2000, S. 321

Lutter, Marcus: Neue Entwicklungen im Gesellschaftsrecht der EU, in: Nobel, Peter (Hrsg.): Internationales Gesellschaftsrecht, Heft 2, 2000, S. 9

Lutter, Marcus: Aktionärs-Klagerechte, JZ 2000, 837

Lutter, Marcus (Hrsg.): Umwandlungsgesetz, Kommentar, Band I (§§1-151), Band II (§§ 152-325), 2. Aufl. 2000 (zitiert: *Bearbeiter*, in: Lutter, UmwG)

Lutter, Marcus: Europäische Aktiengesellschaft – Rechtsfigur mit Zukunft? BB 2002, 1

Lutter, Marcus/Leinekugel, Magdalena/Rödder, Thomas: Die Sachdividende. Gesellschaftsrecht und Steuerrecht, ZGR 2002, 204

Macey, Jonathan: Courts and Corporations: A Comment on Coffee, Colum. L. Rev. 89 (1989), 1692

Literatur

Maier, Arno: Der Grundsatz der Kapitalerhaltung und die Durchgriffshaftung wegen Unterkapitalisierung im deutschen und amerikanischen Gesellschaftsrecht, 1986

Maierhofer, Karl: Der faktische Konzern nach geplantem europäischem Recht, 1996

Maier-Reimer, Georg: Verhaltenspflichten des Vorstands der Zielgesellschaft bei feindlichen Übernahmen, ZHR 165 (2001), 258

Maisto, Guglielmo: Status and perspectives of harmonisation and co-ordination of company taxation in the European Community, in: Referate für den 1. Europäischen Juristentag, Nürnberg 2001, S. 165

Markesinis, Basil: Why a code is not the best way to advance the cause of European legal unity, E. Rev. Priv. L. 5 (1997), 519

Markwardt, Karsten: Erwerb eigener Aktien in der »Falle« des § 71 Abs. 1 Nr. 8 AktG, BB 2002, 1108

Marsch-Barner, Reinhard: Die Erleichterung des Bezugsrechtsausschlusses nach § 186 Abs. 3 Satz 4 AktG, AG 1994, 532

Martens, Klaus-Peter: Kapital und Kapitalschutz in der S. E., in: Lutter, Marcus (Hrsg.): Die Europäische Aktiengesellschaft, 1976, S. 165

Martens, Klaus-Peter: Der Ausschluss des Bezugsrechts: BGHZ 33, S. 175. Zum Interesse an wirtschaftlicher Selbständigkeit, in: Festschrift für Robert Fischer, 1979, S. 437

Martens, Klaus-Peter: Der Bezugsrechtsausschluss anlässlich eines ausländischen Beteiligungserwerbs, in: Festschrift für Ernst Steindorff zum 70. Geburtstag am 13. März 1990, S. 151

Martens, Klaus-Peter: Der Ausschluss des Bezugsrechts, ZIP 1992, 1677

Martens, Klaus-Peter: Der Einfluss von Vorstand und Aufsichtsrat auf Kompetenzen und Struktur der Aktionäre – Unternehmensverantwortung contra Neutralitätspflicht, in: Festschrift für Karl Beusch zum 68. Geburtstag am 31. Oktober 1993, S. 529

Martens, Klaus-Peter: Richterliche und gesetzliche Konkretisierungen des Bezugsrechtsausschlusses, ZIP 1994, 669

Martens, Klaus-Peter: Erwerb und Veräußerung eigener Aktien im Börsenhandel. Überlegungen de lege ferenda, AG 1996, 337

Martens, Klaus-Peter: Verschmelzung, Spruchverfahren und Anfechtungsklage in Fällen eines unrichtigen Umtauschverhältnisses, AG 2000, 301

Mattei, Ugo: A transaction costs approach to the European Code, E. Rev. Priv. L. 5 (1997), 537

May, Axel: Zum Stand der empirischen Forschung über Informationsverarbeitung am Aktienmarkt – Ein Überblick, ZfbF 43 (1991), 313

McChesney, Fred: Economics, Law, and the Science in the Corporate Field: A Critique of Eisenberg, Colum. L. Rev. 89 (1989), 1530

Meesen, Karl M.: Souveränität im Wettbewerb der Systeme, in: Liber amicorum Günther Jaenicke – Zum 85. Geburtstag, 1998, S. 667

Meier-Schatz, Christian: Über die Notwendigkeit gesellschaftsrechtlicher Aufsichtsregeln. Ein Beitrag zur Ökonomischen Analyse des Gesellschaftsrechts, Zeitschrift für Schweizerisches Recht 129 (1988), 191

Meilicke, Wienand: Die »verschleierte« Sacheinlage – eine deutsche Fehlentwicklung, 1989

Meilicke, Wienand: Die Kapitalaufbringungsvorschriften als Sanierungsbremse – Ist die deutsche Interpretation des § 27 Abs. 2 AktG richtlinienkonform? DB 1989, 1067 (Teil I) und 1119 (Teil II)

Meilicke, Wienand: »Verschleierte« Sacheinlage und EWG-Vertrag, DB 1990, 1173

Meilicke, Wienand: Vereinbarkeit der Inhaltskontrolle des Bezugsrechtsausschlusses mit europäischem Recht, DB 1996, 513

Meilicke, Wienand/Heidel, Thomas: Die Pflicht des Vorstands der AG zur Unterrichtung der Aktionäre vor dem Bezugsrechtsausschluss beim genehmigten Kapital, DB 2000, 2358

Merkt, Hanno: US-amerikanisches Gesellschaftsrecht, 1991

Merkt, Hanno: Europäische Aktiengesellschaft: Gesetzgebung als Selbstzweck? Kritische Bemerkungen zum Entwurf von 1991, BB 1992, 652

Merkt, Hanno: Das Europäische Gesellschaftsrecht und die Idee des »Wettbewerbs der Gesetzgeber«, RabelsZ 59 (1995), 545

Merkt, Hanno: Unternehmenspublizität. Offenlegung von Unternehmensdaten als Korrelat der Marktteilnahme, 2001

Merkt, Hanno: Verhaltenspflichten des Vorstands der Zielgesellschaft bei feindlichen Übernahmen, ZHR 165 (2001), 224

Merkt, Hanno: Empfiehlt es sich, im Interesse des Anlegerschutzes und zur Förderung des Finanzplatzes Deutschland das Kapitalmarkt- und Börsenrecht neu zu regeln? Börsenrechtliches Teilgutachten. Gutachten G für den 64. Deutschen Juristentag 2002 in Berlin

Mertens, Hans-Joachim: Satzungs- und Organisationsautonomie im Aktien- und Konzernrecht, ZGR 1994, 426

Meyer, Justus: Haftungsbeschränkungen im Recht der Handelsgesellschaften, 2000

Modigliani, Franco/Miller, Merton: The Cost of Capital, Corporate Finance and the Theory of Investment, AER 48 (1958), 261

Möller, Andreas/Pötzsch, Thorsten: Das neue Übernahmerecht – Der Regierungsentwurf vom 11. Juli 2001, ZIP 2001, 1256

Möllers, Thomas: Anlegerschutz durch Aktien- und Kapitalmarktrecht – Harmonisierungsmöglichkeiten nach geltendem und künftigem Recht, ZGR 1997, 334

Möschel, Wernhard: Zum Subsidiaritätsprinzip im Vertrag von Maastricht, NJW 1993, 3025

Möschel, Wernhard: Einflüsse der europäischen auf die deutsche Wirtschaftsordnung, in: Festschrift für Wolfgang Zöllner zum 70. Geburtstag, 1999, Band I, S. 395

Mohr, Heinrich: Die Bewertung der Beteiligungen als Problem der aktienrechtlichen Gründungsprüfung, WPg 1960, 573

Monopolkommission: Systemwettbewerb, Sondergutachten 27, 1998

Morse, Geoffrey: The Second Directive: raising and maintenance of capital, E. L. Rev. 2 (1977), 126

Mülbert, Peter: Aktiengesellschaft, Unternehmensgruppe und Kapitalmarkt. Die Aktionärsrechte bei Bildung und Umbildung einer Unternehmensgruppe zwischen Verbands- und Anlegerschutz, 1995 (zitiert: *Mülbert*, Aktiengesellschaft)

Literatur

Mülbert, Peter: Privatrecht, die EG-Grundfreiheiten und der Binnenmarkt. Zwingendes Privatrecht als Grundfreiheitenbeschränkung im EG-Binnenmarkt, ZHR 159 (1995), 2

Mülbert, Peter: Die Zielgesellschaft im Vorschlag 1997 einer Takeover-Richtlinie – zwei folgenreiche Eingriffe ins deutsche Aktienrechte, IStR 1999, 83

Mülbert, Peter: Kapitalschutz und Gesellschaftszweck bei der Aktiengesellschaft, in: Deutsches und europäisches Gesellschafts-, Konzern- und Kapitalmarktrecht, Festschrift für Marcus Lutter zum 70. Geburtstag, 2000, S. 535

Mülbert, Peter: Rechtsprobleme des Delisting, ZHR 165 (2001), 104

Mülbert, Peter/Schmolke, Klaus Ulrich: Die Reichweite der Niederlassungsfreiheit von Gesellschaften – Anwendungsgrenzen der Artt. 43 ff. EGV bei kollisions- und sachrechtlichen Niederlassungshindernissen, ZVglRWiss 100 (2001), 233

Mülbert, Peter/Nienhaus, Julia: Europäisches Gesellschaftsrecht und die Neubildung nationaler Gesellschaftsformen – oder: unterliegt die Vorgesellschaft der Publizitätsrichtlinie? RabelsZ 65 (2001), 513

Mülbert, Peter: Übernahmerecht zwischen Kapitalmarktrecht und Aktien(konzern)recht – die konzeptionelle Schwachstelle des RegE WpÜG, ZIP 2001, 1221

Mülbert, Peter: Konzeption des europäischen Kapitalmarktrechts für Wertpapierdienstleistungen, WM 2001, 2085

Müller, Markus: Systemwettbewerb, Harmonisierung und Wettbewerbsverzerrung. Europa zwischen einem Wettbewerb der Gesetzgeber und vollständiger Harmonisierung, 2000

Müller, Welf: Zum Entwurf eines Gesetzes zur Durchführung der Zweiten Richtlinie des Rates der Europäischen Gemeinschaft zur Koordinierung des Gesellschaftsrechts (Kapitalschutzrichtlinie), WPg 1978, 565

Müller, Welf: Die Unternehmensbewertung in der Rechtsprechung. Zustandsbeschreibung und Ausblick, in: Festschrift für Gerold Bezzenberger zum 70. Geburtstag am 13. März 2000, S. 705

Müller-Graff, Peter-Christian: Gemeinsames Privatrecht in der Europäischen Gemeinschaft: Ebenen und gemeinschaftsprivatrechtliche Grundfragen, in: Europarecht, Energierecht, Wirtschaftsrecht, Festschrift für Bodo Börner zum 70. Geburtstag, 1992, S. 303

Müller-Graff, Peter-Christian: Europäisches Gemeinschaftsrecht und Privatrecht. Das Privatrecht in der europäischen Integration, NJW 1993, 13

Müller-Graff, Peter-Christian: Binnenmarktauftrag und Subsidiaritätsprinzip? ZHR 159 (1995), 34

Münchener Handbuch des Gesellschaftsrechts, Band 4, Aktiengesellschaft. Hrsg.: Michael Hoffmann-Becking, 2. Aufl. 1999 (zitiert: *Bearbeiter,* in: Münchener Handbuch AG)

Münchener Kommentar zum Aktiengesetz, 2. Aufl. des Geßler/Hefermehl/Eckhardt/Kropff, Aktiengesetz, Band 1, §§ 1-53, 2000; Band 7, §§ 222-277, 2001; Band 8, §§ 278-328, 2000 (zitiert: *Bearbeiter,* in: Münchener Kommentar zum AktG)

Muráti, Ilona: Gläubigerschützende Maßnahmen zur Sicherung der Kapitalaufbringung und der Kapitalerhaltung im spanischen Aktienrecht. Ein Vergleich mit der Rechtslage nach dem deutschen AktG unter Einbeziehung der EG-Richtlinien zur Koordinierung der Schutzbestimmungen auf dem Gebiet des Gesellschaftsrechts, 1993

Mutter, Stefan/Mikus, Rolf: Das »Stuttgarter Modell«: Steueroptimierte Stock Option-Programme ohne Beschluss der Hauptversammlung, ZIP 2001, 1949

Myers, Steward, Determinants of Corporate Borrowing, JoFE 5 (1977) 147

Myers, Steward: The Capital Structure Puzzle, JoF 39 (1984), 575

Myers, Steward: Capital Structure: Some Legal and Policy Issues, Vortrag auf der OECD-Konferenz »Company Law Reform in OECD Countries«, Stockholm, 7.-8.12.2000, abrufbar unter: http://www.oecd.org//daf/corporate-affairs/governance/company-law/ (zitiert: *Myers*, OECD)

Natterer, Joachim: Bezugsrechtsausschluss und zweite gesellschaftsrechtliche Richtlinie, ZIP 1995, 1481

Natterer, Joachim: Kapitalveränderungen der Aktiengesellschaft, Bezugsrecht der Aktionäre und 'sachlicher Grund', 2000

Natterer, Joachim: Materielle Kontrolle von Kapitalherabsetzungsbeschlüssen? Die Sachsenmilch-Rechtsprechung, AG 2001, 629

Neye, Hans-Werner: Gemeinschaftsrecht und Recht der verbundenen Unternehmen – Entwicklungen außerhalb des Gesellschaftsrechts und Auswirkungen auf das deutsche Recht, ZGR 1995, 191

Neye, Hans-Werner: SLIM – Schlankheitskur für EU-Gesellschaftsrecht, ZIP 1999, 1944

Neye, Hans-Werner: Der gemeinsame Standpunkt des Rates zur 13. Richtlinie – ein entscheidender Schritt auf dem Weg zu einem europäischen Übernahmerecht, AG 2000, 289

Neye, Hans-Werner: Die EU-Übernahmerichtlinie auf der Zielgeraden, ZIP 2001, 1120

Neye, Hans-Werner: Kein neuer Stolperstein für die Europäische Aktiengesellschaft, ZGR 2002, 377

Niebel, Rembert: Der Status der Gesellschaften in Europa. Rechtstheoretische und europarechtliche Aspekte transnational wirtschaftender Verbände, 1998

Niederleithinger, Ernst: Gesetzliches Garantiekapital als Problem europäischer und deutscher Rechtspolitik, AG 1998, 377

Niehues, Michael: EU-Rechnungslegungsstrategie und Gläubigerschutz, WPg 2001, 1209

Niessen, Hermann: Gründung und Kapital von Aktiengesellschaften im Gemeinsamen Markt – Zum Vorschlag der Kommission einer zweiten Richtlinie zur Angleichung des Gesellschaftsrechts, AG 1970, 281

Noack, Ulrich: Europäisches Unternehmensrecht. Vortrag bei der deutsch-niederländischen Rechtsanwaltsvereinigung am 6.11.1997, abrufbar unter: http://www.jura.uni-duesseldorf.de/dozenten/noack/europa.htm

Noack, Ulrich: Entwicklungen im Aktienrecht 1999/2000, Deutsches Aktieninstitut e. V., Frankfurt am Main, 1999

Noack, Ulrich: Erleichterung grenzüberscheitender Stimmrechtsausübung – Bericht über eine Initiative der niederländischen Regierung und der Europäischen Union, ZIP 2002, 1215

Nobel, Peter: Unternehmensfinanzierung und gesetzliches Garantiekapital in der Schweiz, AG 1998, 354

Nörr, Knut Wolfgang: Zur Entwicklung des Aktien- und Konzernrechts während der Weimarer Republik, ZHR 150 (1986), 155

Literatur

Nowotny, Christian: Kapitalmarkt und Aktienrückerwerb – Das österreichische Aktienrückerwerbsgesetz 1999, in: Deutsches und europäisches Gesellschafts-, Konzern- und Kapitalmarktrecht, Festschrift für Marcus Lutter zum 70. Geburtstag, 2000, S. 1513

Nussbaum, Peter: Besicherung durch die Aktiva der Zielgesellschaft im Leveraged Buyout. Eine Untersuchung zu den fraudulent conveyance laws und den §§ 30, 31 GmbHG, 1996

Oechsler, Jürgen: Der RegE zum Wertpapiererwerbs- und Übernahmegesetz – Regelungsbedarf auf der Zielgeraden! NZG 2001, 817

Oppermann, Thomas: Europarecht, 2. Aufl. 1999

Paefgen, Walter: Eigenkapitalderivate bei Aktienrückkäufen und Managementbeteiligungsmodellen, AG 1999, 67

Papmehl, Markus: Delaware Corporate Law: Entstehungsgeschichte und Gründe für den Führungsanspruch im US-Gesellschaftsrecht, ZHR 166 (2002), 200

Paschke, Marian/Iliopoulos, Constantin (Hrsg.): Europäisches Privatrecht: Ein Studienbuch der Europäischen Gemeinschaft, 1998

Pellens, Bernhard: Aktionärsschutz im Konzern, 1994

Pellens, Bernhard/Bonse, Andreas: Annäherung des deutschen Aktionärsschutzes an US-amerikanische Vorstellungen, in: Festschrift für Bernhard Großfeld zum 65. Geburtstag, 1999, S. 851

Pellens, Bernhard/Schremper, Ralf: Theorie und Praxis des Aktienrückkaufs in den USA und in Deutschland, BFuP 2000, 132

Pellens, Bernhard/Hillebrandt, Franca: Vorzugsaktien vor dem Hintergrund der Corporate Governance Diskussion, AG 2001, 57

Peltzer, Martin: Rechtliche Problematik der Finanzierung des Unternehmenskaufs beim MBO, DB 1987, 973

Peltzer, Martin: Steuer- und Rechtsfragen bei der Mitarbeiterbeteiligung und der Einräumung von Aktienoptionen (Stock Options), AG 1996, 307

Peltzer, Martin/Werder, Axel von: Der »German Code of Corporate Governance (GCCG)« des Berliner Initiativkreises, AG 2001, 1

Peltzer, Oliver: Die Neuregelung des Erwerbs eigener Aktien im Lichte der historischen Erfahrungen, WM 1998, 322

Pentz, Andreas: Die Änderung des Nachgründungsrechts durch das NaStraG, NZG 2001, 246

Peters, Torsten: Übertragung von Gesellschaftsvermögen und »Freezeout« - Konfliktpotential im Minderheitenschutz, BB 1999, 801

Picot, Gerhard (Hrsg.): Unternehmenskauf und Restrukturierung, 2. Aufl. 1998

Pieper, Ute/Schiereck, Dirk/Weber, Martin: Die Kaufempfehlungen des »Effecten-Spiegel«. Eine empirische Untersuchung im Lichte der Effizienzthese des Kapitalmarktes, ZfbF 45 (1993), 487

Piltz, Detlev Jürgen: Die Unternehmensbewertung in der Rechtsprechung, 3. Aufl. 1994 (zitiert: Piltz, Unternehmensbewertung)

Piltz, Detlev Jürgen: Unternehmensbewertung und Börsenkurs im aktienrechtlichen Spruchstellenverfahren – zugleich Besprechung der Entscheidung BVerfGE 100, 298, ZGR 2001, 185

Pipkorn, Jörn: Zur Entwicklung des europäischen Gesellschafts- und Unternehmensrechts, ZHR 136 (1972), 499

Pipkorn, Jörn: Zur Entwicklung des europäischen Gesellschafts- und Unternehmensrechts (II), ZHR 141 (1977), 330

Pluskat, Sorika: Das Scheitern der europäischen Übernahmerichtlinie, WM 2001, 1937

Pluskat, Sorika: Die neuen Vorschläge für die Europäische Aktiengesellschaft, EuZW 2001, 524

Posner, Dirk: Der Erwerb eigener Aktien in der US-amerikanischen Unternehmenspraxis, AG 1994, 312

Posner, Richard: The Economic Analysis of Law, 5. Aufl. 1998

Pühler, Roland: Das Verbot der Anteilsfinanzierung in Belgien, Frankreich, Italien und den Niederlanden, 1996

Quack, Karlheinz: Die Schaffung genehmigten Kapitals unter Ausschluß des Bezugsrechts der Aktionäre – Besprechung der Entscheidung BGHZ 83, 319 ff., ZGR 1983, 257

Rammert, Stefan: Der vereinfachte Bezugsrechtsausschluss – eine ökonomische Analyse, ZfbF 1998, 703

Ramseyer, Mark: Corporate Law, in: The New Palgrave Dictionary of Economics and the Law, 1998

Rasner, Henning: Die Europäische Aktiengesellschaft (SE) – ist sie wünschenswert? ZGR 1992, 314

Rechenberg, Wolf-Georg Frhr. von: Holzmüller – Auslaufmodell oder Grundpfeiler der Kompetenzverteilung in der AG? In: Festschrift für Gerold Bezzenberger zum 70. Geburtstag am 13. März 2000, S. 359

Regierungskommission Corporate Governance: Siehe Baums, Theodor (Hrsg.), 2001

Reher, Tim: Gesellschaftsrecht in Gemeinsamen Märkten, 1997

Reichert, Jochem/Harbarth, Stephan: Veräußerung und Einziehung eigener Aktien, ZIP 2001, 1441

Reinisch, Armin: Der Ausschluß von Aktionären aus der Aktiengesellschaft, 1992

Rickford, Jonathan: The UK`s Company Law Review, Vortrag auf der OECD-Konferenz »Company Law Reform in OECD Countries«, Stockholm, 7.-8.12.2000, abrufbar unter: http://www.oecd.org//daf/corporate-affairs/governance/company-law/

Riedl, Kristina: The Work of the Lando-Commission from an Alternative Viewpoint, E. Rev. Priv. L. 8 (2000), 71

Rodloff, Frank: Börsenkurs statt Unternehmensbewertung – Zur Ermittlung der Abfindung im Spruchstellenverfahren, DB 1999, 1149

Roe, Mark: Chaos and Evolution in Law and Economics, Harv. L. Rev. 109 (1996), 641

Röhricht, Volker: Das Gesellschaftsrecht in der jüngsten Rechtsprechung des Bundesgerichtshofs, in: Hommelhoff, Peter/Röhricht, Volker (Hrsg.), Gesellschaftsrecht 1997, RWS-Forum 10, 1998, S. 191

Röhricht, Volker: Von Rechtswissenschaft und Rechtsprechung, ZGR 1999, 445

Literatur

Rohe, Mathias: Binnenmarkt oder Interessenverband? Zum Verhältnis von Binnenmarktziel und Subsidiaritätsprinzip nach dem Maastricht-Vertrag, RabelsZ 1997, 1

Rojo, Angel: Unternehmensfinanzierung und gesetzliches Garantiekapital in Spanien, AG 1998, 358

Romano, Roberta: Answering the Wrong Question: The Tenuous Case for Mandatory Corporate Laws, Colum. L. Rev. 89 (1989), 1599

Romano, Roberta: The Genius of American Corporate Law, 1993 (zitiert: *Romano*, Genius)

Romano, Roberta: Competition for State Corporate Law, in: The New Palgrave Dictionary of Economics and the Law, 1998 (zitiert: *Romano*, Competition)

Rosen, Rüdiger von/Helm, Leonhard: Der Erwerb eigener Aktien durch die Gesellschaft. Plädoyer für ein neues Instrument der Unternehmensfinanzierung in Deutschland und einen wichtigen Impuls für den deutschen Kapitalmarkt, AG 1996, 434

Rosen, Rüdiger von: Europäisches Aktienrecht. Visionen und Realitäten, Vortrag auf dem 7. Deutschen Börsentag »Mit dem Euro in die Zukunft«, 3. Juli 1998, Frankfurt am Main, abrufbar unter http://www.dai.de

Rosen, Rüdiger von: Europäisches Kapitalmarktrecht wichtiger denn je, Börsenzeitung vom 13.9.2000, abrufbar unter http://www.dai.de

Rosen, Rüdiger von: Aktienmärkte und Aktienkultur in Europa, in: Hummel, Detlev/Breuer, Rolf-E. (Hrsg.): Handbuch Europäischer Kapitalmarkt, 2001, S. 487

Roth, Gregor: Bedeutung und Nutzung von Sonderformen der Eigenkapitalbeschaffung bei börsennotierten Aktiengesellschaften in Deutschland, ZBB 2001, 50

Roth, Günter: Zur »economic analysis« der beschränkten Haftung, ZGR 1986, 371

Roth, Günter: Unterkapitalisierung und persönliche Haftung, ZGR 1993, 170

Rühland, Philipp: Die Abfindung von aus der Aktiengesellschaft ausgeschlossenen Minderheitsaktionären – Ein Diskussionsbeitrag zum Entwurf eines Übernahmegesetzes vom Bundesministerium der Finanzen vom 29.6.2000, WM 2000, 1884

Rühland, Philipp: Der squeezeout nach dem RefE zum Wertpapiererwerbs- und Übernahmegesetz vom 12.3.2001, NZG 2001, 448

Runge, Berndt: Wettbewerb nationaler Steuerrechte, in: Unternehmen und Steuern. Festschrift für Hans Flick zum 70. Geburtstag, 1997, S. 957

Sagasser, Bernd/Bula, Thomas/Brünger, Thomas (Hrsg.): Umwandlungen, 2. Aufl. 2000

Samara-Krispis, Anastasia/Steindorff, Ernst: Joint Cases C-19/90 and 20/90, M. Karella and N. Karellas v. Ypourgos viomichanias, energias kai technologias, Oragnimos Anasygkrotiseos Epicheiriseon AE, Preliminary ruling of 30 January 1991, requested by the Greek Council of State on the interpretation of Articles 25, 41 and 42 of the Second Directive on company law, not yet reported, CML Rev. 29 (1992) 615

Schaede, Ulrike: Toward a New System of Corporate Governance in the European Union: An Integrative Model of the Anglo-American and Germanic Systems, in: Eichengreen, Barry/Frieden, Jeffry/Hagen, Jürgen von (Hrsg.): Politics and Institutions in an Integrated Europe, 1995, S. 93

Schäfer, Frank: Zulässigkeit und Grenzen der Kurspflege, WM 1999, 1345

Schäfer, Hans-Bernd/Ott, Claus: Lehrbuch der ökonomischen Analyse des Zivilrechts, 3. Aufl. 2000

Schenk, Gerald: Ökonomische Analyse des Minderheitenschutzes im Konzern, ZfbF 49 (1997), 652

Schiessl, Maximilian: Ist das deutsche Aktienrecht kapitalmarkttauglich? AG 1999, 442

Schiessl, Maximilian: Die Kontrollfunktion der aktienrechtlichen Anfechtungsklage – Erwiderung aus Sicht der Praxis, in: VGR (Hrsg.): Gesellschaftsrecht in der Diskussion 1999, Schriftenreihe der VGR, Band 2, 2000, S. 57

Schiffer, Jack/Roßmeier, Daniela: Auswirkungen des Squeeze-out auf rechtshängige Spruchverfahren, DB 2002, 1359

Schiller, Andreas: Gründungsrechnungslegung – Dargestellt am Beispiel der Aktiengesellschaft, 1990

Schiller, Andreas: Die Prüfung von Sacheinlagen im Rahmen der aktienrechtlichen Gründungsprüfungen, AG 1992, 20

Schmid, Hubert/Wiese, Götz Tobias: Bilanzielle und steuerliche Behandlung eigener Aktien – Zur Anwendung des § 71 Abs. 1 Nr. 8 AktG in der Fassung des KonTraG, DStR 1998, 993

Schmid, Hubert: Eigene Aktien nach der Neuregelung durch das KonTraG – Erwiderung zu dem Beitrag von Thiel, DB 1998, S. 1583 -, DB 1998, 1785

Schmid, Hubert/Mühlhäuser, Felix: Rechtsfragen des Einsatzes von Aktienderivaten beim Aktienrückkauf, AG 2001, 493

Schmidt, Hartmut, u. a.: Corporate Governance in Germany, 1997

Schmidt, Karsten: Die sanierende Kapitalerhöhung im Recht der Aktiengesellschaft, GmbH und Personengesellschaft, ZGR 1982, 519

Schmidt, Karsten: Die Eigenkapitalausstattung als rechtspolitisches Problem, JZ 1984, 771

Schmidt, Karsten: Gesellschaftsrecht, 3. Aufl. 1997

Schmidt, Ludwig: Einkommensteuergesetz, Kommentar, 21. Aufl. 2002 (zitiert: *Bearbeiter*, in: Schmidt, EStG)

Schmidt, Reinhart/May, Axel: Erklärung von Aktienindizes durch Pressemeldungen, ZfB 63 (1993), 61

Schmitthoff, Clive: The Second EEC Directive on Company Law, CML Rev. 15 (1978), 43

Schneider, Dieter: Mindestnormen zur Eigenkapitalausstattung als Beispiele unbegründeter Kapitalmarktregulierung, in: Schneider, Dieter (Hrsg.): Kapitalmarkt und Finanzierung, 1987, S. 85

Schneider, Uwe: Aktienoptionen als Bestandteil der Vergütung von Vorstandsmitgliedern. Vertragsrechtliche, gesellschaftsrechtliche und kapitalmarktrechtliche Probleme, ZIP 1996, 1769

Schneider, Uwe/Strenger, Christian: Die »Corporate Governance-Grundsätze« der Grundsatzkommission Corporate Governance (German Panel on Corporate Governance), AG 2000, 106

Schneider, Uwe: Internationales Kapitalmarktrecht, AG 2001, 269

Literatur

Schockenhoff, Martin: Gesellschaftsinteresse und Gleichbehandlung beim Bezugsrechtsausschluss, 1988

Schockenhoff, Martin: Der rechtmäßige Bezugsrechtsausschluss, AG 1994, 45

Schockenhoff, Martin: Ad-hoc-Publizität beim Aktienrückkauf, AG 1999, 548

Schön, Siegfried: Geschichte und Wesen der eigenen Aktie, Diss. Würzburg 1937

Schön, Wolfgang: Gesellschaftsrecht nach Maastricht – Art. 3 b EGV und das europäische Gesellschaftsrecht, ZGR 1995, 1

Schön, Wolfgang: Mindestharmonisierung im europäischen Gesellschaftsrecht, ZHR 160 (1996), 221

Schön, Wolfgang: Deutsches Konzernprivileg und europäischer Kapitalschutz – ein Widerspruch? In: Aktien- und Bilanzrecht, Festschrift für Bruno Kropff, 1997, S. 285

Schön, Wolfgang: Das Bild des Gesellschafters im Europäischen Gesellschaftsrecht, RabelsZ 64 (2000), 1

Schön, Wolfgang: Gesellschafter-, Gläubiger- und Anlegerschutz im Europäischen Bilanzrecht, ZGR 2000, 706

Schön, Wolfgang: Die Niederlassungsfreiheit von Kapitalgesellschaften im System der Grundfreiheiten, in: Deutsches und europäisches Gesellschafts-, Konzern- und Kapitalmarktrecht, Festschrift für Marcus Lutter zum 70. Geburtstag, 2000, S. 685

Schön, Wolfgang: Grenzüberschreitende Unternehmenstätigkeit in Europa – Notwendigkeit und Möglichkeiten der Harmonisierung im Gesellschafts- und Steuerrecht. Resümee des Generalberichterstatters, in: Europäischer Juristentag: 1. Europäischer Juristentag, Nürnberg 2001, Band II: Sitzungsberichte, 2002, S. 141 (zitiert: *Schön*, Resümee des 1. EJT)

Schön, Wolfgang: Wer schützt den Kapitalschutz? ZHR 166 (2002), 1

Schroeder, Ulrich: Finanzielle Unterstützung des Aktienerwerbs. Der § 71 a Abs. 1 AktG und sein Vorbild im englischen Gesellschaftsrecht, 1995

Schröer, Henning: Zur Einführung der unechten nennwertlosen Aktie aus Anlass der Europäischen Währungsunion, ZIP 1997, 221

Schubert, Werner/Hommelhoff, Peter: Hundert Jahre modernes Aktienrecht. Eine Sammlung von Texten und Quellen zur Aktienrechtsreform 1884 mit zwei Einführungen, ZGR Sonderheft 4, 1985

Schubert, Werner: Die Entwürfe der Weimarer Republik zur Reform des Aktienrechts, ZRG 103 (1986), Germ. Abt., S. 140

Schubert, Werner/Schmid, Werner/Regge, Jürgen (Hrsg.): Akademie für Deutsches Recht 1933-1935, Protokolle der Ausschüsse, Band I, Ausschuss für Aktienrecht, 1986

Schubert, Werner/Hommelhoff, Peter (Hrsg.): Die Aktienrechtsreform am Ende der Weimarer Republik. Die Protokolle der Verhandlungen im Aktienrechtsausschuss des Vorläufigen Reichswirtschaftsrats unter dem Vorsitz von Max Hachenburg, 1987

Schüppen, Matthias: Übernahmegesetz ante portas! – Zum Regierungsentwurf eines »Gesetzes zur Regelung von öffentlichen Angeboten zum Erwerb von Wertpapieren und von Unternehmensübernahmen«, WPg 2001, 958

Schürmann, Thomas: Die Anpassung des Gesellschaftsrecht bei Einführung des Euro – Zum Referentenentwurf eines gesellschaftsrechtlichen Umstellungsgesetzes, DB 1997, 1381

Schultz, Florian: Rückkauf eigener Aktien nach dem KonTraG, in: Steuerrecht und Europäische Integration, Festschrift für Albert J. Rädler zum 65. Geburtstag, 1999, S. 579

Schulz, Andreas/Geismar, Bernhard: Die Europäische Aktiengesellschaft, DStR 2001, 1078

Schuster, Peter: Gesetzliches Garantiekapital als Problem europäischer und deutscher Rechtspolitik, AG 1998, 379

Schutte-Veenstra, Johanna: Harmonisatie van het kapitaalbeschermingsrecht in de EEG. Een studie naar de uitvoering van de tweede EEG-richtlijn op het gebied van het vennootschapsrecht in de Lid-Staten, 1991 (zitiert: *Schutte-Veenstra*, Harmonisatie)

Schutte-Veenstra, Johanna/Gepken-Jager, E. E. G.: New Directions in European Company Law, Ondernemingsrecht 1999, 271

Schwark, Eberhard: Der vereinfachte Bezugsrechtsausschluss – Zur Auslegung des § 186 Abs. 3 Satz 4 AktG, in: Festschrift für Carsten Peter Claussen zum 70. Geburtstag, 1997, S. 357

Schwark, Eberhard: Anlegerschutz in der Publikums-AG – Ein Paradigmenwechsel? In: Deutsches und europäisches Gesellschafts-, Konzern- und Kapitalmarktrecht, Festschrift für Marcus Lutter zum 70. Geburtstag, 2000, S. 1529

Schwartz, Ivo: Perspektiven der Angleichung des Privatrechts in der Europäischen Gemeinschaft, ZEuP 1994, 559

Schwarz, Günter Christian: Europäisches Gesellschaftsrecht, 2000

Schwarz, Günter Christian: Zum Statut der Europäischen Aktiengesellschaft, ZIP 2001, 1847

Scott, Kenneth: Agency Costs and Corporate Governance, in: The New Palgrave Dictionary of Economics and the Law, 1998

Sedemund, Jochim/Hausmann, Friedrich Ludwig: Anmerkung zu EuGH vom 9.3.1999 (Centros), BB 1999, 810

Seibert, Ulrich: Gesetzentwurf zur Herabsetzung des Mindestnennbetrags der Aktien, AG 1993, 315

Seibert, Ulrich: Gesetzentwurf: Kleine AG und Aktienrechtsderegulierung, ZIP 1994, 247

Seibert, Ulrich: »Kleine AG« im Rechtsausschuss verabschiedet, ZIP 1994, 914

Seibert, Ulrich/Köster, Beate-Katrin/Kiem, Roger: Die kleine AG, 3. Aufl. 1996

Seibert, Ulrich: Kontrolle und Transparenz im Unternehmensbereich (KonTraG) – Der Referenten-Entwurf zur Aktienrechtsnovelle, WM 1997, 1

Seibert, Ulrich: Gesellschaftsrecht und Euro. Die Umstellung von Nennkapital und Anteilen; Stückaktie, WM 1997, 1610

Seibert, Ulrich: Die Umstellung des Gesellschaftsrechts auf den Euro – Die Gesetzentwürfe der Bundesregierung, ZGR 1998, 1

Seibert, Ulrich: OECD Principles of Corporate Governance – Grundsätze der Unternehmensführung und -kontrolle für die Welt, AG 1999, 337

Seibert, Ulrich/Kiem, Roger (Hrsg.): Handbuch der kleinen AG, 4. Aufl. 2000

Seibert, Ulrich: Aktienrechtsnovelle NaStraG tritt in Kraft – Übersicht über das Gesetz und Auszüge aus dem Bericht des Rechtsausschusses, ZIP 2001, 53

Seibt, Christoph: Kapitalmarktrechtliche Überlagerungen im Aktienrecht, in: VGR (Hrsg.): Gesellschaftsrecht in der Diskussion 2000, Schriftenreihe der VGR, Band 3, 2001, S. 37

Literatur

Seibt, Christoph/Heiser, Kristian: Regelungskonkurrenz zwischen neuem Übernahmerecht und Umwandlungsrecht, ZHR 165 (2001), 466

Sethe, Rolf: Die Berichtserfordernisse beim Bezugsrechtsausschluss und ihre mögliche Heilung, AG 1994, 342

Siebert, Horst/Koop, Michael: Europa zwischen Wettbewerb und Harmonisierung, Wirtschaftswissenschaftliches Studium 1994, 611

Sieger, Jürgen/Hasselbach, Kai: Ausschluss von Minderheitsaktionären (Squeeze-out) im ausländischen Recht, NZG 2001, 926

Sieger, Jürgen/Hasselbach, Kai: Der Ausschluss von Minderheitsaktionären nach den neuen §§ 327a ff AktG, ZGR 2002, 120

Skog, Rolf: Der Erwerb eigener Aktien: Reformbestrebungen in den EU-Mitgliedsstaaten, ZGR 1997, 306

Slagter, Wiek J.: Institutional Investors and Corporate Governance in The Netherlands, in: Baums, Theodor/Buxbaum, Richard M./Hopt Klaus J. (Hrsg.): Institutional Investors and Corporate Governance, 1994, S. 329

Spindler, Gerald: Deregulierung des Aktienrechts? AG 1998, 53

Spindler, Gerald: Internet und Corporate Governance – ein neuer virtueller (T)Raum? ZGR 2000, 420

Spolidoro, Marco Saverio: The legal capital and the raising of funds through the issuance of securities in Italy, AG 1998, 363

Statistisches Bundesamt: Wirtschaft und Statistik, 1999

Statistisches Bundesamt: Statistisches Jahrbuch 2000 für die Bundesrepublik Deutschland, 2000

Staudinger: J. von Staudingers Kommentar zum Bürgerlichen Gesetzbuch mit Einführungsgesetz und Nebengesetzen, Einführungsgesetzbuch zum Bürgerlichen Gesetzbuche/IPR, Internationales Gesellschaftsrecht, Neubearbeitung 1998 von Bernhard Großfeld (zitiert: *Großfeld*, in: Staudinger, IntGesR)

Stawowy, Johannes: The Repurchases of Own Shares by Public Companies and Aktiengesellschaften, Arbeitspapier 4/94 des Instituts für Handels- und Wirtschaftsrecht der Universität Osnabrück, 1994, abrufbar unter: http://www.uni-frankfurt.de/fb01/baums/

Steding, Rolf: Das Gesellschaftsrecht der EU zwischen Erwartung und Enttäuschung, NZG 2000, 913

Steindorff, Ernst: Politik des Gesetzes als Auslegungsmaßstab im Wirtschaftsrecht, in: Festschrift für Karl Larenz zum 70. Geburtstag, 1973, S. 217

Steindorff, Ernst: Gesellschaftsrechtliche Richtlinien der EG und strengeres staatliches Recht, EuZW 1990, 251

Steindorff, Ernst: Mehr staatliche Identität, Bürgernähe und Subsidiarität in Europa? ZHR 163 (1999), 395

Steinhauer, Carsten: Der Börsenpreis als Bewertungsgrundlage für den Abfindungsanspruch von Aktionären, AG 1999, 299

Stephens, Clifford/Weisbach, Michael: Actual Share Reacquisitions in Open-Market Repurchase Programs, JoF 53 (1998), 313

Stigler, George: The Economics of Information, JPE 69 (1961), 213

Stigler, George: Barriers to Entry, Economies of Scale and Firm Size, in: Stigler, George (Hrsg.): The Organization of Industry, 1968 (zitiert: *Stigler*, Barriers)

Stiltz, Eberhard: Börsenkurs und Verkehrswert. Besprechung der Entscheidung BGH ZIP 2001, 734 – DAT/Altana, ZGR 2001, 875

Streinz, Rudolf: Mindestharmonisierung im Binnenmarkt, in: Everling, Ulrich/Roth, Wulf-Henning (Hrsg.): Mindestharmonisierung im Europäischen Binnenmarkt, 1997, S. 9

Streit, Manfred: Theorie der Wirtschaftspolitik, 4. Aufl. 1991

Streit, Manfred/Mussler, Werner: Wettbewerb der Systeme und das Binnenmarktprogramm der Europäischen Union, in: Gerken, Lüder (Hrsg.): Europa zwischen Ordnungswettbewerb und Harmonisierung, 1995, S. 75

Streit, Manfred: Competition among Systems, Harmonisation and European Integration. Max-Planck-Institut zur Erforschung von Wirtschaftssystemen, Diskussionsbeitrag 01/96, Jena 1996 (zitiert: *Streit*, Competition)

Streit, Manfred: Systemwettbewerb im europäischen Integrationsprozeß, in: Festschrift für Ernst-Joachim Mestmäcker zum siebzigsten Geburtstag, 1996, S. 521

Striebeck, Christian: Reform des Aktienrechts durch die Strukturrichtlinie der Europäischen Gemeinschaft, 1992

Strine, Leo E., Jr.: Delaware's Corporate Law-System: Is Corporate America Buying an Exquisite Jewel or a Diamond in the Rough? Cornell L. Rev. 86 (2001), 1257

Sünner, Eckart: Effizienz von Unternehmensorganen als Grundsatz der Corporate Governance, AG 2000, 492

Summers, Robert: Unification of Private Commercial Law in Europe – Possible Relevance of the American Experience, ZEuP 1999, 201

Swoboda, Peter: Kapitalmarkt und Unternehmensfinanzierung – Zur Kapitalstruktur der Unternehmung, in: Schneider, Dieter (Hrsg.): Kapitalmarkt und Finanzierung, 1986, S. 49

Tapia Hermida, Alberto J.: Institutional Investors and Corporate Control in Spanish Perspective, in: Baums, Theodor/Buxbaum, Richard M./Hopt Klaus J. (Hrsg.): Institutional Investors and Corporate Governance, 1994, S. 399

Teichmann, Christoph: Corporate Governance in Europa, ZGR 2001, 645

Teichmann, Christoph: Die Einführung der Europäischen Aktiengesellschaft – Grundlagen der Ergänzung des europäischen Statuts durch den deutschen Gesetzgeber, ZGR 2002, 383

Teichmann, Christoph: Vorschläge für das deutsche Ausführungsgesetz zur Europäischen Aktiengesellschaft, ZIP 2002, 1109

Tellis, Nikolaos: Unternehmenssanierung durch Zwangskapitalerhöhungen – das Beispiel Griechenlands aus europarechtlicher Sicht. Zugleich eine Besprechung des EuGH-Urteils in der Rechtssache Karella u. Karallas/OAE, EuZW 1992, 657

Terstege, Udo: Vorteile für Altaktionäre durch Bezugsrechtsausschluss? ZBB 2001, 141

Tevini, Anna: Genehmigtes Kapital im italienischen Recht, ZBB 2001, 206

Thaeter, Ralf/Barth, Daniel: RefE eines Wertpapiererwerbs- und Übernahmegesetzes, NZG 2001, 545

Than, Jürgen: Zwangsweises Ausscheiden von Minderheitsaktionären nach Übernahmeangeboten? In: Festschrift für Carsten Peter Claussen zum 70. Geburtstag, 1997, S. 405

Literatur

Thiel, Jochen: Bilanzielle und steuerrechtliche Behandlung eigener Aktien nach der Neuregelung des Aktienerwerbs durch das KonTraG, DB 1998, 1583

Thümmel, Roderich: von Managern und Aufsichtsräten. Haftungsrisiken bei Managementfehlern, Risikobegrenzung und Versicherbarkeit, 1996

Timmermans, Christiaan: Die europäische Rechtsangleichung im Gesellschaftsrecht. Eine integrations- und rechtspolitische Analyse, RabelsZ 48 (1984), 1

Tipke, Klaus: Die Steuerrechtsordnung, Band I: Wissenschaftsorganisatorische, systematische und grundrechtlich-rechtsstaatliche Grundlagen, 2. Aufl. 2000

Trapp, Christoph: Erleichterter Bezugsrechtsausschluss nach § 186 Abs. 3 S. 4 AktG und Greenshoe, AG 1997, 115

Ullrich, Christine: Verdeckte Vermögensverlagerungen in den Aktien- und GmbH-Rechten Frankreichs, Belgiens und Deutschlands, 1994

Ullrich, Christine: Kapitalaufbringung und »verdeckte Sacheinlage« im französischen Gesellschaftsrecht, DB 1990, 465

Ulmer, Michael: Harmonisierungsschranken des Aktienrechts, 1998

Ulmer, Peter: Die Aktionärsklage als Instrument zur Kontrolle des Vorstands- und Aufsichtsratshandelns. Vor dem Hintergrund der US-Erfahrungen mit der shareholder's derivative action, ZHR 163 (1999), 290

Ulmer, Peter: Schutzinstrumente gegen die Gefahren aus der Geschäftstätigkeit inländischer Zweigniederlassungen von Kapitalgesellschaften mit fiktivem Auslandssitz, JZ 1999, 662

Ulmer, Peter: Der Deutsche Corporate Governance Kodex – ein neues Regulierungsinstrument für börsennotierte Aktiengesellschaften, ZHR 166 (2002), 150

van der Elst, Christoph: Economic Analysis of Corporate Law in Europe: An Introduction, Universiteit Gent Financial Law Institute Working Paper Series, WP 2002-01, abrufbar unter http://system04.rug.ac.be/fli

van Hulle, Karel: Diskussionsbeitrag auf der Tagung »Unternehmensrecht und Internet« in Düsseldorf am 12. und 13. Mai 2000, abrufbar unter: http:///www.jura.uni-duesseldorf.de/aktuell/termine

van Hulle, Karel: Die Reform des europäischen Bilanzrechts: Stand, Ziele und Perspektiven, ZGR 2000, 537

van Hulle, Karel: Aktuelle Entwicklungen im europäischen Gesellschaftsrecht, EWS 2000, 521

van Hulle, Karel: Aktuelle Entwicklungen im europäischen Gesellschaftsrecht, in: Scheuing, Dieter/Schwarz, Günter/Wollenschläger, Michael: Europäisches Unternehmensrecht, 2001, S. 81

van Venrooy, Gerd: Berichtspflicht des Vorstands beim genehmigten Kapital? Ein Beitrag zur Auslegung der §§ 186 Abs. 4 Satz 2, 203 Abs. 2 Satz 2 AktG, DB 1982, 735

van Venrooy, Gerd: Anmerkung zu BGH vom 19.4.1982 (Holzmann), BB 1982, 1137

Vermaelen, Theo: Common Stock Repurchases and Market Signalling. An Empirical Study, JoFE 9 (1981), 139

Vetter, Eberhard: Die Entschädigung der Minderheitsaktionäre im Vertragskonzern erneut vor dem Bundesverfassungsgericht, Anmerkung zu BVerfG, Beschluss vom 8.9.1999 – 1 BvR 301/98, ZIP 1999, 1804 (Hartmann&Braun AG), ZIP 2000, 561

Vetter, Eberhard: Squeeze-out in Deutschland. Anmerkungen zum Diskussionsentwurf eines gesetzlichen Ausschlusses von Minderheitsaktionären, ZIP 2000, 1817

Vetter, Eberhard: Squeeze-out nur durch Hauptversammlungsbeschluss? DB 2001, 743

Vetter, Eberhard: Squeeze-out – Der Ausschluss der Minderheitsaktionäre aus der Aktiengesellschaft nach den §§ 327a-327f AktG, AG 2002, 176

Vogel, Louis: Die Harmonisierung des Europäischen Wirtschaftsrechts: Mythos oder Realität? In: Festschrift für Martin Peltzer zum 70. Geburtstag, 2001, S. 599. Der Beitrag ist auch abgedruckt in: RabelsZ 65 (2001), 591

Volhard, Rüdiger: »Siemens/Nold«: Die Quittung. Zum Urteil des BGH vom 23.6.1997 betr. die Ermächtigung des Vorstands zur Kapitalerhöhung unter Ausschluß des Bezugsrechts, AG 1998, 397

Walden, Daniel: Niederlassungsfreiheit, Sitztheorie und der Vorlagebeschluss des VII. Zivilsenats des BGH vom 30.3.2000, EWS 2001, 256

Walter, Bernhard: Gesetzliches Garantiekapital und Kreditentscheidung der Banken, AG 1998, 370

Wastl, Ulrich/Wagner, Franz/Lau, Thomas: Der Erwerb eigener Aktien aus juristischer Sicht. Herleitung und Entwicklung von Vorschlägen für eine gesetzgeberische Reform, 1997

Watson, Alison: Aspects of European Monetary Integration, 1997

Weber, Dolf: GmbH-rechtliche Probleme des Management Buy-Out, ZHR 155 (1991), 120

Weiler, Lothar/Meyer, Ingo: Heranziehung des Börsenkurses zur Unternehmensbewertung bei Verschmelzungen, ZIP 2001, 2153

Weiß, Daniel: Aktienoptionsprogramme nach dem KonTraG, WM 1999, 353

Weizsäcker, Carl-Christian von: A Welfare Analysis of Barriers to Entry, The Bell Journal of Economics 11 (1980), 399

Wenger, Ekkehard: Stellungnahme zur Aktienrechtsreform 1997, AG Sonderheft August 1997, S. 57

Wenger, Ekkehard/Kaserer, Christoph/Hecker, Renate: Konzernbildung und Ausschluss von Minderheiten im neuen Übernahmerecht: Eine verpasste Chance für einen marktorientierten Minderheitenschutz, ZBB 2001, 317

Werlauff, Erik: The Development of Community Company Law, E. L. Rev. 17 (1992) 207

Westerfelhaus, Herwarth: IDW-Unternehmensbewertung verkennt Anforderungen der Praxis, NZG 2001, 673

Westermann, Harm-Peter: Die Finanzierung der S. E. (Kapitalerhöhung, Anleihen, Wandelschuldverschreibungen), in: Lutter, Marcus (Hrsg.): Die Europäische Aktiengesellschaft, 1976, S. 195

Westermann, Harm-Peter: Probleme mit der Rechtsrückbildung im Gesellschaftsrecht, in: Festschrift für Wolfgang Zöllner zum 70. Geburtstag, 1998, Band I, S. 607

Weyand, Joachim: Perspektiven einer europäischen Unternehmensverfassung, KritVj 77 (1994), 90

Wiedemann, Herbert: Gesellschaftsrecht, Band 1: Grundlagen, München 1980

Wiedemann, Herbert: Entwicklungen im Kapitalgesellschaftsrecht, DB 1993, 141

Literatur

Wiedemann, Herbert: Erfahrungen mit der Gestaltungsfreiheit im Gesellschaftsrecht, ZGR Sonderheft 13, 1998, S. 5

Wiedemann, Herbert: Minderheitenrechte ernstgenommen. Gedanken aus Anlass der Magna Media-Entscheidung BayObLG ZIP 1998, 2002, ZGR 1999, 857

Wiedmann, Harald: Bilanzrecht, Kommentar zu den §§ 238-342a HGB, 1999

Wiese, Götz Tobias: KonTraG: Erwerb eigener Aktien und Handel in eigenen Aktien, DB 1998, 609

Wiese, Götz Tobias: Verantwortlichkeit des Aufsichtsrats – Aktuelle Entwicklungen im Bereich der Corporate Governance, DB 2000, 1901

Wiesner, Peter: Stand des Europäischen Unternehmensrechts, EuZW 1995, 821

Wiesner, Peter: Europäisches Unternehmensrecht im Umbruch, AG 1996, 390

Wiesner, Peter: Überblick über den Stand des Europäischen Unternehmensrechts, EuZW 1998, 619

Wiesner, Peter: Europäisches Unternehmensrecht, ZIP 2000, 1792

Wiesner, Peter: Der Nizza-Kompromiss zur Europa-AG – Triumph oder Fehlschlag? ZIP 2001, 397

Wiesner, Peter: Aktuelle Entwicklungen im Europäischen Unternehmensrecht, BB 2001, Beilage 8 zu Heft 44/2001 vom 1.11.2001

Williamson, Oliver: Transaction-Cost Economics: The Governance of Contractual Relations, J. L. & Econ. 22 (1979), 233

Wilmowsky, Peter von: Gesellschafts- und Kapitalmarktrecht in einem gemeinsamen Markt, RabelsZ 56 (1992), 521

Winkler, Christian: Der gegenwärtige Stand und die konzeptionellen Grundlagen des europäischen Gesellschaftsrechts, Diss. Tübingen 1996

Winter-Bericht I: Report of the High Level Group of Company Law Experts on issues related to takeover bids, Brüssel, 10.1.2002. Der Bericht Hochrangigen Expertengruppe auf dem Gebiet des Gesellschaftsrechts an die Europäische Kommission ist abrufbar unter: http://europa.eu.int/comm/internal_market/en/company/company/official/index.htm. Die einleitende Pressemitteilung der Europäischen Kommission vom 10.1.2002 (Nr. IP/02/24) findet sich unter: http://europa.eu.int/rapid/start/cgi

Winter-Konsultation: Moderne gesellschaftsrechtliche Rahmenbedingungen in Europa: Ein Konsultationspapier der Hochrangigen Expertengruppe auf dem Gebiet des Gesellschaftsrechts. Das Konsultationspapier vom 25.4.2002 (Dokumentennummer: 02/10644) ist abrufbar unter: www.europa.eu.int/comm/internal_market/de/company/company/modern/. Die einleitende Pressemitteilung der Europäischen Kommission vom 25.4.2002 (Nr. IP/02/625) findet sich unter: http://europa.eu.int/rapid/start/cgi

Winter, Martin/Harbarth, Stephan: Verhaltenspflichten von Vorstand und Aufsichtsrat der Zielgesellschaft bei feindlichen Übernahmeangeboten nach dem WpÜG, ZIP 2002, 1

Winter, Ralph: The »Race for the Top« Revisited: A Comment on Eisenberg, Colum. L. Rev. 89 (1989), 1526

Wöhe, Günter: Bilanzierung und Bilanzpolitik, 9. Aufl. 1997

Literatur

Wolf, Martin: Der Minderheitenausschluss qua »übertragender Auflösung« nach Einführung des Squeeze-Out gemäß §§ 327a-f AktG, ZIP 2002, 153

Woolcock, Stephen/Wallace, Helen: European Community Regulation and National Enterprise, in: Hayward, Jack (Hrsg.): Industrial Enterprise and European Integration, 1995, S. 277

WP-Handbuch: Siehe Institut der Wirtschaftsprüfer e. V.

Wouters, Jan: Towards a Level Playing Field for Takeovers in the European Community? An Analysis of the Proposed Thirteenth Directive in Light of American Experiences, CML Rev. 30 (1993), 267

Wouters, Jan: European Law: Quo Vadis? CML Rev. 37 (2000), 257

Würdinger, Hans: Aktienrecht und das Recht der verbundenen Unternehmen, 4. Aufl. 1981

Wulff, Jakob: Aktienoptionen für das Management. Deutsches und Europäisches Recht, 2000

Wymeersch, Eddy: Unternehmensführung in Westeuropa, AG 1995, 299

Wymeersch, Eddy: Das Bezugsrecht der alten Aktionäre in der Europäischen Gemeinschaft: eine rechtsvergleichende Untersuchung, AG 1998, 382

Wymeersch, Eddy: Article 23 of the second company law directive: the prohibition on final assistance to acquire shares of the company, in: Festschrift für Ulrich Drobnik zum siebzigsten Geburtstag, 1998, S. 725

Wymeersch, Eddy: Centros: A Landmark Decision in European Company Law, in: Corporations, Capital Markets and Business in the Law, Liber Amicorum Richard M. Buxbaum, 2000, S. 629

Wymeersch, Eddy: European Company Law: The »Simpler Legislation for the Internal Market« (SLIM) Initiative of the EU Commission, Nordisk Tidsskrift 2000, 126

Wymeersch, Eddy: Die Harmonisierung des Gesellschaftsrechts im Zeitalter des Internets, in: Deutsches und europäisches Gesellschafts-, Konzern- und Kapitalmarktrecht, Festschrift für Marcus Lutter zum 70. Geburtstag, 2000, S. 213

Wymeersch, Eddy: Gesellschaftsrecht im Wandel: Ursachen und Entwicklungslinien, ZGR 2001, 294

Wymeersch, Eddy: Current Company Law Reform Initiatives in the OECD Countries. Challenges and Opportunities, Universiteit Gent Financial Law Institute Working Paper Series, WP 2001-04, 2001, abrufbar unter http://system04.rug.ac.be/fli (zitiert: *Wymeersch*, OECD)

Wymeersch, Eddy: Company Law in Europe and European Company Law, in: Europäischer Juristentag: 1. Europäischer Juristentag, Nürnberg 2001, Band I: Referate, 2001, S. 85 (zitiert: *Wymeersch*, Referat für den 1. EJT)

Zätzsch, Roger: Eingefrorene Aktien in der Rechnungslegung: HGB versus AktG und Europarecht – Auswirkungen im Steuerrecht, in: Gesellschaftsrecht, Rechnungslegung, Steuerrecht, Festschrift für Welf Müller zum 65. Geburtstag, 2001, S. 773

Ziebe, Jürgen: Der Erwerb eigener Aktien und eigener GmbH-Geschäftsanteile in den Staaten der Europäischen Gemeinschaft, 1982 (zitiert: *Ziebe*, Dissertation)

Ziebe, Jürgen: Die Regelung des Erwerbs eigener Aktien in den Mitgliedstaaten der Europäischen Gemeinschaft, AG 1982, 175

Literatur

Zilias, Manfred/Lanfermann, Josef: Die Neuregelung des Erwerbs und Haltens eigener Aktien, WPg 1980, 61 (Teil I) und 89 (Teil II)

Zimmer, Daniel: Das Gesetz zur Kontrolle und Transparenz im Unternehmensbereich, NJW 1998, 3521

Zimmer, Daniel: Internationales Gesellschaftsrecht im 21. Jahrhundert, in: Deutsches und europäisches Gesellschafts-, Konzern- und Kapitalmarktrecht, Festschrift für Marcus Lutter zum 70. Geburtstag, 2000, S. 231

Zingales, Luigi: Corporate Governance, in: The New Palgrave Dictionary of Economics and the Law, 1998

Zinser, Alexander: Der RefE eines »Gesetzes zur Regelung von öffentlichen Angeboten zum Erwerb von Wertpapieren und von Unternehmensübernahmen« vom 12.3.2001, NZG 2001, 391

Zinser, Alexander: Das neue Gesetz zur Regelung von öffentlichen Angeboten zum Erwerb von Wertpapieren und von Unternehmensübernahmen vom 1. Januar 2002, WM 2002, 15

Zöllner, Wolfgang: Die sogenannten Gesellschafterklagen im Kapitalgesellschaftsrecht, ZGR 1988, 392

Zöllner, Wolfgang: Aktienrechtsreform in Permanenz – Was wird aus den Rechten des Aktionärs? AG 1994, 336

Zöllner, Wolfgang: Zur Problematik der aktienrechtlichen Anfechtungsklage, AG 2000, 145

Zschocke, Christian: Europapolitische Mission: Das neue Wertpapiererwerbs- und Übernahmegesetz, DB 2002, 79

Zweigert, Konrad: Grundsatzfragen der europäischen Rechtsangleichung, ihrer Schöpfung und Sicherung, in: Vom deutschen zum Europäischen Recht, Festschrift für Hans Dölle, 1963, Band II, S. 401

Zweigert, Konrad/Kötz, Hein: Einführung in die Rechtsvergleichung, 3. Aufl. 1996

Sachregister

Abschlussprüferrichtlinie 7, 22
Adequate capital rule 83
Acte Clair-Doktrin 215
Adidas-Entscheidung 207, 222
Agio
- Unterpariemission (s. auch *Nennwert*) 118, 230
- Wertprüfung bei Sacheinlagen gemäß Kapitalrichtlinie 92 ff.
- Vereinbarkeit von Kapitalrichtlinie und Aktiengesetz 95 ff.

Aktie; s. auch *Nennwert*
- Bezugsrechtslose Aktie 201
- Echte nennwertlose Aktie 106 ff.
- Gattung 106 f.
- Nennwertaktie 106 f.
- »objektiver Wert« 98, 149 f.
- Quotenaktie 106 f.
- Stückaktie 106 f.
- Unechte nennwertlose Aktie 106 f.
- Urkunde 106

Aktiengesellschaft
- Leitungsstruktur 22 f., 29, 69
- Mitbestimmung 23 ff., 29
- rechtsformspezifischer Goodwill 71 ff., 87

Aktienoptionsprogramm; s. *Eigene Aktien*

Aktionär im Europäischen Aktienrecht
- Aktionärsschutz im Europarecht 29
- Ausübung der Aktionärsrechte in der Hauptversammlung 31, 171
- Bezugsrecht; s. *dort*
- Einlagepflicht 14, 30
- Gleichbehandlungsgrundsatz; s. *dort*
- Informationsrechte 30 ff., 171, 213, 222
- Mindeststandards 24, 28 ff., 211 f.
- Mitentscheidungsrechte 29 ff., 173 ff., 231
- Mitgliedschaftliche Stellung 19, 30
- prozessuale Rechte 35, 222
- Stimmrecht und seine grenzüberschreitende Ausübung 25, 30 f.
- Strukturentscheidungen 32, 172
- Treuepflicht; s. *dort*

Aktionärsrechte; s. *Aktionär im Europäischen Aktienrecht*

Aktionärsstruktur 151, 163 f., 170, 179

Anlegerschutz; s. *Binnenmarkt*

Anfechtungsklage 56, 177, 181

Anteilsfinanzierung; s. *Finanzielle Unterstützung des Erwerbs eigener Aktien*

Bareinlage 15
Bezugsrecht; s. auch *Bezugsrechtsausschluss*
- Bestandsschutz 202 f.
- börsennotierte Gesellschaft 202 f.
- Kapitalrichtlinie 18, 30, 209
- Kosten 204 f.
- Sacheinlagen 206, 210
- US-amerikanisches Recht 55, 208
- Vermögensschutz 203 f.

305

Sachregister

Bezugsrechtsausschluss
- Aktienemission zu Börsenkursen 209, 205, 227 ff.
- Aktiengesetz 206 ff., 215
- Ausschlussermächtigung 207, 210, 216 f., 221 f.
- Berichtspflichten 200, 206, 212 ff., 231
- Bestandsschutz 202 f., 228
- börsennotierte Gesellschaft 202 f., 225
- Direktausschluss 206, 210, 216, 220 f.
- Entstehungsgeschichte der Kapitalrichtlinie 211 f., 218 f.
- Ermächtigungsdauer 209 f., 230 f.
- Gleichbehandlungsgrundsatz (s. auch *dort*) 213 f.
- Informationsbedürfnisse der Aktionäre 213, 220 f.
- Justiziabilität 221 ff.
- Kapitalrichtlinie 18, 30, 209 ff.
- Mindestnormcharakter der Kapitalrichtlinie 210 f, 224
- sachliche Rechtfertigung 186, 197 ff., 211 ff. 226
- schweizerisches Recht 226
- SLIM-Vorschlag 41, 200, 253, 258
- Vereinbarkeit von Kapitalrichtlinie und Aktiengesetz 224 f.
- vereinfachter Bezugsrechtsausschluss 200 f., 205 f., 209, 224
- Verfahrensschutz 199, 230
- Vermögensschutz 204 f., 213 f., 230
- Vorab-Bezugsrecht 230
- Zukaufmöglichkeit 205, 225, 228

Bezugsrechtslose Aktien 201

Bilanzrichtlinien 7, 13, 21 ff., 29, 51, 81, 102, 107, 139 f., 230
Bilanzrichtliniengesetz 22, 140
Binnenmarkt; s. auch *Harmonisierung*
- Anlegerschutz 71 ff., 227 f.
- Binnenmarktauftrag des EGV 5, 46
- Gläubigerschutz 77 f.
- Niederlassungsfreiheit 46
- Rechtssicherheit (s. auch *Transaktionskosten*) 63, 74, 181
- Wettbewerbsbedingungen 6, 46

Börsenaufsichtsbehörde 127, 182, 232 f.
Börsennotierung 67, 183
Börsenzulassungsrichtlinie 29, 33 f., 223
Buyout; s. *Finanzielle Unterstützung des Erwerbs eigener Aktien*

Centros-Entscheidung 12, 26
Company Law Review 37, 40, 105, 110, 192
Commerzbank-Entscheidung 207 f., 223
Corporte Governance 23
Covenants 85

Daihatsu-Entscheidung 48
Daily Mail-Entscheidung 26
DAT/Altana-Entscheidung 99 f., 127
Delaware
- Delaware-Effekt 54, 57 f.
- Gründungsgebühren 57 f., 85

Department of Trade and Industry (DTI); s. *Company Law Review*
Deregulierung des Aktienrechts 37
Deutsche Bank-Entscheidung 207, 216
Diamantis-Entscheidung 18
Dividende; s. *Eigene Aktien, Gewinn*
D&O-Versicherung 84

Echte nennwertlose Aktien;
s. *Nennwert*
Effizienz 59 ff., 227
- Interessenkonflikte; s. *dort*
- Kapitalmarkt 166, 183
- Rechtssetzungsmaßstab 59
- Transaktionskosten; s. *dort*

Eigene Aktien
- Akquisitionswährung für Unternehmenskauf 156, 163 f., 185
- Aktiengesetz 133
- Aktienoptionsprogramme 132, 153 ff., 163 f., 185, 187
- Aktionärsschutz 170 ff., 173 ff., 184 ff.
- Aktionärsstruktur 151, 163 f., 170, 179
- Belegschaftsaktien 17, 136
- Berichtspflicht 17
- Bestandsgrenze (vgl. § 71 Abs. 2 Satz 1 AktG und Art. 19 Abs. 1 lit. b. KapRL) 137 ff., 189
- Bilanzierung 17, 136, 139 ff., 146, 170
- Börsenkurs 138, 146
- börslicher Erwerb/Wiederveräußerung 132, 164, 187
- Dividendenausschüttung 171, 174
- Dutch Auction-Verfahren 150, 160, 184
- Empirische Befunde 150, 161 f.
- Ermächtigungsdauer 17, 132 f., 173
- Ermächtigungsbeschluss der Hauptversammlung 17
- Erwerbsgrenze (vgl. § 71 Abs. 1 Satz 1 Nr. 8 Satz 1 AktG) 137 f.
- Erwerbsmethoden 159 ff.
- Erwerbsmotive 146 ff.
- europäische Nachbarrechtsordnungen 142
- Festpreis-Tenderverfahren 150, 160
- Finanzierungs- und Flexibilitätsinteresse des Vorstands 172
- freie Mittel 17, 136, 141, 163
- Gläubigerschutz 165
- Gleichbehandlungsgrundsatz (s. auch *dort*) 132, 135, 159, 179 ff.
- Handel in eigenen Aktien 137, 150
- Hauptversammlungspraxis zu § 71 Abs. 1 Satz 1 Nr. 8 Satz 5 AktG i. V. m. § 193 Abs. 2 Nr. 4 AktG: 133, 175 ff.
- Hauptversammlungzuständigkeit 171 f., 176
- Insider 146, 149, 151, 187
- Kapitalerhöhung 172, 174 ff., 185
- Kapitalgrenze 167, 169
- Kapitalherabsetzung 141, 171 ff.
- Kapitalmarktrecht 138, 187
- Kapitalrichtlinie 17, 135 f.
- Kapitalstruktur (Leverage) 148, 162 f.
- KonTraG; s. *dort*
- Kursmanipulation 150, 187
- Kurspflege 149 ff., 163 f., 91
- Liquiditätsausschüttung 147 f., 163 f.
- Notverordnung vom 19.9.1931 134, 167
- Offenmarkttransaktionen 146, 150, 159, 183
- Paketkäufe 161, 184
- Rechtsentwicklung in Deutschland 133 ff.
- romanische Rechte 135
- rückerwerbbare Aktien; s. *dort*
- Rücklage 136, 140 f., 170
- Signalfunktion 149 ff.
- Stimmanteil (Quote) 148
- Stimmrecht (Ausübung) 166
- Streubesitz 151, 189
- SLIM-Vorschlag 41, 132, 252, 257

Sachregister

- Umgehungsschutz 18 f.
- USA 145 ff., 181
- Veräußerung 171 f., 179, 184 f.
- Verfahrensvorschriften 181 ff., 187
- Verlustspirale 134, 168, 170
- Vermögensverwässerung 171, 179 ff., 184 ff.
- Volumengrenze 132 f., 168 ff., 180, 185, 188
- Vorab-Bezugsrecht bei Veräußerung eigener Aktien (s. auch *Bezugsrechtsausschluss*) 186
- Vorratsermächtigung 162 f.
- Vorstand 136

Eigenerwerb; s. *Eigene Aktien*
Einpersonen-GmbH-Richtlinie 7
Einziehung; s. *Squeeze Out*
Empfehlung 6
Erwerb eigener Aktien; s. *Eigene Aktien*
Euro 13, 65
Europäische Aktiengesellschaft (SE) 7, 27 ff., 89 f., 128
Europäische Gegenseitigkeitsgesellschaft (EUGGES) 8
Europäische Genossenschaft (EUGEN) 8
Europäische Gesellschaft (SE); s. *Europäische Aktiengesellschaft*
Europäischer Kapitalmarkt; s. *Binnenmarkt*
Europäischer Verein (EUV) 8
Europäische wirtschaftliche Interessenvereinigung (EWIV) 8
Europäisches Aktienrecht
- Begriff 2
- Dogmatische Ordnung 21, 29
- Entwicklung und Stand 5 ff.
- Zukunftsprojekte 8 f., 22 ff.

Europäisches Gesellschaftsrecht 7 f.,
Europäisches Kapitalmarktrecht 34
Europäische Union 5

Evangelikis-Entscheidung 18, 210

Finanzielle Unterstützung des Erwerbs eigener Aktien
- Asset Stripping 196, 199
- Company Law Reform (s. auch *dort*) 192
- derivativer Erwerb 198 f.
- GmbH 193
- Harmonisierung des Rechts der Anteilsfinanzierung 197
- Kapitalrichtlinie 167, 194
- Leveraged Buyout 195, 199
- originärer Erwerb 198
- SLIM-Vorschlag 41, 192, 153, 258
- Umgehungsschutz 194, 199

Freeze Out; s. *Squeeze Out*
- Begriff 116

Fusion; s. *Verschmelzung*

Genehmigtes Kapital 156, 207; s. auch *Kapitalerhöhung, Bezugsrechtsausschluss*
Generally Accepted Accounting Principles; s. *US GAAP*
Genossenschaft 12
Genussrecht 31 f.
Gewinn
- Ausschüttung 16, 80, 171 ff.
- Thesaurierung 17
- Verwendung 32, 171

Gibraltar-Konflikt 24, 27
Girmes-Entscheidung 30
Gläubigerschutz durch Gesellschaftskapital 76, 80 f.
Gleichbehandlungsgrundsatz 19, 30, 132, 135, 159, 179 ff. 213 f.
GmbH
- Anwendungsbereich der Kapitalrichtlinie 11
- Kein wirksamer Systemwettbewerb 53
- Nennwertdiskussion in Großbritannien 105

308

Sachregister

Grenzüberschreitende Sachverhalte 66, 75 ff., 88
Gründung der AG
- Gründungsbericht 14
- Gründungsgebühren 57 f., 86
- Gründungsprüfer 14
- Kapitalrichtlinie 13 ff.

Gründungstheorie 53, 57
Grundkapital; s. auch *Mindestkapital*
- Aktiengesetz 13
- Aktionärsstellung 80
- Aufbringung 14
- Begriff 13
- Bilanzierung 80, 83
- Erhaltung 16
- Europäische Aktiengesellschaft (SE) 27, 89 f.
- Funktion 14, 79 f.
- Grundsatz der Aufbringung und Erhaltung 78
- Kapitalrichtlinie 13 f., 78
- Mindestnennbetrag 13, 82, 89
- Verhältnis zum Nennwertkonzept 106 f.
- Zerlegung in Aktien 13

Harmonisierung 5, 46 ff., 50 ff.
- Aktienrecht 7 ff.
- Beschlusskontrolle 35
- Bilanzrecht 7,
- Effizienz; s. *dort*
- Empfehlung 6
- Europarechtlicher Rahmen 46
- Gesellschaftsrecht 7, 46
- Harmonisierungstheorie 47
- Konzernrecht 7,
- Ordnungspolitische Aspekte 50
- politischer Handlungsspielraum 47
- rechtliche Produktangleichung 75, 115 f.
- Rechtsgrundlage des EGV 5
- Richtlinie 5
- Schadenersatzhaftung 34, 57

- Subsidiaritätsprinzip; s. *dort*
- Transaktionskosten; s. *dort*
- Verordnung 6
- Wettbewerb der Rechtsordnungen; s. *dort*
- Ziele und Kritierien 59

Hauptversammlung; s. auch *Aktionär im Europäischen Aktienrecht, Eigene Aktien, Kapitalerhöhung*
- Bezugsrechtsausschluss 217
- zeitnahe Willensbildung 174
- Zuständigkeit bei schweren Verlusten 16

High Level Group of Comany Law Experts; s. *Winter-Kommission*
Hochrangige Expertengruppe auf dem Gebiet des Gesellschaftsrechts; s. *Winter-Kommission*
Höchstnorm; s. *Kapitalrichtlinie*
Holzmann-Entscheidung 207 f.
Holzmüller-Entscheidung 56, 157
HSB-Wohnbau-Entscheidung 27
HypoVereinsbank-Entscheidung 99 f.

IBH/Lemmerz-Entscheidung 16, 215
Informationsgrundsatz; s. *Aktionär im Europäischen Aktienrecht*
Insiderhandel; s. *Eigene Aktien*
institutionelle Anleger 72
Institutionenökonomik; s. *Wettbewerb der Rechtsordnungen*
Internal Market Advisory Committee 40
International Accounting Standards (IAS) 51
Interessenkonflikt 59, 150, 153, 170, 179, 187, 196, 206

Kali+Salz-Entscheidung 96, 208, 212
Kapitalausstattung, angemessene 82 f.

309

Sachregister

Kapitalerhöhung
- bedingte 154, 176, 178
- Bezugsrecht; s. *dort*
- Eigene Aktien: Veräußerung entspricht wirtschaftlich Kapitalerhöhung 172
- genehmigte 18, 154 ff., 174, 206 ff.
- griechisches Recht 18
- Hauptversammlungszuständigkeit 18
- Rechtsprechung des Europäischen Gerichtshofs 18
- reguläre 18, 154, 206
- Unterpariemission (s. auch *Nennwert*) 109

Kapitalherabsetzung 19, 171 ff.

Kapitalmarktentwicklung; s. *Binnenmarkt*

Kapitalrichtlinie
- Anwendungsbereich 11
- deutsches Durchführungsgesetz 10 f., 21
- Fundstelle 1
- Hintergrund 10
- Inhalt 13 ff.
- Mindest- oder Höchstnorm 11, 210 f., 223, 228
- Regelungsziel 12

Kapitalschranke; s. *Eigene Aktien*

Kapitalstruktur; s. *Eigene Aktien*

Karella-Entscheidung 18, 32, 172

Kefalas-Entscheidung 18

Kerafina-Entscheidung 18

Kochs Adler-Entscheidung 227

Kodices 62 f., 74

KonTraG 13, 37, 137 f., 161, 175 f., 181, 186

Konzernabschlussrichtlinie 7

Konzernrecht 7, 24

Konzernrechtsrichtlinie 7, 24, 122

Level playing field 47

Leverage; s. *Eigene Aktien*

Leverage Buyout; s. *Finanzielle Unterstützung des Erwerbs eigener Aktien*

Linotype-Entscheidung 30, 118

Liquidationsrichtlinie 7

Markteintrittsbarrieren 46 f.

Mehrheitsentscheidung und Minderheitenschutz 95, 179

Meilicke-Entscheidung 15 f.

MHM-Entscheidung 206, 215, 223

Mindestkapital; s. auch *Grundkapital*
- Deregulierungsforderungen 78
- Europäische Aktiengesellschaft (SE) 27, 89 f.
- Höhe 13, 82, 89 f.
- Kapitalrichtlinie 13, 78
- Kontrolle von Gesellschaftsgründungen am Markt 86
- Seriositätsschwelle 86, 89
- SLIM-Vorschläge und Mindestkapitalkonzept 80
- Transaktionskostensenkung 87
- USA 84
- Verlustpuffer 81 ff., 86 ff.
- Zweck 79

Mindestnennbetrag
- Aktie 111 ff.
- Grundkapital 13, 82

Mindestnorm; s. *Kapitalrichtlinie*

Mitbestimmung; s. *Aktiengesellschaft*

Mitgliedschaft; s. *Aktionär im Europäischen Aktienrecht*

MLP-Entscheidung 206 f., 216

Moto Meter-Entscheidung 118, 127, 157

Nachgründung 15; s. auch *Sacheinlage*

NaStraG 37

Nennwert; s. auch *Aktie*
- Agio (s. auch *dort*) 108

Sachregister

- Aktiensplit 109
- Anlegerschutz 114 f.
- Bezugsgröße für Mitgliedschaftsrechte 106
- Bilanzierung echter nennwertloser Aktien 107 f., 110 f.
- Cent-Aktie 109
- Company Law Reform (s. auch *dort*) 105, 110
- Kapitalaufbringung und -erhaltung und Nennwert 107 ff.
- Kapitalrichtlinie 13, 108
- Marktwert und Nennwert 111
- Rechtsschein 110, 112
- Regelungsebene 114
- SLIM-Vorschlag 41, 105, 252, 255
- Systemwechsel 113 f.
- Transaktionskosten 114 f.
- Unterpariemission 118, 112 f.

Niederlassungsfreiheit s. *Binnenmarkt*
Nizza 6, 25 ff.
No par value shares; s. *echte nennwertlose Aktien*

»Objektiver Wert« von Anteilen oder Unternehmen (s. auch *Aktie, Unternehmensbewertung*) 98, 150, 161
Ordnungspolitik; s. *Harmonisierung*
Organe 157, 179 f.
Organhaftung 57, 62, 73, 183

Pafitis-Entscheidung 18
Paulaner-Entscheidung 98, 100
Pfadabhängigkeit der Rechtsentwicklung 58, 64, 100
Principal-Agent-Konflikt 59, 150, 170, 206
Publikums-AG; s. *Börsennotierung*
Publizitätsrichtlinie 7, 21, 29, 39 f., 251

Race to the bottom/top (s. auch *Delaware-Effekt* 57, 74
Rechtsformunabhängigkeit des Kapitalschutzes 12
Redeemable Shares; s. *Rückerwerbbare Aktien*
Regelungsdichte 50 ff., 61 f., 70 f., 75
Regelungsebene 50 ff., 61 f., 70 f., 75
Revised Model Business Corporation Act (RMBCA) 555, 145
Richtlinien der EU 5 ff.
- s. jeweils *dort*
Richtlinie über internationale Fusionen 7, 21 25
Rückerwerbbare Aktien (s. auch *Eigene Aktien*) 18, 144

Sachdividende 16
Sacheinlage
- Agio (s. auch *dort*) 93
- Aktiengesetz 95
- Aktionärsschutz 92
- befreiendes Wertgutachten 97
- börsengehandelte Anteile 97 ff.
- Gläubigerschutz 92 f.
- Kapitalrichtlinie 14, 92 f.
- SLIM-Vorschlag 91, 252, 255
- Unternehmensbewertung (Anteilsbewertung); s. *dort*
- verdeckte 15
- Vereinbarkeit von Kapitalrichtlinie und Aktiengesetz 95
- Wertprüfung 91 ff.

Sachgründung; s. *Sacheinlage*
Sachkapitalerhöhung; s. *Sacheinlage*
Sachsenmilch-Entscheidung 19, 30
Sachübernahme 16
Schärenkreuzer-Entscheidung 29
Securities Exchange Commission (SEC) 55, 73, 145, 181

Sachregister

Siemens-Entscheidung des Europäischen Gerichtshofs 11, 30, 211 f., 223,
Siemens/Nold-Entscheidung des Bundesgerichtshofs 37, 156, 200, 207 f., 215
Sitztheorie 52, 57
Sitzverlegung 26, 52
Sitzverlegungsplan 34
Sitzverlegungsrichtlinie 7, 21, 26
SLIM
- Arbeitsgruppe 1, 38 f.
- Arbeitstreffen 41
- Begriff 1, 37
- Mitglieder 41
- Prozess 1, 37 ff.
- Themenwahl 38 ff.
- Verfahrenskritik 44

SLIM-Vorschläge
(Abgedruckt im Anhang, S. 251 ff.)
- Bezugsrecht 200, 247
- Erwerb eigener Aktien 132, 243
- Finanzielle Unterstützung des Erwerbs eigener Aktien 192, 246
- Fundstelle 2, 251
- Nennwert 105, 242
- Reaktionen 42 f.
- Sacheinlagen 91, 241
- Überblick 3, 42
- Zitierweise 1
- Zwangseinziehung 116, 243

Spaltungsrichtlinie 7, 21 f., 29, 33
Societas Europaea (SE); s. *Europäische Aktiengesellschaft*
Squeeze Out
- Ausland: USA und Europa 120 f.
- Ausschlussverfahren nach §§ 327 a ff. AktG 119 ff., 130
- Austrittsrecht 122 f., 126
- Börsennotierung 122 f.
- Deutschland 116 f., 130
- Eingliederung 117 f., 126 f.
- Eingriffsschwelle 120 ff.
- Harmonisierung durch Europarecht 122 ff., 130 f.
- High Level Group of Company Law Experts, Empfehlungen vom 10.1.2002 (s. auch *dort*) 125
- SLIM-Vorschlag 119, 252, 256
- Übernahmeangebot 120 ff.
- Übernahmerichtlinie 123 ff.
- Verfahrensschutz 117, 126 ff.
- Verschmelzung 117 f., 126 f.
- Zwangseinziehung als zusätzlicher Weg des Squeeze Out 117, 128, 130 f.

Steuerrecht
- Anknüpfung am Anteil am Gesellschaftskapital 202
- Erwerb eigener Aktien 149, 164
- Harmonisierung 9
- Standortentscheidung 52 f.
- Steuerbilanz 112, 140

Stimmrecht
- s. auch *Aktionär im Europäischen Aktienrecht*
- grenzüberschreitende Ausübung 24

Stock Appreciation Rights 154, 178
Strukturrichtlinie 7, 21 f., 29, 33
Subsidiaritätsprinzip 48 f.
Systemwettbewerb; s. *Wettbewerb der Rechtsordnungen*

Transaktionskosten
- Akteurgruppen: Aktionäre und Gläubiger 61 f., 71 ff., 76 f.
- Begriff 60
- Börsennotierung 67, 75
- Effizienz; s. *dort*
- Euro-Einführung 65
- Grenzüberschreitende Sachverhalte 66, 74, 76, 88
- Harmonisierung 62 f., 74 f.
- Informationskosten 60, 182
- Mindestkapital 87
- Rechtsdurchsetzungskosten 60, 88
- Rechtsqualität 62

Sachregister

- Rechtssicherheit 63, 73, 181, 228
- Seriosität und Vertrauensbildung 62 f., 72 f., 88, 228
- Transparenz 63
- Unternehmensbewertung 102 ff.
- Verhandlungskosten 60
- Wirtschaftsraum; s. *dort*
- Wohlfahrtseffekte 61, 75

Treuepflicht 30, 180

Übernahmerichtlinie 7, 21, 25, 153
Überseering-Entscheidung 26
Unternehmensbewertung; s. auch *Sacheinlage*
- Anteilswertrelation 102
- Bewertungsmethoden 98 ff.
- Börsenkurs 98 f., 165, 183
- Informationsasymmetrie 99
- Marktenge 99
- »objektiver Wert« 98, 183

Unternehmenskauf 156
Unternehmensverfassung 22 f., 29, 69
Unterpariemission 109
- s. auch *Nennwert*

US-amerikanisches Recht
- Bezugsrecht 55, 208
- Covenants, s. *dort*
- Erwerb eigener Aktien 5, 84, 145 ff., 181, 187
- Gesellschaftsrecht 55 f.
- Kapitalmarktrecht 56
- Kodifizierungsmodell 56
- Mindestkapital 55, 84 f.
- Regelungsdichte 55, 65
- Regelungsebene 55, 65
- Revised Model Business Corporation Act (RMBCA); s. *dort*
- Securities and Exchange Commission (SEC); s. *dort*
- Übertragbarkeit US-amerikanischer Erfahrungen 58 f.

US-GAAP (Generally Accepted Accouting Principles) 51, 81, 146
Verbot der Einlagenrückgewähr 80
Verordnung 6
Verschmelzung 34, 117 f., 127 f., 227
Verschmelzungsbericht 234
Verschmelzungsplan 34
Verschmelzungsrichtlinie 7, 21 f., 29, 33, 102, 127 f., 232 f.
Viertes Finanzmarktförderungsgesetz 188
Vorab-Bezugsrecht 186 ff., 230
- s. auch *Eigene Aktien, Bezugsrechtsausschluss*

Vorratsermächtigung; s. *Eigene Aktien*

Wandelschuldverschreibungen 154, 178
Wertpapierdienstleistungsrichtlinie 91, 98, 228
Wertprüfung, befreiende; s. *Sacheinlage*
WestLB/BuM-Entscheidung 84
Wettbewerb der Rechtsordnungen
- s. auch *Harmonisierung*
- Aktienrecht 52 ff.
- Bilanzrecht 51
- Delaware-Effekt; s. *dort*
- Entdeckungsfunktion 51 f.
- GmbH-Rechte 53
- Gründungstheorie 53
- Kontrollfunktion 51 f.
- Sitztheorie 52
- Sitzverlegung 52
- USA 57
- Voraussetzungen 52 ff.

Wettbewerbsverzerrungen 46
***Winter*-Kommission** 2 f., 25 f., **44**, 60, 80, 105, 125, 193, 197, 237, 241, 243 f., 247

Sachregister

***Winter*-Konsultation** 6, 8 f., 23, 25 f., 29, 32 f., 37, **45**, 60, 67, 73, 80, 92, 105, 125, 193, 197
Wirtschaftsprüfer 96 ff.
Wirtschaftsraum und Gesellschaftsrecht 64
Wissenanmaßung; s. *Wettbewerb der Rechtsordnungen*
WpÜG 117 ff.
WuM-Entscheidung 16
Zwangsausschluss; s. *Squeeze Out*
Zwangseinziehung; s. *Squeeze Out*
Zweigniederlassungsrichtlinie 7

Abhandlungen zum deutschen und europäischen Handels- und Wirtschaftsrecht

Herausgegeben von Prof. Dr. Götz Hueck, Prof. Dr. Marcus Lutter, Prof. Dr. Wolfgang Zöllner

Band 1
Der Abhängigkeitsbericht im faktischen Konzern
Von Dr. Wilfried Haesen
1970. 8°. XXXI, 147 Seiten. Kartoniert.   ISBN 3-452-17122-2

Band 2
Das Miturheberrecht
Von Dr. Peter Sontag
1972. 8°. XVIII, 85 Seiten. Kartoniert.   ISBN 3-452-17455-7

Band 3
Die Aktie und ihre Übertragung im französischen Recht
Von Dr. Volkmar Herms
1972. 8°. XXII, 112 Seiten. Kartoniert.   ISBN 3-452-17452-2

Band 4
Abfindung und Ausgleich im aktienrechtlichen Beherrschungsvertrag
Von Dr. Hans-Jochen Hüchting
1972. 8°. XXXVI, 156 Seiten. Kartoniert.   ISBN 3-452-17461-1

Band 5
Geheimnisschutz und Verschwiegenheitspflicht im Aktienrecht
Von Dr. Dietrich von Stebut
1972. 8°. XXIII, 162 Seiten. Kartoniert.   ISBN 3-452-17476-X

Band 6
Die Haftung der Mitglieder einer BGB-Gesellschaft für Gesellschaftsschulden
Von Dr. Paul Nicknig
1973. 8°. XXII, 160 Seiten. Kartoniert.   ISBN 3-452-17518-9

Band 7
Die Stimmrechtsbindung
Von Dr. Hans-Peter Overrath
1974. 8°. XXVII, 145 Seiten. Kartoniert.   ISBN 3-452-17724-6

Band 8
Das Scheckkartenverfahren der deutschen Kreditinstitute
Von Dr. Klaus Wentzel
1974. 8°. XXXVII, 281 Seiten. Kartoniert.   ISBN 3-452-17862-5

Band 9
Die Traditionsfunktion des Orderkonnossements
Wechselwirkung zwischen Sachenrecht und Wertpapierrecht
Von Dr. Eberhard Stengel
1975. 8°. XXVI, 219 Seiten. Kartoniert.   ISBN 3-452-17906-1

Band 10
Das Effektenkommissionsgeschäft
Von Dr. Reinhard Frhr. von Dalwigk zu Lichtenfels
1975. 8°. XXIII, 160 Seiten. Kartoniert.   ISBN 3-452-17941-9

Band 11
Der unbeschränkt haftende Kommanditist
Ein Beitrag zur Rechtsposition des nicht eingetragenen Kommanditisten
Von Dr. Konrad Beyerle
1976. 8°. XXVII, 173 Seiten. Kartoniert.   ISBN 3-452-17999-5

Band 12
Mitbestimmung im Konzern
Von Prof. Dr. Marcus Lutter
1975. 8°. XII, 82 Seiten. Kartoniert.   ISBN 3-452-17998-7

Band 13
Die Sachmängelhaftung beim Unternehmenskauf
Von Dr. Peter Hommelhoff
1975. 8°. XXV, 132 Seiten. Kartoniert.   ISBN 3-452-18036-0

Band 14
Die Beendigung des Beherrschungs- und Gewinnabführungsvertrags
Von Dr. Hermann Wilhelm
1976. 8°. XXIX, 146 Seiten. Kartoniert.   ISBN 3-452-18140-5

Band 15
Die Europäische Aktiengesellschaft
Eine Stellungnahme zur Vorlage der Kommission an den Ministerrat der Europäischen Gemeinschaften über das Statut für Europäische Aktiengesellschaften vom 30. April 1975
Herausgegeben von Prof. Dr. Marcus Lutter
2., unveränderte Auflage
1978. 8°. XXI, 459 Seiten. Kartoniert.   ISBN 3-452-18399-9

Band 16
Unternehmensverträge und Zusammenschlußkontrolle
Aktienrechtliche Probleme der Auflösung eines Beherrschungs- und Gewinnabführungsvertrages im Rahmen der wettbewerbsrechtlichen Zusammenschlußkontrolle
Von Dr. Christine Windbichler
1977. 8°. XXIV, 109 Seiten. Kartoniert.   ISBN 3-452-18291-6

Band 17
Das Lastschriftverfahren
Entwicklung und Rechtsprobleme
Von Dr. Andreas Fallscheer-Schlegel
1977. 8°. XVI, 78 Seiten. Kartoniert.   ISBN 3-452-18335-1

Band 18
Die Verfassung der Aktiengesellschaft im faktischen Konzern
Zur Harmonisierung der §§ 31 ff. AktG mit den allgemeinen Bestimmungen des Aktienrechts
Von Dr. Lutz Strohn
1977. 8°. XLII, 200 Seiten. Kartoniert.   ISBN 3-452-18345-9

Band 19
Rechnungslegung bei sinkendem Geldwert
Die Rechtspflicht des Vorstands zur Ermittlung und Offenlegung von Scheingewinnen nach dem geltenden Aktienrecht
Von Dr. Eberhard Hübener
1978. 8°. XXXII, 135 Seiten. Kartoniert.   ISBN 3-452-18374-2

Band 20
Maßregelungsverbote und sonstige tarifliche Nebenfolgenklauseln nach Arbeitskämpfen
Zugleich ein Beitrag zu den Grenzen der Tarifautonomie
Von Prof. Dr. Wolfgang Zöllner
1977. 8°. IX, 60 Seiten. Kartoniert.   ISBN 3-452-18359-9

Band 21
Die Arbeiterselbstverwaltung im Spannungsverhältnis von Gesellschafts- und Arbeitsrecht
Von Prof. Dr. Alfons Kraft und Prof. Dr. Horst Konzen
1978. 8°. IX, 95 Seiten. Kartoniert.   ISBN 3-452-18395-5

Band 22
Herrschaft und Abhängigkeit einer Aktiengesellschaft auf schuldvertraglicher und tatsächlicher Grundlage
Von Dr. Josef Dierdorf
1978. 8°. XXXIV, 275 Seiten. Kartoniert.   ISBN 3-452-18403-X

Band 23
Reform der Unternehmensverfassung
Methodische und ökonomische Grundüberlegungen
Von Prof. Dr. Horst Steinmann und Dipl.-Kfm. Elmar Gerum
1978. 8°. XXIV, 96 Seiten. Kartoniert.   ISBN 3-452-18475-7

Band 24
Die existentielle Wirtschaftsabhängigkeit
Eine Untersuchung im Spannungsfeld von Konzern- und Wettbewerbsrecht
Von Prof. Dr. Klaus-Peter Martens
1978. 8°. IX, 164 Seiten. Kartoniert.   ISBN 3-452-18615-6

Band 25
Information und Vertraulichkeit im Aufsichtsrat
2., völlig überarbeitete und erweiterte Auflage
Von Prof. Dr. Marcus Lutter
1984. 8°. XVIII, 281 Seiten. Kartoniert.   ISBN 3-452-19870-1
                        Gebunden.   ISBN 3-452-19998-3

Band 26
Lockvogel- und Sonderangebote
Rechtliche Grenzen selektiver Niedrigpreisstellung
Von Prof. Dr. Walter F. Lindacher
1979. 8°. VIII, 60 Seiten. Kartoniert.   ISBN 3-452-18616-4

Band 27
Die Gleichordnungskonzerne im Konzern- und Wettbewerbsrecht
Von Dr. Hans-Georg Gromann
1979. 8°. XI, 138 Seiten. Kartoniert.   ISBN 3-452-18636-9

Band 28
Die Betriebsüberlassung zwischen Vertragskonzern und faktischem Konzern
Zum sog. Umgehungsproblem bei den Unternehmensverträgen der §§ 291, 292 I Ziff. 3 AktG
Von Dr. Jörg Oesterreich
1979. 8°. XII, 180 Seiten. Kartoniert.   ISBN 3-452-18686-5

Band 29
Unternehmensziele im Aktienrecht
Eine Untersuchung über Handlungsmaßstäbe für Vorstand und Aufsichtsrat
Von Dr. Adolf Großmann
1981. 8°. XVI, 282 Seiten. Kartoniert.   ISBN 3-452-18790-X

Band 30
Die Aktiengesellschaft als Konzernspitze
Die Zuständigkeitsordnung bei der Konzernbildung und Konzernumbildung
Von Dr. Wolfram Timm
1980. 8°. XV, 266 Seiten. Kartoniert.   ISBN 3-452-18806-X

Band 31
Leitung und Überwachung der Aktiengesellschaft
Die Leitungsaufgabe des Vorstands und die Überwachungsaufgabe des Aufsichtsrats
2., völlig überarbeitete und erweiterte Auflage
Von Prof. Dr. Johannes Semler
1996. 8°. XXI, 334 Seiten. Kartoniert.   ISBN 3-452-23444-4
                       Gebunden.   ISBN 3-452-23445-2

Band 32
Der Beirat im Gesellschaftsrecht
2., überarbeitete und ergänzte Auflage
Von Dr. Volker Voormann
1990. 8°. XV, 241 Seiten. Kartoniert. ISBN 3-452-21575-X

Band 33
Personalentscheidungen des Aufsichtsrats
Von Dr. Gerd-Werner Krieger
1981. 8°. XIV, 325 Seiten. Kartoniert. ISBN 3-452-18950-3

Band 34
Struktur und Aufsichtsratsverfassung der mitbestimmten AG
Zur Gestaltungsmacht der Satzung und der Geschäftsordnung des Aufsichtsrats
Von Dr. Walter Paefgen
1982. 8°. XIX, 432 Seiten. Kartoniert. ISBN 3-452-19142-7

Band 35
Die »positive Vertragsverletzung« des Arbeitnehmers
Zugleich ein Beitrag zur Bestimmung von Inhalt und Rechtsnatur der Arbeitnehmerpflichten
Von Dr. Stefan Motzer
1982. 8°. XI, 285 Seiten. Kartoniert. ISBN 3-452-19258-X

Band 36
Daten- und Informationsschutz im Arbeitsverhältnis
2., unveränderte Auflage
Von Prof. Dr. Wolfgang Zöllner
1983. 8°. XIII, 105 Seiten. Kartoniert. ISBN 3-452-19456-6

Band 37
Der Arbeitnehmer als Gesellschafter
Von Dr. Axel Fohrmann
1982. 8°. XIII, 165 Seiten. Kartoniert. ISBN 3-452-19307-1

Band 38
Der Nießbrauch an Aktien im Zivil- und Steuerrecht
Von Dr. Christian R. Scharff
1982. 8°. XII, 183 Seiten. Kartoniert. ISBN 3-452-19320-9

Band 39
Der Aufsichtsratsvorsitzende
Seine Rechtsstellung nach dem Aktiengesetz und dem Mitbestimmungsgesetz
Von Dr. Egon A. Peus
1983. 8°. XVI, 455 Seiten. Kartoniert.   ISBN 3-452-19392-6

Band 40
Konditionenempfehlungen, kartellrechtliche Kontrolle und AGB-Gesetz
Von Dr. Bernhard Schirmers
1983. 8°. X, 109 Seiten. Kartoniert.   ISBN 3-452-19378-0

Band 41
Das faktische Organ
Von Dr. Ursula Stein
1984. 8°. XIII, 233 Seiten. Kartoniert.   ISBN 3-452-19862-6

Band 42
Die Spaltung von Personengesellschaften
Von Dr. Peter Duvinage
1984. 8°. XVIII, 242 Seiten. Kartoniert.   ISBN 3-452-19864-2

Band 43
Vor-GmbH und Gründerhaftung
Von Dr. Wolfgang Theobald
1984. 8°. XI, 164 Seiten. Kartoniert.   ISBN 3-452-19877-4

Band 44
Divisionalisierung, Mitbestimmung und Tarifvertrag
Von Dr. Ulrike Wendeling-Schröder
1984. 8°. XIV, 213 Seiten. Kartoniert.   ISBN 3-452-20145-7

Band 45
Bezugsrechtsausschluß und Konzernbildung
Von Dr. Heribert Hirte
1986. 8°. XIII, 294 Seiten. Kartoniert.   ISBN 3-452-20466-9

Band 46
Organklagen zwischen Vorstand und Aufsichtsrat der Aktiengesellschaft
Von Dr. Ulrich Bauer
1986. 8°. XIV, 147 Seiten. Kartoniert.　　　　　　　ISBN 3-452-20501-0

Band 47
Die konzernbeherrschte Personengesellschaft
Von Dr. Michael Baumgartl
1986. 8°. XI, 173 Seiten. Kartoniert.　　　　　　　　ISBN 3-452-20528-2

Band 48
Das Kreditkartenverfahren
Konstruktion und Sicherung
Von Dr. Michael Weller
1986. 8°. XVI, 257 Seiten. Kartoniert.　　　　　　　ISBN 3-452-20543-6

Band 49
Der Abschluß von Beherrschungs- und Gewinnabführungsverträgen im GmbH-Recht
Von Dr. Michael Kort
1986. 8°. XII, 189 Seiten. Kartoniert.　　　　　　　ISBN 3-452-20544-4

Band 50
Aufsichtsratsausschüsse
Von Dr. Klaus Rellermeyer
1986. 8°. XVI, 301 Seiten. Kartoniert.　　　　　　　ISBN 3-452-20648-3

Band 51
Enthaftung des Managements
Corporate Indemnification im amerikanischen und deutschen Recht
Von Dr. Burkhard Bastuck
1986. 8°. XIV, 226 Seiten. Kartoniert.　　　　　　　ISBN 3-452-20700-5

Band 52
Fehlende Mitbestimmung bei § 87 BetrVG
Von Dr. Günther Hurlebaus
1987. 8°. XII, 163 Seiten. Kartoniert.　　　　　　　ISBN 3-452-20762-5

Band 53
Arbeitnehmerschutz für den GmbH-Geschäftsführer
Von Dr. Ralf Gissel
1987. 8°. XIII, 178 Seiten. Kartoniert. ISBN 3-452-20817-6

Band 54
Die Gesellschafterklage im GmbH-Recht
Zur Durchsetzung von Ansprüchen der GmbH durch ihre Gesellschafter
Von Dr. Andreas Eickhoff
1988. 8°. XIII, 320 Seiten. Kartoniert. ISBN 3-452-20985-7

Band 55
Die Haftung des Liquidators der GmbH
Von Dr. Martina Vomhof
1988. 8°. XV, 216 Seiten. Kartoniert. ISBN 3-452-21143-6

Band 56
Die Beteiligung der BGB-Gesellschaft an den Personenhandelsgesellschaften
Von Dr. Kilian Brodersen
1988. 8°. XIII, 135 Seiten. Kartoniert. ISBN 3-452-21159-2

Band 57
Wettbewerbsrechtliche Haftung geschäftsführender Organe
Von Dr. Adolf Maier
1988. 8°. IX, 154 Seiten. Kartoniert. ISBN 3-452-21199-1

Band 58
Gesellschaftsinteresse und Gleichbehandlung beim Bezugsrechtsausschluß
Von Dr. Martin Schockenhoff
1988. 8°. XIV, 135 Seiten. Kartoniert. ISBN 3-452-21217-3

Band 59
Personengesellschaft und Liquidation
Die Auswirkung der Liquidation auf die vermögensrechtliche Stellung
der Gesellschafter
Von Dr. Klaus Hillers
1989. 8°. XXVII, 471 Seiten. Kartoniert. ISBN 3-452-21287-4

Band 60
Verdeckte Vermögensverlagerungen im Aktienrecht
Von Dr. Rainer Bommert
1989. 8°. XVII, 248 Seiten. Kartoniert.　　　　　ISBN 3-452-21342-0

Band 61
Wertrechte im Effektengiroverkehr
Zum redlichen Erwerb stückeloser Effekten
Von Dr. Claudius Dechamps
1989. 8°. XII, 184 Seiten. Kartoniert.　　　　　ISBN 3-452-21337-4

Band 62
Fehlerhafte Beschlüsse in Gesellschaften und Vereinen
Von Dr. Ulrich Noack
1989. 8°. XIX, 225 Seiten. Kartoniert.　　　　　ISBN 3-452-21346-3

Band 63
Stimmrecht und Interessenkollision im Aufsichtsrat
Von Dr. Volker Matthießen
1989. 8°. XX, 554 Seiten. Kartoniert.　　　　　ISBN 3-452-21460-5

Band 64
Eigenkapitalersetzende Aktionärsdarlehen
Von Dr. Axel Ketzer
1989. 8°. XIV, 221 Seiten. Kartoniert.　　　　　ISBN 3-452-21382-X

Band 65
Informationsrechte des Gesellschafters
Von Dr. Hermann Peter Wohlleben
1989. 8°. XIV, 251 Seiten. Kartoniert.　　　　　ISBN 3-452-21368-4

Band 66
Institutionelle Mitbestimmung und Arbeitnehmereinfluß
Von Dr. Jürgen Ensch
1989. 8°. XV, 271 Seiten. Kartoniert.　　　　　ISBN 3-452-21391-9

Band 67
Ausschließungs- und Nachfolgeregelung in der GmbH-Satzung
Von Dr. Barbara Kesselmeier
1989. 8°. XVIII, 331 Seiten. Kartoniert.　　　　　ISBN 3-452-21550-4

Band 68
Die vermögenslose GmbH
Von Dr. Christoph Heller
1989. 8°. XIII, 229 Seiten. Kartoniert.   ISBN 3-452-21574-1

Band 69
Die Haftung der Muttergesellschaft für Schulden der Tochtergesellschaft
Eine Untersuchung nach deutschem und amerikanischem Recht
Von Dr. Heiner Drüke
1990. 8°. XIII, 213 Seiten. Kartoniert.   ISBN 3-452-21821-X

Band 70
Optionsanleihen
Rechtliche Grundlagen und aktuelle Probleme
Von Dr. Günter Schumann
1990. 8°. XV, 378 Seiten. Kartoniert.   ISBN 3-452-21896-1

Band 71
Einlagen in Kapitalgesellschaften
Gläubigerschutz und Gestaltungsfreiheit
Von Dr. Kaspar Frey
1990. 8°. XV, 242 Seiten. Kartoniert.   ISBN 3-452-21714-0

Band 72
Gewinnverwendung im Konzern
Von Dr. Axel Gollnick
1991. 8°. XVI, 232 Seiten. Kartoniert.   ISBN 3-452-21951-8

Band 73
Die personalistische Aktiengesellschaft
Von Dr. Rolf Friedewald
1991. 8°. XVIII, 191 Seiten. Kartoniert.   ISBN 3-452-21952-6

Band 74
Vorzugsaktien ohne Stimmrecht
Von Dr. Tilman Bezzenberger
1991. 8°. XVI, 215 Seiten. Kartoniert.   ISBN 3-452-22083-4

Band 75
Pflichten und Haftung von Sparkassenorganen
Von Prof. Dr. Marcus Lutter
1991. 8°. XVI, 189 Seiten. Kartoniert.   ISBN 3-452-22152-0

Band 76
Der Verwaltungsrat öffentlich-rechtlicher Kreditinstitute
Befugnisse und Verantwortlichkeit des Verwaltungsrates öffentlich-rechtlicher Kreditinstitute des Bundes und der Länder
Von Dr. Daniel Wulf
1992. 8°. XII, 161 Seiten. Kartoniert.   ISBN 3-452-22219-5

Band 77
Corporate Opportunities
Zum Schutz der Geschäftschancen des Unternehmens im deutschen und im US-amerikanischen Recht
Von Dr. Johannes Weisser
1991. 8°. XVII, 293 Seiten. Kartoniert.   ISBN 3-452-21953-4

Band 78
Fungibilisierung von GmbH-Anteilen
Grundlagen und rechtliche Umsetzung
Von Dr. Jan-Peter Kecker
1991. 8°. XVI, 249 Seiten. Kartoniert.   ISBN 3-452-22153-9

Band 79
Strukturvielfalt im Personengesellschafts-Konzern
Rechtsformspezifische und rechtsformübergreifende Aspekte des Konzernrechts
Von Dr. Detlef Kleindiek
1991. 8°. XVIII, 373 Seiten. Kartoniert.   ISBN 3-452-22084-2

Band 80
Die Eintragung der angefochtenen Verschmelzung
Aktienrechtliche und registerrechtliche Auswirkungen von Verschmelzungsblockaden
Von Dr. Roger Kiem
1991. 8°. XVI, 340 Seiten. Kartoniert.   ISBN 3-452-22084-2

Band 81
Die Kaduzierung in der GmbH
Von Dr. Oliver Melber
1993. 8°. XIX, 343 Seiten. Kartoniert.   ISBN 3-452-22362-0

Band 82
Unverzichtbare Mitverwaltungsrechte des Personengesellschafters
Von Dr. Marc Hermanns
1993. 8°. XIV, 192 Seiten. Kartoniert.   ISBN 3-452-22482-1

Band 83
Konzernverantwortlichkeit und Haftungsprivileg
Von Dr. Peter Versteegen
1993. 8°. XX, 318 Seiten. Kartoniert.   ISBN 3-452-22484-8

Band 84
Genußscheine
Zugleich eine Analyse der Genußscheinbedingungen deutscher
Unternehmen
Von Dr. Christopher Frantzen
1993. 8°. XVI, 542 Seiten. Kartoniert.   ISBN 3-452-22483-X

Band 85
Die Teilnahme an der Aufsichtsratssitzung
Von Dr. Johann Kindl
1993. 8°. XVIII, 236 Seiten. Kartoniert.   ISBN 3-452-22636-0

Band 86
**Individualautonomie und Mitbestimmung in sozialen
Angelegenheiten**
Von Dr. Hans Hanau
1993. 8°. XXIII, 259 Seiten. Kartoniert.   ISBN 3-452-22637-9

Band 87
Haftung des Erben für neue Geschäftsverbindlichkeiten
Zugleich eine Untersuchung zur Nachlaßeigenschuld und zur
Nachlaßzugehörigkeit ererbter Handelsgeschäfte und
Personengesellschaftsanteile
Von Dr. Astrid Ernst
1994. 8°. XIV, 161 Seiten. Kartoniert. ISBN 3-452-22771-5

Band 88
**Gesellschafterklagen gegen Maßnahmen der Geschäftsführer
in der GmbH**
Von Dr. Christoph Binge
1994. 8°. XIII, 217 Seiten. Kartoniert. ISBN 3-452-22774-X

Band 89
**Verdeckte Vermögensverlagerungen in den Aktien- und
GmbH-Rechten Frankreichs, Belgiens und Deutschlands**
Von Dr. Christine Ullrich
1994. 8°. XVIII, 231 Seiten. Kartoniert. ISBN 3-452-22772-3

Band 90
Finanzplankredite und Eigenkapitalersatz im Gesellschaftsrecht
Von Dr. Holger Fleischer
1995. 8°. XVII, 379 Seiten. Kartoniert. ISBN 3-452-23046-5

Band 91
Konzernbildungskontrolle durch die Hauptversammlung der Obergesellschaft
Von Dr. Henning W. Wahlers
1995. 8°. XVII, 255 Seiten. Kartoniert. ISBN 3-452-23034-1

Band 92
Finanzielle Unterstützung des Aktienerwerbs
Der § 71 a Abs. 1 AktG und sein Vorbild im englischen Gesellschaftsrecht
Von Dr. Ulrich Schroeder
1995. 8°. XIX, 335 Seiten. Kartoniert. ISBN 3-452-23124-0

Band 93
Die Partenreederei als Handelsgesellschaft
Integration einer Sonderrechtsform in das Unternehmensrecht
Von Prof. Dr. Karsten Schmidt
1995. 8°. XII, 142 Seiten. Kartoniert. ISBN 3-452-23190-9

Band 94
Konzernhaftung in Frankreich und England
Von Dr. Martin Wolf
1995. 8°. XIV, 204 Seiten. Kartoniert. ISBN 3-452-23294-8

Band 95
Die Konzerneingangskontrolle in der abhängigen Gesellschaft
Von Dr. Burkhard Binnewies
1996. 8°. XXIII, 459 Seiten. Kartoniert. ISBN 3-452-23328-6

Band 96
Auskunftsrechte im Aktienkonzern
Von Dr. Herbert Vossel
1996. 8°. XV, 150 Seiten. Kartoniert. ISBN 3-452-23334-0

Band 97
Der Prüfungsbericht als Informationsträger im Konzern
Zum System konzerninterner Informationsrechte
Von Dr. Andreas Witte
1996. 8°. XXII, 272 Seiten. Kartoniert. ISBN 3-452-23364-2

Band 98
Vergleichsverbote im Gesellschaftsrecht
Von Dr. Andreas Cahn
1996. 8°. XIV, 170 Seiten. Kartoniert. ISBN 3-452-23371-5

Band 99
Das abstrakte Verpflichtungsgeschäft
Abstraktheit und Einwendungen des ersten Nehmers
aus dem Grundgeschäft – insbesondere bei Wechsel und Scheck
Von Dr. Jan Wittig
1996. 8°. XIII, 200 Seiten. Kartoniert. ISBN 3-452-23465-7

Band 100
Sitzverlegung von Kapitalgesellschaften innerhalb der EG
Vereinbarkeit der einschlägigen Regelungen des deutschen Sach- und
Kollisionsrechts mit dem EG-Vertrag
Von Dr. Viola Kruse
1997. 8°. XVII, 286 Seiten. Kartoniert. ISBN 3-452-23761-3

Band 101
Das Verbot der Anteilsfinanzierung in Belgien, Frankreich, Italien und den Niederlanden
Von Dr. Roland Pühler
1996. 8°. XVII, 330 Seiten. Kartoniert. ISBN 3-452-23466-5

Band 102
Das Wertpapier-Verkaufsprospektgesetz
Prospektpflicht und Anlegerschutz
Von Dr. Jens Hüffer
1996. 8°. XVII, 239 Seiten. Kartoniert. ISBN 3-452-23528-9

Band 103
Das Austrittsrecht des GmbH-Gesellschafters
Von Dr. Hans-Friedrich Müller
1996. 8°. XIV, 192 Seiten. Kartoniert. ISBN 3-452-23548-3

Band 104
Die Haftung der Gesellschafter für Einflußnahmen auf die Geschäftsführung der GmbH
Von Dr. Hildegard Ziemons
1996. 8°. XIX, 275 Seiten. Kartoniert. ISBN 3-452-23565-3

Band 105
Die Haftung des Erben eines Personenhandelsgesellschafters
Von Dr. Sabine Kick
1997. 8°. XV, 239 Seiten. Kartoniert. ISBN 3-452-23748-6

Band 106
Die Wahl des Aufsichtsrats in der Hauptversammlung der Aktiengesellschaft
Von Dr. Hans-Georg Bollweg
1997. 8°. XV, 558 Seiten. Kartoniert. ISBN 3-452-23782-6

Band 107
Deutsche GmbH und englische private company
Monismus oder Dualismus im System des Kapitalgesellschaftsrechts
Von Dr. Jasper Neuling
1997. 8°. XVIII, 266 Seiten. Kartoniert. ISBN 3-452-23583-1

Band 108
Die Behebung einzelner Mängel von Organisationsakten in Kapitalgesellschaften
Eine Darstellung für die Aktiengesellschaft und die Gesellschaft mit beschränkter Haftung
Von Dr. Oliver Schultz
1997. 8°. XVII, 347 Seiten. Kartoniert. ISBN 3-452-23936-5

Band 109
Übernahmen von Aktiengesellschaften und Transparenz der Beteiligungsverhältnisse
Von Dr. Carl-Heinz Witt
1998. 8°. XXII, 334 Seiten. Kartoniert. ISBN 3-452-23956-X

Band 110
Zum Begriff »für Rechnung« im AktG und im WpHG
Eine Untersuchung der anteilsbezogenen Regelungen
Von Dr. Caroline Vedder
1999. 8°. XVII, 237 Seiten. Kartoniert. ISBN 3-452-24100-9

Band 111
Stimmbindungsvereinbarungen in den Aktien- und GmbH-Rechten Deutschlands, Englands, Frankreichs und Belgiens
Eine rechtsvergleichende Untersuchung
Von Dr. Carsten Rodemann
1998. 8°. XXVIII, 463 Seiten. Kartoniert. ISBN 3-452-24101-7

Band 112
Schiedsgerichtliche Konfliktbeilegung bei aktienrechtlichen Beschlußmängelklagen
Von Dr. Matthias Schröder
1999. 8°. XXV, 384 Seiten. Kartoniert. ISBN 3-452-24157-2

Band 113
Gesellschafterschutz bei Ausgliederungen durch Einzelrechtsnachfolge
Von Dr. Arend von Riegen
1999. 8°. XVI, 172 Seiten. Kartoniert. ISBN 3-452-24252-8

Band 114
Publizitätsverweigerung und Haftung in der GmbH
Von Dr. Esther Jansen
1999. 8°. XVII, 344 Seiten. Kartoniert.　　　　　　ISBN 3-452-24338-9

Band 115
Der Ausschluß des Bezugsrechts in Europa
Von Dr. Friderike Bagel
1999. 8°. XIV, 407 Seiten. Kartoniert.　　　　　　ISBN 3-452-24423-7

Band 116
Anlageberatung der Kreditinstitute im Wandel
Aufklärungs-, Beratungs- und Informationspflichten am Beispiel von Optionsgeschäften mit Privatkunden
Von Dr. Marcus Michael Bechtel, LL.M.
1999. 8°. XIX, 368 Seiten. Kartoniert.　　　　　　ISBN 3-452-24327-3

Band 117
Treupflicht im Konzernrecht
Von Dr. Tobias Tröger
2000. 8°. XV, 378 Seiten. Kartoniert.　　　　　　ISBN 3-452-24348-6

Band 118
Konzernrechtliche Durchgriffshaftung bei Personengesellschaften
Von Dr. Georg Bitter
2000. 8°. XXVIII, 612 Seiten. Kartoniert.　　　　　　ISBN 3-452-24609-4

Band 119
Aktienoptionen für das Management
Deutsches und Europäisches Recht
Von Dr. Jakob Wulff
2000. 8°. XIV, 325 Seiten. Kartoniert.　　　　　　ISBN 3-452-24608-6

Band 120
Aktienoptionsprogramme für Führungskräfte
Gesellschaftsrecht – Kapitalmarktrecht – Steuerrecht – Bilanzrecht
Von Dr. Sönke Friedrichsen
2000. 8°. XXVI, 435 Seiten. Kartoniert.　　　　　　ISBN 3-452-24621-3

Band 121
Die Ausstrahlungswirkungen des Umwandlungsgesetzes
Von Dr. Rolf Leinekugel
2000. 8°. XV, 282 Seiten. Kartoniert.   ISBN 3-452-24625-6

Band 122
Die Gesellschafterklage im GmbH- und Aktienrecht
Überlegungen zum deutschen und europäischen Recht
vor dem Hintergrund der schweizerischen Verantwortlichkeits-
klage und der US-amerikanischen Derivative Suit
Von Dr. Nirmal Robert Banerjea
2000. 8°. XXIII, 319 Seiten. Kartoniert.   ISBN 3-452-24683-3

Band 123
Die Vorgesellschaft im europäischen Gesellschaftsrecht
Gemeinschaftsrechtliche Vorgaben und
nationale Rechtsordnungen
Von Dr. Christian Kersting
2000. 8°. XXII, 412 Seiten. Kartoniert.   ISBN 3-452-24697-3

Band 124
Bookbuilding
Die marktorientierte Emission von Aktien nach deutschem und
U.S.-amerikanischem Recht
Von Dr. Marcus Willamowski
2000. 8°. XXVI, 263 Seiten. Kartoniert.   ISBN 3-452-24698-1

Band 125
Die Sachdividende im deutschen und europäischen Aktienrecht
Von Dr. Magdalena Leinekugel
2001. 8°. XIV, 209 Seiten. Kartoniert.   ISBN 3-452-24870-4

Band 126
Spartenaktien für deutsche Aktiengesellschaften
Übernahme des US-amerikanischen Tracking Stock-Modells in europäische
Rechtsordnungen
Von Dr. Sandra Thiel, LL.M.
2001. 8°. XVII, 384 Seiten. Kartoniert.   ISBN 3-452-24932-8

Band 127
Die Konzernleitungsmacht im Insolvenzverfahren konzernverbundener Kapitalgesellschaften
Von Dr. Ulrich Bous
2001. 8°. XVIII, 393 Seiten. Kartoniert.   ISBN 3-452-24938-7

Band 128
Fortwirkende organschaftliche Pflichten des Geschäftsführers der GmbH
Von Dr. Carmen Palzer
2001. 8°. XVIII, 275 Seiten. Kartoniert.   ISBN 3-452-24997-2

Band 129
Die vinkulierte Mitgliedschaft
Der Schutz mitgliedschaftlicher Vinkulierungsinteressen und das Problem der Gesetzesumgehung
Von Dr. Thomas Asmus
2001. 8°. XVI, 271 Seiten. Kartoniert.   ISBN 3-452-25112-8

Band 130
Der Regelungsauftrag als Gesetzgebungsinstrument im Gesellschaftsrecht
Von Dr. Constantin H. Beier
2002. 8°. XX, 316 Seiten. Kartoniert.   ISBN 3-452-25160-8

Band 131
Tracking Stocks
Zulässigkeit und Gestaltungsmöglichkeiten von Geschäftsbereichsaktien nach deutschem Recht
Von Dr. Martin Tonner
2002. 8°. XXI, 436 Seiten. Kartoniert.   ISBN 3-452-25161-6

Band 132
Ringbeteiligungen von Aktiengesellschaften
Gesellschafts- und kartellrechtliche Aspekte
Von Dr. Rainer Korch
2002. 8°. XXI, 372 Seiten. Kartoniert.   ISBN 3-452-25175-6

Band 133
Interessenkonflikte bei Aufsichtsratsmandaten in der Aktiengesellschaft
Von Dr. Karsten Krebs
2002. 8°. XVI, 379 Seiten. Kartoniert.   ISBN 3-452-25194-2

Band 134
Kapitalschutz in der Aktiengesellschaft mit atypischer Zwecksetzung
Eine rechtsvergleichende/europarechtliche Untersuchung für Deutschland, Frankreich, Belgien, Großbritannien und Irland
Von Dr. Julia Nienhaus
2002. 8°. XXI, 296 Seiten. Kartoniert.   ISBN 3-452-25250-7

Band 135
Der Nießbrauch an GmbH-Geschäftsanteilen und an Aktien
Von Dr. Christian Meyer
2002. 8°. XIV, 326 Seiten. Kartoniert.   ISBN 3-452-25278-7

Band 136
Materielle Unterkapitalisierung
Zur Gesellschafterverantwortlichkeit in der Gesellschaft mit beschränkter Haftung
Von Dr. Thomas Eckhold
2002. 8°. XVII, 821 Seiten. Kartoniert.   ISBN 3-452-25321-X

Band 137
Aktionärsbeteiligung und Internet
Eine rechtsvergleichende Bestandsaufnahme korporativer Willensbildung im Zeitalter neuer Medien
Von Dr. Mario Hüther
2002. 8°. XVII, 481 Seiten. Kartoniert.   ISBN 3-452-25341-4

Band 138
Reform der Kapitalrichtlinie
Von Dr. Ernst-August Baldamus
2002. 8°. XIII, 314 Seiten. Kartoniert.   ISBN 3-452-25381-3

Carl Heymanns Verlag KG · Köln · Berlin · Bonn · München